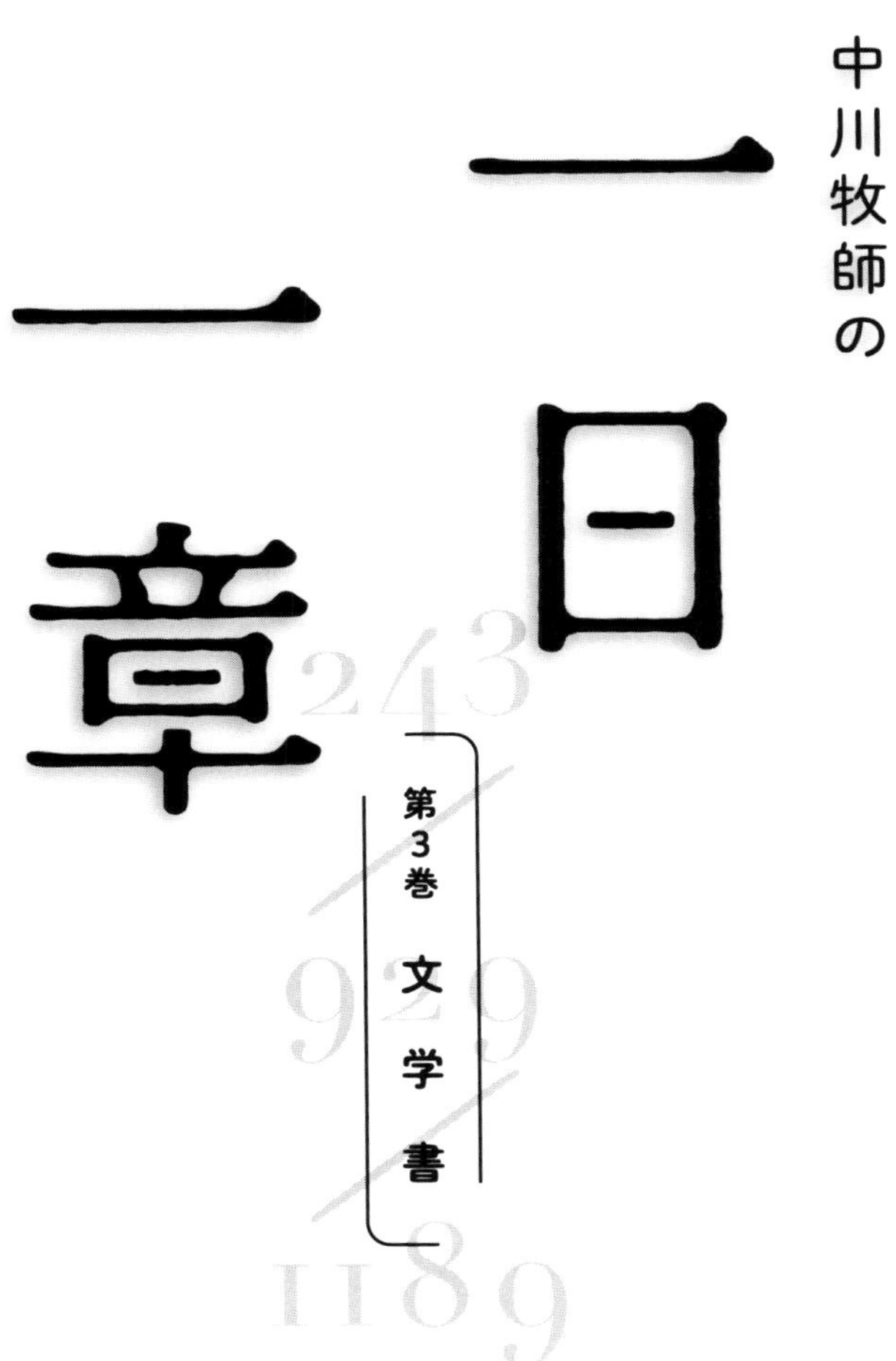

中川健一

イーグレース

はじめに

『中川牧師の一日一章』第3巻を予定通りに脱稿することができ、一息ついているところです。キリスト教出版社「イーグレープ」関係者の皆様、また、励ましのことばと祈りによって支えてくださった読者の皆様に、心からの感謝を申し上げます。もちろん、最大の感謝は、神様に対するものです。御霊の細部にわたる助け（啓明）がなければ、各章ごとに解説を書くのは不可能なことでした。

本シリーズ執筆の目的は、日々のデボーションに役立つガイドブックの出版でした。その目的は十分に達成されていると思いますが、それ以外にも大きな祝福があるように感じています。読者の皆様の中には、『中川牧師の一日一章』を、聖書通読のための手引き書として用いている方が多くおられます。これは、著者としては嬉しい発見でした。まず解説を読み、それから聖書を読むのもよし。その逆に、まず聖書を読み、それから解説を読むのもよし。どちらの方法でも、聖書理解は格段に深まると思います。エチオピア人の宦官はピリポに向かって、「導いてくれる人がいなければ、どうして分かるでしょうか」（使8・31）と言いました。これは、真剣に聖書研究に取り組もうとする人が発する真実な叫びではないでしょうか。本書が、聖書通読の手引き書として用いられるなら、こんなに嬉しいことはありません。筆者は、「聖書研究から日本の霊的覚醒（目覚め）が」というモットーを掲げて、聖書解説をさせていただいています。

第3巻も、日々の解説を1800字前後にまとめましたが、詩篇の中の短い章に関しては、解説文も短いものとしました。各章の冒頭で「この章から、以下のことを学びましょう」という項目を設け、要点を簡単にまとめています。この体裁は、最後の第5巻まで維持するつもりです。

今回も、執筆に際して次の2点を意識しました。①聖書本文の字義通りの解釈にこだわる。つまり、著者の意図を探ることに重点を置いたということです。②ヘブル的視点からの解釈にこだわる。字義通りの解釈とヘブル的視点からの解釈は、コインの裏表です。

『中川牧師の一日一章』は、旧約聖書4巻、新約聖書1巻の全5巻のシリーズになる予定です。このシリーズが、「日本の霊的覚醒（目覚め）」に少しでも寄与することができるなら、幸いです。

中川健一

2022年12月

目　次

ヨブ記1章

ウツの地に、その名をヨブという人がいた。この人は誠実で直ぐな心を持ち、神を恐れて悪から遠ざかっていた。（ヨブ記1・1）

この章から、以下のことを学びましょう。（1）神は、サタンがヨブを試みることを許されました。神の栄誉を守ると同時に、ヨブに深い霊的真理を教えるためです。（2）ヨブは、すべての財産と子どもたちを失いましたが、神を呪うことはしませんでした。（3）ヨブは、自分の人生の上に神の主権があることを認めました。

第1場「ウツの地」

（1）ヨブが住んでいたのはウツの地ですが、そこがどこかは分かりません。エドム（死海の南東）を候補地に挙げる人もいます。ヨブは神を恐れる信仰者で、悪から遠ざかっていました。彼には、7人の息子と3人の娘がいました。また、多くの家畜としもべたちを所有していました。彼は、東の人々の中で一番の有力者でした。

（2）7人の息子たちは、それぞれの誕生日に祝宴を開き、両親とともに3姉妹も招いていました。誕生日の祝宴が一巡すると、ヨブは息子たちを呼び寄せ、彼らを聖別することにしていました。ヨブは、7人の息子たち一人ひとりのために、全焼のささげ物を献げました。家長であるヨブが、家族のために祭司の役割を果たしたのです。この事実は、ヨブが生きた時代は「族長たちの時代」（祭司職が確立していない時代）であったことを示しています。

第2場「サタンの糾弾」

（1）ある日、神の子ら（天使たち）が神の前に立ちました。そこに、サタンも同席していました。サタンとはヘブル語で「糾弾する者」という意味です。神からの質問に対して、サタンは、「地を行き巡り、そこを歩き回って来ました」と答えました。地を行き巡るとは、サタンが地の支配者であることを表しています（2コリ4・4、エペ2・2参照）。ペテロの手紙第一5章8節には、「身を慎み、目を覚ましていなさい。あなたがたの敵である悪魔が、吼えたける獅子のように、だれかを食い尽くそうと探し回っています」とあります。

（2）主は、ヨブの忠実な歩みを自慢されます。それに対してサタンは、ヨブが神を恐れる理由は、神が彼を祝福したからだと反論します。そして、もしその祝福が取り去られたなら、ヨブは神を呪うに違いないと暴言を吐きます。そこで神は、サタンがヨブの財産を奪うことを許可されます。ただし、この許可は制限つきで、ヨブの健康を打つことまでは許可されませんでした。

（3）神はなぜこのような許可を与えたのでしょうか。①神のご性質に対する攻撃を排除するためです。サタンのことばには、「神は、物質的祝福を与えることによって、人に自分を礼拝させているではないか」というニュアンスが含まれています。そういう言いがかりは、排除する必要があります。②ヨブにより深い霊的真理を学ばせるためです。

第3場「ウツの地での惨事」

（1）ヨブの身に悲劇が矢継ぎ早に起こります。①シェバ人の襲撃があり、牛500くびき、雌ろば500頭が奪われました。また、多くのしもべたちが殺されました。②雷（神の火）が落ち、羊7000匹が焼け死に、多くのしもべたちも死にました。③カルデア人が3組になってらくだ3000頭を奪い、多くのしもべたちを殺しました。④最後に、最も悲惨な知らせがもたらされます。なんとヨブは、7人の息子と3人の娘たちまで失ったのです。

（2）しかし、ヨブの信仰は揺らぎませんでした。ヨブは立ち上がって上着を引き裂き、頭を剃り、地にひれ伏して神を礼拝し、こう言いました。「私は裸で母の胎から出て来た。　また裸でかしこに帰ろう。　主は与え、主は取られる。　主の御名はほむべきかな」（21節）。上着を引き裂く行為は、深い悲しみの表現です。頭を剃るのは、自分の繁栄（栄光）が去ったことのしるしです。地にひれ伏すのは、神を礼拝するためです。ヨブは、この状況が「誕生と死」に似ていると感じました。今の彼は、比ゆ的に裸の状態です。人は裸で母の胎から誕生し、何も持たずにそこ（比ゆ的に地のこと）に帰って行きます。彼は、主の主権を認め、「主は与え、主は取られる」と告白したのです。

（3）ヨブは、神を呪ったりはしませんでした。サタンの予告通りにはならなかったのです。この告白によって、ヨブの信仰が純粋で崇高なものであることが証明されました。私たちの場合はどうでしょうか。試練の日に、神の主権を認め、神のあわれみを求めて祈る人は幸いです。

ヨブ記2章

しかし、彼は妻に言った。「あなたは、どこかの愚かな女が言うようなことを言っている。私たちは幸いを神から受けるのだから、わざわいも受けるべきではないか。」ヨブはこのすべてのことにおいても、唇によって罪に陥ることはなかった。
（ヨブ記2・10）

この章から、以下のことを学びましょう。（1）サタンは再び神に挑戦し、ヨブの肉体を打つ許可を得ます。（2）ヨブは、体全体に悪性の腫物ができても、神を呪うことはしませんでした。（3）彼の妻は、サタンの代弁者となり、「神を呪って死になさい」と言い放ちます。（4）ヨブの3人の友人たちは、ヨブの惨状を見て、7日7夜、沈黙します。

第4場「再び天にて」

（1）サタンが再び主の前に立ちます。この場面は、ヨブが試された後の出来事です。ヨブはサタンの試みに遭いましたが、神を呪うことはありませんでした。そこで主はサタンに、「彼はなお、自分の誠実さを堅く保っている」とヨブのことを自慢します。

（2）サタンは再び、ヨブの動機と人格に疑問を呈します。「自分のいのちの代わりには、人は財産すべてを与えるものです」とは、ヨブは子どもたちのいのちを犠牲にして、神からいのちを救ってもらったのだという意味です。つまりサタンは、ヨブが神を礼拝している理由は、健康が守られているからであって、もし肉体が病めば、信仰を失くし、神を呪うに違いないと主張しているのです。そこで主は、サタンがヨブの肉体を打つことを許可されます。主がこれを許された理由は、ヨブを深く信頼しておられたからです。

第5場「再びウッにて」

（1）サタンは、早速ヨブの肉体を打ちます。いのちを奪うことは許されていませんが、肉体的苦しみを与えるのは、許された範囲内のことです。その結果、ヨブの体全体に悪性の腫物ができました。「足の裏から頭の頂まで」ということばは、ヨブの悲惨な状態をよく表しています。ヨブは灰の中に座りました。「灰」とは、町の外に設けられた汚物置き場のことでしょう。かつてヨブは、町の門の所に座るさばき司でした（ヨブ29・7参照）が、今や町の外の汚物置き場に座るようになったのです。彼は、そこに座りながら、土器のかけらで自分のからだを引っかきました。

（2）「すると、妻が彼に言った。『あなたは、これでもなお、自分の誠実さを堅く保とうとしているのですか。神を呪って死になさい』」（9節）。本来なら、真っ先に慰めのことばを語るべき妻が、「神を呪って死になさい」と言い放ちました。彼女は、サタンの代弁者になっています。ヨブは彼女に、「幸いもわざわいも神から来る」と反論します。妻から罵倒されても、ヨブは罪を犯すようなことを口にしませんでした。

（3）ほとんどの人が、祝福を味わっているときは神に感謝し、試練が来ると神を疑います。ヨブのことばは、信仰の本質を私たちに教えてくれるものです。

3人の友の登場

（1）ここで、ヨブの3人の友が登場します。彼らは、知者たちです。①エリファズが年長者です。彼らの語りかけは3回くり返されますが、毎回、エリファズが最初に口を開きます。エリファズは、エドムのテマン出身です（創36・4参照）。テマン人は知恵ある者として知られていました（エレ49・7、オバ1・8参照）。②ビルダデという名は、聖書ではここにしか登場しません。彼はシュアハ人です。アブラハムとケトラの間に誕生した末子がシュアハですので、そのシュアハの子孫だと思われます。③ツォファルという名も、ヨブ記以外には出てきません。彼はナアマ人です。後の時代にヨシュアが征服するカナン人の町にナアマというのがありますが、ツォファルは、そのナアマの町の出身だった可能性があります。④この3人以外に第4の人物エリフがいましたが、劇的な効果を狙うために、この時点では彼の名は隠されています（32章になってから登場します）。

（2）ヨブを慰めるために来た3人の友は、あまりの惨状にことばを失います。彼らは、①声をあげて泣きました。②自分の上着を引き裂きました。③頭にちりをかぶりました。

（3）彼らは、7日7夜沈黙しました。ヨブに寄り添い、その悲しみと痛みを共有するためです。また、悲しみの中にいる本人に最初に口を開かせるためです。ここまでの3人の友の対応は素晴らしいものです。「喜んでいる者たちとともに喜び、泣いている者たちとともに泣きなさい」（ロマ12・15）。これが、聖書が教える人間関係の原則です。

ヨブ記3章

そのようなことがあった後、ヨブは口を開いて自分の生まれた日を呪った。（ヨブ記3・1）

この章から、以下のことを学びましょう。（1）ヨブは口を開いて、嘆きのことばを語ります。彼は、自分の生まれた日を呪いました。（2）ヨブは、死産への憧れを口にします。（3）さらに彼は、成人した今、死を求めると言います。（4）ヨブは、筆舌に尽くし難いほどの苦難を口にしますが、その苦難が理不尽（不義）であるとまでは言いません。それを口に出すのは、友人たちとの議論の最終段階です。

はじめに

3章から、ヨブ記の中心部に入ります。今後の物語の流れを展望しておきましょう。ヨブと友人たちの論争は、3ラウンド（3回）くり返されます（3～31章）。第1ラウンドは3～11章、第2ラウンドは12～20章、第3ラウンドは21～31章です。各ラウンドにおいて、以下のパターンが登場します。①ヨブが口を開いて嘆きのことばを語る。②最初の友人がそれを糾弾する。③ヨブがその糾弾に反論する。④次の友人がその反論を糾弾する。⑤ヨブは再び反論する。⑥3番目の友人が、ヨブの反論を糾弾する。以上の情報を頭に入れながら、ヨブの嘆きのことばを読んでみましょう。

ヨブのことば（1）―死の願望―

（1）ヨブは、自分の生まれた日を呪いました。「私が生まれた日は滅び失せよ」（3節a）とは、カレンダーから自分の誕生日が消されることを願うということです。「『男の子が胎に宿った』と告げられたその夜も」（3節b）とは、息子の妊娠を知って、父母が喜んだ夜も消え去れという意味です。

（2）ヨブは、肉体的、精神的、霊的苦悩を通過しつつあります。彼は、神に見捨てられるよりは生まれて来なかったほうが良かったと思っています。しかし、試練の日に思い出すべきは、神に愛されないで生まれて来た人はひとりもいないということです。

ヨブのことば（2）―死産への憧れ―

（1）誕生日が消されるのは不可能であることを知ったヨブは、次に「死産への憧れ」を口にします。彼は、なぜ自分は死産ではなかったのか、なぜ新生児のときに死ななかったのか、また、なぜ誕生した自分を保護してくれる人がいたのかと嘆きます。「なにゆえ、両膝が私を受けとめたのか」とあります。これは、家系が継承されたことを象徴する当時の習慣です。

（2）ヨブは、もし死んでいたなら、自分は平安の内に休んでいたことであろう、また、この世で成功した英雄たちや裕福な者たちとの交わりを楽しんでいたことであろう、と想像します（13～15節）。

（3）ヨブは再び、流産や死産のほうが良かったと嘆きます（16節）。

（4）さらに、今の世界よりも死後の世界のほうが平安で苦しみのない世界であろうと夢想します（17～19節）。

（5）家族と財を失い、健康まで奪われたヨブは、信仰の危機に直面しています。彼の前には、神を信じ続ける道と、神を呪う道が置かれています。彼は、そのどちらかを選ばなければなりません。

ヨブのことば（3）―死への憧れ―

（1）ヨブは、成人になった今の時点での死を求めます。そうすれば、苦難から解放されるからです。「なぜ、苦悩する者に光が、心の痛んだ者にいのちが与えられるのか。……」（20～21節）。ヨブ記3章の独白の中で、ヨブは5回「なぜ」と聞きますが、ここに4回目の「なぜ」が登場しています（11節、12節、16節、20節、23節）。

（2）「彼らは墓を見出したときに、歓声をあげて喜び楽しむ」（22節）。これは、苦難の中にいる人は死を喜び迎えるということです。

（3）次に、5回目の「なぜ」が登場します（23～24節）。ヨブは、未来の道も見えず、囲いに閉じ込められた状態の人に、なぜいのちが与えられ続けるのかと問います。彼のうめき声は、滝の水のように溢れ出てきます。

（4）ヨブはこれまでの体験を振り返り、それを要約しています（25～26節）。1つのものが取り去られたとき、彼は次のものが取り去られるのではないかと恐れました。次のものが取り去られると、さらにそれ以上のものが取り去られるのではないかと、おびえました。彼に残されたものは、かき乱された心だけです。

（5）ヨブは、筆舌に尽くし難いほどの苦難を口にしますが、それが理不尽（不義）であるとまでは言っていません。彼がそれを口にするのは、友人たちとの議論の最終段階です。試練に遭ったときに思い出すべきは、神の愛の確かさです。被造世界には、キリストにある神の愛から私たちを引き離すものは何もありません（ロマ8・38〜39）。

ヨブ記4章

すると、テマン人エリファズが話し始めた。もし、人があなたにことばを投げかけたら、あなたはそれに耐えられるか。しかし、だれが語らないでいられるだろう。（ヨブ記4・1〜2）

この章から、以下のことを学びましょう。（1）エリファズは、「義人は祝福を受け、罪人は裁きを受ける」という神学を持っています。（2）彼は、その神学に基づいてヨブを糾弾します。（3）さらに彼は、主観的体験から結論を導き出します。

エリファズのことば（1）

—ヨブを叱責することば—

（1）論争の第1ラウンドが始まります。3人の友人たちは、「義人は祝福を受け、罪人は裁きを受ける」という確信（神学）を持っています。彼らが使用する三段論法は、以下のようなものです。①すべての苦難は罪に対する裁きである。②ヨブは苦しんでいる。③それゆえ、ヨブは罪を犯したに違いない。しかし、この三段論法は、間違っています（ヨブ1・1、8、2・3参照）。

（2）最初に口を開くのは、エリファズです。彼は、神を侮辱するようなことばを聞き逃すわけにはいかないと感じています。彼は、まずヨブの信仰と行動をほめます（3～5節）。なぜなら、ヨブはこれまで弱っている者たちを励ましてきたからです。しかし、この賞賛には叱責も含まれています。他人を助けてきた者が、なぜ自分自身を助けることができないのかという叱責です。これは、十字架上のイエスが群衆から受けた侮辱的ことばと似ています（マタ27・40参照）。

（3）彼はヨブに、「あなたは神を恐れ、潔白な歩みをしていたのだから、悔い改めて、元の姿に戻れ」と勧告します。しかしこれは、ヨブにとって厳しいことばです。エリファズは、試練に遭った人は、自分で自分を救うことができないということを忘れています。本来なら、エリファズこそ、ヨブを助け励ますべきなのです。

エリファズのことば（2）
―苦難に関するエリファズの確信―

（1）エリファズは、「義人は祝福を受け、罪人は裁きを受ける」という確信（神学）を持っています。次に出てくる彼のことばは、その確信に基づくものです。「さあ、思い出せ。だれか、潔白なのに滅びた者があるか。どこに、真っ直ぐなのに絶たれた者があるか」（7節）。

（2）彼は、ヨブを獅子にたとえてこう言います。「獅子のうなり声、たける獅子の声がする。しかし、若獅子の牙は砕かれる。雄獅子は獲物がなくて滅び、雌獅子の子らは散っていく」（10～11節）。獅子は力の強い獣ですが、牙が折られることがあります。そのように、かつて強かったヨブは砕かれました。さらに、食べ物がなければ雄獅子は滅び、子獅子たちは猟師によって追い散らされます。そのように、ヨブの子どもたちは取り去られました。獅子が苦難に遭うのは、人を苦しめるからです。そのように、ヨブが苦しむのは罪を犯したからです。

エリファズのことば（3）―夜の幻―

（1）エリファズは、自らの権威を高めるために、「夜の幻」の体験を持ち出します（15～16節）。彼はかつて、ある霊が彼の顔の上を通り過ぎる経験をしました。「霊」は「風」とも訳すことができることばです。それは、身の毛のよだつような経験でした。顔だちを見分けることのできない霊が、彼の耳元でささやきました。「人は神の前に正しくあり得ようか。その造り主の前にきよくあり得ようか。見よ。神はご自分のしもべさえ信頼せず、御使いたちのうちにさえ、誤りを認められる」（17～18節）。これは修辞的ことばで、人は神の前で正しくはあり得ないということを強調したものです。「まして、ちりに土台を据えた泥の家に住む者は　なおさらのこと。　彼らはシミよりもたやすく押しつぶされ、……」（19～21節）。「泥の家」とは、人間の体を表現する比ゆ的ことばです。人間は、まるでシミのように消え去り、誰からも顧みられないというのです。

（2）エリファズが霊から聞いたことばは、神からの啓示だったのでしょうか。次の3つの理由で、そうでないと判断されます。①彼が聞いたのは、「主のことば」ではなく「あることば」です。②「あることば」は、忍び寄ってきました（12節）。③その内容は、まるで神が人間に興味を示していないかのように感じさせるものです。

（3）主観的体験から結論を導き出すのは、危険なことです。私たちは、常に控え目であるべきで、正し過ぎてはなりません。なぜなら、私たちの知るところは一部だからです。最終的な判断は、神に委ねるべきです。

ヨブ記5章

さあ、呼んでみよ。だれかあなたに答える者はいるか。聖なる者のうちのだれのところに　あなたは向かうのか。(ヨブ記5・1)

この章から、以下のことを学びましょう。(1)エリファズは、神の懲らしめを受けるようにと、ヨブに勧告します。(2)彼の問題点は、「ヨブは罪を犯した」という前提で話していることです。(3)彼は、真理を語りながら、結果的にヨブを苦しめています。自分は知者だと自認している人は、他の人を傷つけます。

エリファズのことば(4)「神に尋ねよ」

(1)エリファズは、悲劇と罪の間に因果関係があると深く信じています。ヨブに対する彼のことばは、因果関係に基づく神学から出たものです。

(2)「聖なる者」とは、人間にも天使にも適用されることばです。エリファズは、罪に対して裁きが下らないことがあるかどうか、聖人や天使に問えと、ヨブに迫ります。さらに、3章に出てきたヨブのことばを、愚か者のいらだちと浅はかさの表現と断じています。その上、子たちが死んだことや、財産が奪われたことを、再度ヨブに思い出させています。

(3)エリファズは、すべてを神に委ねるべきであると勧告します。なぜなら、神は人知を超えて大いなることを為し、人を恵みによって扱うお方だからです。神の御業の具体例が挙げられます。「地の上に雨を降らせ、野の面に水を送られる。神は低い者を高く上げ、嘆き悲しむ者は安全なところに引き上げられる。神は悪賢い者たちの企みを打ち砕かれ、彼らの手は良い成果を得られない。……こうして弱い者は望みを抱き、不正は口をつぐむ」(10〜16節)。神は、そのあわれみのゆえに、収穫のために地に雨を降らせ、地を潤されます。また、虐げられた者、悲しむ者を引き上げ、救われます。さらに、悪人の悪知恵を覆されます。それゆえ、弱い者は神に信頼し、不正は口をつぐむようになるのです。

(4)ここでのエリファズの助言は、必ずしも間違ってはいません。彼の間違いは、「ヨブは罪を犯した」という前提で助言していることにあります。

エリファズのことば（5）「全能者の懲らしめ」

（1）第一ラウンドでのエリファズのスピーチが終わります。彼の論点は、「苦難は罪人を矯正するための神の訓練であるから、それを嫌ってはならない」というものです。

（2）「ああ、幸いなことよ、神が叱責するその人は。だから、全能者の訓戒を拒んではならない。神は傷つけるが、その傷を包み、打ち砕くが、御手で癒やしてくださるからだ」（17～18節）。エリファズは、神に責められる人は幸いだと言います。なぜなら、神が人を懲らしめるのは、その人を建て上げるためだからです。神は傷つけ、打ち砕いても、最後には必ず癒やし、祝福してくださいます。

（3）「六つの苦しみから、神はあなたを救い出し、七つの中でも、わざわいはあなたに触れない」（19節）。神は、ご自身に信頼する者をあらゆる苦難から救出してくださいます。いくつかのものを並べ、最後にもう1つ追加するのは、最後のものを強調するためです。ここで7という数字が出てくるのは、「あらゆる苦難」からの救出を示すためです。

（4）「飢饉のときには、あなたを死から、戦いのときには、剣の力から贖い出す。舌のむちで打たれるときも、あなたは隠され、……あなたは長寿を全うして墓に入る。あたかも麦束が、時が来ると収められるように」（20～26節）。ここで列挙されている苦難とは、①飢饉、②戦争、③中傷（舌でむち打たれる）、④破壊、⑤猛獣などです。また、約束されている祝福とは、①豊かな収穫（野の石との契約とは、石が収穫の妨げとならないという意味です）、②安全、③財産、④子孫の繁栄、⑤健康と長寿（寿命を全うして召される様子が、麦束の収穫にたとえられています）などです。

（5）「さあ、私たちが調べ上げたことはこのとおりだ。これを聞き、自分自身でこれを知れ」（27節）。エリファズは、自分が語っている真理に耳を傾けるように、ヨブに迫ります。しかし、彼のスピーチはヨブに何の慰めももたらしていません。それどころか、ヨブに失望と苦痛を与えています。

（6）真理を語りながら、それがなんの助けにもならないなら、どこかが間違っています。エリファズの問題点は、自分がすべてを知っているかのように振る舞っていることです。神と人の前で謙遜であることを学ぼうではありませんか。見かけだけで他の人を裁いてはなりません。

ヨブ記6章

真っ直ぐなことばは、なんと痛いことか。あなたがたは自分で何を責め立てているのか。
（ヨブ記6・25）

この章から、以下のことを学びましょう。（1）ヨブの反論が始まります。（2）ヨブは、エリファズの助言はなんの役にも立たないと言います。（3）ヨブは、エリファズの友情に絶望しています。（4）ヨブは友人たちに、自分の顔をはっきりと見て、自分が嘘をついているかどうか判断してほしいと言います。（5）ヨブが自分の義を主張するのは、「神との平和を持っている」という確信があるからです。

ヨブの反論（1）―苦悩の重さ―

（1）エリファズのことばに対して、ヨブは自己弁明をします。自分が口にした嘆きのことばは確かに激しいものだが、今の苦悩の大きさに比べれば足りないくらいだと、彼は言います（1～3節）。
（2）ヨブは、神が毒矢を自分に向けて放っておられると感じています（4節）。

（3）野ろばや雄牛は、餌が十分あるなら鳴いたり唸ったりはしない。それと同じように、自分も状況が平安なら決して嘆きのことばを口にすることはないと、ヨブは言います（5節）。

（4）食物は塩気があると美味しく食べられますが、塩気がないと食欲は湧いてきません（触れたいとも思わない）。そんな食物は、腐った食物と同じです。ヨブは、エリファズの助言は「食えたものではない」と反論します（6～7節）。

（5）ヨブの最終的な願いは、「死」です。彼は、自分には絶望しかないのだから、忍耐して何かを待つ必要はないと言います。

ヨブの反論（2）―友人に失望するヨブ―

（1）ヨブは、エリファズの友情に対して、大いに失望しています。人が落胆しているなら、友人たちはその人に寄り添うべきです。そうでないと、落胆している人は全能者への恐れさえも捨ててしまうからです。もちろんヨブは、全能者への恐れを捨てたわけではありませんが、万が一そうだとしても、友人なら落胆している者を受け入れるべきだとヨブは主張します。

（2）ヨブは友人たちを「兄弟たち」と呼び、彼らをワジ（水無し川）にたとえます（15～17節）。ワジは、雨期になると水かさを増しますが、乾期になると枯れて川底が見えます。ワジは、最も水が必要な時期に、それを提供することができないのです。ヨブの友人たちもそれと同じです。彼らは、ヨブの期待を裏切ったという意味で、ワジのようです。彼らは、ヨブに同情し過ぎると、次は自分たちが裁きに遭うかもしれないとおびえています。

（3）「友人に対する失望」は、ヨブ記で繰り返される主要なテーマの1つです。私たちにとって真の友は主イエスだけです。いかなるときでも、主イエスが私たちを見放すことはありません。

ヨブの反論（3）―3人の友人たちへの懇願―

（1）友情に失望したヨブは、次に、自分のどこに間違いがあったか教えてほしいと言います（24～25節）。真実なことばは痛みをもたらしますが、同時に、それを受け入れる人を建て上げる力を持っています。しかし、ヨブの友人たちが語っていることばは真実ではなく、的外れです。それゆえ、助けを必要としているヨブにとっては、苦痛以外の何ものでもないのです。

(2)ヨブの反論を要約すると、こうなります。「あなたがたは、絶望した私のことばを風のように軽くとらえているのか。そして、私のことばは間違っていると判断し、それを矯正しようとするのか」。ヨブの友人たちは、ヨブのことばの深みを理解していません(26節)。

(3)「あなたがたは、みなしごをくじで分け合い、自分の友さえ売りに出す」(27節)。ここは、ヨブが友人たちを攻撃している箇所です。これは、友人たちがすでにそのようなことをしたという意味ではなく、そうする可能性があるということです。

(4)ヨブの顔が大きく損なわれていたので、友人たちはそれを直視できなかったのでしょう。そこでヨブは、自分の顔をしっかり見てほしいと言います。その上で、自分が嘘をついているかどうか、判断してほしいと懇願します(28〜30節)。

(5)ヨブが自分の義を主張する理由は、「罪を犯したことがない」からではなく、「神と正しい関係にあると確信している」からです。罪を犯したことがないのはイエス・キリストだけです。私たちは、そのイエス・キリストを通して神との正しい関係(神との平和)に導き入れられました。

ヨブ記7章

人とは何ものなのでしょう。　あなたがこれを尊び、これに心を留められるとは。（ヨブ記7・17）

この章から、以下のことを学びましょう。（1）ヨブは、自分が経験している苦悩を神に訴えかけます。（2）ヨブの労苦は、昼夜を問わずに続きます。（3）ヨブは死を願いますが、それも叶えられません。（4）ヨブは、神が自分を見張っておられるかのように感じています。彼のことばには、希望の1片も見当たりません。

ヨブの反論（4）―ヨブの苦悩―

（1）ヨブは、直接主に語りかけ、自分が経験している苦悩を口にします。「地上の人間には苦役があるではないか。　その日々は日雇い人の日々のようではないか」（1節）。ヨブは、自分の人生を日雇い人のそれにたとえます。そして、誰にでも役割を果たすべき時間と休息の時間があるのに、自分には休息の時間がないと言います。

（2）「日陰をあえぎ求める奴隷のように、賃金を待ち焦がれる日雇い人のように」（2節）。奴隷は苦役が終わる日暮れを待ち焦がれ、日雇い人は仕事の終わりに受け取る報酬を待ち望みます。しかしヨブの場合は、その労苦は1日で終わらず、何か月も続きます。

（3）「私は横になるときに言う。『いつ起き上がれるだろうか』と。　夜は長く、私は夜明けまで寝返りを打ち続ける。私の肉は、うじ虫と土くれをまとい、皮膚は固まっては、また崩れる」（4～5節）。夜は、ヨブにとって恐ろしい時間です。彼は、朝まで床の上で寝返りを打ち続けます。皮膚にはうじが住みつき、腐った肉を食べています。肌を覆うかさぶたは、固まっては崩れ、一向に癒やされる気配がありません。

ヨブの反論（5）―神への祈り―

（1）ヨブは、自分の人生が織機の杼(ひ)よりも早く過ぎ去っていると感じています（6～7節）。彼のいのちは息に過ぎず、雲のようにすぐに消え去ろうとしています。彼は、いかなる希望も抱くことができません。

（2）ヨブは、自分が間もなく墓に下るだろうと予想しています。そうなれば、敵も味方も、自分の姿を見ることがなくなります（8～10節）。一度死んだ者は、この世に戻ってくることがありません。自分の家に帰り、かつての仕事に就くことなどあり得ないのです。

（3）ヨブは、激しいことばをもって神に問いかけます。なぜ自分を見張り、苦しい状態に置き続けるのかと（11～12節）。「私は海でしょうか、それとも竜でしょうか」ということばは、恐らくウガリット語の神話からの引用でしょう。その神話では、偶像神が海の竜に勝利し、その竜を自分の支配下に置きます。ヨブは、自分はその竜のようで、真の神の支配下にあって苦しめられていると不満を述べます。

（4）せめてもの慰めは夜の眠りですが、神は夢でヨブをおののかせ、それさえも許しません（13～15節）。安らぎの時間が与えられないヨブは、生よりも死を願います(16節)。彼は生きる意味を見失っています。ヨブは、ひとりにしてほしいと懇願します。

（6）「人とは何ものなのでしょう。あなたがこれを尊び、これに心を留められるとは。朝ごとにこれを訪れ、その都度これを試されるとは。……唾を飲み込む間も、私を放っておいてくださらないのですか」（17～19節）。詩篇8篇4節に似たような表現がありますが、それは神の守りに対する畏怖の念を表現したものです。ここでのヨブのことばは、それとは正反対の意味になっています。

（7）ヨブは、自分がどのような罪を犯したのかと神に問います（20節）。ヨブにとっては、神は「人の見張り役」で、ヨブを標的にして矢を放つ存在です。

（8）「どうして、あなたは私の背きを赦さず、私の咎を取り去ってくださらないのですか。私が今も、ちりに横たわらなければならないとは。……」（21節）。もし罪を犯したとしても、神はその罪を赦すべきだとヨブは考えます。ヨブは間もなく死のうとしています。それゆえ、神はただちに自分を苦しみから解放すべきであると、ヨブは神に訴えかけます。

（9）ヨブの祈りは、憤怒と絶望に満ちています。ここには、希望の光が全く見えません。「神は人の見張り役である」という事実は、信仰が働いているときには励みとなりますが、不信仰なときには重荷となります。神は、私たちを祝福するために、常に見張っていてくださいます。そのことを覚えようではありませんか。

ヨブ記8章

次に、シュアハ人ビルダデが答えた。いつまで、あなたはこのようなことを語るのか。あなたが口にすることばは激しい風だ。

（ヨブ記8・1～2）

この章から、以下のことを学びましょう。（1）ビルダデは、神の義を汚しているという理由で、ヨブを責めます。（2）彼は、「歴史からの教訓（先人の教え）」を根拠に、ヨブは間違っていると主張します。（3）エリファズとビルダデはともに、「苦難は罪の結果である」という神学に立っています。

ビルダデのことば（1）―神の義の弁護―

（1）エリファズは、神の訓練を嫌悪しているという理由でヨブを責めましたが、ビルダデは、神の義を汚しているという理由でヨブを責めます。両者に共通しているのは、「苦難は罪の結果である」という神学です。さらに、「悔い改めこそ解決の鍵である」と考えている点も共通しています。

（2）ビルダデは、ヨブが語っている内容に憤慨し、「いつまで、あなたはこのようなことを語るのか。あなたが口にすることばは激しい風だ」（2節）と、口を開きます。彼は、ヨブの口から出ることばは「激しい風だ」（破壊的だ）と言っていますが、その脳裏には、ヨブの10人の子どもたちが「大風」によって死んだという出来事があったと思われます。

（3）「神がさばきを曲げられるだろうか。全能者が義を曲げられるだろうか。もし、あなたの子らが神の前に罪ある者となり、神が彼らをその背きの手に渡されても」（3～4節）。ビルダデは、神に不満を述べることは、神の義を疑うことであると決めつけています。彼には、苦難の目的は「罪の裁き」以外にもあるということが見えていません（ヨブ記の読者には、最初にそのことが知らされていました）。

（4）「もし、あなたが熱心に神に求め、全能者にあわれみを乞うなら、もし、あなたが純粋で真っ直ぐなら、今すぐ神はあなたのために奮い立ち、あなたの義の住まいを回復されるだろう。あなたの始まりは小さくても、あなたの終わりは、極めて大きなものとなる」（5～7節）。ビルダデは、熱心に神にあわれみを乞うようにと、ヨブに勧告しています。もしヨブが正しいなら、神はただちにヨブを祝福の場に回復してくださるというのです。その結果与えられる祝福は、以前とは比較にならないくらい大きくなるというのが、ビルダデの見解です。

（5）ビルダデのことばは、エリファズのそれよりも辛辣です。彼は、ヨブの子どもたちは罪のゆえに死んだとさえ主張しています。私たちもまた、議論が沸騰すると、言ってはならないことばを口にする者たちです。苦しみの中にいる人に対しては、そばに寄り添い、痛みを共有することを心がけることが大切です。

ビルダデのことば（2）―歴史からの教訓―

（1）エリファズもビルダデも、人が苦しむのは罪を犯したからだと思い込んでいます。エリファズの場合は、「霊的体験」を根拠にヨブを説得しようと試みましたが、ビルダデの場合は、1段上の権威を持ち出します。それが、「歴史からの教訓」です。「先人の経験」や「先祖たちの探究したこと」から、教訓を学ぶことができるというのです。先人から伝わった教えは、中東ではまさに「知恵」そのものなのです。

（2）ビルダデは、自分たちの知識は限られていると言います（9節）。なぜなら、短時間の人生しか経験しておらず、すぐに地上から姿を消すからです。それゆえ、先祖たちから学ぶべきであるというのが彼の主張です。

（3）さらに彼は、先祖たちのことばは、単なる口先だけのものではなく、心から出たものであると言います。つまりビルダデは、ヨブのことばは「軽い」と言いたいのです。もし先祖たちが生き返って話し始めたとするなら、彼らはヨブの過ちを指摘し、苦難は罪の結果であると論じるに違いないと、ビルダデは主張します。

（4）ビルダデのことばは、エリファズのそれよりも直接的で粗暴です。彼の間違いは、自分の知識や判断を過大評価している点です。分からないことは分からないと認めることが、知恵であり謙遜です。謙遜という資質は、私たちを神のことば（聖書）に向かわせます。

ヨブ記9章

神は、私のように人間ではありません。その方に、私が応じることができるでしょうか。「さあ、さばきの座に一緒に行きましょう」と。私たち二人の上に手を置く仲裁者が、私たちの間にはいません。（ヨブ記9・32〜33）

この章から、以下のことを学びましょう。（1）ビルダデのことばは正論ですが、ヨブにとっては、なんの助けにもなりません。（2）ヨブは、神は気まぐれなお方であると感じ始めています。（3）ヨブは絶望し、有罪でも無罪でも、結果は同じだと諦めのことばを口にします。（4）ヨブは、神と自分の間に立つ仲介者を求めます。

ヨブの反論（1）―神の恐るべき力―

（1）ヨブは、ビルダデのことばは正しいということを知っています。しかし、そのような正論は、ヨブの問題を解決するためになんの役にも立ちません。ヨブは、人は自分の義を神の前に主張できないということを、よく知っています。

（２）ヨブは、神の大いなる力を詩的に描写します（５～９節）。神は、①山々を移し、②地を揺り動かし、③太陽の輝きを支配し、④星を封じ込め（星が見えない状態）、⑤天を延べ広げ（地上にテントが張られたような状態）、⑥海の大波の上を歩き（大嵐を起こし）、⑦天空の星々を創造されたお方です。神は、それ以外にも数えきれないほどの奇跡を行われました。しかしヨブは、神を知覚することができません。最初の友人であるエリファズは、「ある霊が顔の上を通り過ぎ、私は身の毛がよだった」（４・15）と証言していましたが、ヨブは、「私の場合はそういう体験はない」と、皮肉を込めて語ります。

（３）神が怒ったなら、誰もそれを止めることはできません。ヨブは、もし神を訴える機会が与えられたとしても、自分は何ひとつ申し開きができないだろうと言います。

ヨブの反論（２）―神は気まぐれ―

（１）ヨブは、ビルダデの言うことを正論と認めていますが、ではなぜ自分が苦しまなければならないのかという問いへの回答は得られていません。ヨブは、神は気まぐれなお方であると感じ始めています。

（２）神は真に偉大なお方なので、人はその神と言い争い、勝つことなどできません（14～15節）。人が神に対して願うことのできるものは、「あわれみ」だけです。

（３）ヨブは、恐らく神は自分の声を聞いてくださらないだろう、たとえ聞いてくださったとしても、ただちに自分を打ち砕かれるだろうと考えています（16～20節）。彼は、神の法廷に立ったときに、自分で自分を罪に定めるようなことばを口にするのではないかと恐れ、深い混乱に陥ります。

（４）ヨブは今まで何度も身の潔白を主張してきましたが、ここに至って、「神は、潔白な者も悪者も、ともに絶ち滅ぼされる」と、諦めのことばを吐きます（21～22節）。次に、神を糾弾することばが初めて出てきます（23～24節）。「神は気まぐれで、理由もなく人に悲劇をもたらす。もしそれが神の仕業でないとするなら、他に誰がそれをするのか」。ヨブは、口にしてはならないことばを口にしました。

ヨブの反論（3）―ヨブの絶望―

（1）ヨブは、人生の短さを嘆き、このような論争自体が無意味だと言います。「私の日々は飛脚よりも速い。それは飛び去って、幸せを見ることはない」（25節）。人生の移り変わりの速さを描写するために、①飛脚、②葦の舟（エジプトでは、これが最も早い移動手段）、③鷲が用いられます。これらは、陸、海、空を速く移動する代表例です。

（2）ヨブは、憂うつな顔を捨てて明るく振る舞ったとしても、なんの益にもならないと言います。なぜなら、神は依然としてヨブを罪人とされるからです。たとえ、雪水や灰汁を使って外面を清めたとしても、神はヨブを赦さず、墓の中に投げ込まれるだろうと、ヨブは考えます。

（3）再び神の法廷での情景が描写されます（32～35節）。ヨブの問題は、ともに法廷に立つことを神に申し入れることができないという点です。神は人間ではありません。さらに、神と人間の間に立つ仲裁者がいないことも問題です。もしそういう仲裁者がいるなら、ヨブはその人物に語りかけ、神の怒りの杖を取り除いてくれるように願うことでしょう。しかしそれは、不可能なことです。

（4）ヨブが求めた仲裁者は、私たちには与えられています。主イエスは、私たちのために神の御前で執りなしてくださるお方です。「神は唯一です。神と人との間の仲介者も唯一であり、それは人としてのキリスト・イエスです」（1テモ2・5）

ヨブ記10章

私は神にこう言おう。「私を不義に定めないでください。何のために私と争われるのかを教えてください。」（ヨブ記10・2）

この章から、以下のことを学びましょう。（1）ヨブは、自らが弁護人となり、自分を弁護することばを発します。（2）彼は、神を糾弾するという危険な行為に踏み込みます。（3）すべてを知っているわけではないのに、試練がくると神を責めるというのは、人類一般の悪癖です。（4）絶望したヨブは、死を願い求めます。

ヨブの反論（4）―自分を弁護することば―

（1）ヨブには仲裁者がいません。そこで彼は、神の前で自分自身の弁護人となります（1節）。自分を弁護することばは、2節から始まり22節まで続きます。

（2）「私を不義に定めないでください。……何のために私と争われるのかを教えてください。……」（2～3節）。ここでヨブは、神を糾弾するという大変危険な所に足を踏み入れます。彼は、不遜にも神に質問します。神は、自分の手の作品（ヨブのこと）を虐げ、苦しめることに喜びを見いだしているのかと。

（3）ヨブは問います。神は人間のように目を持っているのか。その目でヨブを監視し、ヨブの咎と罪を探っているのかと（4～6節）。もちろん、神はそのようなお方ではありません。

（4）神は、ヨブが無罪であることをご存じなはずです。それでもなお、神はヨブを苦しめているように見えます。それはなぜなのかと、ヨブは問います（7節）。

（5）ヨブから見ると、神の行動は矛盾に満ちています。神は、ご自身の御手でヨブを創造されました。それにもかかわらず、神はヨブを滅ぼそうとしています。神の考えと行動は、ヨブにとっては実に不可解です（8節）。

（6）神は胎児のヨブに皮と肉を着せ、それを骨と筋で編まれました。さらに、その胎児に恵みを注ぎ、その霊を守られました。それほど手厚く育ててきたのに、なぜ今になってこのような苦しみに遭わせるのかと、ヨブは問います（9～12節）。

（7）苦難が続くと、私たちは自己憐憫に陥り、自己義認の一歩手前の状態まで進みます。問うべき問いは、「なぜ試練がくるのか」ではなく、「試練から何を学ぶべきか」です。

ヨブの反論（5）―神を追求するヨブ―

（1）「しかし、あなたはこれらのことを心に秘めておられました。……」（13節）。ヨブは、自説を展開します。神は最初からこの苦難について予知していたに違いないと、彼は論じます。

（2）神はヨブを監視しており、ヨブが罪を犯すと、それを見逃すことはないと、ヨブは感じています。神が有罪を宣言されるなら、ヨブには打つ手がありません。なぜなら、彼自身が自分は罪人であることを知っているからです。神は獅子のようにヨブを追い回し、頭を上げようとするヨブを驚くべき力で打たれます（14～16節）。

（3）さらに神は、ヨブを糾弾するために新しい証人たちを立て、ヨブを苦しめるでしょう。神がヨブに敵対しておられるので、ヨブが無実かどうかはもはや問題にはなりません（17節）。

（4）「なぜ、あなたは私を母の胎から出されたのですか。私が息絶えていたなら、だれの目にも留まらなかったでしょう。……」（18～19節）。ヨブは再び死を願います。自分は生まれてこなかったほうがよかった、死産であったなら、今のような苦しみに遭うことはなかったと言います。

（5）「私の生きる日はわずかなのですか。それならやめてください。私にかまわないでください。私はわずかでも明るくふるまいたいのです。私が闇と死の陰の地に行って、再び帰って来なくなる前に」（20～21節）。自分のいのちが短いことを感じたヨブは、瞬時の休息と平安を求めます。死がくれば、真っ暗な地に行くことになるからです（ヨブが理解している死後の世界は、当時の人たちの一般的な認識と同じものです）。ヨブの挑戦は、悲しみに満ちたことばで終わります。

（6）これで、ビルダデに対する反論と自分を弁護することばが終わりました。ヨブの問題点（そして、人類一般に共通した問題点）は、事実のすべてを把握しているわけではないのに、神を責めたくなることです。試練の中にあっても、神は私たちのために最善の計画を用意しておられます。その希望を告白し続けようではありませんか。

ヨブ記11章

さらに、ナアマ人ツォファルが答えた。ことば数が多ければ、言い返されないだろうか。人は唇で義とされるのだろうか。（ヨブ記11・1〜2）

この章から、以下のことを学びましょう。（1）3番目の友人ツォファルも、エリファズやビルダデと同じ神学的理解を持っています。（2）彼は、まるで自分が神になったような口調で、ヨブをさとします。（3）彼は、悔い改めこそ神との平和を回復する唯一の道であると主張します。これは正論ですが、ヨブの助けにはなりません。（4）この章をもって、論争の第1ラウンドが終わります。

ツォファルのことば（1）―遠慮のないことば―

（1）ナアマ人ツォファルは、エリファズ（4〜5章）やビルダデ（8章）と同じ神学的理解を持っています。つまり、「試練は罪に対する神からの裁きである」という理解です。彼は、ヨブの苦しみは罪の結果だと深く確信しています。

（2）これまでにヨブは、自分の無罪を主張し、神を責めてきました。しかしツォファルは、ヨブがことば巧みに責任回避をしていると感じています。ツォファルは言います。神の知恵は隠されたものなので人には容易に理解できないが、神がその隠された知恵をヨブに示されたなら、ヨブは驚くべき事実を発見するだろうと（5〜6節）。その事実とは、ヨブが今受けている裁きは、罪の重さに比較すればよほど軽いものだという ことです。

（3）ツォファルは神の心の中に侵入し、まるで自分が神であるかのように語っています。試練の中にいる友を励ます際には、ツォファルのようであってはなりません。

ツォファルのことば（2）
—神の知恵をたたえることば—

（1）ツォファルのことばが続きます。「あなたは神の深さを見極められるだろうか。全能者の極みを見出せるだろうか」（7節）。ヨブは9章4節で、「神は心に知恵のある方、力の強い方。この神に対して頑なになって、だれが、そのままですむだろうか」と語っていました。ここでのツォファルのことばは、それを受けて語られたものだと思われます。彼はヨブに、神の考えの深さを理解することができるのか、おまえにはそんな知恵はない、と言いたいのです。

（2）ツォファルは、神の神秘的な知恵についてこう言います（8〜10節）。神の知恵は、①天よりも高い。②よみよりも深い。③地よりも長い。④海よりも広い。それゆえ、神が人を捕らえて裁かれるなら、神に抵抗できる人などいない。ヨブは天の法廷で神と争うことを願っているが、それは不可能なことだ。

（3）知恵に満ちた神は、悪を見逃すことはないと、ツォファルは言います（11〜12節）。ここで彼は、ヨブのことを「無知な人間」と呼んでいます。ヘブル語の「ナバブ」は、「中が空洞」、「何も入っていない」という意味です。ヨブが賢くなる可能性は、野ろばが人間を生む可能性よりも低いというのです（ろばは、最も愚かな動物と見なされていました）。

（4）ツォファルのことばは、ヨブに対する侮辱です。彼が神に関して語っている内容は、誰もが知っているこことですが、それを繰り返しても、ヨブには助けになるどころか、痛みを与えるだけです。

ツォファルのことば（3）
―悔い改めを迫ることば―

（1）ツォファルは、ヨブには何か隠している罪があるという前提で語っています。彼は、悔い改めこそ神との平和を回復する唯一の道だと言います（13～15節）。

（2）悔い改めは多くの祝福をもたらします。もしヨブが悔い改めれば、労苦を忘れ、その人生には再び喜びが戻って来るのだとツォファルは言います（16～17節）。

（3）さらにツォファルは、悔い改めれば、ヨブはそれ以外の祝福を体験するようになると主張します。その祝福とは、望み、平安、守り、安眠などです。恐れは消え去り、人々は再びヨブがリーダーになることを求めるようになるだろうが、もし悔い改めないなら、悲惨な結果が待っていると、ツォファルは迫ります（18～20節）。

（4）これで、論争の第1ラウンドが終わりました。3人の友人たちの助言は、ヨブにとってなんの助けにもなりませんでした。彼らが語る神の性質や特徴は合っています。しかし、ヨブが何かの罪を隠しているという判断は間違っています。彼らが理解していなかったのは、苦難の原因は罪以外にもあり得るという点です。「正しすぎる人」は、危険人物でもあることを覚えましょう。

ヨブ記12章

神は国々を栄えさせ、また滅ぼす。国々を広げ、また取り去る。地の民のかしらたちから良識を取り去り、彼らを道のない荒れ地の中でさまよわせ、彼らは光のない闇の中を、手探りで進む。神は彼らを酔いどれのようによろけさせる。

（ヨブ記12・23～25）

この章から、以下のことを学びましょう。（1）ここから論争の第2ラウンドが始まります。（2）ヨブは、友人たちが語っている神の性質については、自分のほうがよく知っていると主張します。（3）その上で、3人の友人たちはヨブよりも年長者なのに、ヨブほどには知恵が備わっていないと反論します。

3人の友人に対する反論

（1）12章からヨブとその友人たちの論争の第2ラウンドが始まります。ツォファルがヨブのことを「無知な人間」（ヨブ11・12）と呼んだので、ヨブは皮肉たっぷりにこう答えます。①あなたがたは自分こそ知者だ、自分が死ぬと知恵も死ぬと思っているが、それは違う。②事実、あなたがたよりも自分のほうがより多くの良識を持っている。③あなたがたが語ったことは常識的な知恵で、誰もが知っていることである。

（2）「私は、自分の友の笑いものとなっている。神を呼び求め、神が答えてくださった者なのに。正しく誠実な者が笑いものだ。……」（4～6節）。ヨブは、この状況は不公平だと訴えています。①かつて神に祈りを聞いてもらっていた自分が、理由もなく友人の物笑いとなっている。②安泰な者は苦しむ者を蔑み、苦痛を増し加えている。③神に反抗する者が平安に住み、偶像礼拝者でさえも安泰な生活を送っている。

（3）7～12節は、ツォファルのことばに対するヨブの反論になっています。①鳥、魚、獣などの自然界の生物は、皆あなたよりも知恵がある。彼らは、試練は神の手から来ることを知っている。そして試練は、必ずしも罪の結果ではない。②年長者には知恵が備わっているというのが一般の認識であるが、あなたたちのことばを聞いていると、それが必ずしも正しいわけではないことが分かる。
（4）自分はあらゆる問いへの答えを持っていると考えるのは、傲慢です。私たちの知るところは、ほんの一部です。

神の知恵と力

（1）ヨブの反論を要約すると、「あなたがたは神の知恵と力について語っているが、それなら、自分のほうがもっとよく知っている」ということです。
（2）ヨブは、神が指導者たちの運命を瞬時に変えることができるお方だということを認めています（13～16節）。神は、諸国の運命を逆転させることができるお方であり、知恵と力をもって自然界さえも覆すことのできるお方です。人が建てたものは壊され、獄舎に閉じ込められた人は出ることができません。
（3）ヨブは、すべての人は神の支配下に置かれており、高位にある人たちも例外ではないと言います（17～21節）。ここでは、助言者たち、裁く者たち、王たち、祭司たち、勢いある者、信頼されている者、長老たち、君主たち、力ある者たち、などが列挙されています。「助言者たち」というのは、ヨブの3人の友人に言及したことばでしょう（ヨブの皮肉）。神は、それらの人たちの知恵と力を取り去ることによって、ご自身の知恵と力を啓示されます。
（4）「闇から深みをあらわにし、暗黒を光に引き出す。神は国々を栄えさせ、また滅ぼす。国々を広げ、また取り去る。地の民のかしらたちから良識を取り去り、彼らを道のない荒れ地の中でさまよわせ、彼らは光のない闇の中を、手探りで進む。神は彼らを酔いどれのようによろけさせる」（22～25節）。①神はご自身の知恵により、人間には理解しがたいこと（暗黒）に光を当て、それを理解できるようにされます。②諸国の運命は神の手に握られており、神は国々を富ませたり、滅ぼしたりされます。③神は、諸国の指導者たちの知恵を取り去り、彼らを無知な者（酔いどれ）とされます。
（5）通常は、指導者には力が、年長者には知恵が備わっているのですが、神はその状況を逆転させることがあります。ヨブの3人の助言者たち（ヨブよりも年上）には、ヨブほどの知恵が備わっていません。私たちに関しては、パウロのことばを教訓として受け取りましょう。「自分は何かを知っていると思う人がいたら、その人は、知るべきほどのことをまだ知らないのです」（1コリ8・2）

ヨブ記13章

私には、咎と罪がどれほどあるのでしょうか。私の背きと罪を私に知らせてください。なぜ、あなたは御顔を隠し、私をあなたの敵と見なされるのですか。（ヨブ記13・23～24）

この章から、以下のことを学びましょう。（1）ヨブは、3人の友人たちは不正を言う者たちであると判断します。（2）彼は、神の法廷を想定し、神に直接訴える決意をします。これは命懸けの行為です。（3）ヨブは被告人として無罪を主張しますが、神は沈黙したままです。

ヨブの本当の願い

（1）この章でも、3人の友人に対するヨブの反論が続きます。ヨブは、友人たちが神について論じた内容を聞き、神の理解に関しては、自分は決して劣っていないと主張します（1～4節）。ヨブが本当に願っているのは、神との論争です。

（2）友人たちのことばは、彼ら自身の愚かさを示しているとヨブは言います。それゆえ、沈黙していたほうが「知恵」なのだと。彼らは、「ヨブは罪を犯した」と主張していますが、それは誤解です。神は、不正を言う者たちを裁かれます（後になってその通りのことが起こります。ヨブの友人たちは、神から叱責されます）。彼らの助言は、ヨブにはなんの役にも立たない「灰のことば」であり、「粘土の盾」です。

（3）「……見よ。神が私を殺しても、私は神を待ち望み、なおも私の道を神の御前に主張しよう。……自分が義とされることを私は知っている。だれか私と論争する者がいるのか。もしいるなら、今にも私は黙って息絶えよう」（15〜19節）。ヨブは、大胆にも神に直接訴える決意をします。それにはいのちの危険が伴いますが、それほどヨブの決意は固いのです。ヨブが大胆な行動を取る理由は、神が彼の主張を聞き届けてくださるかもしれないという希望があるからです。神に訴えるのは、ヨブが神を敬わないからではなく、むしろその逆です。ヨブは再度友人たちに、自分の訴えを聞いてほしいと願います。もし自分を論破できる者がいるなら、そのとき、自分は黙って死んでもよいとさえ言います。

神への訴え

（1）ヨブは、いのちの危険を冒しながら神に訴えかけます。彼は、2つのことを神に願います（20〜21節）。①御手を自分の上から遠ざけてほしい。②自分をおびえさせないでほしい。ヨブは、神の法廷を想定して語っています。彼は、被告人である自分には、恐れなく証言する権利が認められるべきだと考えています。

（2）「呼んでください。私が答えます。あるいは私に語らせ、あなたが返答してください。私には、咎と罪がどれほどあるのでしょうか。……なぜ、あなたは御顔を隠し、私をあなたの敵と見なされるのですか」（22〜24節）。「呼んでください。私が答えます」とは、自分は被告人として無罪を主張するということです。「あるいは私に語らせ、あなたが返答してください」とは、原告として神を訴えるということです。ヨブの熱心な訴えにもかかわらず、神は法廷に姿を現そうとはされません。神の沈黙は、神がヨブを敵と見なしている証拠のように思えます。

（3）「あなたは吹き散らされた木の葉を脅し、乾いた藁を追いかけられるのですか。実に、あなたは私に対し厳しい宣告を書きたて、私の若いときの咎を負い続けさせます。あなたは私の足にかせをはめ、私が歩む道をことごとく見張り、私の足の裏にしるしを刻まれます。そのような者は、腐った物のように朽ちます。シミが食った衣服のように」（25〜28節）。「木の葉」と「乾いた藁」は、ヨブ自身のことを表しています。神はヨブを脅し、追い回していると、ヨブは感じています。神は、ヨブの若い日の罪を思い出し、彼を罰しようとしているのでしょうか。少なくとも今は、このような試練に値する罪は犯していないというのがヨブの考えです。神がヨブの歩みを見張り続けるなら、ヨブの姿はカビで朽ち果てる衣服のようになってしまいます。これは、絶望のことばです。

（4）ヨブの祈りは、ある行動を起こすように神に迫るものです。しかし神は、私たちの指示で動かれるお方ではありません。私たちも、ヨブと同じ間違いを何度も犯してきました。試練の日には、私たちの信仰が試されていることを覚えましょう。神に命じるのではなく、神の御心が成るようにという祈りを献げようではありませんか。

ヨブ記14章

女から生まれた人間は、その齢が短く、心乱されることで満ちています。花のように咲き出てはしおれ、影のように逃げ去り、とどまることがありません。（ヨブ記14・1～2）

この章から、以下のことを学びましょう。（1）ヨブの感情は、自信と絶望の間を揺れ動きます。（2）ヨブは、人生のはかなさを覚えています。彼には、死後のいのちの希望がありません。（3）ヨブは、死後の苦痛には肉体的苦痛と精神的苦痛があると考えています。（4）これで論争の第2ラウンドにおけるヨブの最初の論述が終わりました。

ヨブの絶望

（1）13章で、ヨブは神に向かって訴えかけました。彼は、神の法廷で勝てるという自信に満ちて、自分の立場を弁護しました。しかし14章になると、彼の気分が激変します。彼は、自信から絶望へと揺れ動き、人生の不毛と死の確実性について、嘆きのことばを語ります。苦難の中に置かれた場合、このような感情の激変はよく起こることです。

（2）ヨブは、人間の生涯の特徴は2つあると言います（1～4節）。①人生には、心がかき乱されること（悩み、苦しみ）が多くある。②人生は、短い。人生の様子が、移ろいやすい花や影にたとえられます。そのような弱い人間を、神はいつも見張っておられます。そして、罪を犯した場合は、その人を裁きの座に連れ出されます。しかし、罪人である人間は、神が望まれるような「きよい物」を差し出すことができません。まさに、義人はひとりもいないのです。

（3）人生は短いだけではありません。その年月は、神が決めておられるのです（5～6節）。人間は、神が定めた限界を越えて生きることはできません。このような哀れな人間に対して神ができる最高のことは、人間から目を離し、無視することです。神の目を逃れることができたなら、雇い人（傭兵）のように、その日その日を楽しみ、ひと息つくことができるだろうとヨブは考えます。

死の現実

（1）植物界には、死と再生の繰り返しが見られますが（7～9節）、人間の場合は、死ぬと、水が蒸発するように地上から消え失せます（10～12節）。これは死後のいのちの可能性を否定したものではなく、地上でのいのちに言及したものです。この段階では、ヨブは肉体の復活の可能性を信じていませんが、その考え方は後になって変化します。

（2）よみ（死者が行く場所）は、ヨブにとっては、神の怒りから逃れる場所です。もし神が、ヨブがよみにいる時間を限定し、やがて復活させてくださるなら、ヨブはその時間を耐え抜くことができます。しかしヨブは、復活に関しては懐疑的です。彼は、「人は死ぬと、また生きるでしょうか」と問います。

（3）ヨブは、神が自分の罪に目をとめず、自分の咎を覆ってくださることを願っています（15～17節）。ここには、少しの希望が見えますが、次の箇所に入ると、すぐに絶望状態がやってきます。罪と咎が覆われるようにというヨブの希望は、イエス・キリストにあって成就しました。このことを私たちは知っています。

断たれた希望

（1）ヨブは、死は苦役からの解放であると語っています。人は、死が来ると過ぎ去って行きます。死の時には、生気にあふれていた顔が蒼白な顔に変わり、所有していたすべてのものは取り去られます。死んだ親は、子どもたちが尊敬されている姿を見ることができないし、子どもたちを励ますこともできません（21～22節）。

（2）ヨブは、死後の苦痛には肉体的苦痛と精神的苦痛があると考えています。肉体的苦痛とは、死体がうじ虫に食べられることによる苦痛です。精神的苦痛とは、別離と孤独によるものです。

（3）これで、論争の第2ラウンドにおけるヨブの最初の論述が終わりました。ヨブのことばは、彼が想像を絶する苦痛と絶望の中にいることを示しています（注・12章から14章を、第1ラウンドの最後に位置づける学者もいます。筆者は、この部分を第2ラウンドの始まりと考えて解説を行っています）。

（4）旧約聖書には、死後の復活に関する記述がほとんど出てきません。ここでのヨブは、死後の復活についてかすかな希望を抱き始めています(14節)が、それでも、死の現実の前に打ちひしがれています。私たちの場合は、そうではありません。私たちは、イエス・キリストの復活を聖書から教えられ、それを信じているからです。死はいのちに飲み込まれました。神との平和を持った私たちには、永遠のいのちの希望が与えられています。ハレルヤ!

ヨブ記15章

テマン人エリファズが答えた。知恵のある者は、むなしい知識によって答えるだろうか。東風で腹を満たすだろうか。(ヨブ記15・1~2)

この章から、以下のことを学びましょう。(1)エリファズの第2のことばには、ヨブに対する敵意が込められています。(2)エリファズは、依然として、ヨブは罪の裁きを受けていると主張します。(3)エリファズは、悪人に下る17の悪を列挙します。

エリファズの第2のことば(1)

(1)12~14章のヨブのことばに対して、再び3人の友人たちが反論を試みます。最初はヨブを慰めるために来た友人たちですが、第2ラウンドにおける彼らのことばには、敵意が込められています。彼らは、依然として、苦難は罪の結果与えられるものであるという神学的立場に固執しています。

(2)エリファズは、第1ラウンドでは、ヨブに対して一定の敬意を表しながら話していましたが、今回はそうではありません。彼は、ヨブのことばは東風（花や草を枯らす熱風）のようで、なんの役にも立たないと切り捨てます。

（3）さらにエリファズは、ヨブのことばは罪から出ており、それ自体が神の裁きに値するものだと主張します。また、自己弁護をしようとする姿勢そのものが、神が彼を裁く原因だと言います。エリファズのことばには、新しい要素が何もありません。そこに見られるのは、傲慢な態度です。

エリファズの第2のことば（2）

（1）エリファズは、もはやヨブの助言者ではなく、責め立てる者になっています。ヨブがエリファズのことばに納得しないので、エリファズはいらだっているのです。彼は、自分のことばを神のことばと同一視しています。なんという傲慢でしょうか。エリファズは、ヨブは理性を失ったと断定しています。

（2）エリファズは、正しい神学を語ります。「女から生まれた者は、すべて罪人である。それゆえ、自らの義を主張できる人はひとりもいないはずである。それなのに、ヨブは自らの無実を主張している」と。正しい神学も、適用を誤ると、人を傷つけるものになることを覚えましょう。

エリファズの第2のことば（3）

（1）エリファズは自分を権威づけるために、過去の知者たちの知恵を引用します。エリファズが語る知者の知恵とは、「悪者は苦しむ」ということです。悪者の生きる年数は、制限されています。

（2）エリファズは、悪人に下る17の苦難を列挙します。①「その耳には恐ろしい音が聞こえ」。ヨブは、恐ろしい知らせを聞きました（1・14〜19）。②「平和なときにも荒らす者が彼を襲う」。シェバ人とカルデア人が襲ってきました（1・15、17）。③「自分が闇から帰って来られるとは信じない」。暗黒（死のこと）を逃れ得るとは信じられないということです。④「いつも剣につけ狙われている」。暴力的な者は、逆に剣によって殺されるということです。⑤「食物を求めて、『どこにあるか』とさまよい歩き、闇の日が間近に用意されているのを知っている」。悪人は食物を求めてさまよいながら、同時に死の瞬間が迫っているのを知っています。⑥「苦難と苦悩は彼をおびえさせ、戦いの備えができた王のように彼を圧倒する」。ヨブは、神が人を打ち負かしたと語っていましたが（14・20）、エリファズは、人を打ち負かすのは神ではなく、罪人自身の悩みと苦しみであると指摘します。⑦「消し去られた町、人の住んでいない家に、瓦礫の山となるところに住む」（28節）。⑧「富むこともなく、自分の財産も長く持たず、それがもたらす収益は地に広がらない」（29節）。これは、ヨブの悲劇を思い出させることばです。⑨「闇から離れられず」（30節a）。⑩「炎がその若枝を枯らし」（30節b）。農作物は枯れます。これもまた、ヨブの悲劇への言及です。⑪「御口の息によって追い払われる」（30節c）。⑫「迷わされて、むなしいことに信頼するな」（31節a）。⑬「その報いはむなしい」（31節b）。⑭「彼の時が来ないうちに報いはなされ、その葉が緑になることはない」（32節）。邪悪な者は、寿命を全うする前に死にます。⑮「神を敬わない者の仲間には実りがなく」（34節a）。⑯「賄賂の天幕は火で焼き尽くされる」（34節b）。これもまた、ヨブの悲劇への言及です。⑰「害悪をはらみ、不法を産み、その腹は欺きを準備している」（35節）。

（2）不幸な人に関して、断定的な判断を下すのは大変危険なことです。自分が無知であることを常に意識しながら、謙遜に生きることを志しましょう。

ヨブ記16章

地よ、私の血をおおうな。私の叫びに休み場がないようにせよ。今でも、天には私の証人がおられます。　私の保証人が、高い所に。

（ヨブ記16・18〜19）

この章から、以下のことを学びましょう。（1）ヨブは、エリファズのことばに怒りを覚えます。（2）ヨブは、もし立場が逆なら、自分は良き助言者になるだろうと言います。（3）苦しみの中から、ヨブは神に訴えかけます。（4）ヨブは、神と自分の間に立つ仲介者を求めます。

ヨブの反論（1）―嫌悪感を覚えるヨブ―

（1）ヨブの友人たちは、同じ主張を繰り返すだけで、なんの助けにもなっていません。それどころか、彼らはヨブをして「人をみじめにする慰め手だ」（2節）と言わせるほどに、ヨブを苦しめています。ヨブは、エリファズの2回目のスピーチに対して、「むなしいことばには終わりがあるのか」（3節）と驚き、また怒りを覚えます。

（2）ヨブは、もしヨブと友人たちの立場が逆であったとするなら、自分は違った対応をすると言います。5節には、「この口であなたがたを強くし、唇による慰めを惜しまなかったことだろう」とあります。ヨブが言いたいのは、「自分が逆の立場に置かれたなら、あなたがたを責めることもできるが、そうはしないで、むしろあなたがたを慰める」ということです。確かにヨブは、そのような生き方をしてきました。苦しんでいる人に向かって、愛のない正論を吐いてはなりません。むしろ、ヨブが言うように、相手のことばに耳を傾け、良き理解者、助言者になるように心がけるべきです。

ヨブの反論（2）―苦悩するヨブ―

（1）ヨブの苦しみは、語っても、黙しても、和らぐことがありません。彼はその原因を神の怒りだとしています。神の怒りによって、彼は家族やしもべたちを失い、その体はやせ衰えました。ヨブの友人たちは、その哀れな姿が罪を犯した証拠だと言います。

（2）ヨブは神に訴えます。「神は、まるで野獣がするようにヨブを引き裂き、攻め、牙をむいた」（9節）と。さらに、「ヨブの友人たちは、まるで敵の兵士がするように、ヨブを罵倒し、頬を打って侮辱し、一団となって攻めてくる」（10節）と。

（3）ヨブは、自らの苦しみを次のように描写します。①「私は平穏でいたのに、神は私を引き回された。首筋をつかんで私を粉々にし、そうして、ご自分の標的とされた」（12節）。ヨブは再び神を野獣にたとえています。②「その射手たちは私を包囲した。神は私の腎臓を容赦なく射抜き、私の胆汁を地に流された」（13節）。ヨブは神を弓の射手にたとえています。ヨブは弓の的のようです。③「神は私を打ち、打ち破って、勇士のように私に襲いかかられる」（14節）。ヨブは最後に、神を戦士にたとえています。戦士たちは、ヨブをいくら打ち破っても、さらに攻撃を続けます。

（4）ヨブは、悲しみの象徴である粗布を身にまとっています。「角をちりの中に突き刺す」（15節）とは、戦いに敗れた獣の姿です。ヨブは、自分がなぜこのような苦難に遭っているのか理解できません。しかし、自分の義を主張するなら、それは神を偽り者とする行為です。私たちにとって大切なのは、いかに困難で不可解な状況にあろうとも、神は義なる方であることを信じ続けることです。

ヨブの反論（3）―ヨブの願い―

（1）ヨブは、地に向かって懇願しています（18節）。「私の血をおおうな」とは、ヨブが無罪であることを隠すなという意味です。次に彼は天に目を向け、天には証人、自分を保証してくださる方がいることを確信しています（19節）。ヨブの友人たちは、神の前でヨブを弁護してくれませんでした。それゆえヨブは、神と人の間に立って、とりなしをしてくれる方を必要としています。そして、神と人の間に立つ仲介者は、神と同じレベルのお方でなければなりません。

（2）「数年もたてば、私は帰らぬ旅路につくのですから」（22節）。ヨブは、死期が近いことを感じています。それゆえ、今すぐに仲介者が必要なのです。ヨブが願った弁護人は、イエス・キリストの予表です。新約時代に生きる私たちは、大祭司イエスが私たちのために執りなしをしていてくださることを知っています（ヘブ7・25）。主イエスだけが神と私たちの間に立つ仲介者です。

ヨブ記17章

どうか、私を保証してくれる人を　あなたのそばに置いてください。　ほかにだれか誓ってくれる人がいるでしょうか。（ヨブ記17・3）

この章から、以下のことを学びましょう。（1）ヨブは、神が自分に敵対していると思っています。（2）と同時に、神だけが自分のために弁護人を用意してくれるのは、神だけだということも知っています。（3）ヨブは、人々から物笑いの種にされました。（4）友人たちが、闇から光に変わるという希望を語っても、死期が近いことを感じているヨブの心には響きません。（5）ヨブの唯一の希望は、闇が支配する墓だけです。

ヨブの反論（4）
—ヨブの願いと知恵のない友人たち—

（1）ヨブの霊は、落胆で揺さぶられています。ヨブの目に映るのは、敵対的な友人たちだけです。彼にとっては、自分のものだと言えるのは、もはや墓場だけです。

（2）「どうか、私を保証してくれる人を　あなたのそばに置いてください。　ほかにだれか誓ってくれる人がいるでしょうか。あなたはあの者たちの心を　賢明さから引き離されました。　ですから、あなたが彼らを　高く上げられることはありません。その子分け前を得るために友の告げ口をする者。　その子らの目は衰え果てる」（3～5節）。ヨブは、神が自分に敵対していると思っています。と同時に、自分のために弁護人（保証する者）を置いてくれるのは、神だけだということも知っています。

（3）ヨブの友人たちは、神の義を擁護することで、何らかの利得（分け前）を得ようとする者たちです。ヨブは、そのような邪悪な友人たちの子孫の上に、神の裁き（盲目になること）が下るように求めています。

（4）人々は、ヨブのことを物笑いの種とし（ヨブの悲劇は格言のようになった）、彼の顔に唾しました。これは最大の侮辱です（6節）。彼の目は悲しみの涙でかすみ、彼の肉体は疲弊しました。義人なら、ヨブが受けている扱いを見て驚き、神を敬わない者（ヨブを責める者）に向かって憤るはずです。つまりヨブは、自分の友人たちは、義人ではないと言いたいのです（8～9節）。ヨブは最後まで、自分は神の前に正しいという主張を曲げません。

（5）ヨブは皮肉を込めて、「だが、あなたがたはみな　帰って来るがよい」と、語りかけます（10節）。彼らは、ヨブの罪を指摘することができないはずです。なぜなら、彼らの中には知恵ある者がいないからです。ヨブは、「私の日は過ぎ去り、　私の企て、私の心の願いも砕かれた」と、自分の残りの日々が少ないことを感じています（11節）。友人たちが、闇は光に変わるという希望を語っても、それは非現実的な励ましです。ヨブの唯一の希望は、暗闇が支配する墓です。そこでは、肉親よりもうじのほうが近くにいるのです。

（6）ヨブの友人たちは知恵ある者として知られていましたが、彼らには本当の知恵はありませんでした。彼らは人生の成功者となっていましたが、それが知恵あることの証拠ではありません。その反対に、苦難を通過しているからといって、知恵に欠けているわけでもありません。知恵は神からだけくるものです。神を見上げ、真の知恵を求める人は幸いです。

ヨブ記18章

西に住む者は彼の日について驚き恐れ、東に住む者は恐怖に取りつかれる。まことに、これが不正を働く者の住まい、これが神を知らない者の住む場所である。（ヨブ記18・20～21）

この章から、以下のことを学びましょう。（1）ビルダデは、第1のスピーチと同じ内容を繰り返します。（2）ビルダデは、自分たちのことばに耳を傾けてくれとヨブに語りかけますが、これは一方的な願いです。（3）ビルダデは、容赦のないことばを使って、悪人が受ける裁きの厳しさを語ります。問題は、それがヨブには当てはまらないことです。（4）ヨブは、それ以外の説明を神に求めています。

ビルダデの第2のスピーチ（1）
知恵のない友人たち

（1）ビルダデの第2のスピーチが始まります。彼は、エリファズ（年長者）がすでに語った内容と同じことを繰り返します。彼の神学もまた、苦難は罪の結果だというものです。

（2）エリファズへのヨブの反論を聞いていたビルダデは、激しくヨブを叱責します。ヨブは、エリファズが2度もヨブを攻撃したことに驚いていましたが、ここではビルダデが、ヨブはいつ口を閉ざすのかと不思議がっています（2節）。

（3）「なぜ、私たちは獣のように見なされ」というビルダデの抗議は、ヨブ記12章7～9節のヨブのことばに対するものです。ヨブは、獣たちのほうが3人の友人たちよりも知恵があると語っていました。ヨブは16章で、自分は神の怒りによって引き裂かれたと語っていましたが、ビルダデは、「ヨブは自分自身の怒りによって自分を引き裂いているのだ」と忠告します。またビルダデは、神はヨブだけのために現実を変更されるだろうかと問います。つまり、そういうことはあり得ないという意味です。ヨブだけのために地が見捨てられたり、岩が移されたりすることはないのです（これは、ヨブ記14章18節のヨブのことばに対する反論です）。

（4）ビルダデの論点を要約すると、「ヨブよ、口を閉ざして私たちの言うことに耳を傾けよ。私たちの言うことが理解できたなら、有意義な会話が可能になる」というものです。この助言は、3人の友人たちにそのまま当てはまります。この段階では、ヨブも3人の友人たちも、黙って耳を傾ける準備ができていません。しかし神は、ヨブが神のことばに耳を傾けることができるように、彼の心を整えておられました。

ビルダデの第2のスピーチ（2）悪人の運命

（1）ビルダデは、容赦のないことばを口にします（5～12節）。要約すると、次のとおりです。①悪しき者の光は消え失せる。ともしびは繁栄と幸福の象徴ですが、それが消えるとビルダデは言います。②悪人の悪巧みはブーメランのように戻ってきて、健康を奪う。③危険は悪人を待ち伏せしている。網、網目、罠、仕掛け網、縄、罠（仕掛け罠）などの単語が、危険を表現する比ゆ的ことばとして使用されています。ヘブル語の同義語が6つも並べられていますが、これは旧約聖書では最高の数です。④ヨブが何をしようとも、最後は災いが彼を捉える。⑤ヨブは恐れ、その精力は衰え、ついにつまずく。

ヨブの心境を思い出す必要があります。人間には、分からないことが多くあります。苦難の中でも、神に信頼を置く人は幸いです。

（2）さらに、ビルダデの配慮のないことばが続きます（13～21節）。①「わざわいは彼の皮膚を食らおうとし、死の初子がからだを食らおうとする」（13節）とは、ヨブの皮膚病への言及です。皮膚病が進むと死に至りますので、それは死の初子です。②悪者は天幕から引き離され、「恐怖の王」（死のこと）のもとに追いやられる。③彼の天幕は焼かれ、その上に別の人が住むようになる。④彼は子を残すことなく死に、よみ（硫黄）に住む彼のことを思い出す人もいなくなる。自分の名が絶えるというのは、中東では大変な悲劇です。⑤どこに住む人でも、悪者の最期を見て、恐怖に取りつかれる。

（3）ビルダデの結論は、「まことに、これが不正を働く者の住まい、これが神を知らない者の住む場所である」（21節）というものです。悪者の運命に関するビルダデのスピーチは、まさにその通りですが、問題は、それがヨブには当てはまらないという点です。ヨブの心境は、「神は何かの理由で自分を苦しめておられるが、その理由が何かをまだ説明しておられない」というものです。クリスチャンとして「苦難の問題」に対処しようとするとき、常に

ヨブ記19章

私の皮がこのように剝ぎ取られた後に、私は私の肉から神を見る。この方を私は自分自身で見る。私自身の目がこの方を見る。ほかの者ではない。私の思いは胸の内で絶え入るばかりだ。
（ヨブ記19・26〜27）

この章から、以下のことを学びましょう。（1）ヨブは、今の悲劇を説明する方法がないので、神の責任を問います。（2）またヨブは、孤独という問題を抱えています。（3）霊的に最低の所に下ったヨブは、突如、新しい希望を告白するようになります。（4）ヨブは、将来「贖う方」が地上に立ち、自分の無罪を証明してくださるとの確信を持ちます。

ヨブの反論（1）――3人の友人たちへの敵意――

（1）3人の友人たちは、一方的な論法で、延々とヨブを責め立てました。それに対してヨブは、もし自分が誤って罪を犯したとしても、それは自分の問題なのだと反論します。さらに、3人の友人たちは優越感を覚えながら自分を責めているが、それは間違っていると指摘します(5節)。ヨブの見解では、自分を苦しめているのは神なのです。

（2）ヨブは、神の責任を問います。そうする以外に、今の悲劇を説明する方法がないからです。だからと言って、ヨブの行為が正しいわけではありません。私たちの人生においても、「黙すること」が最善の策となる状況がやってきます。

ヨブの反論（2）――神への敵意――

（1）「見よ。私が『暴虐だ』と叫んでも、答えはなく、叫び求めても、さばきは行われない」(7節)。ヨブは神に痛めつけられたと感じています。そして、助けを求めても神が沈黙しておられることに、さらなる痛みを感じています。

（2）ヨブは、神の敵対的な行為を8つ挙げます。①神は、ヨブの道をふさがれた。②神は、ヨブの道に闇を置かれた。③神は、ヨブの頭から栄光（地位と尊敬）を取り去られた。④神は、建物が倒されるようにヨブを打ち倒された。⑤神は、木を根こそぎ抜くようにヨブの希望を取り去られた。⑥神は、ヨブに向かって怒っている。⑦神は、ヨブを敵のように見なしておられる。⑧神は、軍勢を送り、傾斜路を築き上げて陣を敷き、ヨブを包囲された。ヨブが神の敵対行為を8つも列挙した理由は、ビルダデが悪者に下る苦難を多数挙げていたからです。

（3）ヨブが抱えているもう1つの問題は、孤独です。彼は、兄弟たち（恐らく同僚たち）や知人たちから見放されました。親戚や親友たちもヨブを訪ねて来なくなり、家の雇い人たちでさえも、ヨブに横柄な態度を取るようになりました。妻もまたヨブを嫌っています。幼児までがヨブを蔑むようになりました。孤独感に加えて、肉体の痛みの問題があります。ヨブの体は、骨と皮と歯ぐきだけとなりました。ヨブは、3人の友人たちに向かって、神が自分を打たれたのだから、自分の痛みに対して同情心を示してほしいと願います。

ヨブの反論（3）―信仰のほとばしり―

（1）ヨブは、霊的にも感情的にも最低の所に下ります。しかし、どん底に置かれたとき、彼は霊的上昇気流に乗り、新しい希望を告白するようになります。ヨブは、自分のことばが永遠に記録されることを願います。将来の世代が書かれた記録を読み、ヨブが無罪であることを知るようになるためです。

（2）「私は知っている。私を贖う方は生きておられ、ついには、土のちりの上に立たれることを」（25節）。ヨブは、自分は死んでも神は生き続けることを知っています。さらにヨブは、将来「贖う方」が地上に立ち、ヨブの無罪を証明してくださるとの確信を持ちます。「贖う方」とは、弁護する者、贖いの権利のある親戚などを指します（レビ25・23～25、ルツ3・9、箴23・10～11、エレ50・34など参照）。

（3）「私の皮がこのように剥ぎ取られた後に、私は私の肉から神を見る」（26節）。これは、肉体の復活の希望を告白したものです。旧約聖書では、復活の教理は明白には教えられていませんが、ここでヨブは復活信仰を表明しています。ヨブは、永遠に神とともに住むようになることを確信し、この確信を得た彼の心は、感動で震えます。

（4）もしヨブの友人たちがヨブを責め続けるなら、彼らこそ神の裁きを恐れるべきです。神はヨブを弁護し、友人たちの罪（無実のヨブを責めたこと）を必ず裁かれるからです（28～29節）。

（5）絶望の中から信仰の高嶺に飛躍したヨブの信仰に注目しましょう。神は生きておられます。どんなときでも、神を恐れることを学びましょう。そのような人は、最後に勝利者となります。

ヨブ記20章

あなたは確かに知っているはずだ。昔から、人が地の上に置かれてから、悪しき者の喜びは短く、神を敬わない者の楽しみは束の間だ。
（ヨブ記20・4～5）

この章から、以下のことを学びましょう。（1）3番目の友人ツォファルは、最も辛辣なことばを口にします。（2）彼は、悪者の栄えは一時的だと論じます。これは正論ですが、ヨブに適用すべきものではありません。（3）ヨブの苦しみは、悪者がたどる運命に似ています。それゆえツォファルは、ヨブは罪を犯していると断じます。（4）ツォファルは神の怒りについて語りますが、怒っているのは、彼自身です。

ツォファルの第2のスピーチ（1）
―悪者の栄えは一時的―

（1）ツォファルの第2のスピーチは、ヨブの友人たちのスピーチの中で最も辛辣なものです。彼は、ヨブの反論を聞いて怒りに燃えます。黙っておれなくなった彼は、ヨブが財産を失ったのは貧者を搾取したからだと主張し、ヨブを罵倒します。

（2）「あなたは確かに知っているはずだ。　昔から、人が地の上に置かれてから、悪しき者の喜びは短く、　神を敬わない者の楽しみは束の間だ」（4～5節）。ツォファルは、ヨブはなんでも知っていると主張しているのだから（ヨブはそんなことは言っていない）、悪人の運命についてもよく知っているはずだと言います。人が創造されて以来、悪しき者の栄華が一時的であることは定まっています。

（3）「たとえ、その者の高ぶりが天にまで上り、その頭が濃い雲にまで達しても、……」（6～9節）ツォファルは、ヨブの傲慢（高ぶり）を指摘しますが、そう言う彼のことばそのものが傲慢です。彼の語った内容は次のようなものです。①悪人は、成功して雲に至るほど高くされたとしても、すぐに糞のように地に落とされ滅びる。②悪人は、夢が消え去るようにいなくなり、夜の幻のように追い払われるだろう。そして彼を知っている者たちが彼を訪ね探しても、その姿は跡形もなく消え失せてしまうだろう。

（4）「彼の子らは貧しい人たちにあわれみを乞い、　彼は自分の手で、自分の富を元に戻す。彼の骨は若さに満ちていても、　彼とともに土のちりの上に横たわることになる」（10～11節）。新共同訳は、10節をこう訳しています。「その子らは貧しい人々に償いをし　子孫は奪った富を返済しなければならない」。これは、ヨブが貧しい者たちから不正の富を得ていたという言いがかりです。

（5）ツォファルがヨブを責めるのは間違っていますが、「悪人の栄えは一時的である」という主張は当たっています。私たちが心にとめるべきは、悪人に対する神の裁きは地上生涯の間だけでなく、死後も続くということです。神を恐れ、神とともに歩む人こそ、義人です。

ツォファルの第2のスピーチ（2）
—悪人の没落—

（1）ツォファルはこう言います。悪人は、悪によって得た富を「好物のお菓子」のように感じ、それを自分の内にとどめるが、そのような悪徳によって得た富は、長続きしないと（12～16節）。

（2）悪人が努力して集めた富は、すぐになくなります。なぜなら、それは他人のものを略奪した結果だからです（17～19節）。

ツォファルの第2のスピーチ（3）―神の怒り―

（1）「彼の腹は満足することを知らないので、欲しがっている物を、何一つ逃さない。彼が食べるためのものは何も残っていない。それゆえ、彼の繁栄は長くは続かない。彼は、豊かさが満ちるときに苦境に立たされ、労苦する者の手がことごとく彼に押し寄せる。……」（20～23節）。悪人の欲望は際限ないものですが（これはヨブに対する不当な糾弾）、いくら富を蓄えても、彼の繁栄は長続きしません。繁栄を楽しんでいるその瞬間に、神の怒りが彼の上に下ります。

（2）悪人が神の怒りから逃れようとしても、それは無理です。もし、鉄の武器を免れたとしても、次は青銅の弓が彼を射抜き、そして、恐怖、闇、火が彼の富を食い尽くします。ヨブが願うように、神は悪を裁くことによってご自身の義を証明されます。それが、悪人が受けるべき相続財産です（24～29節）。

（3）ヨブが経験していることは、悪人がたどる運命に似ています。それゆえツォファルは、神がヨブの悪を裁いておられるのだと断じているのです。ツォファルは、神の怒りについて語っていますが、怒っているのは彼自身です。神の御名を利用して自らの怒りをぶちまけたり、聖句を用いて人を裁いたりしてはなりません。

ヨブ記21章

ヨブは答えた。私の言い分をよく聞いてくれ。それを、あなたがたから私への慰めにしてくれ。
（ヨブ記21・1～2）

この章から、以下のことを学びましょう。（1）ヨブは、友人たちが自分のことばに耳を傾けてくれることを願います。（2）また、友人たちが自分の顔を直視してくれることを期待します。（3）ヨブは、富や健康は、人の性質を判断する基準にはならないと主張します。神の基準は、人間の理解を超えたものです。

ヨブの反論（1）―沈黙は金―

（1）ヨブは友人たちに、自分のことばに耳を傾けてほしいと懇願します。もし聞いてくれるなら、それが自分にとっての慰めとなるというのです。この要望は、一般原則としても重要です。

（2）「まず、この私が話すのを許してくれ。私が話し終わってから、あなたは嘲るがよい」（3節）。これは、友人たちではなく、ツォファル個人への語りかけです（「嘲る」という動詞が、単数形になっている）。まず自分の話を聞いてほしい。その後で、あざけりたいなら、いくらでもそうするがよい、というのです。これは、ヨブの皮肉です。

（3）ヨブは、友人たちが自分の顔を見てくれることを期待しています（5節）。しかし彼らは、ヨブの惨状から目をそらしたまま、ことばだけでヨブを説得しようとしています。もし彼らがヨブの変わり果てた姿を直視したなら、口に手を当て、沈黙するしかないはずです。

（4）ヨブは、自らの惨状を思うたびに恐怖に襲われ、精神的にも肉体的にも崩壊寸前の状態になっています（6節）。ヨブは、友人たちにも同じ体験をしてほしいのです。そして、ヨブの惨状に対して、少しは同情心を持ってくれることを期待しています。

ヨブの反論（2）―生きながらえる悪者―

（1）ツォファルは、悪者の繁栄は一時的なものだと主張しましたが、ヨブはその見解に疑問を呈します。悪者は、いつまでも栄え、長寿を全うするのではないかと(7～9節)。また、彼らの子孫は増え、いつまでも繁栄を享受し続けます。このことから判断すると、神の裁きが彼らの上に下っているとは思えません。

（2）悪者は神をあざけり、信仰者に挑戦します(14～15節)。彼らは、神に祈ればどんなご利益があるのかと、皮肉交じりに問います。彼らは不信仰な者たちですが、それでも祝福を受けています(16節)。

（3）ヨブの結論は、人生の清算は、この地上で完結するものではないということです。地上では、悪者が栄え、義人が苦しむこともあるのです。

ヨブの反論（3）―悪者の死―

（1）ビルダデは、悪者は呪いと失意の中で死んでいくと主張していましたが（18・5、12参照）、ヨブは、現実的にはそうはなっていないと主張します。

（2）次にヨブは、「神の裁きは、本人ではなく、その子どもたちの上に下る」という反論を予想して、こう答えます。「神がそのような者の子らのために、わざわいを秘めておられるというのか。その人自身が報いを受けて、思い知らなければならないのだ」（19節）。つまり、裁きは罪を犯した本人の上に下らなければ正義ではないということです。

（3）神の行動は、ヨブの友人たちの神学の枠内に収まるものではありません。悪者が繁栄のただ中で安楽な死を遂げることもあれば、善人が苦悩のうちに死ぬこともあるのです。つまり、富や健康は、人の性質を判断する基準にはならないということです。

ヨブの反論（4）―繁栄の中での死（27～34節）―

（1）ヨブは再び、友人たちの反論を予想して回答します。友人たちは、「では、繁栄を謳歌した悪者が、どこにいたというのか」とヨブに尋ねるでしょう。それに対する答えは、「あなたがたは道行く人たちに尋ねなかったのか。彼らの証しをよく調べたことはないのか」（29節）というものです。旅する人というのは、裕福な人たちです。彼らは悪者であっても、悲劇に遭遇することがないとヨブは言います。悪者は長生きし、死んだときには手厚く葬られます。その墓には見張りが置かれ、葬送の列には多くの人々が参加します。

（2）人生の成功の基準は、富ではありません。私たちは、外面的な成功の先にある霊的実態に目を向ける必要があります。神と調和して生きる人こそ、人生の成功者です。ヨブにとっては、友人たちの慰めのことばは欺きにすぎません。悲しむ者を慰めようとする者は、その者の声に耳を傾け、自分には答えがないことを告白すべきです。寄り添うことこそ、最高の慰めです。

ヨブ記22章

さあ、あなたは神と和らぎ、平安を得よ。そうすれば幸いがあなたのところに来るだろう。神の口からみおしえを受け、そのみことばを心にとどめよ。（ヨブ記22・21～22）

この章から、以下のことを学びましょう。（1）神は不義だと主張することばに耐えられなくなったエリファズは、ヨブの罪を激しく責め立てます。（2）エリファズはヨブの罪を列挙しますが、すべて的外れです。（3）エリファズは、悔い改めるなら祝福が与えられると約束しますが、ヨブには関係のないことばかりです。

エリファズの3度目のスピーチ（1）
―神の無関心とヨブの罪―

（1）エリファズの3度目のスピーチが始まります。エリファズは、人が賢くても正しくても、それは神には関係のないことだと言います。ある人が繁栄し、別の人が貧しくなっても、それは神になんの影響も与えません。それゆえ、人はそれを人生の現実として受容するしかないのです。つまりエリファズは、神は不義だと主張することばに耐えられないのです。そう述べた上で、エリファズはヨブの罪を厳しく責め立てます（5節）。

（2）次にエリファズは、ヨブの罪を具体的に指摘します。①同国人から上着を担保に取った場合は、夜までにそれを返さなければなりません（出22・26～27、申24・10～13）。エリファズは、ヨブはそうしていなかったと言うのです（6節）。エリファズは、ヨブは裕福で貧者を助ける力があるのに、そうしなかったと糾弾します（7節）。②さらにエリファズは、ヨブはやもめやみなしごを搾取したと言いがかりをつけます（8～9節）。③最後に

（3）エリファズは、証拠も示さずにヨブを断罪しています。エリファズの問題は、自分の神学に合うように事実を曲げて論じていることです。

エリファズの3度目のスピーチ（2）
―ヨブの傲慢―

（1）エリファズは、「ヨブは傲慢にも、濃い雲が神をおおっているので神は正しい裁きを行うことができないと主張したが、それは間違っている」と、ヨブを叱責します（12～14節）。しかしヨブは、そんなことは言っていません。むしろヨブは、神はすべてをご存じだと考えています。それゆえ、悩んでいるのです（7・17～20、14・6参照）。傲慢なのは、ヨブではなくエリファズです。

（2）またエリファズは、もしヨブが昔からの悪人（ノアの時代の罪人たち）の道を歩き続けるなら、滅びを招くと警告します（15～18節）。かつて彼らは神に挑戦し、神の裁きをあざ笑いました。

（3）「正しい者は見て喜び、潔白な者は彼らを嘲って言う。『まことに、私たちに向かい立った者は滅ぼされ、悪人どもが残した物は火が焼き尽くした』と」（19～20節）。悪人が破滅するのを見て、正しい者は喜びます。神の正義が行われたからです。悪人の中にはヨブが、正しい者の中にはエリファズを初めとする3人の友人たちが含まれています。

エリファズの3度目のスピーチ（3）
―悔い改めの勧め―

（1）エリファズは、ヨブが為すべきことを列挙します。①「神に従い、神と和解しなさい」（新共同訳）。②神の教えを受け入れること。③神の教えを心にとめ、それを実行すること。④全能の神に立ち返ること。⑤不正から遠ざかること。⑥富に頼るのをやめること。ここでも、エリファズはヨブが行っていないことを糾弾しています。

（2）もしヨブが以上の条件を満たすなら、神は彼を祝福されるとエリファズは言います。祝福の内容は、次の通りです。①繁栄（21節）。②神との交わりの回復（23節）。③全能者が黄金となり、尊い銀となる。つまり、全能者への信頼が増すということ。④全能者がヨブの喜びとなる。⑤全能者を礼拝するようになる。⑥祈りが聞かれる。⑦誓いを果たしたいという願いが起こる。⑧計画したことが成功する。⑨貧しい者、苦難の中にいる者を助けられるようになる。⑨清い心から生まれる執りなしの祈りによって、罪人も救われるようになる。

（3）これで、エリファズの最後のスピーチが終わりました。ここで彼が論じている内容は、まさに真理です。悔い改めた罪人は、神からの祝福を受けることができます。しかしエリファズの間違いは、この真理をヨブに適用したことにあります。ヨブは義人です。それゆえ、自分が経験している苦しみを理解することができないのです。私たちの場合も、苦難の中にいる人にみことばを示す際には、十分な注意が必要です。間違って適用された真理のことばは、人を傷つけるからです。

ヨブ記23章

しかし、みこころは一つである。だれがその御思いを翻せるだろうか。神はご自分が欲するところを行われる。（ヨブ記23・13）

この章から、以下のことを学びましょう。（1）ヨブは、自分が経験している不条理な出来事について思索します。（2）ヨブは必死になって神を捜していますが、神は沈黙したままです。ヨブには、自分の立場を主張できる機会がありません。（3）ヨブは自分の無罪を主張すると同時に、主権者である神を恐れます。

ヨブの反論（1）

―神を見いだしたいという願望―

（1）エリファズの第3のスピーチに対するヨブの反論が始まります。ヨブは、理不尽な糾弾に対する反論を先延ばしにして、ここでは2つの問題について考えています。①自分が経験している不条理な出来事について。②信仰者一般が経験する不条理な出来事について。

（2）「今日もまた、私の嘆きは激しく、自分のうめきのゆえに私の手は重い」（2節）。依然としてヨブは、神の御手が重くのしかかり、いくら嘆いても状況は改善しないと訴えています。

（3）3人の友人たちはヨブに、神に立ち返れと助言していました。ヨブはそうしたいのですが、どこで神に会えるかが分からないのです。ヨブは、神に会って自分の訴えを並べ、神の回答がどのようなものであるかを知りたいと願っています（3～5節）。

（4）「神は強い力で私と争われるだろうか。いや、むしろ私に心を留めてくださるだろう。そこでは正直な人が神と論じ合うことができ、私は、とこしえにさばきを免れるだろう」（6～7節）。ヨブは、正しい人なら神と論じることは許されるはずだと信じています。神と論じることができさえしたなら、神は自分を苦しみから永遠に解放してくださるはずだと、ヨブは考えています。

（5）ヨブは必死になって神を捜していますが、神は沈黙したままです。神が法廷に姿を見せない限り、ヨブには自分の立場を主張できる機会がありません（8〜9節）。

ヨブの反論（2）―無罪の宣言―

（1）「しかし神は、私の行く道を知っておられる。私は試されると、金のようになって出て来る」（10節）。もし神が法廷に姿を現し、自分の行状を調べてくださるなら、自分は無罪の宣告を受けるだろうと、ヨブは考えています。「金のようになって出て来る」とは、無罪判決を受けることです。神は、ヨブの歩みをすべてご存じなので、正しく裁かれるはずなのです。

（2）「私の足は神の歩みにつき従い、神の道を守って、それたことがない。私は神の唇の命令から離れず、自分の定めよりも神の口のことばを蓄えた」（11〜12節）。ヨブは、自分は神の道を守り、そこからそれたことはなかったと主張します。また、自分の考えではなく、神のことばを心に蓄え、それを実行してきたと訴えます。このようにして、ヨブは再び自らが無罪であることを強く主張します。

ヨブの反論（3）―神の主権―

（1）「しかし、みこころは一つである。だれがその御思いを翻せるだろうか。神はご自分が欲するところを行われる。神は、私について定めたことを成し遂げられる。神にはそのような多くの定めがあるからだ」（13〜14節）。神は法廷で神と論じるという考えに恐れを覚え、後ずさりします。神は不変で、ご自身の御心を行われるお方です。神は、ヨブのために立てている計画を変更することなく、必ず成就されます。

（2）「それで私は、神の御前でおびえ、思いを巡らして、神を恐れているのだ。神は私の心を弱くされた。全能者が私をおびえさせられたのだ。しかし、闇によって私が黙らされることはない。私の顔が暗黒におおわれていても」（15〜17節）。神はつかみどころがないお方であり、主権を持ったお方です。その認識が、ヨブをおびえさせます。ヨブの心が弱くなったのは、エリファズが言うような罪のゆえではなく、神の絶対的な主権のゆえです。闇と暗黒がヨブを覆っていますが、それでも彼は沈黙することがありません。

（3）神を恐れることは人間として正常な反応です。その私たちのために、主イエスは犠牲の死を遂げ、救いの道を開いてくださいました。主イエスを救い主と信じる者は、恐れなく神の御座に近づくことができます。「ですから私たちは、あわれみを受け、また恵みをいただいて、折にかなった助けを受けるために、大胆に恵みの御座に近づこうではありませんか」（ヘブ4・16）。

ヨブ記24章

なぜ、全能者に時が隠されていないのに、神を知る者たちには神の日々が見られないのか。
（ヨブ記24・1）

この章から、以下のことを学びましょう。（1）ヨブの苦悩の原因の1つは、悪者が義人よりも栄えているという点にあります。（2）悪者は勝手気ままに生きていますが、神は彼らを裁くことに無関心であるかのように見えます。（3）しかしヨブは、悪者も義人も、時が来るとともに滅びるという事実に気づきます。（4）ヨブは、この見解こそ現実と調和したものだという確信を得ます。

ヨブの反論（3）―罪人の裁きに無関心な神―

（1）ヨブは、もし裁きの日があらかじめ告知されているなら、人々の当惑は軽減されるだろうと言います。では、裁きに関して、神は無関心なのでしょうか。ヨブの苦悩の原因の1つは、悪者が義人よりも栄えているという点なのです。

（2）ヨブは言います（2～8節）。①人々は土地を盗んでいる（地境を動かしている）。②家畜を盗んでいる。③みなしごとやもめの持ち物を奪っている。④貧しい者を道から押しのけ、物乞いができないようにしている。⑤抑圧された者たちは、衣食住のすべてにおいて欠乏状態にある。

（3）さらにヨブは言います（9～12節）。①人々は、父親のいない幼子を母親からもぎ取っている（借金の弁済に充てるため）。②貧しい者たちは、重労働に就かされている。麦束を運んだり、オリーブ油を搾ったり、踏み場でぶどうを踏んだりしているが、そこから利益は得ていない。③町の中においても、人々は助けを求めてうめいている。しかし神は、その叫びに無関心を装っておられる。

（4）次にヨブが列挙するのは、夜に悪を行う者、暗闇に紛れて罪を犯す者たちです。人殺し、盗人、姦通する者などがそれです。しかし神は、人目に隠れた悪者たちの裁きについても無関心であるかのように見えます。

ヨブの反論（4）
―悪者は必ず裁かれるという確信―

（1）この箇所でのヨブのことばは、今まで彼が語ってきた内容と矛盾するように見えます。今まで彼は、神は裁きに無関心だと言っていましたが、ここでは、神の裁きは確実にくると述べているからです。しかし、これは矛盾ではなく、最終的なヨブの確信を表明したものです。ヨブの論点は、悪者も正しい者も、ともに苦しんだり、栄えたりするということです。これは、3人の友人たちの論点とは正反対のものです。

（2）「彼のような者は水の面をすばやく通り過ぎ、彼らの割り当て地はその地でのろわれる。だれも彼らのぶどう畑の道に向かわない」（18節）。悪者の栄えは一時的なもので（水面の泡のように）、その土地は呪われているので、ぶどう畑に実がなることはありません。

（3）「日照りと暑さは雪解け水を、よみは罪を犯した者を奪い去る。母の胎は彼を忘れ、うじ虫は彼を好んで食べる。彼はもう思い出されることはない。不正な者は木のように折られる」（19～20節）。

夏の暑さが雪解け水を奪うように、よみは悪者の命を飲み込んでしまいます。そして悪者が死ぬと、母親でさえも彼のことを忘れ、彼の体はうじに食べられ消えてしまいます。大木が嵐で根元から折れるように、悪者も突然その命を終えます。

（４）「彼は、子を産まない不妊の女を食いものにし、やもめに良くしない。彼は力をもって、権力者たちを引きずり降ろす。彼自身は台頭するが、自分にいのちのあることが信じられない。神が彼に安全を与えるので、彼は支えられる。しかし、神の目は彼らの道の上に注がれる」（21～23節）。やめを苦しめる者は、神の裁きに遭いますが、しばらくの間、神は彼を生かしておかれます。彼は、生きる望みがないときでも起き上がります。神の支えがあるからです。彼は安らかに住まいますが、神は彼の道を見張っておられます。

（５）３人の友人たちが言うように、悪者がすぐに滅びるわけではありません（24～25節）。しかし、繁栄の絶頂にあった者（麦の穂先のように）も、他のすべての者と同じように「よみ」に下ります（麦が駆り集められるように）。ヨブは、３人の友人たちの見解ではなく、自分の見解こそ現実と調和していると主張します。

（６）悪者であってもすぐに滅びないのは、神の忍耐のゆえであると解釈すべきです。神は、ひとりでも多くの人が悔い改めることを待っておられます。人は、神の忍耐を軽んじてはなりません。

ヨブ記25章

人はどうして神の前に正しくあり得るだろうか。女から生まれた者が、どうして清くあり得るだろうか。（ヨブ記25・4）

この章から、以下のことを学びましょう。（1）ビルダデは、ヨブに反論する力が尽きたので、神の偉大さというテーマを前面に出します。（2）ビルダデは、罪ある人間の議論のむなしさを示そうとしています。(3)ヨブは、そのようなことはすべて知っています。ビルダデのことばは、ヨブにとってなんの役にも立ちません。

ビルダデの3回目のスピーチ
―ことばが尽きたビルダデ―

（1）ビルダデの3回目のスピーチは、大変短いものです。つまり、ヨブに反論することばが尽きてしまったということです。

（2）このスピーチでは、今まで見られたようなヨブのことば数の多さを指摘する論調が消えています。それに代わって、神の偉大さというテーマが前面に出ています。これは、法廷で神と論じたいというヨブの願いを否定するため出てきた変化です。

（3）ビルダデは、神の主権、高き所での臨在、軍勢の数、すべてを照らす光などのテーマを取り上げています。それによって、罪ある人間の議論がいかにむなしいかを示そうとしているのです。

（4）「人はどうして神の前に正しくあり得るだろうか。女から生まれた者が、どうして清くあり得るだろうか。ああ、神の目には　月さえ輝きがなく、星も清くない。まして、うじ虫でしかない人間、虫けらでしかない人の子はなおさらだ」（4～6節）。ビルダデは、女から生まれた者が神の前に清く正しくあることは不可能だと論じます。至高者である神の目からは、月や星でさえも清くないのです。ましてや、ちりから造られたに過ぎない人間が、神の目に正しいということはあり得ないのです。

（4）ビルダデのことばは、ヨブにとってはなんの助けにもなりません。ヨブはすでに、神が至高者であり、すべての権威を持っておられることを表明していました。さらに、人間は普遍的に罪人であることも認めていました。一番の問題は、ビルダデに愛がないことです。彼は、ヨブへの同情心を一切示していません。また、ヨブのために祈ることもしていません。苦難の中にいる人の助けになりたいと思うなら、聞く耳、同情心、謙遜な心、励ましのことば、祈りのことばなどが必要となります。

ヨブ記26章

見よ、これらは神のみわざの外側にすぎない。私たちは神についてささやきしか聞いていない。御力を示す雷を、だれが理解できるだろうか。
（ヨブ記26・14）

この章から、以下のことを学びましょう。（1）ビルダデに対するヨブの反論は、ヨブ記の中で最長のスピーチとなります（26～31章まで続く）。（2）ヨブは、自分に知恵がないことを認めた上で、ではあなたはどのようにして困っている人を助けたのかと、ビルダデに問います。（3）ヨブは、宇宙の神秘を前にしたとき、人間は沈黙するしかないと論じます。（4）ヨブの友人たちは、ことば数が多いだけで、ヨブの助けにはなっていません。

ヨブの反論（1）―自然界に現れた神の威光―

（1）ビルダデの3回目のスピーチ（25章）は、ヨブ記のスピーチの中で最も短いものでした。それに対して、ヨブの反論は、最長のものとなります

（26～31章）。スピーチの前半（26章）は、ビルダデ個人に向けたもの（26・2～4の「あなた」は単数形）であり、後半（27～31章）は、3人の友人たちに向けたものです。

（2）ヨブは、自分には知恵が欠けていることを認めた上で、「あなたは無力な者をどのように助けたのか。　力のない腕をどのように救ったのか」（2節）と、ビルダデに問います。ヨブは、ビルダデのことばは不毛で、誰の助けにもなっていないと感じています。

（3）次にヨブは、被造世界に見られる神の威光について語ります。「死者の霊たち、水に住む者たちは　その底で、もだえ苦しむ。よみも神の前では裸であり、滅びの淵もおおわれることはない」（5～6節）。ビルダデが天における神の威光について語っていたので、ヨブはまず、水の下の世界（よみの世界）における神の支配に言及します。死者の霊は、神の前で震えています（死者の霊は、意識を持ちながら苦しんでいます）。

（4）宇宙の神秘が詩的ことばで描写されます。「神は北を、茫漠としたところに張り広げ、地を、何もないところに掛けられる。神は水を濃い雲の中に包まれるが、雲はその下で裂けることはない。……」（7～13節）。用語は詩的なものですが、その内容は現代の科学知識と合致するものです。「地を、何もないところに掛けられる」とは、地球が太陽系を運航していることを示しています。水の蒸発と降水のサイクル、雲の運命、光と闇のサイクルなどは、神の御手によって支えられています。また神は、地震や海の嵐を起こし、それを鎮めます。「天の柱は揺らぎ」とは、山々が揺れ動くことであり、「ラハブを打ち砕かれる」とは、海の嵐を鎮めることです（ラハブは神話的偶像で、悪の代表です）。「逃げる蛇」（13節）はラハブの別名でしょう。

（5）「見よ、これらは神のみわざの外側にすぎない。私たちは神についてささやきしか聞いていない。御力を示す雷を、だれが理解できるだろうか」（14節）。人間が理解していることは、威光のほんの一端にすぎません。神の不思議を前にしたとき、人間は沈黙するしかないのです。ヨブの友人たちは、ことば数が多いだけで、ヨブの助けにはなっていません。

ヨブ記27章

ヨブはさらに言い分を続けた。私は、私の権利を取り去った神にかけて誓う。　私のたましいを苦しめた全能者にかけて。（ヨブ記27・1〜2）

この章から、以下のことを学びましょう。（1）ヨブのスピーチは、ビルダデに対してだけではなく、3人の友人たち全員に向けられます。（2）ヨブは、自分の舌や唇は、不正を言ったり欺きを告げたりはしないと、自らの潔白を主張します。（3）自分の潔白を主張した後、ヨブは、悪者の運命の悲惨さに言及します。（4）悪者は、必ず悲惨な最期を迎えますが、これをヨブの事例に適用してはなりません。

ヨブの反論（2）
―3人の友人たちに向かって語るヨブ―

（1）悪者の悲惨な最期について語る前に、ヨブは自らの潔白を再び主張します。「ヨブはさらに言い分を続けた」（1節）とあります。この聖句は、ここからヨブのスピーチが新しい方向に進み始めたことを示唆しています。もはやヨブは、ビルダデに対して反論しているのではなく、3人の友人たち全員に向かって語っています。これまでヨブの心に溜まっていたことが、一挙に吐き出されます。

（2）「私は、私の権利を取り去った神にかけて誓う。私のたましいを苦しめた全能者にかけて。私の息が私のうちにあり、神の霊が私の鼻にあるかぎり、私の唇は決して不正を言わず、私の舌は決して欺くことを語らない」（2〜4節）。ヨブは依然として、神を「私の権利を取り去った神」、「私のたましいを苦しめた全能者」として糾弾しています。その神の前で、ヨブは自らの正義を主張します。自分の舌や唇は、不正を言ったり欺きを告げたりはしないと。

（3）ヨブは、3人の友人たちに向かって、自分の潔白と正義を主張します（5〜6節）。彼らは、ヨブは罪のゆえに苦難に遭っているのだから、悔い改めるべきであると主張していました。しかしヨブは、自分には良心に恥じることなどないと言い張ります。彼は、自分は罪を犯したことがないと言っているのではなく、良心に照らして恥じることはないと告白しているのです。神の赦しと、神の前で正しく生きようとする決心だけが、人の内に「恥じることのない良心」を作り出すことができます。

ヨブの反論（3）

―悪者の運命に関するヨブの見解―

（1）自らの潔白を主張した後、ヨブは悪者の運命の悲惨さについて語ります。「私の敵は悪しき者のようになれ。　向かい立つ者たちは不正を働く者のようになれ」（7節）。ヨブは、自分に敵対する者をすべて敵だと見ています。そこには、3人の友人たちも含まれます。自分に同意しない者をすべて敵と見なすのは大変危険なことですが、そうせざるを得なかったのでしょう。

（2）ヨブは、悪者の運命が悲惨なものであることを示すために、4つの質問をします（8～10節）。①悪者に死後の望みはあるだろうか（望みはない）。②苦難の日に、神は悪者の叫びを聞かれるだろうか（聞かれない）。③悪者は、神を自分の喜びとするだろうか（喜びとしない）。④悪者は、どんなときでも神に祈るだろうか（苦難のときしか祈らない）。

（3）「私は、神の御手にあることをあなたがたに教え、全能者のもとにあるものを隠さない。あなたがたは、全員がそれを見たのに、なぜ、全く空しいことを言うのか」（11～12節）。ヨブは、神が悪者をどのように扱われるかを、3人の友人たちに教えようとしています（神は悪者をすぐに裁くとは限らないが、最後は必ず裁く）。3人の友人たちは、このことをすでに知っているはずなのに、ヨブの苦しみは罪に対する裁きの結果であると言い続けています。

（4）続く13～23節までの内容を要約すると、以下のようになります。①多くの場合（例外もある）、悲劇が悪者の家族を襲います。その子孫は、食べることにも窮します。②悪者の財産は、取り去られます。他人がその財産を分け合うのです。③悪者の家は、跡形もなく崩壊します。④彼自身も、滅びて行きます。⑤悪者が滅びて行くのを見て、正しい人たちは手を叩いて喜びます。

（5）ヨブは、悪者の最期は破滅で終わるという考え方に同意しますが、自分が悪を行ったことは認めていません。彼は依然として、神が自分を弁護してくださることを願い続けています。私たちに関しては、「悪者には裁きが下る」という一般論を、安易に個別の事例に適用してはなりません。地上においては、悪者が繁栄することも、正しい人が苦しむことも、ともにあり得るからです。

ヨブ記28章

こうして、神は人間に仰せられた。「見よ。主を恐れること、これが知恵であり、悪から遠ざかること、これが悟りである」と。
（ヨブ記28・28）

この章から、以下のことを学びましょう。（1）ヨブの3人の友人たちは、神がヨブの人生において何をしておられるか、自分たちには分かっていると語っていました。ヨブは、この傲慢な意見に挑戦します。（2）人間は、地中や海底にあるものを発見することができても、神の知恵を見いだすことができません。（3）ヨブは、「主を恐れることが知恵なのだ」と結論づけます。

ヨブの反論（4）―神の知恵に関する考察―

（1）ヨブは、神の知恵をすべて知るのは人間には不可能であると宣言します。ヨブの3人の友人たちは、神がヨブの人生において何をしておられるか、自分たちには分かっていると語っていました。ヨブは、この傲慢な意見に挑戦しています。

（2）人間は、様々な技術を用いて、未知の世界に挑みます（1～11節）。人間は、鉱山を採掘し、金、銀、鉄、銅などを取り出し、サファイアのような宝石も地中から採り出します。鉱夫たちは地中深くに穴を掘り、そこにロープを使って降りて行きますが、その姿は、地上の人たちには隠れています。地は食物が育つ所ですが、その下は火のように燃えています。嗅覚にすぐれた野獣も、視力にすぐれた鳥類も、地中にあるものを発見することはできませんが、人間にはそれができます。

（3）人間は、地中の宝を探したり、海に潜ったりすることはできるのですが、神の知恵を見いだすことはできません（12～19節）。地中にも、海の中にも、神の知恵は存在しないからです。市場で金や銀を払って神の知恵を買おうとしても、それは不可能です。なぜなら、神の知恵は人間が獲得した宝よりも、はるかに価値あるものだからです。

（4）今も人間は、知恵を尽くして技術革新に取り組み、驚くべき成果を上げています。にもかかわらず、神の知恵を理解することができず、自らの身に滅びを招いています。ヨブは、「しかし知恵はどこで見つかるのか。悟りがある場所はどこか」（12節）と問いました。その答えは、次の聖句の中にあります。「わが子よ。もしあなたが私のことばを受け入れ、私の命令をあなたのうちに蓄え、あなたの耳を知恵に傾け、心を英知に向けるなら、もしあなたが悟りに呼びかけ、英知に向かって声をあげ、銀のように、これを探し、隠された宝のように探り出すなら、そのとき、あなたは主を恐れることをわきまえ知り、神を知ることを見出すようになる」（箴2・1～5）。

ヨブの反論（5）

―神の知恵に関する考察（続き）―

（1）ヨブは、「知恵はどこから来るのか」、「悟りがある場所はどこか」と、12節でしていた質問をくり返します（20～22節）。神の知恵は、いかなる動物や鳥の目からも隠されています（ちょうど、鉱山の金属類が地上の人たちに隠されているように）。そして、滅びの淵（滅びの国、アバドン）も死も、神の知恵を知りません。

（２）神の知恵を知っているのは、神だけです（23〜24節）。なぜなら、神は遍在（どこにでもおられる）の神だからです。神は、動物や鳥や人間が見ることのできないものを見ておられます。天地を創造したとき、神は、風や雨や稲光の動きを定められました（25〜27節）。神はこのことを、知恵によって行われました。

（3)「こうして、神は人間に仰せられた。『見よ。主を恐れること、これが知恵であり、悪から遠ざかること、これが悟りである』と」（28節）。ヨブの主張は、この聖句に要約されています。「主を恐れること」が、知恵なのです。すべてを理解できなくても、主を恐れることが大切です。つまり、主の御心に従って歩むということです。その中には、悪から離れることも含まれます。

（４）ヨブの友人たちは、ヨブは神を恐れないで罪にとどまっている、それゆえ、ヨブは知者ではないと論じていました。それに対してヨブは、自分は神を恐れ、悪を憎んでいると反論しました。このことは、神ご自身も認めておられます（ヨブ１・１、１・８、２・３）。理解できないことがあっても、神を恐れ、悪を憎むことは、まさに最高の知恵です。きょうも、その知恵を実践に移そうではありませんか。

ヨブ記29章

ああ、できることなら、昔の月日のようであったらよいのに。神が私を守ってくださった日々のようであったらよいのに。（ヨブ記29・2）

この章から、以下のことを学びましょう。（1）ヨブのことばは、反論から独白に変わっていきます。（2）彼は、苦難に遭う前に味わっていた繁栄を思い出し、それを神の前に持ち出します。（3）ヨブは貧しい者たちを助けました。彼の助言は、人々に励ましをもたらしました。（4）ヨブの3人の友人たちは、かつてのヨブの姿を思い出し、自らを省みるべきです。

ヨブの独白（1）―過去の繁栄―

（1）ビルダデに対する反論は、いつしかヨブの独白に変わっていきます。最後の場面（29～31章）は、次のように3分割できます。①苦難に遭う前に味わっていた繁栄（29章）。②現在経験している苦痛（30章）。③自らの無罪の最終宣言（31章）。

（2）29章は、過去の繁栄に言及した箇所です。苦難に遭う前は、神の守りと祝福がありました（1～6節）。数か月前まで、ヨブは祝福の中を歩み、神のともしびは、天幕に吊るされたランプのように彼の人生を照らし、導いていました。さらにヨブの家庭生活は、多くの子どもたちが与えられ、祝福されていました。乳と油は、豊かさの象徴です。

（3）苦難に遭う前のヨブは、社会的に認知されていました（7～11節）。町の門に座るとは、彼が町の長老であり、裁き司であったことを示しています。彼は、若者たちだけでなく、年長者からも尊敬されていました。これは、例外的なことです。長老たちは、ヨブの知恵あることばを聞くために、口に手を当て沈黙しました。ヨブの3人の友人たちの態度とは正反対です。ヨブは、同胞たちから賞賛されていました。

（4）ヨブが賞賛された理由はなんでしょうか（12～17節）。それは、ヨブが貧しい者たちを助けていたからです。みなしご、死にかかっている者、やもめなどが、それです。エリファズは、ヨブは貧者を搾取したと言いましたが、それは間違っています

（22・6～7、9）。さらに、ヨブは弱者のために正義の裁きを勝ち取りました。それとは対照的に、ヨブの友人たちは、苦しみの中にあるヨブを助けようとはしませんでした。

（5）ヨブの助言は、人々から喜ばれました（21～25節）。ヨブの助言は、日照りのときの雨のように、人々から待ち望まれました。3人の友人たちの助言とは正反対です。そしてヨブの笑顔は、人々の励ましとなりました。ヨブの助言は、まるで首長や王からの助言のように歓迎されました。

（6）ヨブの友人たちは、かつてのヨブの姿を思い出し、自らの姿を省みるべきです。「兄弟に向かって、『あなたの目からちりを取り除かせてください』と、どうして言うのですか。見なさい。自分の目には梁があるではありませんか」（マタ7・4）

ヨブ記30章

私はジャッカルの兄弟となり、だちょうの仲間となった。私の皮膚は黒ずんで剥げ落ち、骨は熱で焼けている。私の竪琴は喪のためとなり、私の笛は泣き悲しむ者の声となった。

（ヨブ記30・29～31）

この章から、以下のことを学びましょう。（1）ヨブは、現在経験している苦痛について語ります。（2）ヨブは、社会的にも、肉体的にも、霊的にも、苦痛を経験しています。（3）ヨブの現状は、かつて彼が味わっていた繁栄とは正反対のものです。

ヨブの独白（2）―現在経験している苦痛―

（1）最後の場面（29～31章）で、ヨブは神にのみ語っています。その内容は、3分割されます。①苦難に遭う前に味わっていた繁栄（29章）。②現在経験している苦痛（30章）。③自らの無罪の最終宣言（31章）。この章は、②現在経験している苦痛を取り上げています。

（2）ヨブは、過去の繁栄と比べると、悲惨極まりない状態に置かれていることを嘆きます（1～8節）。今ヨブは、社会的な軽蔑を受けています。年下の者たちが、ヨブをあざ笑っているのです。これは、当時の習慣に照らして考えると、あり得ないことです。しかも彼らは、社会の中で軽蔑されていた者たちの子です。彼らの父たちは、痩せて体力のない者たち、なんの役にも立たない者たち、食を求めて荒野を徘徊するような者たちでした。ヨブは、そんな若者たちの軽蔑の対象となっています（9～15節）。彼らはヨブをあざけり、ヨブから遠ざかり、ヨブの顔に唾を吐きかけます。彼らは、軍隊が襲うようにヨブに迫ります。そのためヨブは、恐怖に満たされています。

（3）またヨブは、肉体的な苦痛を経験しています（16～19節）。肉体的苦痛のために、夜も眠ることができません。その痛みは、いつまでも彼に巻きつき、まとわりついています。ヨブは、神によって泥の中に投げ込まれ、自分が「ちりや灰のようになった」と感じています。

（4）さらにヨブは、神から見捨てられたと感じています（20～23節）。神はヨブに目をとめておられるはずなのに、ヨブの叫びに答えようとはされません。ヨブは、神は残酷な方になられたと感じています。

（5）3人の友人たちは、ヨブに対して無礼なことをしました（24～31節）。彼らは、ヨブが絶望しているときに、ヨブに敵対しました。ヨブは彼らから慰めを期待したのですが、正反対のものを受けました。「私はジャッカルの兄弟となり、だちょうの仲間となった」とは、ヨブの孤独と絶望状態を表現したものです。彼の皮膚は黒ずんで剥げ落ち、彼の骨は高熱で焼けただれています。竪琴や笛で演奏する音楽は、彼にとっては葬式の調べのようです。

（6）苦難に遭うことは、屈辱的な体験です。年少者から受けるあざけりや、友人たちから受ける責めは、痛みをさらに増し加えます。神はすべての人を愛しておられます。苦難の中にいる人に接するときに、神の愛と恵みを思い出そうではありませんか。

ヨブ記31章

神は私の道をご覧にならないだろうか。　私の歩みをすべて数えておられないだろうか。もし、私が偽りとともに歩み、　この足が欺きに急いだのなら、神は私を正しい秤で量られればよい。　そうすれば神に私の誠実さが分かるだろう。

（ヨブ記31・4～6）

この章から、以下のことを学びましょう。（1）ヨブは、自らの無実を神の前に訴えます。（2）彼は具体的な罪をいくつも列挙し、自分はそれらの罪とは無縁であると主張します。(3)ヨブは、神が語ってくださることを期待しますが、神の沈黙はさらに続きます。

ヨブの独白―無実の誓い―

（1）最後の場面（29～31章）で、ヨブは神にのみ語っています。その内容は、3分割されます。①苦難に遭う前に味わっていた繁栄（29章）。②現在経験している苦痛（30章）。③自らの無罪の最終宣言（31章）。この章は、③自らの無罪の最終宣言を取り上げています。

（2）ヨブは自らの無実を神の前に訴え、現在直面している苦境に神が介入してくださることを願っています。「もし私が○○なら、○○してもよい」という言い方は、自分が罪を犯していないことを強調したものです。

（3）情欲の罪とは無縁であるという訴え（1～4節）。①ヨブは、異性を情欲の目で見たことはないと主張します。②神はヨブの道を見ておられます。それゆえヨブは、神を恐れて情欲から遠ざかるのです。

（4）欺きの罪とは無縁であるという訴え（5～8節）。①ヨブは、偽りの秤を用いて取引したことはないと主張します。②もし自分に欺きの罪があると言うなら、神の正しい秤で量ってもらってもよい。そうすれば、自分の無罪が証明されるだろうと、彼は言います。

（5）姦淫の罪とは無縁であるという訴え（9～12節）。①ヨブは、自分は姦淫を犯したことがないと言います。②もし犯したことがあるなら、妻が落ちぶれてもよい（粉ひきは最低の仕事）、性的に他の男たちから辱められてもよいと言います。③そのような恐ろしい罪は、厳重に罰せられるべきものです。

（6）しもべを苦しめる罪とは無縁であるという訴え（13〜15節）。①ヨブは、しもべや、召使いの女の苦情をないがしろにしたことがないと主張します。②彼は、すべての人は神によって造られたと信じています。それゆえ、しもべたちの苦情に耳を傾ける必要があるのです。

（7）弱者を搾取する罪とは無縁であるという訴え（16〜23節）。①これは、エリファズの糾弾（22・7〜9）を否定するためのものです。②ヨブは、貧者に食べ物を与え、やもめを励まし、感謝の心のない者に対しても衣服や子羊の毛皮を与えてきました。③法廷（門のところ）で、みなしごを苦しめたこともありません。

（8）富を神とする罪とは無縁であるという訴え（24〜28節）。①エリファズは、ヨブが富に信頼を置いているかのような発言をしていました（22・24）が、ヨブはそれを全面的に否定します。②ヨブは、富を誇るどころか、太陽や月を見て心が動かされたことさえないと言います。

（9）敵の滅びを喜ぶ罪とは無縁であるという訴え（29〜34節）。①敵の滅びを喜んだり、敵が呪われることを求めたりしたことはないと、ヨブは言います。②ヨブの天幕には食物が豊富にあり、寄留者も家に歓迎されました。③ヨブは、アダムのように自分の罪を隠したことはないと言います。

（10）ヨブは自分の訴えを聞いてくれる者を求めている（35〜37節）。①ヨブの友人たちは、ヨブのことばを聞こうとはしません。②それゆえ彼は、神に訴えかけます。③ヨブは自らの無実を確信しているので、神が書いた告訴状があるなら、君主のような確信に満ちた姿で、それが間違いであることを証明できると主張します。

（11）小作農を搾取した罪とは無縁であるという訴え（38〜40節）。①ヨブは大地主でしたが、小作農を乱暴に扱ったことはありません。②もしこの罪を犯したというなら、畑が荒廃してもよいというのです。

（12）以上でヨブの無実の誓いが終わりました。

ヨブは、次に神が語ってくださることを期待しています。しかし、神の沈黙はさらに続きます。

(13) 情欲の罪は内面の罪であり、姦淫の罪は外面の罪です。ヨブは、そのどちらにおいても潔白であると主張しています。ヨブは、自分の罪を隠したことはないと言いました。また、ヨブは、罪を隠そうとすると、さらに罪を重ねることになります。人の腐敗は、内面から外面に流れていくものです。ヨブのことばから、教訓を学びましょう。

ヨブ記32章

すると、ラム族のブズ人、バラクエルの子エリフが怒りを燃やした。彼は、ヨブが神よりも自分自身のほうを義としたので、ヨブに向かって怒りを燃やしたのである。(ヨブ記32・2)

この章から、以下のことを学びましょう。(1) これまでその存在が伏せられていた第5の人物が登場します。それがエリフです。(2) 彼は、年長者に敬意を表して、沈黙を守っていました。(3) しかし彼は、ヨブにも3人の友人たちにも同意できないと考え、ついに口を開きます。(4) エリフは、自分の内側には神のことばが満ちていると確信しています。

エリフの登場

(1) ヨブの無実の誓いは終わりました。ここで、第5の人物が登場します。それがエリフです。3人の友人たちは、ヨブが自らの無実を確信しているので、言うべきことばを失いました。ヨブは、神が口を開いてくださることを期待していますが、神は依然として沈黙を守っておられます。そこで、今まで黙って議論を聞いていたエリフが意見を述べます。エリフの意見は、他の3人の友人たちの意見よりも優れています。これからエリフは、4回のスピーチを語ります。

(2) エリフの父バラクエルは、ブズ人です(恐らく、アブラハムの甥ブズの子孫。創22・20～21)。エリフは、大いに怒っています。その怒りは、ヨブと3人の友人たちに対するものです。ヨブに関しては、彼が神よりも自分自身を義としたことが、エリフの怒りの原因です。

(3) エリフが3人の友人に向かって怒った理由は、彼らがヨブを罪ある者としながら、その証拠を示すことができなかったからです。エリフは、これまで忍耐深く議論の行方を見守っていましたが、それは、年長者に敬意を表してのことでした。しかし、3人の友人たちがヨブに悔い改めを迫る以外に何もできないのを見て、怒りを燃やしました。

(4) これから展開されるエリフの論点は、以下のようなものです。①ヨブは罪のゆえに苦難に遭っているのではない。②むしろ、苦難に遭ったことが、彼に罪を犯させている。それは傲慢の罪である。③苦難は必ずしも罪の結果ではなく、人を矯正し、回復するための神の方法である。

エリフの自己紹介

(1) エリフはまず自己紹介をし、自分が口を開いている理由を語ります。彼がこれまで沈黙を守ってきた理由は、年が若かったからです。しかし彼は、これ以上耐えられなくなったと言います。スピーチの内容は次のようなものです。

(2) 自分に知恵があると確信している(6～9節)。①当時は、年長者は長い人生経験のゆえに知恵があると思われていました。②しかし、エリフはこう論じます。若いからと言って、必ずしも知恵に欠けるわけではない。その人の内に神の霊が宿っているなら、その知恵は神からのものである。③それゆえ、知恵は年長者だけが独占しているものではない。

(3) 3人の友人たちに失望している(10～14節)。①ここでエリフは、自分の言うことを聞いてほしいと願っています。②彼は、自分が若年なので無視されるのではないかと考えています。③しかし彼は、自分にはこれまでの議論の中で誰も語らなかった知識があると確信しています。④これまでの議論では、ヨブの無罪の主張を論破した者は出ていません。それゆえ、３人の友人たちは、自分たちは知者であるというべきではないのです。⑤エリフは、３人の友人たちが採用した方法とは別の方法で、ヨブに語りかけたいと願っています。

（４）口を開きたいと願っている（15～22節）。①３人の友人たちは語るべきことばを失くしたので、今度は自分が語る番だとエリフは考えています。②エリフの内側には、ことばが満ちており、もし意見を述べないなら、皮袋がぶどう酒によって破れるように、自分の腹も張り裂けるであろうと彼は言います。③エリフは、どちらの味方にもなりません。なぜなら、彼は両方の意見に同意していないからです。④もし、へつらいのことばを語るなら、自分のいのちは神に取り去られるであろうと彼は言います。

（５）知恵の源は神であるというのは、その通りです。しかし、それを知っただけでは知者になることはできません。信仰によって神に知恵を求め、それを得ようではありませんか。現状に満足せず、生涯かけて神の知恵を求め続けようではありませんか。

ヨブ記33章

聞け。私はあなたに答える。このことであなたは正しくない。神は人よりも偉大なのだから。なぜ、あなたは神と言い争うのか。自分のことばに、神がいちいち答えてくださらないからといって。（ヨブ記33・12〜13）

この章から、以下のことを学びましょう。（1）エリフは、他の3人の友人たちよりも謙遜な姿勢で、ヨブに語りかけます。（2）エリフは、ヨブの論点を正確に要約します。これは、彼がヨブのことばに耳を傾けていたことを示しています。（3）エリフは、神は人間よりも偉大なお方であるので、いかなる状況下にあっても、神を責めるのは愚かなことであると言います。

エリフの最初の回答（1）―ヨブの3つの不満―

（1）ヨブの不満は、次の3点でした。①神は沈黙しておられる。自分に応答してくださらない。②神は不正義である。苦難から自分を救ってくださらない。③神は無関心である。無罪に対して報賞を与えてくださらない。エリフは、これらの疑問に順次答えていきます。エリフの最初の回答は、①の不満に対するものです。

（2）エリフはヨブに、自分の言い分を聞いてほしいと懇願します（1〜4節）。①エリフは3回にわたって「ヨブよ」と呼びかけます（33・1、31、37・14）。さらに7回にわたってヨブの名を口にします（32・12、14［新共同訳］、34・5、7、35、36、35・16）。これは、ヨブの3人の友人たちのスピーチの中では見られなかったことです。彼らは、直接的にも間接的にも、ヨブの名を一度も口にしていません。②エリフは、自分のことばは「直ぐな心から」出たものだと言います。それゆえ、ヨブにとって助けとなると信じています。

（3）エリフはヨブに、自分の言い分に対する反論の準備をするように促します（5節）が、ヨブはこれまでの3人の友人たちとの論争で疲弊し切っています。

（4）エリフは、ヨブと同じ目線で話そうとしています（6〜7節）。①エリフは、神を批判することの危険性についてヨブに語ろうとしています。②ヨブの友人たちは上から目線でヨブを責めましたが、エリフは違います。彼は、ヨブも自分もともに粘土から造られた人間に過ぎないと言います。③エリフは、ヨブをおびえさせたり、重圧をかけたりはしないと約束します。

（5）エリフは若者ですが、年長者の3人の友人たちよりもはるかに謙遜で、丁寧です。また、真実なことばを語ろうとしています。良き助言者になることを願う人は、エリフの態度から多くの教訓を学ぶことができるはずです。

エリフの最初の回答（2）
―ヨブのことばを傾聴してきたエリフ―

（1）エリフはこれまで沈黙を守ってきましたが、その間、彼がヨブのことばに耳を傾けていたことは明白です。なぜなら彼は、ヨブの不満の内容とその論点を正確に要約することができたからです。彼は、ヨブのことばを要約してこう言います。「私はきよく、背きがない。　私は純潔であり、咎もない。それなのに、神は私を攻める口実を見つけ、　私を神の敵のように見なされる。神は私の足にかせをはめ、私の歩みをことごとく見張られる」（9～11節）。

（2）次にエリフは、面と向かってヨブが論じてきた内容を論駁します。「聞け。私はあなたに答える。このことであなたは正しくない。　神は人よりも偉大なのだから。なぜ、あなたは神と言い争うのか。自分のことばに、神がいちいち答えてくださらないからといって」（12～13節）。

（3）エリフの論点は、以下のようなものです。①「神は不正義だ」と言って、神を責めるのは正しくない。②なぜなら、ヨブも認めているように、神は人よりも偉大であるから。③神は人の思いをはるかに超えて働かれる。そして、神にはそうする権利がある。④神が人のことばに答えてくださらないからといって、神を責めたり、不平不満を述べたりするのは、間違っている。

（4）エリフのことばから教訓を学ぶことができます。①神は私たちよりも偉大なお方であり、私たちの計画よりもはるかに大いなることを行われます。②神には、私たちの疑問に答える責任はありません。神は、ご自身以外の誰にも責任を負ってはおられません。③「どうして私にこんな不幸が襲ってくるのか」と尋ねても、答えは返ってきません。問うべきは、「では、私はこの不幸にどう対処し、どう生きるべきか」です。いかなる場合でも、神はほめたたえられるべきお方です。

ヨブ記34章

神が黙っておられるなら、だれがとがめることができるだろうか。神が御顔を隠しておられるなら、だれが神を認めることができるだろうか。一つの国民においても、一人の人間においても同様だ。（ヨブ記34・29）

この章から、以下のことを学びましょう。（1）エリフは、ヨブが神の義をあざけっていることを批判します。（2）エリフは、神はそのご性質のゆえに、不正を行うことができないと主張します。（3）神の裁きは遅れているように見えても、最後は必ず行われます。（4）エリフは、ヨブの内に神への反抗心があることを感じ取ります。（5）エリフを含む4人全員が、ヨブは罪を犯したという前提に立っています。

エリフの2番目のスピーチ（1）
―神は不公正であるというヨブの主張への反論―

（1）エリフの2番目のスピーチの内容は、神は不公正であるというヨブの主張に対する反論です。エリフは、ヨブのことばを引用します。「私は正しい。神が私の正義を取り去ったのだ。私の正義に反して、私は偽りを言えるだろうか。背きがないのに、私の矢傷は治らない」（5～6節）。ヨブは、自分は罪を犯していないが、神は自分に罰を与えておられると確かに主張していました。

（2）そこでエリフは、ヨブは罪人と交流し意図的に罪を犯している、また、「神と交わっても何の益もない」と語っていると、ヨブの罪を指摘します。（7～9節）。ヨブが罪人と交わっているという部分は間違いですが、ヨブが神の義をあざけっているという部分は当たっています。

エリフの2番目のスピーチ（2）―神の正義―

（1）エリフは、神はそのご性質のゆえに、不正を行うことができないと主張します。その例がいくつか挙げられます。①神は、人の行いに応じて各人に報いをお与えになる（11節）。②神が不正義を働くことは、ご自身の性質に反することであり、考えられないことである（12節）。③神は被造世界から切り離されているので、神に影響を与えられるものは何も存在しない（13節）。④もし神が人間から霊を取り去ろうと思われたなら、人類はただちに滅びてしまう。しかし神は善きお方なので、そうはなさらない（14～15節）。⑤もし神が不正義なら、神はどのようにして世界を治めることができるのだろうか。力ある神を不正義だと糾弾するのは、理屈に合わないことである（17～18節）。⑥神は、富める者も貧しい者も、高貴な者も身分の低い者も、等しく取り扱われる（19～20節）。

エリフの2番目のスピーチ（3）―悪人の裁きに関する見解―

（1）エリフは、悪人に下る神の裁きについて論じます。これは、神の裁きは余りにも遅すぎるというヨブの主張に対する反論だと思われます（24・1～21）。

（2）神の裁きに関して、３つの重要な点が挙げられます。①神は全知全能のお方であり、すべての人の行動や生活ぶりを見ておられる。神は悪人の行動をすべてご存じなので（24～25節）、権力者をその座から引き降ろし、新しい支配者を立てることができます。②神は正義であり、悪を見逃すことはない（21節）。神は、悪人を裁かれます。彼らが神に背いて従わず、神の御心を無視したからです。③神は一時的に沈黙し裁きを行わないこともあるが、神が主権者であることに変わりはない。悪人がいつまでも勝ち続けることはなく、最後には、神はご自身の正義を行われます。

エリフの2番目のスピーチ（4）
—ヨブの態度を叱責するエリフ—

（1）ヨブは、自らの無罪を主張し、自分がどういう罪を犯したかを神が教えてくださるなら、罪を犯し続けることはないと言い張ってきました（6・24、7・20～21、13・23など参照）。しかしこのことばは、エリフから見れば、神を責め立てる暴言です。

（2）エリフは、ヨブのことばに不快感を覚えています。なぜなら、ヨブは神に向かって何をすべきかを命じているからです。しかし、神は主権者であり、人間の思い通りに動くお方ではありません。

（3）エリフは、ヨブの中に神への反抗心があることを感じ、ヨブが最後まで試みられるようにと願っています。エリフを含む４人全員が、ヨブは罪を犯したという前提に立っています。

（4）私たちも、ヨブのように試練の中にあって、神が沈黙されているように感じることがあります。だからと言って、神を糾弾する権利が与えられたわけではありません。私たちに必要なのは、神の主権の前に沈黙し、神の義が成るときを忍耐深く待つことです。

ヨブ記35章

天を仰ぎ見よ。　あなたより、はるかに高い雲をよく見よ。あなたが罪を犯したとしても、あなたは神に対して何ができるのか。　あなたの背きが多くあるとしても、神に対して何をなし得るのか。（ヨブ記35・5〜6）

この章から、以下のことを学びましょう。（1）エリフは、神の主権と正義を擁護します。（2）エリフは、主権者である神はご自身の基準で裁きを行われると主張します。（3）人は、苦難の日にあっても基本的には傲慢です。エリフは、神は傲慢な祈りにはお答えにならないと言います。（4）エリフには、ヨブが知識のない状態で、自分の意見を言いたい放題に述べているように見えます。

エリフの3番目のスピーチ（1）
—ヨブのことばの矛盾と主権者なる神—

（1）エリフは、3番目のスピーチの中で、神の主権と正義を擁護します。それは、「神は自分の無実に報いを与えてくださらなかった」というヨブの主張に対する反論です。エリフの論点は2つです。①神は主権者であり、人の罪によっても無実によっても影響を受けることはない。②神がヨブに答えてくださらない理由は、ヨブが高慢だからである。

（2）2〜3節を新共同訳で見てみます。「『神はわたしを正しいとしてくださるはずだ』とあなたは言っているが　あなたのこの考えは正当だろうか。またあなたは言う。『わたしが過ちを犯したとしても　あなたに何の利益があり　わたしにどれほどの得があるのか』」。ヨブは、神が自分を義と認めてくださることを願っていますが、同時に、人が義人であっても罪人であっても、それによって神が何かの影響を受けることはないと考えています。つまり、神と交わっても、なんの益もないということです。こうしたヨブのことばの矛盾を、エリフは激しく突きます。

（3）次にエリフは、ヨブと3人の友人たちに答えます。①天と雲が人よりも高いところにあるように、神も人よりも高いところにおられる。②それゆえ神は、人の義によっても不義によっても、影響を受けることはない。③神は人の義に応答して恵みを与えるのではない。また、人の不義によって傷つけられたので罰を与えるというわけでもない。④主権者である神は、ご自身の基準で裁きを行われる。神の裁きは公平で、誰からの影響を受けることもない。⑤ただし、人は道徳的な存在なので、罪を犯すかどうかは、その人自身に大きな影響をもたらす。

（4）「神は、人の義によっても不義によっても、影響を受けることはない」というエリフの主張は間違っています。私たちが犯す罪は神を悲しませ、神の計画を妨害し、隣人を傷つけます。神は、私たちが霊的に新生し、成長し、完成することを心から願っておられます。

エリフの3番目のスピーチ（2）
―傲慢の罪と神の沈黙―

（1）苦難や圧政に遭うと、人はしばしば神に助けを求めます（9～11節）。しかし人は、創造主である神を求めることはしません。人は、絶望の中に希望の光を与えてくださる方をたたえようとはしません。さらに、獣や鳥よりもすぐれた知恵を授かったことに感謝を表すこともしません。人は、苦難の日にも基本的には傲慢なのです。

（2）エリフは言います。傲慢から出た祈りのことばは真実ではないので、神はお答えにならないと。もし、おごり高ぶった悪人の祈りが聞かれないとするなら、ヨブの祈り（傲慢と短気に満ちた祈り）が聞かれないのは、当然のことであると。

（3）ヨブは、神を見ることも発見することもできないと言いながら、自らの訴えを神の前に出しています。ヨブは、神が自分の義を証明してくださることを待っています。と同時に、神は罪に対してなんの行動も起こさないと感じています（24・1～12参照）。エリフは、これもまた矛盾した態度であると考えます。しかし、ここにはエリフの誤解があります。ヨブは、神は決して罪を裁かないと言っているわけではありません。罪人は現世で裁かれなくても、死ぬ時に神の裁きを受けます。

（4）ヨブは、一方で神が自分の義を証明してくださることを願い、他方で神は罪に関して何も行動を起こされないと主張しています。エリフには、ヨブが知識のない状態で、自分の意見を言いたい放題に述べているように見えます。

（5）この箇所から学ぶべき教訓は、創造主を求めることとの祝福です。苦難の日に、創造主から与えられているものを数え上げ、このお方に感謝するのは素晴らしいことです。そこから、生きる力が生まれます。

ヨブ記36章

神は稲妻を両手に包み、これに命じて的を撃たせられる。その雷鳴は、神について告げ、家畜もまた、起こることについて告げる。

（ヨブ記36・32〜33）

この章から、以下のことを学びましょう。（1）エリフは、神は地上生涯において、行いに基づいて報酬をお与えになると主張します。これは、3人の友人たちと同じ立場です。（2）エリフは、人は苦難を通して語られる神の声に耳を傾けるなら、幸せな生活を取り戻すことができると主張しますが、ヨブは同意できません。（3）エリフは神を弁護しようとしていますが、自分の知識が有限であることを忘れています。

エリフの4番目のスピーチ（1）

―神が人を取り扱われる方法―

（1）エリフには、言いたいことがまだまだあります。彼は、神のことを「造り主」、「知識の完全な方」

と表現し、その方をヨブに示そうとしています。神は義ですが、同時に力強いお方です。また、恵み深く、知恵に富んだお方でもあります。エリフは、神は悪者がそのまま生き続けることをお許しにならないと語りますが、これは、ヨブの3人の友人たちと同じ立場です。一方ヨブは、多くの悪人が繁栄の中で長寿を全うしていると主張していました（21・7、27～33）。

（2）エリフは、神は虐げられた義人を回復し、王たちとともに王座に着かせると語りますが（7節）、ヨブはその意見に同意できません。エリフの議論は、ヨブの3人の友人たちのそれに似ています。神は常に地上生涯において、行いに基づいて報酬をお与えになるというのが彼らの立場ですが、ヨブには、死の前に神が人生の清算をすべて行われるということが信じられないのです。

エリフの4番目のスピーチ（2）
―神が人に患難を与える理由と人々の反応―

（1）エリフは、もし義人が試みに遭い（鎖で縛られ）、苦難を経験する（苦しみの縄に捕らえられた）なら、それは神の声を聞くチャンスだと言います。人が苦難を通して語られる神の声に聞き従い、神に従順に生きるなら、その人は幸せな生活を取り戻します。しかし、神の警告を無視するなら、その人は武器によって滅び、知識を持たないで死にます。3人の年長者たちは、ヨブが犯したであろう罪を問題にしましたが、エリフはヨブの高ぶり（プライド）を問題にしています。

（2）悪人は、神が苦難を通して語られることに怒りを覚え、神の助けを求めようとはしません。その結果、彼らは若くして死にます。しかし、悩みの中で神に助けを求め、神に耳を開くなら、その人は元の状態に回復されます。どちらの道を選ぶかは、ヨブ自身が決める必要があります。

エリフの4番目のスピーチ（3）
―苦難に対して取るべき態度―

（1）エリフは、苦難に対していかなる態度を取るべきかをヨブに助言します（16～19節）。神はヨブを苦しみから救い、広いところ（祝福と繁栄の場）に導こうしておられます（詩篇18・19、31・8参照）。

にもかかわらず、ヨブは神の前に憤り、傲慢になっていいます。このままでは神の裁きを受けるようになります。

（2）死を迎える夜を慕い求めてはなりません（20～21節）。なぜなら、死は苦難からの解放ではないからです。むしろヨブは、自分の高慢を悔い改めるべきです。なぜなら、苦難を通して試されているのは、彼の高慢な態度だからです。神の偉大さを認めるなら、他の人々がするように、神の御業を覚えて賛美すべきです（22～26節）。

エリフの4番目のスピーチ（4）
―秋の嵐の中に見られる神の主権―

（1）次にエリフは、自然現象の中に見られる神の主権に言及します。水分の蒸発、降雨、雨雲、雷、そして海。これらの自然現象が、麗しい詩的ことばで綴られています。神の起こすこれらの自然現象を悟ることのできる人はいません。これらの自然現象は、人を裁くために用いられますが（豪雨）、それだけではありません。それは、人に食物を与えるためにも用いられます。

（2）エリフは、稲妻を比ゆ的に描写します（32～33節）。神は稲妻を矢のように放ち、それで的を撃ちます。雷鳴は、雨の到来を予告し、その音が響くと、家畜でさえも雨（嵐）が近づいていることを悟ります。このように、神の偉大さと主権は、自然現象の中に啓示されています。

（3）エリフは神を弁護しようとしていますが、自分の知識が有限であることを忘れています。そのために的外れな助言をしてしまうのです。神は全知全能で、私たちが知るところはほんの一部であることを決して忘れてはなりません。

ヨブ記37章

だから、人々は神を恐れなければならない。神は心に知恵ある者を顧みられないだろうか。

（ヨブ記37・24）

この章から、以下のことを学びましょう。（1）エリフは、冬の嵐と夏の嵐に言及し、神の主権をヨブに示します。（2）エリフの結論は、神を恐れることの重要性です。（3）エリフのスピーチは、次に神が語られるための道備えとなりました。

エリフの4番目のスピーチ（5）
―冬の嵐の中に見られる神の主権―

（1）エリフは、自然現象の中に見られる神の主権に言及します。ここでは、冬の嵐が取り上げられています。稲妻と雷のとどろきは、多くの人たちに畏怖の念を与えます（1～2節）。エリフも例外ではありません。彼は、「よく聞け。その御声が荒れ狂うのを」と論争の相手に語りかけています。あるいは、実際の嵐が近づいていたのかもしれません。

（2）稲妻は、神が「地の隅々までも」送るもの、また雷鳴は、神の「いかめしい声」です。神が自然現象をどのようにして起こすのかは、人間の理解を超えたものです。ヨブもまたそのことを2度にわたって認めていました（9・10、26・14）。

（3）神は、冬の嵐によって人間の活動を制限し、ご自身の御業を知らしめます。動物たちは巣や洞穴にこもり、冬眠状態に入ります。

（4）暴風の影響が詩的に表現されます（9～12節）。それは、「天の間」に蓄えられ、神がそこを開くと吹き始めます。氷は、神の息によって広い水面に張ります。神の指図のままに、冬の嵐は世界中で事を行います。

（5）冬の嵐は、ある人たちに対しては懲らしめとなり、別の人たちには恵みとなります（13節）。神の力は、神の善意とバランスを保ちながら、その役割を果たします。

（6）神の声を「しかと聞け」というのは、私たちへの教訓でもあります。神は自然を通し、良心を通し、聖書を通し、状況を通し、隣人を通して語っておられます。

エリフの４番目のスピーチ（６）
―夏の嵐の中に見られる神の主権―

（1）次は、夏の嵐が取り上げられます。エリフは、これまで自分が語ってきた神の御業の不思議について黙想するように、ヨブに挑戦します。エリフは、質問を連発し、ヨブの無知を指摘し、強調します。ヨブも含めて、人は神の不思議な御業については無知であり、神が行っておられるようなことはできません。

（2）「神に何と言うべきかを私たちに教えよ。私たちは闇があるので、ことばを並べることができない。人が語りたいと、神に伝えられるだろうか。人がことばを発すれば、その人は必ず滅ぼされる。……」（19～21節）。エリフは次のように論じます。①自然界の現象すら説明できないのに、どうしてヨブは神と法廷論争をしたいと願うのか。②人は「闇」(無知)の中にいるので、神と論じ合うことはできない。③神に向かって不平を述べるなら、その者は必ず滅ぼされる。肉眼で太陽を見て、盲目にならない者がいようか。

（3）エリフは、神が近づいて来るのを感じたようです（22～24節）。神は北から黄金の輝きをもって現れます。神は人間の理解を超えた方ですが、それを前提に、エリフは神の2つの属性を強調します。1つは神の主権、もう1つは神の正義です。

（4）エリフは、神は決してヨブを苦しめようとしているのではないと宣言します。これは、神の前におけるヨブの傲慢を戒めることばです。このことばの前に、ヨブは沈黙します。エリフのことばの中にある程度の真理を見いだしたからでしょう。

（5）エリフは、次に神が語られるための道備えをしました。神の前における傲慢な態度は、試練の中に置かれている人たちが持っている共通した問題です。ヨブもその問題を抱えていました。神は神です。このことを覚えましょう。

ヨブ記38章

知識もなしに言い分を述べて、摂理を暗くするこの者はだれか。さあ、あなたは勇士のように腰に帯を締めよ。わたしはあなたに尋ねる。わたしに示せ。（ヨブ記38・2～3）

この章から、以下のことを学びましょう。（1）ヨブが願っていた神との対面が実現します。（2）神は、ヨブの質問に答えることはしないで、彼に数多くの質問を投げかけます。（3）神の意図は、ヨブの傲慢を砕くことです。

神の最初のスピーチ（1）―神の最初のことば―

（1）ヨブ記38章1節～42章6節の内容は、次のように展望できます。①神の最初のスピーチ（38・1～40・2）。②ヨブの応答（40・3～5）。③神の第2のスピーチ（40・6～41・34）。④ヨブの応答（42・1～6）。

（2）ヨブがあれほど願っていた神との対面が実現します。しかし神は、ヨブの問いに答えることはせず、ヨブに70以上の質問を投げかけ、ヨブの傲慢な姿勢を糾弾されます。そうして神は、ヨブと対面することによって、ヨブを見捨てていないことを示されます。

神の最初のスピーチ（2）―地に関する質問―

（1）まず、地に関する質問が投げかけられます（種々の比ゆ的ことばが出てきます）。ヨブはただちに自分の無知を知らされます。神が地を創造されたとき、ヨブはそこにはいませんでした。神の創造の御業を理解できない者が、神と論争できるはずはありません。

（2）地が創造されたとき、天の星々は歌い、天使たちは喜び叫びました。しかし、ヨブはそこにいませんでした。地の創造は建物の建築にたとえられ、海の創造は赤子の誕生にたとえられます（8～11節）。神が陸と海に境界を設けると、海の上を雲が覆いました。まるで、新生児に産着が着せられるように。しかしヨブは、その様子を見ていませんでした。

（3）神は、日々のサイクルである暁と夜の訪れを管理しておられます（12～15節）。夜の闇は悪者が動き回る時刻ですが、朝が来ると、悪者の企みは破壊されます。神がどのようにして地の運行を保持しておられるか、ヨブは知りません。

神の最初のスピーチ（3）
―海、光と闇、空に関する質問―

（1）神は、海の深さを知っているか、海底を歩き回ったことがあるかとヨブに問います。ヨブは、そのようなことは知りません。地の広がりがいったいどれほどなのか知るわけもなく、まして、死の陰の門を見たことなど、あり得ないことです。

（2）人は、光がどこに帰るのかも、闇がどこから出てくるのかも、知りません。また、神がどのようにして雪や雹を作るのかも知りません。しかし神は、雪や雹を用いて、人の活動を制限したり、悪人を罰したりすることができるお方です。神は、人の住んでいない荒野のような地にも雨を降らせ、そこに植物を生えさせます。

神の最初のスピーチ（4）
―星々、雲に関する質問―

（1）ヨブは、神が星々を創造したことは知っていました(9・9)。しかし神は、ヨブはそれらの星々の運行とは無関係だと指摘されます。地の統治権は神にのみ属する専権事項です。

（2）ヨブには思いのままに雨を降らせることや、稲妻を自由に操ることもできません。雲や霧は、自らの知恵をもって行動しているように見えます。まるで神が無生物である雲や霧に知恵を与えたかのようです。

神の最初のスピーチ（5）―獅子と烏―

（1）　合計12種類の動物が登場します。いずれも神の創造の御業の素晴らしさと、神の日々の守りの素晴らしさを示しています。12種類の内訳は、6種類が哺乳類、5種類が鳥類、そして昆虫です。最初に登場するのは百獣の王ライオン、最後に登場するのは鳥類の王である鷲です。

（2）ヨブは、若い獅子のために獲物の狩りをしたことはありません。ヨブは、烏の子にえさを与えたこともありません。烏の子は、親鳥に忘れ去られることがよくありました。それでも烏の子は生きます。神が烏にえさを備えるからです。神は、人間よりも劣る烏でさえも養い、支えておられます。ましてや、神が人間を見捨てるはずはないのです。

（3）神はヨブに、被造世界は神の栄光を表していることを教えようとしておられます。神がなさる日常的な自然現象さえ完全に理解できないとするなら、私たちの人生で働かれる神の方法について、到底理解できるはずはないのです。創造主である神のことばを聞かなければならないのは、被造物である私たちの方です。このことは、私たちをより深い神への信頼へと導きます。

ヨブ記39章

だれが野ろばを解き放ったのか。だれが野生のろばの綱をほどいたのか。わたしが、荒れた地をその家とし、不毛の地をその住みかとしたのだ。（ヨブ記39・5～6）

この章から、以下のことを学びましょう。（1）野やぎと雌鹿、野ろばと野牛の生態について、ヨブは何も知りません。(2)だちょう、こうのとり、軍馬、いなご、鷹、鷲などの生態についても、ヨブは無知です。（3）神からの質問に対して、ヨブは沈黙するしかありません。彼は謙遜を学びつつあります。

神の最初のスピーチ（6）
―野やぎと雌鹿、野ろばと野牛―

（1）ヨブは、野やぎや雌鹿がいつ子を産むのかを知りません。また、どれくらい妊娠期間が続くのかも知りません。しかし人間がそれを知らなくても、野やぎや雌鹿は子を産み、子孫を残します。なぜなら、神が彼らを守っておられるからです。

（2）野やぎは短時間で成長し、親を離れて独自に生活するようになります。ここでの「野やぎ」とは、中東に生息するアイベックスでしょう。彼らは、出産のときには岩間に身を隠します。今でも、アイベックスの出産場面はごく稀にしか見ることができません。ここでも、ヨブは自らの無知を認識せざるを得ません。

（3）野ろばは、荒れた地、不毛の地に住み、町の喧騒を嫌います。彼らは山岳地帯に住み、緑の草を捜して食べます。このような野ろばを、ヨブは養うことはできません。それをなさるのは神です。

（4）「野牛」とは、オーロックス（原牛）と呼ばれる家畜牛の先祖に当たる野生の牛のことでしょう。ヨブには、野牛を手なずけ、家畜化することはできません。野牛は、それに猛反発するからです。野牛は、納屋で夜を過ごすことも、畑を耕作することもしません。また、穀物を牛車で運ぶこともありません。ヨブは、たった1頭の野牛さえも手なずけることができないのです。ましてや、神と論争することなど、できるはずがありません。

神の最初のスピーチ（7）
―だちょう、こうのとり、軍馬、いなご、鷹、鷲―

（1）だちょうは奇妙な形をした鳥です。羽はありますが、こうのとりのように空を飛ぶことはできません。彼らは産卵の際に、巣が卵で一杯になると、巣のそばの砂の中に卵を産み、地熱で卵を孵化させます。自分の足で卵を踏んだり、野の獣によって卵が壊されたりする場合もありますが、そんなことは忘れ返っています。また、雛を手荒く扱ったりすることもあります。このことは、神が彼らに知恵と悟りを与えなかったことを示しています。だちょうは実に奇妙な鳥ですが、馬のように飛びはね、走る速さは馬以上です（時速60キロ以上）。ヨブにこんな風変わりな鳥が造れるでしょうか。

（2）軍馬は実に力強く、勇猛です。敵の剣を恐れず、矢や槍が飛び交う中を駆け回ります。戦争開始を告げる角笛の音、隊長の怒号、ときの声を聞きつけ、それに応答します。ヨブには、軍馬の力と勇猛さはありません。ヨブが、軍馬を造ったお方よりもはるかに劣ることは、言うまでもありません。

（3）鷹は、時が来ると南方に渡って行きます。

ヨブは、その仕組みについては無知です。鷹は、高い岩地に巣を作り、そこから遠方にいる獲物をうかがいます。「ひなは血を吸い、殺されたもののところに、それはいる」（30節）とありますので、この鳥は、はげたかと鷲の両方を含むものと思われます。

（4）神は、ご自身の創造の御業を喜んでおられるようです。神からの質問を受けて、ヨブは沈黙するしかありません。ヨブは、神の前での謙遜を学びつつあります。これは、私たちにとっても必要なことです。

ヨブ記40章

非難する者が全能者と争おうとするのか。神を責める者は、それに答えよ。（ヨブ記40・2）

この章から、以下のことを学びましょう。（1）ヨブは神の前に沈黙しますが、まだ悔い改めのことばを口にしていません。（2）神はヨブを悔い改めに導くために、質問によってヨブを叱責します。（3）河馬（かば）とワニを制御できないヨブに、神と言い争うことができるはずはありません。

ヨブの最初の回答

（1）神の最初のスピーチは、叱責で始まり、叱責で終わります。「非難する者」とは、ヨブのことです。ヨブは、神が自分と争っておられると考えてきました（10・2、23・6参照）。しかし神は、その言い分を逆転させ、ヨブこそ神と言い争っているのだと言われます。神はヨブに、では自分の言い分を言い立ててみよと言われます。ヨブにそれができるはずはありません。

（2）「ヨブは主に答えた。ああ、私は取るに足りない者です。あなたに何と口答えできるでしょう。私はただ手を口に当てるばかりです。一度、私は語りました。もう答えません。二度、語りました。もう繰り返しません」（3～5節）。神が被造世界の支配者であることを嫌というほど知らされたヨブは、2つのことを認めます。①自分は小さくて取るに足りない者だということ。②これ以上自分を弁護することはできないということ。

（3）今やヨブは、従順な姿に変えられました。そんな彼にできるのは、神の前に沈黙することだけです。しかし、ヨブの回答で問題なのは、そこに悔い改めのことばがないことです。そこで神は、第2のスピーチを語り、さらに質問を投げかけます。

神の第2のスピーチ（1）―嵐の中から答える―

（1）再び神は、嵐の中から語りかけ、質問によってヨブを叱責します。「あなたはわたしのさばきを無効にするつもりか。自分を義とするため、わたしを不義に定めるのか」（8節）。「わたしを不義に定めるのか」とは、驚くべき叱責です。ヨブが神を責めたことは、結果的には、神を不義に定めることになるというのです。

（2）神と論争するのは、自分を神と等しい立場に置くことです。しかし、ヨブには神のような腕や声はありません（被造世界を統治する力はないということ）。もしそんな力があると言うなら、それを証明する必要があります。ヨブは、神は高ぶる者や悪者を見逃していると言っていました。そこで神は、邪悪な者たちを裁く役割をヨブに譲ると言われます。もしその役割を果たすことができたなら、ヨブの力を認め、「あなたの右の手があなたを救える」と約束されます。もちろん、これは強烈な皮肉です。

神の第2のスピーチ（2）―河馬（かば）―

（1）第2のスピーチでは、2種類の動物が取り上げられます。「ベヘモテ」と「レビヤタン」がそれです。この2種類の動物は、神話上の動物だと考える人たちもいますが、ここでは「河馬」と「ワニ」と解釈しておきます。その理由は、以下のようなものです。①神はヨブに、「見よ」（15節）と語っておられます。②神は、「これはあなたと並べてわたしが造ったもの」（15節）と語っておられます。③生物学的特徴が、現実の「河馬」と「ワニ」に似ています。④第1のスピーチに出てきた12種類の動物は現実に存在するものでした。第2のスピーチに登場する2種類も現実に存在すると考えるのが自然です。⑤レビヤタンは、時には神話的な存在として語られることもありますが（ヨブ3・8、詩74・14、イザ27・1）、被造物としても語られます（詩104・26）。

（2）列挙された河馬の特長は、次のようなものです。①河馬は、神によって造られた草食動物である。②河馬は、とてつもない力を発揮し、腰と腹の筋肉が特に強い。尾は杉の木の枝が垂れ下がるように下がり、ももの筋肉は何重にも絡み合っている。③「神が造られた第1の獣」である。これは最大の獣という意味です（当時の中東に生息する動物の中では、河馬が最も巨大なものでした）。④河馬を剣で殺すのは至難の業である。⑤河馬は水の中（葦の茂みや沼地）に横たわり、水から出ているのは、両目だけである。⑥河馬の食物は、川の上流から運ばれてくる。⑦河馬は、洪水になっても慌てることがない。被造物である河馬さえも制御できないヨブが、神に対抗できるはずはありません。

（3）神はヨブを罪の告白へと導こうとしておられます。神との和解に向けた第1歩は、自分が罪人だという認識です。私たちにその認識はあるでしょうか。

ヨブ記41章

それを起こすほどの狂暴な者はいない。そうであれば、だれがいったい、わたしの前に立つことができるだろうか。（ヨブ記41・10）

この章から、以下のことを学びましょう。（1）レビヤタン（巨大なワニ）が、神のスピーチのクライマックスを飾ります。（2）河馬やワニを制御するのは、人間には不可能です。（3）ましてや、河馬やワニを造った神と言い争うことなど、誰にもできません。（4）ヨブは、神に立ち向かうことがいかに愚かなことであるかを学びました。

神の第2のスピーチ（3）―レビヤタン―

（1）獰猛で人間さえも襲うレビヤタンが、神のスピーチのクライマックスを飾ります。恐らくレビヤタンとは、ヨルダン川に生息していた巨大なワニのことでしょう（ナイル川のワニとは種類が異なる）。ワニは、釣り具をもって釣り上げることは不可能です（1～2節）。実際のところ、いかなる捕獲用の道具を用いても、ワニを捕らえるのは難しいです。

（2）ワニを飼いならし、ペットのようにするのは不可能です（3～8節）。商人がワニを売ることも稀です。なぜなら、捕獲すること自体が難しいからです。

（3）ワニを見ると人々は恐れ、距離を置きます（9～11節）。ワニを怒らせるのは、狂気の沙汰だからです。神は、この獰猛な動物を、霊的真理を教える教材として用います。ワニに立ち向かうことができない人間が、どうして神に言い逆らうことができようかと。

（4）神は、ワニの解剖学的特徴を列挙し、この獰猛な動物を捕らえることがいかに困難なことであるかを説明します（12～17節）。ヨブは、ワニに立ち向かうことができません。同様に、神に立ち向かうことは不可能なわざです。レビヤタン（ワニ）は、神の第2のスピーチのクライマックスです。それゆえ、レビヤタンに関する描写がまだ続きます。

神の第2のスピーチ（4）―ワニの生態―

（1）ワニの生態が、比ゆ的言葉（誇張法）で描写されます（18～21節）。ワニは、水中に5分間ほど潜ることができますが、息をするために水面に姿を現すと、呼吸のために鼻から水を吹き出します。それが、たいまつが燃え、火花が噴き出す様子にたとえられています。水から顔を出したときの両目は、猫の目のように輝き、暁の光のようです。

（2）ワニの首は強固なものです。それを見た者は、恐れを覚えます。頑丈な体を持ったワニが起き上がると、誰もが怖気づきます。ヨブは、神の威厳（神が起き上がった状態）の前では何もできないと言っていました（31・23）。にもかかわらず、神と論争したいというのは矛盾です。

（3）当時は、武器をもってワニを襲う猟師はほとんどいませんでした。ワニの体が強固な防護服で覆われているからです。鉄は藁のようになり、青銅は腐った木のようになります。ワニが動くと水が掻き回され、まるで鍋の中の水や油が沸騰しているような状態になります。さらに恐ろしいのは、ワニが水中を移動する速度です。ワニが通過した後には、白い波の輝きが残ります。地上にはワニに似た動物はいません。ワニは何ものをも恐れず、誇り高い獣の王として君臨します。

（4）人は、河馬もワニも服従させることができません。河馬とワニを世界に存在する「悪の象徴」だと考えれば、人は、「悪の存在」をこの世から取り除くことができないというメッセージになります。それができるのは、創造主である神だけです。ヨブは、神に立ち向かうことがいかに愚かなことであるかを、痛いほど学ばされました。

ヨブ記42章

私はあなたのことを耳で聞いていました。しかし今、私の目があなたを見ました。それで、私は自分を蔑み、悔いています。ちりと灰の中で。
（ヨブ記42・5～6）

この章から、以下のことを学びましょう。（1）ようやくヨブは、傲慢の罪について悔い改めを表明します。（2）神は、ヨブの3人の友人たちを叱責されます。（3）ヨブは、彼らのために執りなしの祈りを献げます。（4）エリフに対する叱責のことばはありません。彼の語った内容が、最も真理に近かったからです。（5）ヨブ記は、苦難に関する書というよりは、神との関係に関する書です。

ヨブの2度目の回答―降参するヨブ―

（1）最初の回答では、ヨブは自分が有限な存在であることは認めましたが、傲慢の罪については悔い改めのことばがありませんでした。第2の回答で、ヨブはその罪を認めます。

（2）神にはすべてが可能です。それゆえ、神の正義を疑ったり、悪を取り除く神の力に疑問を抱いたりするのは、愚かなことです。ヨブは、自分が無知であったにもかかわらず、自分で理解していないことを論じてきたことを認めました。かつてヨブが持っていた神に関する知識は、すべて伝聞情報でした。しかし、今は違います。彼は、自分の目で神を見たので（比ゆ的表現）、神の本質をより深く理解できるようになりました。

（3）ヨブは、深い悔い改めに導かれました。「ちりと灰の中で」とは、悔い改めの深さを示していますす（6節）。ヨブが悔い改めた罪とは、3人の友人たちが指摘していたものではありません。ヨブが悔い改めたのは、神の前における傲慢な姿勢です。それは、エリフが指摘した罪です。

（4）ヨブは大いに満足しました。その理由は、神がヨブに苦難の理由を説明されたからではなく、神ご自身が直接ヨブに語りかけてくださったからです。私たちもまた、神が私たちとともにいてくださることに満足を見いだすべきです。

エピローグ（1）
―叱責を受ける3人の友人たち―

（1）神は、3人の友人たちに対して怒りを表明されます（7節）。その理由は、彼らが神について真実を語らなかったからです。彼らは、自分たちは神を弁護していると思っていましたが、実は神について偽りを並べ立てていたのです。神はヨブを「わたしのしもべ」と4回呼ばれます（7～8節）。これは、ヨブが神との関係を回復したことを示しています。3人の友人たちの間違いは、苦難は常に罪の結果であると主張したところにあります。

（2）神は3人の友人たちに、全焼のささげ物を献げるようにお命じになります。さらに、ヨブを仲介者として、執りなしの祈りをしてもらえというのです。彼らは一度もヨブのために祈ることはしませんでしたが、ここでヨブが、彼らのために執りなしの祈りを献げることになりました。なんという皮肉でしょうか。

（3）エリフに対する叱責のことばはありません。エリフが語った内容が、真理に最も近かったからです。神は義なる神であると同時に、恵みの神でもあります。ここに啓示された神の恵みは、罪人が神と和解するための土台です。

エピローグ（2）―回復と祝福―

（1）ヨブが友人たちのために祈ると、主からの祝福がヨブに与えられました。ヨブは健康を回復し、2倍の財産を与えられました。また、親戚や友人たちが、すべて彼の家に招かれ食事をともにしました。彼らは、ヨブにいたわりのことばをかけ、彼を慰めました。また慰めのしるしに、それぞれ銀1ケシタと金の輪1つをヨブに贈りました。

（2）ヨブの家畜は、以前の倍になりました。ヨブは、前半生よりも後半生により多くの祝福を受けました。この物質的祝福は、義なる行為へのごほうびではなく、神の恵みの現れです。息子と娘を失った悲しみは、部分的に癒やされました。新たに、息子7人と娘3人が与えられたからです。3人の娘の名前が紹介されています。エミマとは「鳩」、ケツィアとは「シナモン」、ケレン・ハプクとは「目のための化粧品を入れる容器（動物の角）」という意味です。彼女たちは美人ぞろいで、この国では知らない者がいないほどでした。彼女たちは、兄弟たちと並んで相続地を得ています。これは稀なことです。ヨブはさらに140年生き、4代目の子孫を見るほどの長寿を全うしました。

（3）ヨブ記は、苦難の問題について論じた書だと言われますが、それ以上に、神との関係について論じた書だと言うべきでしょう。いかなる状況にあっても、神は信頼すべきお方、そして、信頼し得るお方です。

詩篇1篇

幸いなことよ　悪しき者のはかりごとに歩まず　罪人の道に立たず　嘲る者の座に着かない人。主のおしえを喜びとし　昼も夜も　そのおしえを口ずさむ人。（詩篇1・1～2）

この詩篇から、以下のことを学びましょう。（1）神のことばに従う道を選んだ人は、幸いです。（2）その人は、平安と繁栄を味わうようになるからです。（3）それとは逆に、神のことばに逆らう道を選んだ人の最期は、悲惨なものとなります。

2つの道の対比

詩篇1篇は、詩篇全体への序論となっています。2つの道というモチーフは、詩篇全体で何度もくり返されるものです。この詩篇は、「知恵の詩篇」に分類されます。

「幸いなことよ」という祝祷で始まるスタイルは、イエス・キリストの山上の垂訓を思わせます。ここには、善と悪の対比、いのちと死の対比、祝福と呪いの対比があります。豊かな人生を味わいたいと願う人は、この詩篇から教訓を学ぶべきです。

幸いな人

（1）幸いな人とは、罪に巻き込まれない人です。罪は、最初は小さな「ずれ」から始まり、やがて抜き差しならぬ所に私たちを追い込みます。「歩む」、「立つ」、「着く」という3つの動詞は、罪が進展していく過程を表現しています。

創世記に登場するアブラハムの甥のロトは、小さな「ずれ」から大きな過ちに陥った人物です（創13・11～13）。彼は、最初は希望に燃えて自立への道を歩み始めましたが、最後は、邪悪な町ソドムの有力者になってしまいました（ヤコ1・13～15参照）。

（2）幸いな人とは、主の教えを喜びとし、昼も夜もその教えを口ずさむ人です。教えは、ヘブル語で「トーラー」です。このことばは、通常「律法」と訳されますが、その訳語は、原語の意味を伝えてはいません。「トーラー」とは、人間の生活を豊かにする父なる神の教えの体系を指すことばです。ユダヤ人にとっては、「トーラー」は蜂蜜のように甘く、食すると魂に活力を与えるものです。日々のデボーションを通して、父なる神から霊的な活力を受けるという営みは、実は、極めてヘブル的なものなのです。

主の教え（トーラー）に従って生きる人は、「流れのほとりに植えられた木」です。ここでは、この隠喩の意味をしっかりと味わうべきです（新改訳第3版の訳は、「その人は、水路のそばに植わった木のようだ」となっていましたが、新改訳2017はそれを改善しました）。神のことばを第一として歩む私たちは、流れのほとりに植えられた木です。しかも、野生種の木ではなく、主によって植えられた栽培種の木です。「流れ」ということばからは、水が豊かに流れている川を想像しがちですが、これは水なし川（ワジ）のことです。水が流れていない時期でも、地下水脈があるので、木は枯れません。「流れ」ということばは、複数形で出ています。つまり、1つの水路が完全に涸れても、水の供給は決して絶えることがないということです。私たちの人生において、神の摂理の御手は確実に働いています。その木は、「時が来ると実を結び、その葉は枯れない」のです。ハレルヤ！

悪しき者

それと対照的なのが、神に背を向けて生きる悪しき者の運命です。彼らは、神を無視し、自分勝手な道を歩んでいます。悪しき者の栄えは、表面的で一時的なものにすぎません。この隠喩の厳しさをじっくりと味わいましょう。彼らは、「風が吹き飛ばす籾殻」です。実を結ぶ人生ともみ殻のような人生は、実に対照的です。悪しき者は、信仰による義人の集いの中では、全く異質な存在です。神は、義人と悪しき者を明確に区別し、前者を祝福し、後者を裁かれます。義人の集いに出ることを喜びとする人は、幸いな人です。

結論

この詩篇の結論は、6節です。「まことに　正しい者の道は主が知っておられ　悪しき者の道は滅び去る」。義人の歩みが確かなものとなる理由は、主がすべてをご存じだからです。つまり、義人の歩みは、神によって見守られているということです。「あなたは私が歩くのも伏すのも見守り　私の道のすべてを知り抜いておられます」（詩１３９・３）とあるとおりです。

私たちの道は、主に知られている（喜ばれている）でしょうか。もしそうでないとしたら、私たちが歩んでいる道は、滅びへの道です。今、主の教えを喜びとする道を選び取ろうではありませんか。

詩篇2篇

天の御座に着いておられる方は笑い　主はその者どもを嘲られる。
そのとき主は　怒りをもって彼らに告げ　激しく怒って　彼らを恐れおののかせる。
（詩篇２・４〜５）

この詩篇から、以下のことを学びましょう。（１）地の王たちは、自らの権威を確立するために、神と神に油注がれた者に敵対します。（２）神は、彼らを笑い、あざけられます。（３）この詩篇は、メシア的詩篇です。メシアは、人からは拒否されますが、神によって立てられ、統治者となられます。（４）神に敵対する人と神に信頼する人の差は、実に大きなものです。

5区分される内容

この詩篇の作者は、ダビデです（使４・25参照）。内容は、ソロモン王の即位を祝ったものと考えられます。内容を５つに区分して学ぶと、理解しやすくなります。

（1）この世の勢力は、神と、神によって油注ぎを受けた者に敵対します（1～3節）。その様子を見てダビデは、「なぜ　国々は騒ぎ立ち　もろもろの国民は空しいことを企むのか」と驚きの声をあげています。神の御心を無視したり、それに敵対したりすることは、破滅に向かう道です。

（2）神は、敵対者たちをあざけり、排除されます（4～5節）。人間がいかに神に立ち向かおうとも、神にとっては取るに足りないことです。神はその愚かさを見て、彼らをあざけられます。

（3）神は、王を確立されます（6～7節）。「わたしが　わたしの王を立てたのだ。わたしの聖なる山　シオンに」。「あなたはわたしの子。わたしが今日　あなたを生んだ」。これらのことばは、サムエル記第二7章12節に記されたダビデ契約から出たものです。

（4）神は、王国の拡大を約束されます（8～9節）。神は、「わたしに求めよ」とお語りになります。神の御心に適った祈りは、必ず聞かれます。

（5）それゆえ、主のしもべたちは神を恐れ、このお方に礼拝を献げるべきなのです（10～12節）。この詩篇は、「幸いなことよ　すべて主に身を避ける人は」という結語で終わっています。祝された人生とは、真に恐れるべき方を恐れ、その方に身を避けながら生きる人生です。

王なるキリストの支配

この詩篇は、メシア預言の詩篇でもあります。

（1）ここに記された預言は、終末時代に、メシアにあって究極的な成就を見ます。ヘブル語の「メシア」とは、「油注がれた方」という意味です。イエス・キリストこそ、3重の意味で油注がれたお方です。イエスは、その公生涯において、主に預言者として奉仕されました。復活と昇天後は、父なる神の右に座して、大祭司として聖徒たちのために執りなしをしておられます。再臨の時には、栄光の王として地上に戻って来られます。

（2）神に敵対する者たちは、黙示録に預言されている患難期において、最も堕落した姿を現すようになります。

（3）終末時代でなくても、神に敵対する者は、いつの時代にも存在します。ペテロは、福音宣教を妨害する力が働いた時、それを詩篇2篇の成就であると理解しました（使4・24〜28参照）。

新約聖書による詩篇2篇の引用

（1）使徒の働き13章33節は、イエスの復活は詩篇2篇の預言の成就であると主張しています。「神はイエスをよみがえらせ、彼らの子孫である私たちにその約束を成就してくださいました。詩篇の第二篇に、『あなたはわたしの子。わたしが今日あなたを生んだ』と書かれているとおりです」

（2）ヘブル人への手紙1章5節は、詩篇2篇をメシア預言と理解しています。「神はいったい、どの御使いに向かって言われたでしょうか。『あなたはわたしの子。わたしが今日　あなたを生んだ』と。またさらに、『わたしは彼の父となり、彼はわたしの子となる』と」

（3）ヘブル人への手紙5章5節は、詩篇2篇は大祭司イエスにおいて成就したと教えています。「同様にキリストも、大祭司となる栄誉を自分で得たのではなく、『あなたはわたしの子。わたしが今日、あなたを生んだ』と語りかけた方が、それをお与えになったのです」

使徒の働きの時代だけでなく、今の時代においても、神に敵対する力は働いています。しかし神は、「なぜ」と驚きの声をあげ、次に、敵対する者たちの無知と傲慢をあざ笑われます。

私たちの前には、神を恐れる道と神に敵対する道が広がっています。この詩篇は、「幸いなことよすべて主に身を避ける人は」で終わっています。御子キリストを救い主と告白し、父なる神を恐れる道を歩む人は、幸いです。

詩篇3篇

しかし　主よ　あなたこそ　私の周りを囲む盾
私の栄光　私の頭を上げる方。
私は声をあげて主を呼び求める。すると　主はその聖なる山から私に答えてくださる。
（詩篇3・3～4）

この詩篇から、以下のことを学びましょう。（1）これは、ダビデがその子アブサロムから逃れたときに詠んだ詩です。自分の息子に追われるとは、なんという悲劇でしょうか。(2)ダビデは、神が盾となって悪魔の火矢を防いでくださるという確信を得ています。（3）ダビデの苦悩の中に、キリストの受難を見ることができます。

ダビデの苦悩と祈り

表題には、「ダビデの賛歌。ダビデがその子アブサロムから逃れたときに」とあります。この詩篇の背景になっているのは、サムエル記第二15～17章に記された出来事です。そこを読むと、このときのダビデの心境をよく理解することができます。

私たちの人生にも、数知れない苦難が襲ってきます。この詩篇は、苦難の中にいる人に慰めをもたらしてくれます。ダビデの魂の叫びが、この詩篇の読者の叫びと重なってきます。この詩篇を、５つに区分して味わってみましょう。

5つの区分

（1）ダビデは、自らが直面している苦境を神に訴えかけます（1～2節）。

ダビデの息子アブサロムは、人心を掌握し、王に対して謀反を起こしました。ダビデは、わずかばかりの家臣を伴って宮殿を去り、エルサレムから避難します。彼は叫んでいます。「主よ　なんと私の敵が多くなり　私に向かい立つ者が多くいることでしょう。多くの者が私のたましいのことを言っています。『彼には神の救いがない』と」。年老いてから王座を追われるダビデの心には、バテ・シェバ事件に対する自責の念、王としての無力感、さらに、父として子を思う心などが渦巻いていたことでしょう。ダビデが都落ちする箇所は、涙なしには読めません。「ダビデはオリーブ山の坂を登った。彼は泣きながら登り、その頭をおおい、裸足で登った。彼と一緒にいた民もみな、頭をおおい、泣きながら登った」（2サム15・30）

（2）次にダビデは、苦難から目を離して、神の守りの御手を見上げます（3節）。

「しかし　主よ　あなたこそ　私の周りを囲む盾　私の栄光　私の頭を上げる方」。思いを切り替え、神を見上げるのが、ダビデの素晴らしい点です。私たちも、信仰者として、このような姿勢の転換をする必要があります。苦難の日に、信仰の目を上げる人は幸いです。

（3）さらにダビデは、過去に経験した神の恵みを数え上げ、自らを励ましています（4～5節）。

「私は声をあげて主を呼び求める。すると　主はその聖なる山から私に答えてくださる。私は身を横たえて眠り　また目を覚ます。主が私を支えてくださるから」。彼はこれまでに何度も、神の守りを経験してきました。それを思い出すことで、安眠を回復することができたのです。私たちも、神が為してくださった良きことをすべて思い出そうではありませんか。

（4）それればかりか、彼は勝利を確信し、大声で宣言します（6～7節）。

「私は幾万の民をも恐れない。彼らが私を取り囲もうとも。主よ　立ち上がってください。私の神よお救いください。あなたは私のすべての敵の頬を打ち　悪しき者の歯を砕いてくださいます」。これは、将来の戦いの勝利を先取りした勝利宣言です。試練が襲ってきたとき、どこに助けを求めるべきでしょうか。神の御手の中に守りを見いだす人は、幸いです。

（5）最後に、彼は神を礼拝し、その栄光をたたえています（8節）。

「救いは主にあります。あなたの民に　あなたの祝福がありますように」。苦難から礼拝への変化の道筋を確認してみましょう。ダビデの視点の変化は、「しかし　主よ　あなたこそ」（3節）ということばから始まっています。素晴らしいことばです。

ダビデは、神の内に逃れの場を見いだしました。私たちも、いかなる困難に直面しようとも、信仰によって、「しかし　主よ　あなたこそ」と祈ろうではありませんか。私たちを支えてくださるお方は、私たちの弱さを思いやってくださる大祭司キリストです。

詩篇4篇

知れ。主はご自分の聖徒を特別に扱われるのだ。私が呼ぶとき　主は聞いてくださる。

（詩篇4・3）

この詩篇から、以下のことを学びましょう。（1）ダビデは、苦難の中にいる人に、主に仕えるように勧めています。（2）聖徒は、神によって選ばれ、神の恵みによって守られています。（3）神は、聖徒の祈りを聞いてくださいます。（4）神を認めない者は愚かであり、その最期は悲惨です。（5）聖徒は、神の内に真の満足と平安を見いだします。

普遍的な詩篇

この詩篇は、詩篇3篇と対になっています。詩篇3篇の場合は、それが作られたときの状況が記されていました（ダビデがその子アブサロムから逃れたときに）。しかし、詩篇4篇にはそういう説明はなく、「指揮者のために。弦楽器に合わせて。ダビデの賛歌」という演奏法を指示したことばがあるだけです。

ある詩篇は、特定の状況の中から生まれたものですが、そうではなくて、人々を励ますために作られた普遍的な詩篇も多くあります。詩篇4篇は、後者に属するものだと思われます。

この詩篇を3つの部分に分けて学んでみましょう。（1）神の助けを求める祈り（1節）。（2）神に敵対する者たちへの悔い改めの呼びかけ（2～5節）。（3）神に信頼する者の平安（6～8節）。

神の助けを求める祈り

ダビデは、過去に経験した神の恵みを思い起こしながら、この詩篇を作っています。神はダビデを、サウル王の手から、ペリシテ人の攻撃から、また、数多くの危険から救い出されました。ダビデは、それらの出来事を思い出しながら、「私が呼ぶとき答えてください。 私の義なる神」と呼びかけています。この呼びかけの方法は、すべての聖徒たちが見習うべきものです。過去に受けた神の恵みの数々を思い出すとき、私たちの内には新たな希望と信仰が生まれてきます。神を信じない人々に大胆に語るためには、まず神との語らいの時を持ち、神からの励ましを受ける必要があります。

神に敵対する者たちへの悔い改めの呼びかけ

次にダビデは、罪人たちに語りかけています。「人の子たちよ いつまで私の栄光を辱め 空しいものを愛し 偽りを慕い求めるのか」と。神への反逆がいかに恐ろしいものであるかを理解しない人々は、悲惨な人生の結末を迎えるようになります。ダビデは4節で、「震えわななけ。罪を犯すな。 心の中で語り 床の上で静まれ」と教え、5節で、「義のいけにえを献げ 主に拠り頼め」と、罪人に悔い改めを迫っています。床の上で静まって、その日1日の行動や思いを振り返るのは、素晴らしいことです。言い訳をするのではなく、心を静めて、神からの語りかけを待ちましょう。神はそういう人を必ず祝福してくださいます。

神に信頼する者の平安

最後にダビデは、神に信頼する者の平安を詠っています（6～8節）。神を知らない人々は、助けてくれる人を求めて右往左往しています。そのようなときこそ、聖徒たちは、彼らのために執りなしの祈りを献げる必要があります。「主よ　どうか　あなたの御顔の光を　私たちの上に照らしてください」との祈りは、民数記6章24～26節にある大祭司アロンの祈りです。ダビデは自らを大祭司の立場に置いて、民のために執りなしの祈りを献げています。彼は、主から来る平安によって、安らかな眠りに就きます。安眠は、神からの贈り物です。

私たちも、平安な眠りが得られない状態に陥った場合は、その原因を神に申し上げ、神からの平安を受け取ろうではありませんか。神の内にこそ、真の満足と平安が隠されています。

詩篇5篇

主よ　朝明けに　私の声を聞いてください。朝明けに　私はあなたの御前に備えをし　仰ぎ望みます。
あなたは悪を喜ぶ神ではなく　わざわいは　あなたとともに住まないからです。
（詩篇5・3～4）

この詩篇から、以下のことを学びましょう。（1）朝の祈りは、その日1日の方向性を決める鍵となります。（2）神の聖さを黙想し、悪が滅びることを願う祈りは、神の御心に適ったものです。（3）神が憎まれるものを憎み、神の側に立ち続けるなら、私たちの前には祝福の道が開かれます。

叫ぶような祈り

私たちの神は、祈りを聞いてくださる神です。神のこの性質は、永遠に変わることがありません。それが、私たちが祈りを献げる土台であり、動機です。ここでダビデは、神を義なる王と見て、そのお方に祈りを献げています。その原則は、そのまま私たちにも適用されます。

ダビデは、1~7節で、うめきと叫びをもって神に訴えかけています。ダビデの生涯は、苦難で満ちていました。そういう意味では、ダビデはキリストの型です。キリストもまた、苦難のときには、父なる神に叫ぶような祈りをお献げになりました。苦難に遭ったとき、私たちはダビデの祈りを手本に祈ることができます。

（1）神の主権を認めましょう。ダビデは、自らが王でしたが、神に向かって、「私の王」、「私の神」と叫んでいます。私たちも、すべてを最善に導かれる方がおられることを告白しましょう。

（2）継続した祈りを献げましょう。ダビデは、早朝の祈りの祝福をよく知っていました。それが、彼の習慣となっていました。夜明けこそ、彼が王なる神に出会う最善の時間だったのです。ダビデの子イエスも、早朝の祈りを通して、父なる神との深い交わりを保っておられました（マコ1・35）。

（3）神を見上げましょう。「仰ぎ望みます」（3節）ということばは、ダビデの心情をよく伝えています。いくら祈っても、自分の内面ばかり見つめている限り、解放は得られません。解放は、すべての問題に答えを持っておられる神を見上げることによって与えられます。

理性的な祈り

前半が叫ぶような祈りであるとするなら、後半（8~12節）は、理性的な祈りと言えます。前半と後半の祈りの内容はほぼ同じですが、後半では、少し心が落ち着いたダビデは、ことばを吟味しながら祈っています。

（1）神は、義を愛し、罪を憎まれるお方であることが、くり返し告白されます。

（2）罪人を呪ってください、という祈りが献げられます。このことばに反発を覚える方もいると思います。詩篇には、度々このような祈りのことばが出てきます。しかしこれは、個人的な復讐心から出たものではありません。これは、罪人が勝ち誇っている状況の下で発せられた、神の義が守られますようにという聖徒の祈りです。ダビデが、罪人の裁きを神に委ねていることにも注目しましょう（ロマ

12・19参照)。

(3)ダビデは、個人的な祈りから、民全体への執りなしの祈りに移っていきます。「主よ　まことにあなたは　正しい者を祝福し　大盾のように　いつくしみでおおってくださいます」(12節)という結語は、現代の私たちにも適用される真理です。

きょうも、神の大盾が私たちを取り囲んでいることをイメージしながら、大胆にこの世に出て行こうではありませんか。

詩篇6篇

主は私の切なる願いを聞き　主は私の祈りを受け入れられる。
私の敵が　みな恥を見　ひどく恐れおののきますように。　彼らが退き　恥を見ますように。瞬く間に。（詩篇6・9～10）

この詩篇から、以下のことを学びましょう。（1）これはダビデによる悔い改めの詩篇です。（2）私たちの人生においては、涙の谷を通過するようなことがたびたび起こりますが、私たちの目から涙を拭ってくださるお方がおられます。（3）試練のときこそ、神の前に真実な祈りを献げるときです。

嘆くダビデ

「悔い改めの詩篇」と呼ばれる詩篇が7つあります。第6篇は、その最初のものです（これ以外に、32篇、38篇、51篇、１０２篇、１３０篇、１４３篇がある）。

注目すべきは、この種の詩篇には明確な「型」があることです。前半は、神への訴えであり、後半は、神への賛美です。そういう視点からすると、この詩篇は、ヨブ記の縮小版のようなものです。肉体的、精神的（霊的）痛みを覚えるとき、私たちはこの詩篇から大きな励ましを受けることができます。

（1）ダビデは、肉体的弱さとともに、精神的（霊的）痛みを覚えています。彼はその痛みを、罪に対する神の裁きと理解しています。「主よ　御怒りで私を責めないでください。　あなたの憤りで私を懲らしめないでください」とあるとおりです。罪の内容は明らかにされていませんが、具体的には、バテ・シェバ事件を想定してもよいでしょう。

（2）次にダビデは、悔い改めの祈りを神に献げます。そこには、すべての罪人が祈るべき悔い改めの祈りの諸要素が含まれています。彼は、自らの恐れを告白しています。「主よ　帰って来て　私のたましいを助け出してください」ということばは、神から切り離されることへの恐れを表現しています。信仰者にとって、神が去ってしまわれること以上に恐ろしいことはありません。

（3）その後に、嘆きの告白が続きます。「涙」、「漂わせ」、「押し流す」などのことばは、誇張法と呼ばれるものですが、それによって、ダビデの祈りが真の悔い改めから出ていることがよく分かります。ダビデは、自分の義を一切主張することなく、「私を救ってください。あなたの恵みのゆえに」と祈っています。

賛美するダビデ

前半で悲痛な祈りを献げたダビデは、後半で神を賛美します。

（1）彼は、「主は私の切なる願いを聞き　主は私の祈りを受け入れられる」（9節）と叫んでいます。彼は、赦しを確信し、主にある希望を再び見いだしたのです。私たちの神は、罪人の悔い改めの祈りを必ず聞いてくださいます。この詩篇の前書きに、「指揮者のために。弦楽器に合わせて。第八の調べにのせて。ダビデの賛歌」とあります。8という数字は、聖書では、復活を象徴するものです。ダビデは、「主よ　あなたはいつまで」（3節）と尋ねていましたが、神は遅れることなく、祈りを聞き届けてくださいました。その結果、ダビデは霊的な復活を体験することができたのです。

（2）神と和解した者は、敵の攻撃から守られます。神はご自身の民を守るために立ち上がってくださいます。

この詩篇は、罪のゆえに悩みの中にいる人たちのものです。ダビデのように、悔い改めを告白し、神の恵みによって立ち上がりましょう。神は、弱い私たちを支える力を持った唯一のお方です。

詩篇7篇

私の神　主よ　私はあなたに身を避けます。どうか　追い迫るすべての者から　私を救い　助け出してください。
彼らが獅子のように　私のたましいを引き裂き　助け出す者もなく　さらって行かないように。
（詩篇7・1〜2）

この詩篇から、以下のことを学びましょう。（1）ゆえなく悪人から迫害を受けるとき、私たちには義なる裁判官が天におられることを思い出しましょう。（2）その方に身を避けるなら、その方は私たちを守り、悪人を裁いてくださいます。（3）自分で復讐するのは、神の御心ではありません。人の怒りは、決して良い結果をもたらしません。

ベニヤミン人クシュのことについて

前書きに、「シガヨンの歌。ダビデによる。ベニヤミン人クシュのことについて主に歌ったもの」とあります。

「ベニヤミン人クシュ」とは、ダビデを迫害したサウル王のことだと多くの学者が考えています。そう考えると、ダビデがこの詩篇を詠んだ背景がよく理解できます（これ以外に、クシュとは、サウル王にダビデの悪口を語った人物であるという解釈もあります）。いずれにしても、詩篇7篇のテーマは、次の聖句でまとめることができます。「あなたを攻めるために作られる武器は、どれも役に立たなくなる」（イザ54・17）

祈りのステップ

（1）根拠のない非難と迫害を受けていたダビデは、神の助けを求めて祈ります（1〜2節）。1節のことばに注目してみましょう。ダビデは、「私の神　主よ」と呼びかけ、次に、「私はあなたに身を避けます」と祈っています。これは、神との契約関係を前提とした祈りです。新約時代に生きる私たちは、イエス・キリストを信じる信仰によって、神の子とされました。私たちは、自分の無罪は主張できなくても、主イエスが私たちの義となってくださったことは知っています。イエスを救い主と告白する人は誰でも、すでに神の守りの中に置かれています。

（２）次にダビデは、サウルとの関係において、自らの無罪を神の前に主張しています。確かに彼は、サウル王に悪意を抱いたことがないばかりか、２度にわたって彼の命を助けています（１サム24、26章）。ダビデは、罪を示されたときにはそれを告白し、そうでない時には無罪を主張しました。私たちも、その祈りに倣えばいいのです。

（３）さらにダビデは、裁きを主に委ねています。彼は、６～９節で、神が自分を弁護し、悪者を裁いてくださるようにと祈っています。

（４）彼は、10～16節で、神が自分の願いを必ず聞いてくださるという確信を表明し、敵が滅ぼされるようにと祈っています。それは、復讐の祈りというよりは、神の義を求める祈りです。その祈りに、神は二重の意味でお答えになります。神ご自身が、正しい審判者として、義人を守り、罪人を裁かれます。罪人は、自らの悪巧みに落ち込み、「その害悪は自分の頭上に戻り　その暴虐は自分の脳天に下ります」（16節）という体験をするようになります。

（５）ダビデは、17節で、祈りが聞かれた際には主をほめたたえると約束しています。「私は主をほめたたえます。その義にふさわしく。いと高き方主の御名をほめ歌います」。そこには、裁きを主に委ねきった人が体験する平安があります。

どうしても赦せない人がいるなら、その人のことを主の裁きに委ねましょう。そして、主の御名をたたえましょう。

詩篇8篇

あなたの指のわざである　あなたの天　あなたが整えられた月や星を見るに　人とは何ものなのでしょう。　あなたが心に留められるとは。　人の子とはいったい何ものなのでしょう。　あなたが顧みてくださるとは。

（詩篇8・3〜4）

この詩篇から、以下のことを学びましょう。（1）自然界を眺めながら黙想するとき、私たちは、創造主の尊厳と威光に感動を覚えます。（2）と同時に、人間がいかにちっぽけな存在であるかを思わないわけにはいきません。（3）神は、取るに足りない存在である私たちに目を注ぎ、私たちを高く上げてくださいます。私たちは、神の目には価値ある存在です。

大いなる神

この詩篇は、偉大なる神への賛歌です。最初の節（1節）には「主よ　私たちの主よ　あなたの御名は全地にわたり　なんと力に満ちていることでしょう。あなたのご威光は天でたたえられています」とあります。最後の節（9節）でも同じことばがくり返されています。「主よ　私たちの主よ」という呼びかけは、非常に重要なものです。クリスチャンの最大の使命は、神に呼びかけ（主とは神の固有名詞です）、神の威光を覚え、その御名をほめたたえることです。

ダビデは神をたたえるべき理由を4つ上げていますので、そこから教訓を学んでみましょう。

4つの理由

（1）創造の御業を通して啓示された神の愛

夜空を眺めながら、宇宙の神秘、いのちの不思議、永遠へのあこがれ、などを感じたことのない人はいないはずです。被造世界は、創造主である神の栄光をたたえています。荘厳な宇宙を見て感動を覚えるなら、それを創造されたお方に対して畏怖の念を抱くのは、当然のことです。

（2）幼子（最も小さき者）をご自身の目的のために用いる神の愛

イエスご自身が、「幼子たち　乳飲み子たちの口を通して　あなたは御力を打ち立てられました」（2節）を、ご自分に当てはめておられます（マタ21・16）。子どもは、なんの疑いも持たずに神に信頼し、御名をたたえることができます。しかし、年を重ねるにしたがって、子どものような信仰を忘れ、疑い深くなります。もし、神と自分の間に何か障害になるものがあるなら、それを取り除いていただこうではありませんか。神は、この世の弱い者や見下されている者を選び、用いてくださいます。このことを思い起こしましょう。

（3）人の祝福のために天体を創造した神の愛

天体は、神の計画通りに規則正しく運行しています。それは、人の生活を守り祝福するためです。そのことを考えると、私たちもダビデとともに、「人とは何ものなのでしょう。あなたが心に留められるとは。人の子とはいったい何ものなのでしょう。あなたが顧みてくださるとは」（4節）と驚嘆せざるを得ません。

（4）被造世界を管理する特権を人にお与えになった神の愛

人は、被造物の冠として創造されました。また人は、御使いよりもわずかに劣るものとして創造されました。もし自分の価値に不安を覚えることがあるなら、自分は神のかたちに造られていることを思い起こしましょう。また、神は人に、すべての生き物を管理する特権をお与えになったことを思い出しましょう。私たちには、大きな特権と義務が与えられています。

6節には、「万物を彼の足の下に置かれました」とありますが、現実はどうでしょうか。私たちは、その約束がまだ実現していないことを知っています。それは、アダムが犯した罪のために、全人類に死が入り、宇宙が呪いのもとに置かれるようになったからです。その結果、サタンがこの地を支配するようになりました。今サタンは、「この世の神」として君臨しています。しかし、地の本来の所有権は、人に与えられたものです。キリストは、十字架の死と復活と昇天によって、本来アダムが持っていたこの特権を、私たちのために奪い返してくださいました。ヘブル人への手紙2章6〜8節とコリント人への手紙第一15章27節は、この詩篇をキリストに適用しています。キリストが地を完全に支配するときが、やがて訪れます。つまり、被造世界全体がキリストを主と認めるときが来るということです。キリストの内にある私たち（信仰によって救われた私たち）は、キリストとともに被造世界を統治するようになります。

自己像が低いのは、私たちを創造してくださった方を辱めることです。私たちの霊的視野は、神のご計画の全貌を捉えるものとなっているでしょうか。神は、大いなることを計画しておられます。今、霊の目を開いてくださいと神に求めようではありませんか。

詩篇9篇

しかし　主はとこしえに御座に着き　さばきのために王座を堅く立てられた。主は義によって世界をさばき　公正をもってもろもろの国民をさばかれる。（詩篇9・7〜8）

この詩篇から、以下のことを学びましょう。（1）試練の日には、私たち信者は、神の懐に飛び込み、そこに平安を見いだすべきです。（2）試練に打ち勝ったとき、神への感謝と賛美のことばを忘れてはなりません。（3）「貧しい者は決して忘れられることがなく　苦しむ者の望みは　永遠に失せることがない」（18節）という約束は、主イエスにあって成就します。主イエスは、私たちの大祭司であり、義なる裁判官です。

祭司としての祈り

この詩篇は、前半（1〜14節）と後半（15〜20節）に分かれます。前半も後半も、①過去の恵みへの感謝、②将来の守りへの信頼、③執りなしの祈りと賛美の勧め、の3部から成っています。後半の分量は、前半よりも短くなっていますが、内容は同じです。

この詩篇を祭司的祈りという視点から読んでみましょう。イスラエルは、祭司の民としての役割を神から与えられていました。神が公正をもって全地を裁かれることを告げ知らせるのは、祭司の民の使命の1つでした。

私たちクリスチャンは、新約時代の祭司とされています（1ペテ2・9）。私たちもまた、ダビデとともに、祭司的祈りを献げるべきです。

祈りの内容

（1）まず、神が過去に行ってくださった恵みの御業を思い起こし、神の素晴らしさを賛美しましょう。

ダビデは、「あなたは国々を叱り、悪しき者を滅ぼし　彼らの名を　とこしえに消し去られました」（5節）と詠っています。私たちは、「神よ、あなたはイエスの十字架と復活によって、サタンのわざを壊し、私たちを死の恐怖から解放してくださいました」と告白することができます。神の恵みがどのように私たちを導いてくれたかを思い起こし、神の御名をほめたたえましょう。

（2）次にダビデは、将来も神の守りが与えられることを確信し、神への信頼を表明しています。

ダビデは、「御名を知る者は　あなたに拠り頼みます。主よ　あなたを求める者を　あなたはお見捨てになりませんでした」（10節）と詠っています。私たちは、「神を愛する人たち、すなわち、神のご計画にしたがって召された人たちのためには、すべてのことがともに働いて益となることを、私たちは知っています」（ロマ8・28）と告白することができます。将来への不安を感じるときは、神への愛を表明し、すべてが益とされることを信じましょう。

（3）最後にダビデは、義なる裁判官である主が立ち上がってくださるようにと祈っています。

ダビデは、「主よ　彼らに恐れを起こさせ　国々に思い知らせてください。自らが人間にすぎないことを」（20節）と執りなしの祈りを献げています。私たちも、日本の救いのために執りなしの祈りを献げるべきです。それは、「すべての舌が、『イエス・キリストは主です』と告白して、父なる神に栄光を帰するためです」（ピリ2・11）。アーメン。

詩篇10篇

主よ　立ち上がってください。　神よ　御手を上げてください。　どうか　貧しい者を忘れないでください。
何のために　悪しき者は神を侮るのでしょうか。
彼は心の中で　あなたが追及することはないと言っています。（詩篇10・12～13）

この詩篇から、以下のことを学びましょう。（1）作者は、悪しき者が神の御手によって辱めを受けるように祈っています。これは、神の義を求める祈りです。（2）作者は、抑圧された者たちが守られるように祈っています。これも、神の義が成ることを願う祈りです。（3）私たちは、いかなる不平不満も、王の王である方のもとに持って行くことができます。主イエスは、再臨の時、すべての不義や不公平を正してくださいます。

悪人が栄えるという現実

なぜ悪人が栄えるのかは、人生の謎の1つです。

横暴な罪人が義人を迫害するという図式も、珍しいことではありません。なぜ神は、ただちに悪を、また悪人を、滅ぼしてしまわれないのでしょうか。

この詩篇の作者は、「主よ　なぜ　あなたは遠く離れて立ち　苦しみのときに　身を隠されるのですか」（1節）と叫んでいますが、これは、迫害や試練に遭った信仰者たちが、例外なく叫んできた祈りではないでしょうか。私たちもまた、これと同じ祈りを献げた経験があるはずです。

確かに、神を無視して勝手な生き方をしている人の方が、より栄えているように見えることがあります。しかし、悪人の最期がどうなるかをしっかりと考え、揺るぎない信仰を持ち続けるべきです。

作者は、2～11節で、神を無視して生きる者（抑圧する者）の邪悪な性質を克明に描いています。彼らの特徴は、高ぶり、貪欲、高慢、不信仰、欺き、不法などです。「神は忘れているのだ。顔を隠して永久に見ることはないのだ」という思いが、彼らの心を支配しています。悪人に対して罪を指摘しても、状況は改善されるどころか、ますます悪くなります。最善の方法は、この詩篇の作者のように、神に向かって自分の思いをこと細かに語りかけることです。神だけが、人の心を変えることができるからです。

神への信頼

作者は、12節以降で、より高い次元の祈りを献げています。「主よ、立ち上がってください。神よ御手を上げてください。どうか　貧しい者を忘れないでください」と祈った彼は、神の視点から現状分析を始めています。これが重要なことです。

（1）この世はサタンの支配下にあるので、信仰者が試練に遭うのは当然のことです。

（2）神は、決して神の民を忘れておられたのではありません。悪者の悪も、神の民の苦難も、すべてご存じです。イスラエルの歴史を見ると、神が、貧しい者、みなしご、しいたげられた者の祈りを聞いてくださることは明らかです。

（3）最後に、この詩篇の作者は、すでに願いが叶えられたかのような祈りを献げています。それは、「信仰による約束の先取り」です。「主は世々にわたって　永遠の王」（16節）とあります。私たちの神は今も生きておられます。神がすべてを支配しておられることを確信するなら、私たちの祈りは変わります。私たちも、約束を先取りした祈りを献げようではありませんか。

「さて、信仰は、望んでいることを保証し、目に見えないものを確信させるものです」(ヘブ11・1)。

アーメン。

詩篇11篇

主は　その聖なる宮におられる。主は　その王座が天にある。その目は見通し　そのまぶたは人の子らを調べる。
主は正しい者と悪者を調べる。そのみこころは暴虐を好む者を憎む。(詩篇11・4〜5)

この詩篇から、以下のことを学びましょう。(1)試練の日には、天の御座に着いておられる方を見上げるべきです。悪人たちが仕掛けてくるいかなる悪巧みも、恐れる必要はありません。(2)悪者の末路がいかに悲惨なものであるかを思い、主を恐れることを学びましょう。(3)主は正しい者の歩みに目を注いでおられます。

友人たちのことば

この詩篇はダビデが書いたものです。ダビデは、その人生においてあらゆる種類の試練や誘惑を経験しました。青年期には、サウル王から追い回され、いのちを狙われたこともありました。この詩篇は、そのときのダビデの思いを詠ったものと思われます。試練や試みの中にいる者は、この詩篇を通して、「主への信頼」を再確認することができます。

（1）この詩篇の冒頭でダビデは、「主に私は身を避ける」と宣言しています。自らが置かれている困難な状況や誘惑の内容を説明する前に、神への信頼を表明したのです。神は、義なるお方であり、悪人であっても義人であっても、助けを求める者を救うことのできるお方です。

（2）冒頭で大原則を述べた後、彼は、親しい友人たちのことばを紹介しています。1～3節は、試練の中にいるダビデに対して親しい友人たちが語った内容です。敵の手が迫っているから、「鳥のように　自分の山に飛んで行け」というのが、友人たちの助言です。つまり、神の守りは当てにならないから、自分の知恵と計画に従って自分自身を守れというのです。親友であっても、神への信頼を捨てよという誘惑のことばを語る場合があることを覚えておきましょう。

（3）悪者どもは、この世に暗闇を作り出し、その中で悪を行います（詩82・5参照）。

ダビデのことば

次の4～7節では、ダビデ自身のことばが登場します。誘惑に勝利する秘訣は、義なる神に信頼することです。ダビデは、神のご性質を1つ1つ思い起こし、自らの心を慰めています。

（1）神は主権者ですから、すべての状況を支配しておられます（4節前半）。

（2）神は全知全能ですから、人の心にあるものをご存じです（4節後半）。

（3）神は正義ですから、罪を裁かれます（5～6節）。ソドムとゴモラは、火と硫黄によって滅ぼされました（創19章）。

（4）神は愛ですから、人を赦されます。義人は神の御顔を仰ぎ見て生きるようになります（7節）。詩篇23篇6節には、このようにあります。「まことに　私のいのちの日の限り　いつくしみと恵みが私を追って来るでしょう。私はいつまでも　主の家に住まいます」。いつまでも神の臨在の中で生きることは、私たちの願いでもあります。

上記（1）～（4）にある神のご性質は、すべて主イエス・キリストの内に宿っているものです。ダビデが通過した苦しみは、ダビデの子イエスが経験した苦しみでもあります。イエスは今、天の幕屋で、大祭司として私たちのために執りなしをしておられます。「私たちの大祭司は、私たちの弱さに同情できない方ではありません。罪は犯しませんでしたが、すべての点において、私たちと同じように試みにあわれたのです」（ヘブ4・15）。折りにかなった助けを受けるために、大胆に恵みの御座に近づこうではありませんか。

詩篇12篇

主のことばは　混じり気のないことば。土の炉で七度試され　純化された銀。（詩篇12・6）

この詩篇から、以下のことを学びましょう。（1）私たちは、試練に遭うと、それがいつまでも続くかのように感じてしまいますが、そうではありません。（2）主に向かって自分の悩みや恐れを告白するなら、問題解決の確信が与えられ、御名をたたえることができるようになります。（3）主のことばに信頼する者の歩みは、確かなものとされます。

ダビデの訴え

この詩篇は、悪がはびこるときに、どのように祈ればよいかを教えています。神は、聖徒の願いに耳を傾けてくださいます。それゆえ、私たちは勇気をもって立ち上がることができるのです。

ダビデは、傲慢な舌によって痛めつけられる体験を何度も通過しました。ゆえなくサウル王から追われていたときも、彼は、密告や中傷によって苦しめられました（1サム22・9、23・12、19など参照）。ダビデは、傲慢な舌が幅を利かせている状況を神の前に訴えます（1～4節）。「敬虔な人」や「誠実な人」は、どこにも見られなくなりました。「むなしいこと」、「へつらいの唇」、「二心」、「傲慢の舌」などが、時代の特徴となっています。その背後に潜むのは、「神を恐れる必要はない」という精神です。

ダビデが心を痛めた状況は、そのまま、現代にも当てはまります。それどころか、ダビデの時代以上に、今は、傲慢な舌が蔓延している時代と言えます。ことばは、それを発する人の心を表しています。ダビデは、「主が　へつらいの唇と傲慢の舌を　ことごとく断ち切ってくださいますように」と祈っています。これは、主の義が成ることを求める義なる復讐の祈りです（詩137参照）。

誰でも、傲慢な舌によって傷つけられた経験があるはずです。では逆に、鋭いことばによって人を傷つけた経験はあるでしょうか。今、聖なる神の前に静まり、自らの舌を点検しようではありませんか。

神からの答え

ダビデの祈りに、神はお答えになりました。義なる神は、「苦しむ人」や「貧しい人」を助けるために立ち上がられます。自らの手で復讐するのではなく、神に裁きを委ねるのが賢明な選択です。平安を得る秘訣は、神のことばの確かさに目を向けることにあります。「主のことばは　混じり気のないことば。　土の炉で七度試され　純化された銀」（6節）とあります。「七度」というのは完全数です。それは、神のことばが完全であることを示しています。聖書の中には、神のことばの麗しさを詠った箇所がたくさんあります（詩18・30参照）。

テモテへの手紙第二3章16節には、「聖書はすべて神の霊感によるもので、教えと戒めと矯正と義の訓練のために有益です」とあります。神のことばから離れるなら、私たちは自分勝手なことばを語るようになります。しかし、神のことばを黙想するなら、人を励まし、人を癒すことばを語るようになります。日々、神のことばに立ち続けようではありませんか。

詩篇13篇

主よ　いつまでですか。　あなたは私を永久にお忘れになるのですか。　いつまで　御顔を私からお隠しになるのですか。（詩篇13・1）

この詩篇から、以下のことを学びましょう。（1）この詩篇は、敵からの解放を願う祈りです。（2）誰でも、あまりにも長く困難な期間が続くと、神に忘れ去られたような思いになるものです。ダビデも同じ思いに捉えられました。（3）しかし、神は聖徒たちのことを忘れてはおられません。（4）信仰を働かせて神に信頼し続けるなら、神による勝利は私たちのものとなります。

苦悩の叫び

この詩篇は、苦悩の叫びで始まり、賛美で終わります。ダビデの心境の変化は、私たちにとっても大いなる教訓となります。順を追って、彼の心の変化を追跡してみましょう。（1）1～2節は、苦悩の叫びです。（2）3～4節は、信頼の祈りです。（3）5～6節は、喜びの賛美です。

最初の2節で、「いつまで」ということばが、4回も出てきます。これは、ダビデの苦悩の深さと激しさを表しています。ダビデにとって最も苦痛だったのは、神が御顔を隠してしまわれたように感じられたことです。信仰者は例外なしに、このような暗黒の時を通過します。ダビデは、「あなたは私を永久にお忘れになるのですか」と神に問いかけています。悪いことが起こるときには、いくつもの悲劇が重なり、永久に暗黒の中に閉じ込められたような気になります。また、神の臨在を感じられないときには、死は不可避なもののように思えてきます。ダビデは、祈りのことばさえ見つからないような状況になっています。しかし、そのようなときでも、神は決して私たちを見捨ててはおられません。ダビデの子イエスの祈りを思い出しましょう。「わが神、わが神、どうしてわたしをお見捨てになったのですか」（マタ27・46）。イエスが十字架にかけられたとき、確かに、父なる神が御顔を隠されたように見えました。しかし、それは一時的なことで、やがてよみがえりの朝が来たのです。私たちも、朝の来ない夜はないことを思い、父なる神に信頼の祈りを献げようではありませんか。

信頼の祈り

3～4節で、ダビデは信頼の祈りを献げます。敵のあざけりから救われるようにとの祈りが献げられますが、これは決して自己中心的な祈りではなく、神に信頼して歩む義人が守られますようにとの、神の義を擁護する祈りです。今まで暗黒の世界しか見えていなかったダビデの心に、光が差し込み始めます。神は、真実な祈りを聞いてくださいます。

喜びの賛美

心に希望を与えられたダビデは、5～6節で、喜びの賛美を献げます。「私はあなたの恵みに拠り頼みます」(5節)。ここで語られている「恵み」とは、神がアブラハムと結ばれた契約に基づく神の忠実さです。神が人格を持った方であり、契約を結ばれる方であるという概念は、極めてヘブル的なものです。終わりの時代、神は、アブラハム契約の成就として来られたイエス・キリストを通して、イスラエルと新しい契約を結ばれました。神の契約は、とこしえに変わることがありません。私たちもまた、主イエスを信じる信仰によって、新しい契約に連なる者とされました。今、契約に表された神の恵みを思い出し、心に励ましをいただこうではありませんか。

祈りの答えがすぐに与えられないときは、ダビデの忍耐を思い起こしましょう。ダビデは、いつまでも神に信頼し続けることを選び取りました。その結果、神の御業を見ることができるようになりました。ダビデの信仰は、私たちの信仰の手本です。

詩篇14篇

愚か者は心の中で「神はいない」と言う。 彼らは腐っていて 忌まわしいことを行う。 善を行う者はいない。 主は天から人の子らを見下ろされた。 悟る者 神を求める者がいるかどうかと。

（詩篇14・1～2）

この詩篇から、以下のことを学びましょう。（1）生まれながらの人間は、神にとっては「怒りの子」であり、「忌むべき者」です。（2）多くの者が「神はいない」と言っていますが、聖書の判断では、彼らは「愚か者」です。（3）神は今も、地上に神を求める者がいるかどうか、見張っておられます。（4）主を避け所とする者は、知恵ある者です。

愚か者の信条

この詩篇は、人生の知恵を教える詩篇ですが、この中には哀歌と預言が含まれています。5～6節を除くと、詩篇53篇と類似した内容になっています。

1～4節で、愚か者の堕落した様子が描かれています。「神はいない」とは、無神論者の信条です。心の内に愚かさを宿しているので、そのような愚かなことが言えるのです。私もかつては、「神はいない」と言っていた者です。しかし聖書の見解は、「ユダヤ人であっても異邦人であっても、『神はいない』と言う人は、愚か者だ」ということです。

パウロは、ローマ人への手紙3章10～12節で、この詩篇を引用しています。「義人はいない。一人もいない。悟る者はいない。神を求める者はいない。すべての者が離れて行き、だれもかれも無用の者となった。 善を行う者はいない。 だれ一人いない」（ギリシア語訳である七十人訳聖書からの引用です）。

人生の原則が愚かなものだと、当然、その行為は愚かなものとなります。「愚か者」のことをヘブル語で「ナバル」といいます。サムエル記第一25章に、ナバルという人物が登場します。彼は、ヘブロンの南東にあるカルメルの近くで大牧場を経営していました。彼は、かつてダビデによって助けられたことがありましたが、その恩を忘れ、ダビデの使者たちを追い返し、ダビデの悪口を言いました。怒ったダビデは、彼を殺そうとしましたが、賢妻アビガイルの執りなしによって、思いとどまります。それから10日後に、ナバルは、主によって打たれて死にます。ダビデは、アビガイルを妻として迎え入れます。

無神論者の確信は、いざという時には全く役に立たないものであることを覚えましょう。

愚か者の敗北

愚か者は、やがて自らの愚かさを思い知るようになります。(1)彼らは、神は常に正しい者(神の民)とともにおられることを知るようになります。神は、インマヌエルなる神です(マタ1・23)。(2)彼らは、神が正しい者の避け所となっておられることを知るようになります。詩篇46篇1節には、「神は　われらの避け所　また力。　苦しむとき　そこにある強き助け」とあります。歴史を振り返ると、ユダヤ人を抹殺しようとする悪の試みは、ことごとく失敗してきたことが分かります。それは、神が彼らの避け所となっておられるからです。同じように、神は、イエス・キリストを信じる信仰によって神の子とされた異邦人の信者も守られます。

この詩篇は、神の御心が成、神の栄光が速やかに現れるようにとの祈りで終わっています。そのとき、ヤコブは楽しみ、イスラエルは喜ぶのです。愚か者が一時的に栄えているのを見て、嫉妬を覚えたり、うらやましく思ったりする必要はありません。忍耐を働かせ、喜ぶ日が来ることを待ち望みながら、きょうもこの世に出て行こうではありませんか。

詩篇15篇

主よ　だれが　あなたの幕屋に宿るのでしょうか。だれが　あなたの聖なる山に住むのでしょうか。(詩篇15・1)

この詩篇から、以下のことを学びましょう。(1)天国に向かっている人の心には、なんらかの形で、天国の性質が宿っています。(2)神の栄光を求めて歩んでいる者は、聖化のプロセスを体験するようになります。(3)私たちは、キリストの内にあって義とされ、聖化され、栄化されます。

ダビデの質問

この詩篇でダビデは、神を信じる者の行いと愚か者のそれを対比させています。私たちは、愚か者の行いから遠ざかるべきです。また、神の臨在の中に宿るために必要な資質に思いを馳せるべきです。自らの行動を省みながら、この詩篇を味わってみましょう。

冒頭で、ダビデは大切な質問をしています。「主よ　だれが　あなたの幕屋に宿るのでしょうか。だれが　あなたの聖なる山に住むのでしょうか」。

この詩篇の背景として考えられるのは、神の箱(契約の箱)を、キルヤテ・エアリムからエルサレムに移そうとしたときの状況です(2サム6章)。ダビデはあまりにも軽率でした。神の箱は、ウザとその兄弟アフヨが御す新しい牛車で運ばれましたが、彼らはレビ人ではありませんでした。牛が神の箱を引っくり返しそうになったとき、ウザは不遜にも神の箱を手で押さえ、その場で打たれて死にました。主を恐れたダビデは、神の箱をエルサレムに運び入れることを一時断念します。しかし、主の箱がとどまったオベデ・エドムの家が祝されていることを聞き、レビ人に託して、その箱をダビデの町(エルサレム)に運び上ります。

ダビデは、失敗を通して教訓を学びました。私たちは、過去の失敗から、神の権威と聖さについて教訓を学んでいるでしょうか。

神の答え

神の答えは、2~5節に出てきます。そこには、理想的な人間像が描かれています。（1）その人は、行動とことばにおいて真実な人です。特に、ことばで罪を犯さない人です。（2）悪人とは異なり、その人は開放的で透明です(2～4節)。損になっても、立てた誓いを変えることはありません。（3）困っている人から利息を取ることもありません。モーセの律法には、このようにあります。「もし、あなたとともにいる、わたしの民の貧しい人に金を貸すなら、彼に対して金貸しのようであってはならない。利息を取ってはならない。もしも、隣人の上着を質に取ることがあれば、日没までにそれを返さなければならない」(出22・25～26)。（4）その人は、賄賂を取ることもありません。一時的に困難に遭遇しても、主の臨在によって守られているので、必ず立ち上がることができます。

このような人こそ、神を礼拝するにふさわしい人、天の御国で、神とともに永遠に住まう資格のある人です。しかし、この人間像と一致するのは、主イエスだけです。私たちの場合は、いくら努力しても、自力で理想的な姿になることは不可能です。しかし、失望する必要はありません。人間にはできないことを、神が代わりにしてくださいます。イエス・キリストを信じた瞬間、私たちの内に新しいいのちが生き始めました。私たちクリスチャンは、すでに罪が赦されています。キリストにあって、天上に座らせていただいています。さらに、聖霊の力によって徐々に理想的な人間に変えられつつあります。

今、深い神の愛に感謝し、神を礼拝するにふさわしい姿に変えられるように、祈ろうではありませんか。

詩篇16篇

私はいつも　主を前にしています。　主が私の右におられるので　私は揺るがされることがありません。
それゆえ　私の心は喜び　私の胸は喜びにあふれます。　私の身も安らかに住まいます。
あなたは　私のたましいをよみに捨て置かず　あなたにある敬虔な者に　滅びをお見せにならないからです。（詩篇16・8〜10）

この詩篇から、以下のことを学びましょう。（1）試練のとき、神に身を避ける人は、神からの慰めと助言を見いだします。（2）主に信頼する者にとっては、主が「割り当ての地」となり「ゆずりの地」となってくださいます。（3）この詩篇には、キリストの復活の預言が含まれています。

メシア預言

この詩篇には、ダビデのミクタムという前書きがあります。「ミクタム」の意味に関しては、さまざまな解釈があります。「黄金の」、「宝石の」、「隠されている」、「重要な意味を持った」などが主なものです（恐らく、音楽の形式を表現した用語なのでしょう）。ここでは一応、「ダビデが書いた黄金のような啓示」としておきます。「啓示」と書いたのは、この詩篇には重要なメシア預言が含まれているからです。

（1）ダビデは1節で、「神よ　私をお守りください。　私はあなたに身を避けています」と懇願の祈りを献げています。（2）次に彼は、主と主の民に対する全面的な献身を表明しています（2〜6節）。（3）結論の部分では、主の臨在から来る喜びを告白しています（7〜11節）。その部分が、メシア預言になっています。

この詩篇の背景

この詩篇の背景として考えられるのは、ダビデがサウル王に追われていた頃の状況です（1サム26・18）。苦難の中で彼は、主の守りと主の臨在からくる喜びこそが、最高の祝福であることを確認していきます。「あなたこそ　私の主。　私の幸いは　あなたのほかにはありません」(2節)。このことばを、私たちも告白しようではありませんか。

「地にある聖徒たちには威厳があり　私の喜びは
すべて　彼らの中にあります」(3節)。物質的な祝福がすべて奪われても、私たちを神の愛から切り離すものは何もありません。

「主は私への割り当て分　また杯。　あなたは
私の受ける分を堅く保たれます」(5節)。私たちに「割り当て分(土地)」を与えてくださるのは、主です。「土地」は、比ゆ的に主ご自身を表わしています。主がそばにいてくださるだけで、私たちの心は満足します。

「私はほめたたえます。助言を下さる主を。　実
に　夜ごとに内なる思いが私を教えます」(7節)。夜の黙想の時、主が導いてくださったとの確信を持つ人は幸いです。

メシア預言

この詩篇の結論の部分(8~11節)は、キリストの復活の預言となっています。

「あなたは　私のたましいをよみに捨て置かず
あなたにある敬虔な者に　滅びをお見せにならない
からです」(10節)。ペテロは、ペンテコステの日のメッセージで、この箇所を引用して、「それで、後のことを予見し、キリストの復活について、『彼はよみに捨て置かれず、そのからだは朽ちて滅びることがない』と語ったのです」(使2・31)と大胆に語りました。またパウロも、この詩篇を引用し、「ですから、兄弟たち、あなたがたに知っていただきたい。このイエスを通して罪の赦しが宣べ伝えられているのです」(使13・38a)と書いています。

人生で起こる最大の悲劇は、死です。しかし、イエス・キリストが復活されたことによって、死後のいのちがあることが証明されました。死はもはや、私たちの敵ではなくなりました。最悪のことがら(死という事実)に解決があるのですから、絶望する必要はないのです。私たちも、「満ち足りた喜びがあなたの御前にあり　楽しみが　あなたの右にとこしえにあります」(11節)と祈ろうではありませんか。

詩篇17篇

主よ　御手をもって人々から　相続分が地上の
いのちであるこの世の人々から　私のたましい
を助け出してください。あなたの蓄えで　彼らの
腹は満たされ　子たちは満ち足り　その余りを
さらにその幼子らに残します。
しかし私は　義のうちに御顔を仰ぎ見　目覚め
るとき　御姿に満ち足りるでしょう。

（詩篇17・14～15）

この詩篇から、以下のことを学びましょう。（1）これは、敵の攻撃からの解放を願うダビデの祈りです。（2）ゆえなく迫害に遭うとき、私たちには身を避けることのできる場所（神の臨在）があります。（3）神は、正義に基づいて正しい裁きを行われます。（4）主の御顔を見ることのできる日がくることを信じるなら、新しい力を受けます。

敵の攻撃の中で

ダビデは1節で、「主よ　聞いてください　正しい訴えを。耳に留めてください　私の叫びを。耳に入れてください　私の祈りを。これらは欺きの唇から出たものではありません」と祈っています。彼は決して、自分が「罪のない人間」だと主張しているのではありません。彼が訴えているのは、自分が欺きやへつらいのことばを口にするような人間ではないということです。そのことを前提に、彼は主の守りと敵からの解放を求め祈っています。

この詩篇の背景として考えられるのは、マオンの荒野でサウルとその部下に取り囲まれた出来事です（1サム23・25以下）。神に従おうとする者は、ダビデが経験したような試練に遭います。ダビデは、嵐に遭った船が安全な港に逃げ込むように、試練がくると、ただちに神の臨在の中に逃げ込みました。これは、私たちへの教訓でもあります。

ダビデの願いは、3つの動詞に集約できます。（1）「瞳のように私を守り」（8節）。「瞳」は、目の中で最も大切な部分です（申32・10参照）。（2）「御翼の陰にかくまってください」（8節）。「御翼の陰」とは、試練の時に神の守りを受けるために信者が逃げ込む所です（詩36・7、57・1、61・4、63・

7、91・4など参照)。(3)「満ち足りるでしょう」(15節)。これは信仰のことばです。

キリストの祈り

この詩篇の背後に、真の義人であるイエス・キリストの姿が隠されています。ダビデは、自らの内に罪がないかどうかを吟味し、「主よ　聞いてくださ い　正しい訴えを」(1節)と叫びました。しかし、究極的な意味での義人は、イエス・キリストしかいません。ダビデが練達した執りなし手、祈りの戦士であったように、イエス・キリストは、私たちにとっての最高の執りなし手です。イエスは、弟子たちのためにこのように祈られました。「わたしがお願いすることは、あなたが彼らをこの世から取り去ることではなく、悪い者から守ってくださることです」(ヨハ17・15)。キリストは今、私たちの大祭司として、天の御国で執りなしていてくださいます(ヘブ7・25)。

罪人は地上の富と成功によって満足を得ようとします。しかし、義人は死後のいのちを信じ、永遠に主との交わりが与えられることを待ち望みます。この詩篇の最後のことば(15節)は、その希望の告白です。「しかし私は　義のうちに御顔を仰ぎ見目覚めるとき　御姿に満ち足りるでしょう」。私たちの大祭司であるキリストは、私たちの信仰がなくならないように祈っておられます。信仰によって、試練を乗り越えようではありませんか。

詩篇18篇

彼は言った。　わが力なる主よ。私はあなたを慕います。
主はわが巌　わが砦　わが救い主　身を避けるわが岩　わが神。　わが盾　わが救いの角　わがやぐら。（詩篇18・1〜2）

この詩篇から、以下のことを学びましょう。（1）神は、神に信頼する者を、時が来たなら解放されます。（2）そればかりか、試練に耐えるための力も与えてくださいます。（3）ダビデは、あらゆる患難に勝利されたキリストの型です。

主はわが力

詩篇16篇と17篇は、苦難からの救出を求める祈りの詩篇でした。その続きとして18篇があるのは、大いに意味があります。この詩篇は、神による解放の詩篇で、試練の中を通過しつつある信者に、大きな慰めと勇気を与えてくれます。これとほぼ同じ内容の詩が、サムエル記第二22章に記されています。

「主よ、わが巌、わが砦、わが救い主よ、身を避ける、わが岩なる神よ。わが盾、わが救いの角、わがやぐら、わが逃れ場」（2〜3節）。神を自分の盾にしている人は、いかなる時にも忍耐心を失うことなく、敬虔な思いで生きることができます。

「よみの綱は私を取り囲み　死の罠は私に立ち向かった」（5節）。「よみ」はヘブル語で「シオール」で、死者の行く所です。ダビデは、試練の中で何度も死ぬような経験をしましたが、神は、いかなる苦境からもダビデを救出してくださいました。

「私は苦しみの中で主を呼び求め　わが神に叫び求めた。　主はその宮で私の声を聞かれ　御前への叫びは　御耳に届いた」（6節）。「天の宮」に座す主は、地上で起こっていることをすべてご存じです。それゆえ私たちは、このお方に信頼を置くことができるのです。

罪に対して怒りを燃やす神

「地は揺るぎ　動いた。　山々の基も震え　揺れた。　主がお怒りになったからだ」（7節）。主が天から地に下る様子が、自然現象を使って描写されています。神は偉大なる戦士として、また大いなる裁き主として地に下られます。

「煙は鼻から立ち上り　その口から出る火は貪り食い　炭火は主から燃え上がった」（8節）。神が罪に対して怒っておられる様子が、擬人法で描かれています。神の主権は、あらゆる被造物に及びます（9～15節）。

解放の喜び

「主は　いと高き所から御手を伸ばして私を捕らえ　大水から私を引き上げられました」（16節）。「主は私を広いところに導き出し　私を助け出してくださいました。　主が私を喜びとされたからです」（19節）。ダビデが救出された理由は、主が彼の信仰を喜ばれたからです（詩37・23、41・11、91・14～16参照）。神は、私たちクリスチャンを信仰の高嶺に導くために訓練されます。

20～24節でダビデは、主に忠実に歩むなら必ず報いが与えられることを告白しています。これは、詩篇1篇で語られている真理に通じるものです。

25～29節では、神はご自身の性質に反することはせず、罪人を退け、義人を守られることを告白しています。その神の力によって、敵に勝利することができるのです。

30～45節でダビデは、半生を回顧し、主による解放の出来事を数え上げています。彼は、神から与えられる超自然的な力によって敵に勝利してきたことを詠い上げています。

「神　その道は完全。　主のことばは純粋。　主は　すべて主に身を避ける者の盾」（30節）。この確信が、ダビデの信仰の根底にあります。

メシアによる祝福の預言

46～50節は、神による救出と勝利の回顧であると同時に、メシア預言でもあります。ダビデがこの部分を書いたとき、彼の心には、預言者ナタンを通して与えられたダビデ契約（2サム7章）の内容が響いていたに違いありません。

ダビデの家系からメシアが誕生するという約束は、イエス・キリストにおいて成就しました。パウロは、49節をローマ人への手紙15章9節で引用しています。「それゆえ、私は異邦人の間であなたをほめたたえます。　あなたの御名をほめ歌います」。この聖句は、パウロを異邦人伝道に駆り立てる原動力となりました。

今や、契約の外にいた異邦人までも、イエス・キリストを通して神をほめ歌う民とされました。ダビデよりも偉大なお方、ダビデの子、救い主イエスが、今、私たちとともにおられます。イエスとともに歩む私たちは、この詩篇以上の賛歌を、主イエス・キリストを通して、父なる神に献げることができます。今、天の父に、心からの賛美を献げようではありませんか。

詩篇19篇

主のおしえは完全で　たましいを生き返らせ
主の証しは確かで　浅はかな者を賢くする。
主の戒めは真っ直ぐで　人の心を喜ばせ　主の
仰せは清らかで　人の目を明るくする。
(詩篇19・7〜8)

この詩篇から、以下のことを学びましょう。(1)神は、ご自身の栄光を表わすために私たちに語っておられます。(2)神は、被造世界を通し、また啓示されたみことばを通して、私たちに語っておられます。(3)神の啓示に触れた者は、自らの歩みを振り返り、神の前に謙遜な祈りを献げるようになります。

語っておられる神

詩篇16篇、17篇、18篇と、嘆きと勝利の詩篇が続きました。それに続くこの詩篇は、砂漠の中のオアシスのように魂に安らぎを与えてくれるものです。詩篇8篇と同じように、この詩篇は、被造世界から霊想を受けて書かれています。

神の栄光と知恵は、さまざまな方法で私たちに啓示されています。個人伝道をしているとよく受ける質問があります。「福音のメッセージを1度も聞かずに死んだ人はどうなるのか」。この質問の背後にあるのは、信じる機会が与えられなかった者まで裁かれるのは納得がいかない、という思いです。しかし、福音を1度も聞かなかった人は、神の声を聞くチャンスがなかったと本当に言えるのでしょうか。聖書は、神はさまざまな方法を通して語っておられると教えています。

自然界を通した啓示

(1) 神の栄光と知恵は、天体の中に啓示されています (1～6節)。

ダビデは、かつては羊飼いでした。羊の群れとともにユダの荒野で生活するうちに、自然界が神の栄光を表していることに気づいたのでしょう。彼は、「天は神の栄光を語り告げ 大空は御手のわざを告げ知らせる」(1節) と詠いました。このような麗しい表現が、6節まで続きます。パウロも、ローマ人への手紙1章20節で、「神の、目に見えない性質、すなわち神の永遠の力と神性は、世界が創造されたときから被造物を通して知られ、はっきりと認められるので、彼らに弁解の余地はありません」と書いています。

(2) さらに、神の本質は、みことば (教え) によって啓示されています (7～11節)。自然界が伝えている啓示と、みことばが教えている真理の間には、矛盾はありません。被造世界は、神のみことばをよりよく理解するための注解書のようなものです。ダビデは、みことばに関して、「完全で たましいを生き返らせる」、「多くの純金よりも慕わしい」、「蜜蜂の巣の滴りよりも甘い」と詠っています。

私たちにとって、神のみことばはそのように慕わしいものとなっているでしょうか。日々のデボーションの中で、それを楽しみ、味わっているでしょうか。天地創造の神は、私たちに個人的に語りかけてくださるお方です。その真理を発見した人は、人生の変革を体験します。その体験は、私たちを心の深みから出てくる真摯な祈りへ導いてくれます。

ダビデの祈り

神の啓示に応答して、ダビデは3つの祈りを献げています。

（1）私たちは、自分の罪のすべてを知り尽くすことさえできません。ですから、「だれが　自分の過ちを悟ることができるでしょう。どうか　隠れた罪から私を解き放ってください」（12節）と祈る必要があります。

（2）意識的に罪を犯すのは、傲慢になっているからです。ですから、「あなたのしもべを　傲慢から守ってください。それらが私を支配しないようにしてください」（13節）と祈る必要があります。

（3）私たちは、すべての面で神に喜ばれたいという願いを持っています。ですから、「私の口のことばと　私の心の思いとが　御前に受け入れられますように。主よ　わが岩　わが贖い主よ」（14節）と祈る必要があります。

ダビデの祈りを手本として、心からの祈りを神に献げようではありませんか。

詩篇20篇

苦難の日に　主があなたにお答えになりますように。ヤコブの神の御名が　あなたを高く上げますように。主が聖所からあなたに助けを送り　シオンからあなたを支えられますように。（詩篇20・1〜2）

この詩篇から、以下のことを学びましょう。（1）真の神に信頼を置かない人たちは、被造物に信頼を置くようになります。彼らは、被造物とともに滅びていく人たちです。（2）真の神に信頼を置く人たちは、試練の中を通過することがあっても、最後は勝利へと導かれます。（3）新約時代のキリストの信者である私たちにとっては、死に勝利されたキリストを見上げることが、勝利の秘訣です。

共同体の祈り

詩篇20篇は、国家的危機に際して、国民全体が王のために祈った執りなしの祈りです。この詩篇の背景として考えられるのは、次のような情景です。王は、戦場に赴く前に神殿を訪れ、神の助けを求めて祈ります。そこに、民が加わり、王のために執りなしの祈りを献げます。やがて王は、主からの勝利を確信し、御名をたたえます。ダビデの時代、イスラエルは絶えず戦争の危機に直面していました。何度も危機を逃れ、幾多の敵に勝利してきたダビデは、主への信頼をこの詩篇で詠っています。

1～5節は、ダビデ王のために献げられる共同体の祈りです。

（1）「ヤコブの神」という御名は、神とイスラエルの民の関係が古くから続いているものであることを表現しています。またそれは、神に対する親密で愛に満ちた呼びかけともなっています。ダビデの先祖であったヤコブは、数々の試練を経ながら、その都度、神の恵みによって守られ、救われてきました。私たちクリスチャンは、同じ神を「イエス・キリストの父なる神」という御名で呼んでいます。主イエスを死者の中からよみがえらせることのできたお方は、私たちを守り、生かすことのできるお方です。

（2）「シオンからあなたを支えられますように」とあります。「シオン」とは、エルサレム（神の都）のことで、神が臨在される場所です。これは、臨在の場から王を支えてくださいという祈りです。今も主は、ご自身の臨在の場から私たちを助けてくださいます。

（3）「穀物のささげ物」と「全焼のささげ物」を受け入れてくださいという祈りは、神の承認を求める祈りです。今も主は、ご自身に従順な者をお助けになります。

（4）「旗を高く掲げます」とは、勝利の旗を掲げることです。神の民は、その旗のもとに結集して戦います。そして、神が勝利されると大声で喜び歌います。繰り返しますが、「あなたの願いのすべてを主が遂げさせてくださいますように」とは、国民が王のために祈っている祈りです。

王の確信

6～8節は、勝利を確信する王の祈りです。

（1）神は、油注がれた王をお救いになります。神から油注ぎを受けた王であるダビデは、主の守りを確信します。

（2）この詩篇の中で特に印象深いのは、7節です。「ある者は戦車を　ある者は馬を求める。しかし私たちは　私たちの神　主の御名を呼び求める」。当時の最強の武器は、馬に引かせた戦車です。戦車が走り回ると、兵士たちは雑草のようになぎ倒されました。エジプトを初めとするイスラエルの隣国は、戦車と馬を大量に所有していました。軍備の面では、イスラエルは劣勢に立たされていましたが、ダビデは戦車や馬よりも主の御名について黙想し、このお方に信頼を置くことを選びました。主に信頼する者の祝福は、いつまでも続きます。

（3）ダビデの勝利は、彼が持つ軍事力や才能によるものではなく、信仰によるものでした。彼は、主を礼拝することの中に永続する力を見いだしていたのです。私たちは、神の御名にどれほどの信頼を置いているでしょうか。

再び共同体の祈り

9節は再び共同体の祈りに戻っています。「主よ　王をお救いください。私たちが呼ぶときに答えてください」。神の民は、再び、神が王を救ってくださるようにと祈っています。この祈りは、この詩篇の最初と最後に登場しています。これはまた、私たちの祈りでもあります。信仰の共同体として、「主よ。私たちが呼ぶときに答えてください」と祈ろうではありませんか。御心に適った祈りは、必ず聞かれます。

詩篇21篇

主よ　あなたの御力を王は喜びます。　あなたの御救いを　どんなに楽しむことでしょう。　あなたは　彼の心の望みをかなえ　唇の願いを退けられません。（詩篇21・1～2）

この詩篇から、以下のことを学びましょう。（1）神をたたえることは、祈りの不可欠な要素です。（2）将来与えられる勝利や祝福を確信し、神をたたえるのは素晴らしいことです。（3）この詩篇を通して、主イエスについて黙想してみましょう。主イエスは茨の冠をかぶせられましたが、今は栄光の冠をかぶっておられます。神に信頼する人には、必ず勝利が与えられます。

ダビデの勝利

前半（1～7節）で、民はダビデ王が勝利したことを覚え、主に感謝しています。

（1）「あなたは　彼の心の望みをかなえ　唇の願いを退けられません」（2節）。神は、王の願いを叶え、彼に勝利を与えてくださいました。神は、ダビデの祈りにお答えくださいました。それは、ダビデが御心に沿った祈りをしていたからです。勝利の秘訣は、御心に沿った祈りです。

（2）3節以降は、王が戦いに勝利して凱旋する様子を詠っています。「あなたは　幸いに至る祝福をもって彼を迎え　頭に純金の冠を置かれます」（3節）とあります。

（3）ダビデは、神に「いのち」を願い求めましたが、神はその願いに答えてくださいました。この「いのち」とは、単なる長寿ではなく、「質の高いいのち」のことです。神とともに歩む生活、喜びに満ちた生活、祝福された生活、神の守りの中を歩む生活などがそれに該当します。私たちも、このような良質のいのちを神に願い求めるべきです。

（4）ダビデ王は、民から誉れを受けています。しかし、最大の誉れは、神から与えられます。「あなたは　とこしえに彼に祝福を与え　御前で喜び楽しませてくださいます」（6節）。

（5）ダビデが主から誉れを受ける理由は、彼に信仰があったからです。「王は　主に信頼してい

るので いと高き方の恵みにあって揺るぎません」（7節）とあるとおりです。

神から祝福を受けたと感じたとき、すぐに感謝するのが習慣になっている人は幸いです。神がどのようにして私たちを祝福し、日々の生活の中で勝利を与えてくださったかを、思い出してみましょう。

地上に義と平和が実現するように

後半（8～13節）で民は、ダビデ王の将来の勝利を確信して、神への信頼を告白しています。

（1）王の敵は、ことごとく滅ぼされます。王の敵とは、神の敵をも意味します。キリストの敵がすべて滅ぼされ、神の支配が全世界を覆うようになります。

（2）人には、さまざまな恐れがあります。しかし私たちは、神の御心からそれることや、神に敵対することをこそ恐れるべきです。詩篇2篇4節には、「天の御座に着いておられる方は笑い 主はその者どもを嘲られる」とあります。また、ルカの福音書12章5節には、「恐れなければならない方を、あなたがたに教えてあげましょう。殺した後で、ゲヘナに投げ込む権威を持っておられる方を恐れなさい。そうです。あなたがたに言います。この方を恐れなさい」とあります。

（3）13節は、共同体の祈りと賛美です。「主よ あなたの御力のゆえに あなたがあがめられますように。 大いなる御力を 私たちは歌い ほめ歌います」。神への感謝と賛美は、信仰者の群れとして献げると、より一層喜びが増します。神から受けた恵みを信者同士で分かち合うことは、極めて重要です。

私たちが持っているものはすべて、神からの贈り物です。家族、友人、富、能力、いのちなどは、神から与えられたものです。そのことを覚え、御名をたたえようではありませんか。

詩篇22篇

わが神　わが神　どうして私をお見捨てになったのですか。　私を救わず　遠く離れておられるのですか。　私のうめきのことばにもかかわらず。
わが神　昼に私はあなたを呼びます。　しかしあなたは答えてくださいません。　夜にも私は黙っていられません。（詩篇22・1〜2）

この詩篇から、以下のことを学びましょう。（1）ダビデは、苦悶の中から神に叫んでいます。試練は、私たちを真剣な祈りへと導きます。（2）敵に勝利する最善の方法は、神に全面的に信頼することです。（3）この詩篇は、主イエスの受難の預言となっています。それゆえ、「十字架の詩篇」とも呼ばれます。（4）この詩篇の最後は、神への賛美で終わっています。

義人の苦難

苦難の詩篇と呼ばれるものが4つあります（16篇、22篇、40篇、69篇）。その中でも、この22篇は際立っています（新約聖書に最も多く引用されている詩篇）。

ここに詠われた苦難の体験は、ダビデ自身のものですが、同時に、メシアの苦難の預言ともなっています。それゆえ、「十字架の詩篇」と呼ばれるのです。

（1）「わが神　わが神　どうして私をお見捨てになったのですか。　私を救わず　遠く離れておられるのですか。　私のうめきのことばにもかかわらず。……」（1〜2節）。ダビデは、神から見捨てられた苦悩と絶望を詠っています。主イエスは、この聖句を十字架上で引用されました。「三時ごろ、イエスは大声で叫ばれた。『エリ、エリ、レマ、サバクタニ。』これは、『わが神、わが神、どうしてわたしをお見捨てになったのですか』という意味である」（マタ27・46）。

（2）ダビデは、苦難の中を通過しながらも、神がご自身の民の賛美を喜び、先祖たちを助けてくださったことを思い起こしています（3〜5節）。彼の心は、苦難を通過する経験と、神に対する期待の間を、行き来しています。そのことが、何度もくり返されます。

（3）ダビデは、神からも人からも見捨てられた苦しみを語っています（6～8節）。彼は、自分が虫けらのように扱われていると感じています。

（4）次に彼は、過去に起こった神の恵みの御業を思い起こし、神に対する期待を表明しています（9～11節）。「まことに　あなたは私を母の胎から取り出した方。　母の乳房に拠り頼ませた方」という祈りは、揺るぎない信仰の告白になっています。

十字架の予表

（1）次にダビデは、自分が獣のような人間たちによって苦しめられている様子を詠っています（12～18節）。「水のように　私は注ぎ出され　骨はみな外れました。　心は　ろうのように　私のうちで溶けました」とありますが、十字架にかかるとこのような苦痛を味わうことになります。「彼らは私の衣服を分け合い　私の衣をくじ引きにします」（18節）。この聖句は、文字通り成就しました（マタ27・35）。

（2）苦難の祈りに続いて、ダビデは再び神への期待を表明しています。「救い出してください。私のたましいを剣から。　私のただ一つのものを犬の手から。　……」（20～23節）。

（3）神の恵みを知った者は、恐れをもって主を賛美し、主をたたえるようになります。主は悪しき者を退けますが、貧しい人の苦しみは退けることをせず、その叫びに耳を傾けてくださいます（24節。詩51・17、69・33、102・17参照）。

（4）ダビデは、会衆の中で、主を礼拝し賛美することを誓っています（25～27節）。その礼拝と賛美は、主から出たものであり、同時に自発的にダビデの心の中から湧いてくるものです。主は、全地を支配する王であり、やがて世界の国々がこの方の前にひれ伏すようになります。このことは、創世記12章3節で約束されていたことです。また、王なる主の姿は、黙示録5章9～10節に描かれています。「あなたは、巻物を受け取り、封印を解くのにふさわしい方です。……」

（5）主は、富める者も貧しい者も、すでに死んだ者も将来生まれて来る者も、すべて等しく招いておられます（28～31節）。30～31節に「子孫は神に仕え　主のことを来るべき代に語り伝え　成し遂げてくださった恵みの御業を　民の末に告げ知らせるでしょう」（新共同訳）とあります。この預言通りに、メシアの死と復活の知らせは、21世紀に生きる私たちにも届けられました。

主をたたえる会衆の中に加えられたことを、感謝しましょう。神は、すべての人を招いておられます。それゆえ、大胆にキリストの福音を宣べ伝えようではありませんか。

詩篇23篇

主は私の羊飼い。　私は乏しいことがありません。

主は私を緑の牧場に伏させ　いこいのみぎわに伴われます。

主は私のたましいを生き返らせ　御名のゆえに私を義の道に導かれます。（詩篇23・1～3）

この詩篇から、以下のことを学びましょう。（1）詩篇22篇は、善き羊飼いイエスの受難を預言した詩篇でした。（2）詩篇23篇は、善き羊飼いによる守りを詠った詩篇です。（3）そして、詩篇24篇は、善き羊飼いが羊たちのために戻って来られることを預言した詩篇です。（4）ダビデは、2つのイメージを用いて、主への信頼を詠っています。羊飼いのイメージと客をもてなす主人のイメージが、それです。

羊飼いのイメージ

詩篇22篇は「苦難の中の祈り」でした。その後に、

「主への信頼の歌」が続くのは、意義深いことです。詩篇23篇が多くの人々に愛される理由は、単に文学的手法が優れているからではありません。ここに詠われた信仰体験の深さのゆえに、この詩篇は人々に感動を与えるのです。ここには、羊飼いからイスラエルの王にまで上りつめたダビデの生涯の総まとめともいえる内容が、見事に展開されています。

1〜4節までは、羊飼いのイメージを背景に詩が展開していきます（エゼ34・12、ヨハ10・11参照）。

（1）場面は、日本で見るような緑に覆われた野山ではありません。それとは正反対の荒涼たるユダの荒野を想像すべきです。人生とは、荒涼たる荒野を歩くようなものです。その荒野の中で、主は私たちを、緑の牧場、いこいのみぎわに導かれます。羊は、流水を飲むことができませんので、静かな水辺に導かれる必要があります。苦難の中にも主の守りがあることは、イスラエルの歴史の中で実証されています（申2・7、8・9）。

（2）苦難のとき、私たちは、羊飼いである主により近づきます。主という呼びかけが、「あなた」という呼びかけに変化していることに注目しましょう。「死の陰の谷」ということばが出た直後に、ダビデは、「私はわざわいを恐れません。あなたがともにおられますから」と詠っています。主とともに信頼を置いた人は、死さえも恐れなくなります。主イエスは、すでに死に勝利されました。人生で最悪の状況が訪れた時、主イエスはインマヌエルなる神として、私たちのそばを歩いてくださいます。苦難の日に、羊飼いである主イエスの御手の中に逃げ込む人は、幸いです。

（3）試練を通して、神は私たちを訓練されます。「あなたのむちとあなたの杖　それが私の慰めです」とあります。むちと杖は、羊飼いが羊を危険から守り、安全に導くための道具です。愚かな羊たちは、時には、むちと杖による叱責や矯正を必要としています。試練の中を通過する人にとって、主がともにいてくださるという確信は、大いなる慰めとなり力となります。

客をもてなす主人のイメージ

5〜6節では、客をもてなす主人のイメージが展開されます。

（1）ここにあるのは、メシア的王国での晩餐の予表です（イザ25・6、黙19・9参照）。豊かな食卓は、私たちが受ける霊的祝福の象徴です。

（2）「私の敵をよそに　あなたは私の前に食卓を整え　頭に香油を注いでくださいます。……」（5節）。この聖句は、2つの解釈が可能です。①敵が迫り来る状況にあっても、神は信者の上に豊かに恵みを注いでくださる。②神は、恵みによって敵とさえも和解させてくださる。後者の解釈を採用すれば、ここでの食事とは、「和解の食事」だということになります。敵がいなくなった人生は、まことに「杯があふれる」人生です。

（3）ダビデは最後に、「私はいつまでも　主の家に住まいます」と詠います。これが、王にまで上りつめたダビデの結論です。主の家に住むこと以上の祝福が他にあるでしょうか。金銭を神とする人は、「金銭の家」に、名声を神とする人は、「名声の家」に住もうとしています。私たちは、どのような家に住もうとしているのでしょうか。今、主に対する信頼を告白し、「私は、いつまでも、主の家に住まいましょう」と祈りましょう。この祈りの中には、永遠の家に対する憧憬があり、必ずそこに到着するという確信があります。主の家に住むとは、主イエスとの親密な交わりを楽しみ、そこから力を受けることです。金銭や名声を求める人は、主の家に住むことの幸いがいかなるものかを、理解することができません。

「主は私の羊飼い」と告白する人は、なんと幸いな人でしょうか。

詩篇24篇

だれが　主の山に登り得るのか。　だれが　聖なる御前に立てるのか。
手がきよく　心の澄んだ人　そのたましいをむなしいものに向けず　偽りの誓いをしない人。
その人は　主から祝福を受け　自分の救いの神から義を受ける。
これこそヤコブの一族。　神を求める者たち　あなたの御顔を慕い求める人々である。
（詩篇24・3〜6）

この詩篇から、以下のことを学びましょう。（1）私たちが信じている神は、天地の創造主です。（2）自分の義をもって神の前に出ることは不可能です。私たちは、主イエスを通して、神の臨在の前に出ます。（3）主イエスは、王として地上に戻って来られます。この方に対して、心の扉を大きく開こうではありませんか。

誰が主の山に登り得ようか

詩篇22〜24篇（すべてダビデの賛歌）を連続して読むと、さまざまな角度から、メシアであるイエスに出会うことができます。22篇では、私たちのために苦難を忍ばれたイエスに、23篇では、羊飼いとして私たちを導かれるイエスに、そして24篇では、栄光の王として来られるイエスに出会うことができます。

24篇は、契約の箱をオベデ・エドムの家からシオン（エルサレム）に運び上ったときに詠まれたものと思われます（2サム6章）。歴史的背景を考えながら朗読すると、この詩篇はより味わい深いものとなります。

（1）1〜2節でダビデは、全地が創造主の所有物であることを宣言しています。創造主とは、三位一体の神です。三位一体に関する真理は、新約聖書に入ってから明確に啓示されます。

（2）3〜5節でダビデは、創造主を礼拝することへの招きのことばを語っています。ダビデは、「だれが　主の山に登り得るのか　だれが　聖なる御前に立てるのか」（3節）と問いかけます。「主の山」

も「聖なる御前」も、ともにエルサレムを指していますが、究極的には、主が臨在される天です。その問いに対する答えは、「手がきよく　心の澄んだ人」です。つまり、行いにおいても、動機においても、清さを保っている人のことです。そういう人だけが、主の臨在の前に出ることができます。

（3）ここで、2つの奇跡を思い起こしましょう。第1の奇跡は、神が私たちとの交わりを求めておられるということです。第2の奇跡は、私たちはもはや自分の義をもって神の前に出なくてもよくなったということです。救い主イエスの十字架の死によって、私たちは恐れなく神の御前に出ることができるようになりました。今もう一度、この2つの奇跡のゆえに、神に感謝しようではありませんか。

栄光の王とは誰か

契約の箱の上に臨在される大いなるお方を迎えるためには、門も戸も大きく開かれなければなりません。エルサレムは、もとはエブス人たちが所有していた町でした。ダビデは、主の助けによって、エブス人に勝利することができました。この方は、「戦いに力ある主」です。私たちの主であるイエスは、最後の敵である「死」に勝利されました。この方は、やがて栄光の王として地上に再臨されます。主イエスが再臨される時、世界中の聖徒たちが、「門よ　おまえたちの頭を上げよ。　永遠の戸よ　上がれ。　栄光の王が入って来られる」（9節）と叫ぶことでしょう。

今、復活の主は私たちに、「見よ、わたしは戸の外に立ってたたいている。だれでも、わたしの声を聞いて戸を開けるなら、わたしはその人のところに入って彼とともに食事をし、彼もわたしとともに食事をする」（黙3・20）と語っておられます。これは未信者ではなく、信者に向かって語られたことばです。私たちの心の扉を大きく開き、王なるイエスを心の王座にお迎えしようではありませんか。

詩篇25篇

わが神　あなたに　私は信頼いたします。どうか私が恥を見ないように　敵が私に勝ち誇らないようにしてください。まことに　あなたを待ち望む者がだれも恥を見ず　ゆえなく裏切る者が　恥を見ますように。

（詩篇25・2〜3）

この詩篇から、以下のことを学びましょう。（1）神の導きを求める際には、まず自分の内面を吟味し、思いつく限りの罪を告白しましょう。（2）自らの罪を告白するなら、あわれみ深い神は、私たちの罪を赦してくださいます。罪の赦しを確信した者は、恐れることなく大胆に神に祈ることができます。（3）神の守りと導きを求めるときは、神のご性質を思い起こし、それに基づいて祈りましょう。

この詩篇は、いわゆるアルファベット形式（各行の始まりの文字がヘブル語のアルファベット順になっている）で書かれています。この形式の詩篇は、合計9つあります。この形式の詩篇の特徴は、技巧的であると同時に、暗唱しやすいことです。この詩篇は、苦難の中から生まれてきたものです。

信頼と告白の祈り

（1）冒頭でダビデは、主への信頼を告白しています（1〜3節）。敵の勢力がいかに強大であっても、主に信頼する者は恥を見ることがないと、力強く宣言しています。

（2）次に彼は、導きを求める祈りを献げています（4〜6節）。信頼を告白し、次に導きを求めるという祈りの順番は、信仰者にとっては非常に重要なものです。私たちも、「主よ　あなたの道を私に知らせ　あなたの進む道を私に教えてください」と祈ろうではありませんか。

（3）7節に入ると、彼は自らの罪を告白しています。「私の若いころの罪や背きを　思い起こさないでください。あなたの恵みによって　私を覚えていてください。主よ　あなたのいつくしみのゆえに」。彼は、苦難の原因は敵の存在以外に、自分の罪にもあると告白しています。このような悔い改めの祈りは、年齢や地位にかかわらず、すべての人が唱えるべきものです。「若いころの罪や背き」とは、放縦な生活のゆえに犯した罪のことだけではないでしょう。罪の認識が不足していたこと、傲慢であったこと、神の恵みに対する感謝が足りなかったことなども含まれているはずです。老年に至ったダビデは、神の恵みに依り頼む生き方が最善であることを悟ったのでしょう。そこに、年を重ねることの祝福があります。人は、罪の認識が深くなればなるほど、神の恵みの深さを知るようになります。神の赦しによって自由になった者は、ますます神に依り頼むようになります。

（4）ダビデは11節でも、悔い改めの祈りを献げています。「主よ　あなたの御名のゆえに　私の咎をお赦しください。それは大きいのです」

神の性質を覚える祈り

（1）次にダビデは、神の性質を一つずつ数え上げ、神への信頼と嘆願の祈りを献げています。①神は、いつくしみ深い方です。②神は、正しい方です。③神は、信頼する者を導かれる方です。④神は、契約を守られる方です。⑤神は、一方的に（御名のために）愛を示される方です。これらの性質は、すべてイエス・キリストの内に見られるものです。これらの性質に訴えかけながら、ダビデは、魂を注ぎ出した祈りを神に献げています。正しい神認識こそが、私たちを熱心な祈りに駆り立てる力となります。

（2）またダビデは、知恵を求めることの重要性を民に訴えかけています。「主を恐れる人は　だれか。主はその人に選ぶべき道をお教えになる」（12節）。

（3）この詩篇は、主への信頼の告白で終わっています（16～22節）。この詩篇の最初と最後が、信頼の告白となっていることに注目しましょう。

祈りの意欲が減退することがあります。そういう場合は、神がどういうお方であるかを思い起こしましょう。この詩篇に詠われた神の性質を、一つずつ確認しましょう。神の性質に基づいて、心からの願いを神に献げようではありませんか。

詩篇26篇

主よ　私を弁護してください。　私は誠実に歩み　よろめくことなく　主に信頼しています。
主よ　私を調べ　試みてください。　私の心の深みまで精錬してください。（詩篇26・1〜2）

この詩篇から、以下のことを学びましょう。（1）神は、信仰者の誠実な歩みを知っておられます。（2）神の確信は、試練に打ち勝つ力となります。こ（3）神は、ご自身に従う信仰者を必ず祝福されます。（3）このダビデの祈りの中に、キリストの姿を見いだす人は幸いです。

ダビデの祈り

この詩篇の背景については、具体的なことは分かりません。当時ダビデは、内外からの批判にさらされていたようです。そこで彼は、主の守りを求めて祈っています。

（1）彼は、自らが主の前に誠実に歩んできたことを強く主張し、主が信仰の義人を弁護し、守ってくださるようにと祈っています（1〜3節）。ダビデの祈りは、「ダビデの子」と呼ばれた主イエスの祈りの型でもあります。「キリストは、肉体をもって生きている間、自分を死から救い出すことができる方に向かって、大きな叫び声と涙をもって祈りと願いをささげ、その敬虔のゆえに聞き入れられました」（ヘブ5・7）とあります。ダビデは、「あなたの恵みは　私の目の前にあり　あなたの真理のうちを　私は歩み続けました」（3節）と語っています。彼は、神の約束が真実であることを信じ、その教えに従って生きてきたのです。私たちの場合も、キリストに似た者となるためには、継続したデボーションとみことばへの従順が必要です。

（2）彼は、主への献身のゆえに、自分は悪の交わりから分離した生活をしてきたと語っています（4〜5節）。「私は不信実な人とともに座らず　偽善者とともに行きません」。「悪を行う者の集まりを憎み　悪しき者とともに座りません」。これらの祈りのことばは、詩篇1篇を想起させるものです。

（3）さらに彼は、自分は主の祭りと神殿をこよなく愛していると語っています（6〜8節）。「私はあなたの祭壇の周りを歩きます」。「私は愛します。あなたの住まいのある所　あなたの栄光のとどまる所を」。ダビデは、主の前を真実に歩み続けるならば、必ず恵みが後を追ってくることを信じ、この祈りを献げたのです。

（4）最後に彼は、義人の運命は罪人のそれとは異なることを告白しています（9～12節）。「私の足は平らな所に立っています。　数々の集いで　私は主をほめたたえます」。神との平和を持っている人は、聖徒たちの集いの中で喜びを体験することができます。

私たちの祈り

ダビデは最後に、主が祈りを聞き届けてくださったとの確信を表明しています。信仰者の喜びの1つは、聖徒とともに礼拝の場に出て、心から神をたたえることです。もし、礼拝を献げることに喜びを感じられない人がいるなら、その人の内には、神との関係を妨げる何かがあるはずです。その何かを、主の前に告白する人は幸いです。私たちが罪を告白するなら、神は恵み深いお方ですから、すべての罪から私たちを清めてくださいます。

試練は思いがけないときにやってきます。試練を乗り越える力は、「私は神と和解し、神と平和な関係にある」という確信から生まれます。

詩篇27篇

一つのことを私は主に願った。　それを私は求めている。　私のいのちの日の限り　主の家に住むことを。　主の麗しさに目を注ぎ　その宮で思いを巡らすために。
それは　主が　苦しみの日に私を隠れ場に隠し　その幕屋のひそかな所に私をかくまい　岩の上に私を上げてくださるからだ。（詩篇27・4～5）

この詩篇から、以下のことを学びましょう。（1）神を信じる者にとっては、神は光であり砦です。（2）いかなる逆境に置かれたとしても、神に信頼するなら、恐れる必要はありません。（3）神の臨在を喜び、そこに憩う人は、必ず勝利します。（4）「待ち望め　主を。　雄々しくあれ。心を強くせよ。待ち望め　主を」（14節）ということばは、私たちの祈りでもあります。（5）この詩篇の中には、キリストが隠されています。

信頼の祈り

ダビデがこの詩篇をいつ作ったかは、明確ではありません。ある学者は、王になる前の若い時代に作ったと主張し、別の学者は、晩年の作であると主張します。また、特定の状況下で作られたものではなく、あらゆる場合に適用される詩として作られていると考える人もいます。いずれにしても、ここで詠われている内容は、試練の中に置かれているすべての人を励ますものです。この詩篇の内容は、そのまま日々のデボーションのステップとなっています。それを確認してみましょう。

（1）神への信頼の告白（1～3節）。最初の1節を読んだだけで、私たちの心は満たされます。「主は私の光　私の救い。だれを私は恐れよう。主は私のいのちの砦。だれを私は怖がろう」。ダビデは、信仰に基づく勇気を告白しています。「光」とは理解であり、喜びであり、いのちです。「砦」とは、神の守りです。私たちも、同じ告白を主イエスに献げようではありませんか。

（2）神との交わりを求める祈り（4～6節）。この詩篇の主題は、4節に要約されています。ダビデは、主との交わりを最高の願いとしており、それが彼の力となっていたことが分かります。「一つのことを私は主に願った。それを私は求めている。私のいのちの日の限り　主の家に住むことを。主の麗しさに目を注ぎ　その宮で思いを巡らすために」。この聖句を何度も読み、黙想してみましょう。主の臨在の中に自分を置くことこそ、力を受ける秘訣です。

（3）神への嘆願の祈り（7～12節）。ダビデは、神との関係を確認した後、助けを求める祈りを献げています。つまり、彼の祈りはすぐに聞かれたわけではないということです。祈りには、すぐに聞かれるものと、時間がかかるものがあります。ダビデは、「聞いてください　主よ。私が呼ぶこの声を。私をあわれみ　私に答えてください」と祈っています。さらに、「私の父　私の母が私を見捨てるときは　主が私を取り上げてくださいます」と語り、主への絶対的な信頼を告白しています。もちろん、両親が自分の子を見捨てることはほとんどありませんが、万が一それが起こったとしても、主の守りは確かであるというのです。

（4）人々への呼びかけ（13～14節）。最後の部分は、自らの確信を他の人々と分かち合っている箇所です。「待ち望め　主を。雄々しくあれ。心を強くせよ。待ち望め　主を」。この祈りは、自分自身を励ますことばにもなります。

私たちの祈り

今自らの祈りを吟味してみましょう。私たちには、敵から狙われたようなことがあるでしょうか（2～3節）。神の宮（教会）から切り離されたことがあるでしょうか（4節）。両親に見捨てられるような体験をしたことがあるでしょうか(10節)。また、他の人から中傷されたことがあるでしょうか（12節）。ダビデは、そのような体験をすべて通過しました。それゆえ、この詩篇の祈りは、苦しんでいるすべての人のものなのです。さらに、苦しんでいるダビデはイエスの型だとも言えます。試練に打ち勝つ秘訣は、4節に記されています。もう一度、4節を確認してみましょう。「一つのことを私は主に願った。それを私は求めている。私のいのちの日の限り　主の家に住むことを。主の麗しさに目を注

ぎ　その宮で思いを巡らすために」。神の偉大さを見上げ、神の懐で安らぐとき、私たちの魂は超自然的な力と希望に満たされます。今、光であり、救いである主を礼拝しようではありませんか。

詩篇28篇

主よ　私はあなたを呼び求めます。わが岩よどうか私に耳を閉ざさないでください。私に沈黙しないでください。私が　穴に下る者どもと同じにされないように。私の願いの声を聞いてください。私があなたに助けを叫び求めるとき。私の手を　あなたの聖所の奥に向けて上げるとき。（詩篇28・1～2）

この詩篇から、以下のことを学びましょう。（1）この詩篇は、敵の攻撃から解放されるようにという祈りであり、その祈りが聞かれたという証しです。（2）主は、イスラエルの民をご自身の民とされました。それゆえ、羊飼いが羊を導くように、イスラエルの民を導かれます。（3）この真理は、イエス・キリストを救い主と信じた私たちにも適用されます。

主よ、お聞きください。

この詩篇は、苦難の中での祈りです。神に従おうと決心した瞬間から、そうはさせまいとする力が働き始めます。それは、ときには悪魔からくる力であったり、ときには罪人からくる力であったりします。ダビデは、麗しい祈りの詩篇を作りました。私たちも、その都度、何度もそのような力を体験し、中傷されたり、あるいは、隣人から誤解されたり、中傷されたり、あるいは、悪意ある人の罠にかかって苦しんだりすることがあります。

（1）ダビデは、主に呼びかけ、自分の祈りのことばに耳を傾けてくださいと訴えています。「主よ　私はあなたを呼び求めます。　わが岩よ　どうか私に耳を閉ざさないでください」

（2）彼は、両手を上げて祈っています。この姿勢は、当時としては普通の祈りの姿勢です（詩63・4、134・2参照）。

（3）彼は、「主よ」、「わが岩よ」と呼びかけています。これは、神に対する絶対的な信頼を表明することばです。私たちには、「天の父よ」という最高のことばが与えられています。神に対して「天の父よ」と呼びかけることができるのは、クリスチャンに与えられている最高の祝福です。

悪人を裁いてください。

ダビデは4節で、「彼らの行いとその悪にしたがって　彼らに報いてください。　その手のわざにしたがって彼らに報い　その仕打ちに報復してください」と祈っています。これは、復讐を求める祈りのように聞こえるかもしれませんが、そうではありません。むしろ、神の義がなることを求める祈りであり、預言的な祈りでもあります。つまり、罪人の悪は、必ず裁かれるときが来るという霊的な原則を宣言したものだということです。

悪人は、善と悪の区別、聖と俗の区別を知りません。それゆえ、神を恐れることがありません。彼らの上に神の裁きが下るのは、時間の問題です。

ほむべきかな、主。

この詩篇の後半で、ダビデは神を賛美し始めます。その理由は、主が祈りを聞いてくださったという確信が与えられたからです。目に見える状況が変化していなくても、祈りが聞かれたという確信が与えられたなら、神を賛美することができます。ダビデが霊的に勝利することができた秘訣は、確信が与えられるまで祈り続けたことにあります。彼は、「主は私の力　私の盾」と詠っています。

「どうか御民を救ってください。あなたのゆずりの民を祝福してください。どうか彼らの羊飼いとなって　いつまでも彼らを携え導いてください」（9節）。この祈りは、ダビデの執りなしの祈りであると同時に、大祭司イエスの執りなしの祈りの予表ともなっています。ヘブル人への手紙7章24～25節には、こうあります。「イエスは永遠に存在されるので、変わることがない祭司職を持っておられます。したがってイエスは、いつも生きていて、彼らのためにとりなしをしておられるので、ご自分によって神に近づく人々を完全に救うことがおできになります」。主イエスは、私たちの大祭司です。

今、大祭司イエスが執りなしをしておられることを認め、勇気と力をいただきましょう。また、確信を得たなら、兄弟姉妹たちのために執りなしの祈りを献げようではありませんか。

詩篇29篇

力ある者の子らよ。主に帰せよ。栄光と力を主に帰せよ。

御名の栄光を主に帰せよ。聖なる装いをして主にひれ伏せ。（詩篇29・1～2）

この詩篇から、以下のことを学びましょう。（1）自然界を観察すると、創造主の偉大さが見えてきます。（2）自然界は、神の声で満ちています。（3）被造世界では、人間だけが神に反抗し、神の栄光を奪っています。（4）神が約束しておられる平安を得る方法は、イエス・キリストを通して神と和解することです。

栄光を、主に帰せよ。

この詩篇は、創造主である神が自然界のすべてを支配しておられることを詠っています。神はその御力をもって自然界を支えると同時に、私たち人間をも支えていてくださいます。ハレルヤ！　なんという幸いでしょうか。

この詩篇は、「力ある者の子らよ。主に帰せよ。栄光と力とを主に帰せよ」という呼びかけで始まります。「力ある者の子らよ」は、「神の子らよ」（新共同訳）とも訳されています。このことばを天使と解釈する人もいますが、私たち人間のことだと考えてよいでしょう。

（1）自然界のあらゆるものが主に栄光を帰している中で、神の似姿に創造された人間だけが、神に反抗し、神に帰すべき栄光を自分のものとしています。

（2）ダビデは、自然界を支配しているお方は、異教の神々、偶像の神々ではなく、イスラエルの神、主であることを詠い上げています。主（ヤハウェ）とは、アブラハムと契約を結び、イスラエルの民をエジプトから救い出した方、シナイ山で民に律法を与えた方です。

（3）この詩篇では、「主の声」という表現が、7回も出てきます。「声」はヘブル語では「コル」です。主の声は、地上に住む人間の騒々しい声の上に君臨しています。

主の声

主の声は、どこから聞こえてくるのでしょうか。

（1）嵐の動きが詩的表現で詳細に描かれます。それと並行して、神の偉大さがほめたたえられていきます。嵐の中に響く雷鳴は、神の声です。神のおられる所どこででも、すべてのものが「栄光」と叫んでいる中で、私たち人間だけが神に背を向けています。悲しいことに、これが現実です。

（2）レバノンの杉は、その大きさと質の良さでよく知られていました。主の声は、その杉さえも打ち砕くのです。レバノンの杉との対比で、主の声の偉大さが表現されています。

（3）シルヨンとは、ヘルモン山のことです。レバノンの山々とヘルモン山は、イスラエルの北部にある高い山々です。主の声は、それらの山々を揺らします。

（4）カデシュの荒野は、イスラエルの南部の地域です。主は、北から南まで、イスラエルの全地を支配しておられます。

最後の節は、主に栄光を帰す者たちへの祝福の約束となっています。「主は　ご自分の民に力をお与えになる。　主は　ご自分の民を　平安をもって祝福される」（11節）。この約束は、私たちに与えられているものです。

もし、心に恐れがあるなら、私たちの神が自然界の支配者であり、歴史の支配者であることを思い起こし、この方から力と平安を受け取ろうではありませんか。神は、私たちが遭遇する人生の嵐の中でも、ともにいてくださいます。そして、「最後の裁き」という最大の嵐の中でも、ともにいてくださいます。

以下のことを自問自答してみましょう。（1）神に栄光を帰すことが、私の最大の関心事になっているだろうか。（2）自分に栄光を帰していたことはなかっただろうか。（3）神に栄光を帰すために、何を為すべきだろうか。

詩篇30篇

主よ　私はあなたをあがめます。　あなたは私を引き上げ　私の敵が喜ばないようにされたからです。
わが神　主よ　私が叫び求めると　あなたは私を癒やしてくださいました。
主よ　あなたは私のたましいをよみから引き上げ　私を生かしてくださいました。　私が穴に下って行かないように。（詩篇30・1〜3）

この詩篇から、以下のことを学びましょう。（1）苦難の日に拠り所とすべきものは、祈りです。神は、へりくだった者の祈りを聞いてくださいます。（2）神は、信仰者を助け、彼の敵が喜ぶことのないようにしてくださいます。（3）主イエスもまた、苦難の日に父なる神に呼びかけ、その祈りが聞かれるという体験をされました。主イエスは、私たちの手本です。

救いを与える主

ダビデは、神殿の建設をソロモンに委ねましたが、信仰の目によって神殿奉献の日を見ていたようです。信仰は、まだ実現していないことを見る目です。ダビデは、神殿を献げるときのためにこの詩篇を作ったと思われます。彼はこの詩篇の中で、自らの苦難の体験をイスラエルの民全体の体験として共有しています。

まずダビデは、救いを与えてくださる主をあがめています。ダビデは、死ぬほどの病か苦難を体験したようです。神は彼の祈りに答え、速やかに癒しを与えてくださいました。「わが神　主よ　私が叫び求めると　あなたは私を癒やしてくださいました」（2節）。その結果、ダビデの死を願っていた敵たちは、失望を味わうことになりました。「あなたは私を引き上げ　私の敵が喜ばないようにされたからです」とあるとおりです。

怒るのに遅く、恵みに富んだ主

死から解放されたダビデは、会衆に向かって、神の恵み深い性質を思い起こし、主を賛美せよと勧めます。「まことに　御怒りは束の間　いのちは恩寵のうちにある。　夕暮れには涙が宿っても　朝明けには喜びの叫びがある」（5節）。信仰者にとっては、朝の来ない夜はありません。

次に彼は、自らの傲慢な思いを告白しています。「私は平安のうちに言った。『私は決して揺るがされない』と」（6節）。成功しているとき、繁栄の中にいるとき、人は自分の力で立っているかのような錯覚に陥ります。苦しみに会う前のダビデもまた、そのような傲慢な思いを抱いていたようです。ダビデを襲った試練は、彼の信仰と人格を矯正するためのものでした。試練の中で、神が御顔を隠されたかのように感じ、彼はおじ惑いました。しかし彼は、ただちに悔い改め、主の恩寵にすがりました。

嘆きから踊りに

神はダビデの祈りを聞き、速やかに彼を回復されました。それは、嘆きが踊りに変えられる体験、「粗布を解き　喜びをまとわせてくださいました」という体験でした。私たちの神は、怒るのに遅く、恵みに富んだお方です。

最後にダビデは、自らの人生が、主をたたえ、主に感謝するためにあることを悟ります。

罪を犯したとき、試練の中にあるとき、ダビデのように神の恩寵に寄りすがろうではありませんか。神は砕かれた心を祝福してくださいます。そして、ローマ人への手紙12章1節の勧めを実行しようではありませんか。「ですから、兄弟たち、私は神のあわれみによって、あなたがたに勧めます。あなたがたのからだを、神に喜ばれる、聖なる生きたささげ物として献げなさい。それこそ、あなたがたにふさわしい礼拝です」。アーメン。

詩篇31篇

主よ　私はあなたに身を避けています。　私が決して恥を見ないようにしてください。あなたの義によって　私を助け出してください。私に耳を傾け　急いで私を救い出してください。私の力の岩となり　強い砦となって　救ってください。（詩篇31・1〜2）

この詩篇から、以下のことを学びましょう。（1）ダビデが直面している苦難は、主イエスの苦難に匹敵するものです。（2）主イエスは、十字架上の祈りでこの詩篇を引用されました。（3）ダビデは、苦難を通して主に信頼することを学びました。（4）主の恵みとは、契約に基づく恵みです。私たちも、主の恵みに訴えかける祈りを献げるべきです。

主は私たちの隠れ場

この詩篇でダビデは、試練に直面したときには主を信頼し、その救いを待ち望めと勧めています。そう勧めているダビデ自身も、死を覚悟するほどの苦難を体験しました。人生にはトラブルがつきものです。試練によって人格と信仰が練られるという体験は、死に勝利するまで終わることがありません。大切なことは、試練の中でも主に信頼し続けることです。

主は、ご自身に助けを求めて来る者の「力の岩」であり、「強い砦」であり、「隠れ場」です（1～5節）。ダビデは5節で、「私の霊をあなたの御手にゆだねます」と祈っています。つまり、生きるにしても死ぬにしても、神に信頼するというのです。「ゆだねる」とは、徹底的に信頼することです。ダビデのこの祈りは、主イエスの十字架上の祈りとなりました。「父よ、わたしの霊をあなたの御手にゆだねます」（ルカ23・46）。主イエスは、私たちの罪のために自らのいのちを犠牲のささげ物として献げ、その霊を父なる神の御手にお委ねになりました。

主の最善

ダビデは、偶像に信頼する者たちを見下し、憎んでいます。「空しい偶像につく者を　私は憎みます。この私は　主に信頼しています」（6節）。主に信頼するためには、主は私たちの最善しか願っておられないということを信じ、主を愛し続ける必要があります。そういう人を主は解放してくださいます。

「あなたは私を敵の手に引き渡さず　私の足を広いところに立たせてくださいました」（8節）。「広いところ」というのは、安全な場所、平安を味わえる場所です。私たちの苦難をご覧になった主は、私たちを救出して安全な所に立たせてくださいます。主によって苦境から救い出された人は、「広いところ」がどれほど素晴らしい場所であるかを体験的に知っています。

親友の裏切り

ダビデの苦悩の原因は、隣人や親友の裏切りにありました。「敵対するすべての者から　私はそしられました。　わけても　私の隣人から。　知り合いには恐れられ　外で私を見る者は　私を避けて離れ去ります。死人のように　私は人の心から忘れられ　壊れた器のようになりました」（11～12節）。しかし、このことに驚く必要はありません。人の愛は、移ろいやすいものだからです。親友が私たちを裏切ったとしても、真の友であるイエスは、決して私たちを見捨てることがありません。

信仰者は、いかなるときでも忍耐をもって神の助けを待ち続けます。ダビデは、「私の時は御手の中にあります」(15節）と告白しています。つまり、人の将来は神にかかっているということです。これは極めて重要な真理です。何年生きるのか、どのような人生を歩むのか、どのような使命に生きるのか、これらのことを決めておられるのは、創造主なる神だけです。ですから、恐れるものは何もありません。

感謝の祈り

ダビデは、一時的に不信仰に陥ったことを告白し、自分の祈りが聞かれていることを感謝しています。最後にダビデは、神による解放を経験し、主の御名をほめたたえています。「主はほむべきかな。主は　堅固な城壁の町の中で　私に奇しい恵みを施してくださいました」(21節)。神の恵みは、契約に基づく恵みです。神は、決して私たちを見捨てることがありません。苦難の中を通過するとき、私たちは、契約に基づく神の恵みにアピールし、神の介入を祈り求めることができます。

ダビデは、苦難の中にいる人を励ますために、主による解放について自らが学んだことを分かち合いました。詩篇31篇を自らの祈りの詩篇とする人は、幸いです。

詩篇32篇

幸いなことよ　その背きを赦され　罪をおおわれた人は。
幸いなことよ　主が咎をお認めにならず　その霊に欺きがない人は。（詩篇32・1〜2）

この詩篇から、以下のことを学びましょう。（1）ダビデは、罪赦された者の幸いを詠っています。（2）罪の赦しを受ける方法は、その罪を告白することです。（3）私たちの罪を完全に清めることができるのは、御子イエスの血潮だけです。（4）キリストを信じる者には、御子の義が転嫁されます。私たちは、キリストにあって義とされました。

詩篇51篇との関係

詩篇32篇は、初代教会の信者たちが愛唱した7つの悔い改めの詩篇の中の1つです。これ以外に、6篇、38篇、51篇、１０２篇、１３０篇、１４３篇があります。

この詩篇でダビデは、自分自身が経験したこと（罪の赦し）から教訓を学ぶようにと、読者に勧めています。彼は、罪を犯し、それを隠し、最後はそれを告白し、主からの赦しを受け取りました。ダビデの体験は、私たちの体験でもあります。

ここで、詩篇32篇と51篇の関係について考えてみましょう。詩篇51篇の前書きには、こうあります。「指揮者のために。ダビデの賛歌。ダビデがバテ・シェバと通じた後、預言者ナタンが彼のもとに来たときに」。詩篇32篇も同じ状況を詠ったものと思われます。ダビデは、姦淫と殺人の罪を1年もの間、隠し続けていました。その間、彼は猛烈な心身の疲れを覚えました。詩篇51篇は神の赦しを求める祈りですが、詩篇32篇は、赦しを受けた後の祈りです。そこには、主への感謝と賛美があります。

罪を覆われる幸い

（1）この詩篇の背景として考えられるのは、バテ・シェバ事件です。ダビデは、姦淫と殺人の罪を犯しました。詩篇51篇に続いてこの詩篇を読むと、ダビデが体験した「悔い改めと罪赦される喜び」が、よく理解できます。この詩篇は、ローマ人への手紙

4章6～8節に引用されています。「同じようにダビデも、行いと関わりなく、神が義とお認めになる人の幸いを、このように言っています。『幸いなことよ、不法を赦され、罪をおおわれた人たち。幸いなことよ、主が罪をお認めにならない人』」。旧約時代においても新約時代においても、赦しは恵みと信仰によって与えられます。

（2）ダビデは、罪を告白しなかったときの苦しさを、「私の骨は疲れきり」、「骨の髄さえ　夏の日照りで乾ききったからです」などと表現しています。霊的な落ち込みは、肉体の健康に悪影響を与えます。それは、罪人の上に神の矯正的御手が置かれている状態です。いかに他人の目を欺いたとしても、神と自分自身を欺くことはできません。罪人は、自力で死の谷（罪責感の苦しみ）から抜け出ることはできません。

（3）罪人に与えられた唯一の解決法は、罪の告白です。ダビデは、罪を告白することに抵抗を覚えたが、正直に告白することによって罪の赦しを得たと証言しています。その喜びを、彼はこう詠いました。「幸いなことよ　その背きを赦され　罪をおおわれた人は。幸いなことよ　主が咎をお認めにならず　その霊に欺きがない人は」（1～2節）。神は今も、同じ原則で働いておられます。

2つの道

自らの体験を分かち合ったダビデは、読者にこう呼びかけます。人生には、2つの道しかありません。1つは悪しき者の道、もう1つは主に信頼する者の道です。前者は心の痛みが多い道であり、後者は恵みが囲む道です。ダビデは、自ら神の代弁者となって、読者に語りかけます。「私は　あなたが行く道であなたを教え　あなたを諭そう。あなたに目を留め　助言を与えよう。あなたがたは　分別のない馬やらばのようであってはならない。くつわや手綱　そうした馬具で強いるのでなければ　それらは　あなたの近くには来ない」（8～9節）。

罪を犯した者は、苦難の道を歩むようになります。しかし信仰者は、主の守りのゆえに、苦難の中にあっても喜び楽しむことができます。「悪しき者は心の痛みが多い。しかし　主に信頼する者は恵みがその人を囲んでいる」（10節）とあるとおりです。大水の濁流に飲み込まれそうになった時、隠れ場である主に身を避けようではありませんか。濁流が私たちに届くことはありません。この詩篇の最後の呼びかけに注目しましょう。「正しい者たち主を喜び　楽しめ。　すべて心の直ぐな人たちよ喜びの声をあげよ」（11節）。

詩篇33篇

正しい者たち　主を喜び歌え。賛美は　直ぐな人たちにふさわしい。
竪琴に合わせて　主に感謝せよ。十弦の琴に合わせて　ほめ歌を歌え。
新しい歌を主に歌え。　喜びの叫びとともに　巧みに弦をかき鳴らせ。（詩篇33・1〜3）

この詩篇から、以下のことを学びましょう。（1）信者は、全存在を通して神を賛美するように召されています。（2）神の力は、被造世界の中に啓示されています。（3）神を恐れ、神に信頼を置く人は、失望させられることがありません。

賛美の勧め

詩篇33篇は、32篇の続きとも考えられます。作者は、まず主を賛美するように呼びかけています。私たちは、主を礼拝する民、主を賛美する民とされました。賛美は、真の信仰者にふさわしい行為です。「竪琴」とは小さな琴で、ヘブル語で「キンノール」と言います。ガリラヤ湖が「キネレテの湖」と呼ばれるのは、その形がこの琴に似ているからです。「十弦の琴」とは大きな琴で、ヘブル語で「ネーベル」と言います。これらの琴は、神殿での礼拝に用いられていました。

私たちも、与えられている声と楽器を総動員して、神を賛美しましょう。真実な賛美は、神の臨在を私たちの生活に招き入れる秘訣です。

神のことばの力

次に、主を賛美する理由が述べられています。主のことばには力があります。

（1）主のことばは真っ直ぐで、その御業はことごとく真実です。神のことばは完全です。神のことばに信頼して歩むなら、決して失望させられることがありません。

（2）主はそのことばによって、天地を創造されました。創造の御業のゆえに、主を賛美しましょう。宇宙を支配しておられるお方が、私たちのいのちに関して責任を取ってくださらないはずがありません。恐れは不信仰から出ています。主に信頼するなら、私たちは恐れから解放されます。

主への恐れ

作者は、「全地よ　主を恐れよ。すべて世界に住む者よ　主の御前におののけ」（8節）と呼びかけています。主の偉大さについて黙想した人は、次に主を恐れることを学ぶべきです。主を恐れる人は、人間を恐れなくなります。人間がいかに多くの策略を立てようとも、それは主によって打ち壊されます。「主のはかられることはとこしえに立ち　みこころの計画は　代々に続く」（11節）とあります。

どんなに栄えているように見えても、神に敵対して生きる人の最期はあわれです。栄えている人を見て、うらやましく思う必要はありません。自分の内に主への恐れがあるかどうか、吟味してみましょう。

主にある希望

信仰者には希望があります。主の目は信仰者の上に注がれています。そのことのゆえに、神を賛美しましょう。神は常に、神の御心を忠実に行う人を捜し求めておられます。「主の目が注がれる」とは、神の守りがあることを意味しています。地上の富や権力（軍事力）に頼るのではなく、私たちを死から救うことのできる方、私たちの盾となってくださる方を、心からたたえようではありませんか。主を賛美する理由を一つひとつ確認し、恐れや不安を、御手の中に委ねようではありませんか。

この詩篇への応答として、次のように祈りましょう。

「創造主よ。あなたにあって永遠の希望が与えられていることを感謝します。きょうもあなただけに依り頼み、この世に出て行きます。主イエス・キリストの御名によって祈ります。アーメン」

詩篇34篇

私はあらゆるときに　主をほめたたえる。　私の口には　いつも主への賛美がある。　私のたましいは主を誇る。　貧しい者はそれを聞いて喜ぶ。　私とともに主をほめよ。　一つになって　御名をあがめよう。（詩篇34・1～3）

この詩篇から、以下のことを学びましょう。（1）信仰者は、あらゆるときに神をほめたたえます。（2）賛美は、感情ではなく、意志の決断によって献げるものです。（3）ヨハネの福音書19章36節には、「これらのことが起こったのは、『彼の骨は、一つも折られることはない』とある聖書が成就するため……」とあります。詩篇34篇20節は、神の子羊であるキリストの上に成就しました。

前書き

この詩篇の前書きは、「ダビデによる。ダビデがアビメレクの前で、頭がおかしくなったかのようにふるまい、彼に追われて去ったときに」というものです。背景になっているのは、サムエル記第一21章10～15節の出来事です。当時ダビデは、サウル王の迫害を避けて各地を転々としていました。ガテの王アキシュの前では、頭がおかしくなったかのような振る舞いをし、難を逃れます（アキシュというのは、個人名ではなく、王の称号です）。ダビデは、このような屈辱的な体験でさえも、主による解放と解釈し、主をほめたたえています。

歴代の信仰者たちは、この詩篇を愛唱してきました。なぜなら、ここには信仰者に対する普遍的な励ましが書かれているからです。この詩篇は、25篇と同じようにアルファベット形式の詩篇です。つまり、各行の最初の文字がヘブル語のアルファベット順になっているということです。

感謝の歌

神は、ダビデを非常に困難な状況から解放されました。主の恵み深さを体験したダビデは、主に対する感謝をこの詩篇に表しました。それが1～7節の内容です。まず彼は、「私はあらゆるときに　主をほめたたえる」と詠っています。あらゆるときに主をほめたたえるのは、容易なことではありません。しかしダビデは、賛美の重要性を体験的に知っていました。（1）いかなる状況にあっても主をほめたたえるというのは、ダビデの決意です。賛美は感情ではなく、決断です。（2）賛美は、困難な状況の中に神を招き入れ、沈んだ心を引き上げる力です。私たちも、感情ではなく意志の力によって主を賛美することを実行しましょう。（3）主は私たちの祈りを聞き、私たちをすべての苦難から救ってくださいます。

知恵ある生活への招き

8節でダビデは、「味わい　見つめよ。　主がいつくしみ深い方であることを。　幸いなことよ　主に身を避ける人は」と詠っています。「味わい」とは、体験するということです。ヘブル的理解では、「知る」とは知的作業ではなく、体験することです。ペテロの手紙第一2章3節には、こうあります。「あなたがたは、主がいつくしみ深い方であることを、確かに味わいました」。主に信頼する者は、主がいつくしみ深い方であることを体験することができます。

11～22節でダビデは、自らの体験をもとに、知恵ある生活への勧めを語っています。主を恐れる者は、神の祝福に与る者となるというのが彼の論旨です。主を恐れる生き方とは、具体的には次のようなことを指します。（1）舌に悪口を言わせず、唇に欺きを語らせないこと。（2）悪を離れ、善を行うこと。（3）平和を求め、それを追い続けること。そのためには、主との平和を持っていることが前提条件となります。「主は彼の骨をことごとく守り　その一つさえ　折られることはない」（20節）とありますが、これは神の完璧な守りを表現したものです。このことは、十字架上で成就しました（ヨハ19・36）。出エジプト記12章46節には、「これ（過越の子羊）は一つの家の中で食べなければならない。あなたは家の外にその肉の一切れでも持ち出してはならない。また、その骨を折ってはならない」とあります。過越の子羊は、主イエスの型です。神の子羊イエスの骨は、1つも折られることがありませんでした。

イエスの上に成就したこと（神の完璧な守りの御手）は、イエスを信じる私たちの上にも成就します。神は、ご自身を恐れる者とともにいてくださいます。神に身を避けることの幸いを覚え、信仰と献身の思いを新たにしようではありませんか。

詩篇35篇

主よ　私と争う者と争い　私と戦う者と戦ってください。盾と大盾を手に取って　私を助けに来てください。（詩篇35・1～2）

この詩篇から、以下のことを学びましょう。（1）ダビデの祈りは、主イエスの祈りの予表となっています。（2）主イエスの弟子である私たちも、主が体験された苦しみを通過するようになります。（3）親しい友の裏切りにあっても、驚いてはなりません。失意のときこそ、主イエスに信頼すべきです。

苦難の訴え

前書きには「ダビデによる」とありますので、作者はダビデです。この詩篇の背景になっているのは、ダビデがサウル王の迫害を受けていたときの状況だと思われます。かつて友人であった者たちも、サウル王を恐れて、ダビデから去って行きました。それどころか、ダビデを中傷する者さえ現れました。

この詩篇は、苦悩する義人の祈りです。内容を分析すると、３つの段落に分かれます。①1～10節、②11～18節、③19～28節。ダビデは、同じパターンの祈りを3度くり返しています。それぞれの段落は、以下の３つの内容から成っています。

（1）ダビデは、苦難の現状について切々と神に訴えかけます。敵が槍を抜き、追い迫って来ます。彼らは、ゆえもなくダビデを憎み、そのいのちを求めてきます。ヨハネの福音書は、19節に記された無実の訴えを、主イエスの受難に適用しています。「これは、『彼らはゆえもなくわたしを憎んだ』と、彼らの律法に書かれていることばが成就するためです」（ヨハ15・25）。

（2）次にダビデは、主が悪人を罰してくださるようにと祈っています。ダビデのいのちを求めて来る者たちは、かつてダビデが助けたことのある友人たちです。主イエスも、親しくした者たちからの裏切りに遭いました。「彼らの道を暗闇とし　滑りやすくし　主の使いが彼らを追うようにしてください」（6節）とあります。「彼らの道を暗闇とし」とは、神の裁きを受けた者の絶望的な状態を指します。

また、「滑りやすくし」とは、神から見放された者の不安定な歩みを表現しています。
（3）最後にダビデは、感謝と賛美を主に献げています。特に注目したいのは、各段落の最後の節（10節、18節、28節）です。ダビデは、各段落を、感謝と賛美で締めくくっています。以下の祈りから、ダビデの魂が、主にあって安らいでいるのがよく分かります。

「私のすべての骨は言います。『主よ　だれがあなたのようでしょう。苦しむ者を　より強い者から救い　苦しむ者　貧しい者を　略奪者から救う方』」（10節）。

「私は大いなる会衆の中で　あなたに感謝し　力強い民の間で　あなたを賛美します」（18節）。

「私の舌は告げ知らせます。あなたの義を。日夜　あなたの誉れを」（28節）。

イエスの苦難

この詩篇の中には、ダビデの子（メシア）であるイエスの苦悩と祈りが隠されています。ダビデは、同じパターンの祈りを3度くり返していますが、主イエスも、ゲッセマネの園で、父なる神への祈りを3度くり返されました。そして最後は、御心が成りますようにとの祈りによって、勝利されました。「それからイエスは少し進んで行って、ひれ伏して祈られた。『わが父よ、できることなら、この杯をわたしから過ぎ去らせてください。しかし、わたしが望むようにではなく、あなたが望まれるままに、なさってください』」（マタ26・39）。

私たちへの教訓

試練に遭遇したとき、ダビデのこの祈りは、私たちの祈りのモデルとなります。（1）現状をできるだけ具体的に神に申し上げましょう。そうすることで、問題を客観的に眺めることができ、心が癒され始めます。神の視点から、問題を眺めることを学びましょう。（2）神の介入を求めましょう。神が義なる方、恵みに満ちた方であることを思い出しましょう。神はいつも私たちとともにいて、私たちを安全な道へと導いてくださいます。（3）感謝と賛美で祈りを締めくくりましょう。神は真実なお方ですから、私たちの期待を裏切るようなことはなさいません。祈りの答えがまだ与えられないときでも、結果を先取りする感謝の祈りを献げることはできます。

この詩篇を黙想し、最後にこう祈りましょう。「天の父よ。試練の中にあっても、あなたの不動の愛の中で安らぐことができますように、私を助けてください。この祈りがすでに聞かれていることを感謝します。主イエス・キリストの御名によって祈ります。アーメン」

詩篇36篇

主よ　あなたの恵みは天にあり　あなたの真実は雲にまで及びます。あなたの義は　高くそびえる山。あなたのさばきは　大いなる淵。主よ　あなたは人や獣を救ってくださいます。（詩篇36・5～6）

この詩篇から、以下のことを学びましょう。（1）悪者と信仰者の世界観は、真っ向から対立します。（2）主への恐れがあるかどうかが、両者の分かれ道です。（3）悪者は自らの身に滅びをもたらしますが、信仰者は主に信頼し、祝福を受けます。

悪者の世界観

この詩篇は、悪者が考える「愚かな世界」と、主から与えられる「知恵ある世界」を対比させています。人は寝床で自分に語りかけますが、そのときに、その人の本性が現れます。

ダビデは、1～4節で悪者の世界観を描き出しています。長年の観察によって、このような洞察が与えられたのでしょう。
（1）悪者は知恵や善を蔑み、邪悪なことだけを追求します。その理由は、「彼らの目の前には、神に対する恐れがない」（ロマ3・18）からです。
（2）悪者は、神との交わりの場であるべき寝床を、悪を図る場とします（ミカ2・1参照）。
（3）悪者は、罪が語りかけることばに耳を傾けます。1節では、罪が人格を持ったもののように描かれていますが、これは、罪の恐ろしさを擬人法で表現したものです。罪の語ることばは、悪者にとっては、天からの「お告げ」なのです。
（4）悪者は、自信に満ちています。朝明けとともに、邪悪な思いを行動に移します。
（5）悪者は、罪の発覚を恐れますが、神を恐れることはありません。
罪人の精力的な生き方を見て、うらやましく思う必要はありません。罪人は、罪を過小評価し、神を自分の基準にまで引き下げています。それは、愚かな生き方です。

信仰者の世界観

ダビデは、5～9節で信仰者（知恵ある者）の世界観について語ります。
（1）信仰者の知恵は、神を恐れるところからきます。信仰者は、神の性質を心の中で反復し、神中心の考え方を追求します。
（2）神は、恵みと真実に富んだお方です。その高さは、天にまで及びます。また神は、義なるお方です。その裁きは、人間の理解をはるかに越えた神秘的なものです。
（3）信仰者は、神の恵みに信頼します。それは、雛鳥が親鳥の翼の陰に身を避けるようなものです。「神よ　あなたの恵みはなんと尊いことでしょう。人の子らは　御翼の陰に身を避けます」（7節）。
（4）その結果、信仰者は、神の守り、豊かさ、いのちを体験するようになります。

信仰者の祈り

ダビデは、10～12節で神の守りを求める祈りを献げています。被造世界を支えておられる神は、信仰者を守ることがおできになります。また、悪者の高慢を必ず打ち砕かれます。

神の力と守りを体験しているという実感が薄い人は、神に祈りましょう。神の恵みが継続して注がれるように、願い求めましょう。霊的洞察力が与えられ、信仰者の祝福と悪しき者の悲惨な最期をはっきりと見ることができるように、祈りましょう。

「天の父よ。愚か者の世界観を捨て、信仰者の世界観を身につけることができますように、私を助けてください。主イエス・キリストの御名によって祈ります。アーメン」

詩篇37篇

悪を行う者に腹を立てるな。　不正を行う者にねたみを起こすな。

彼らは草のようにたちまちしおれ　青草のように枯れるのだから。

主に信頼し　善を行え。　地に住み　誠実を養え。

主を自らの喜びとせよ。　主はあなたの心の願いをかなえてくださる。（詩篇37・1〜4）

この詩篇から、以下のことを学びましょう。（1）悪人が栄え、義人が苦しむのは、人生の謎です。作者であるダビデも、この問題に悩まされたようです。（2）信仰者は、悪人が栄えているのを見ても、うらやんではなりません。彼らは、滅びに向かっているからです。（3）神は、義人の道を守り、その祈りに答えてくださいます。

知恵の詩

詩篇には、「知恵の詩」と呼ばれるものがいくつかあります。聖書が語る知恵とは、単なる人生訓ではありません。その中心にあるのは、「神への恐れ」です。神を恐れる者こそ知恵ある者であり、神を恐れない者は愚か者です。以下の詩篇が、そういう世界観を伝えています。1篇、14篇、25篇、34篇、37篇、39篇、49篇、73篇、78篇、90篇、91篇、111篇、112篇、127篇、128篇、131篇、133篇、139篇。

さて、詩篇37篇は、アルファベット形式で書かれています。つまり、各節の始まりの文字が、ヘブル語のアルファベット順になっているということです。これは、文学形式の1つであると同時に、暗記しや1つ前の詩篇（36篇）で提示された人生の諸問題に答えようとしています。人生の諸問題とは、次のようなものです。（1）なぜ悪人が栄えるのか。（2）なぜ義人が苦しむのか。（3）この現状を正すために、神はいつ正義をもたらされるのか。

読めば分かりますが、この詩篇は、まるで箴言のようです。各節が完結したメッセージを伝えています。心に残った節を取り上げ、その意味を解説します。

賢者の助言

ダビデは、神を恐れない者たちの手によって苦しめられたことが、何度もありました。人生の晩年を迎えた彼は、その体験を思い起こして、悪人の攻撃に遭った場合、いかに対処すべきかを教えています。その結果、この詩篇の各節が、人生経験豊かな賢者からのアドバイスとなっています。

（1）悪人の繁栄は長続きしない。彼らは、草のようにすぐに枯れる（2節）。

（2）義人は、闇から救い出され、真昼のように輝く（6節）。

（3）悪人の滅びは迫っているので、主は彼を笑われる（13節）。

（4）義人の持つわずかなものは、悪人の持つ富にまさる（16節）。

（5）義人は試練に遭っても、絶望することはない（24節）。

ダビデは、人生の難問に対して、神の視点と神のタイムテーブルに立って、答えています。

では、試練に遭ったとき、どのように対処すればよいのでしょうか。

（1）悪人が繁栄している姿を見ても、ねたみを起こさない。彼らの滅びは近いからです。

（2）主に信頼する。主が私たちのことを心配してくださるからです。

（3）誠実を行い続ける。主の祝福が必ず下るからです。

（4）主ご自身を喜びとする。主に愛されていることこそ、私たちの最大の宝です。

（5）自分の道を主に委ねる。主が成し遂げてくださるからです。

（6）忍耐して主を待つ。私たちは地を受け継ぐようになるからです。

このように見てくると、この詩篇は祝福の宝庫だということが分かります。

イエス・キリストの御顔

この詩篇の行間から、イエス・キリストの御顔が見えてきます。ローマ人への手紙5章8節は、神の愛の本質を教えています。「しかし、私たちがまだ罪人であったとき、キリストが私たちのために死なれたことによって、神は私たちに対するご自分の愛を明らかにしておられます」。神は、罪人であった私たちを愛してくださいました。それなら、イエス・キリストを信じる信仰によって義とされた今は、なおさら私たちを愛してくださるというのです。

試練の中でも、神の無条件の愛、絶対的な愛に信頼を置く人は幸いです。悪人が栄えているのを見ても、ねたましく思ってはなりません。むしろ、神に感謝し、こう祈るべきです。

「イエス・キリストの父なる神さま。あなたの愛によって私は支えられ、生かされています。あなたを恐れることこそ知恵であることを教えてくださり、感謝します。主イエス・キリストの御名によって祈ります。アーメン」

詩篇38篇

主よ　あなたの激しい怒りで　私を責めないでください。　あなたの大いなる憤りで　私を懲らしめないでください。　あなたの矢が私に突き刺さり　御手が私に激しく下りました。（詩篇38・1〜2）

この詩篇から、以下のことを学びましょう。（1）信者が罪を犯したとき、神は矯正的裁きをもってその人を正されます。（2）ダビデにとって最も苦しかったのは、心の内に罪責感を宿していたことです。（3）ダビデは、罪の告白だけがその苦悩からの脱出の道であることを悟り、神に祈ります。

罪からくる苦しみ

この詩篇は、ヘブル語のアルファベット22文字が各節の最初の文字になっているものです。ダビデは、まだ告白していない罪を内に宿しており、それが原因で大いに苦しんでいます。私たちを最も苦しめるものは、なんでしょうか。貧しさですか、試練ですか、それとも、孤独ですか。ダビデにとっては、罪を犯したという意識が、最も苦しみをもたらすものとなりました。

1節で彼は、「主よ　あなたの激しい怒りで　私を責めないでください。　あなたの大いなる憤りで　私を懲らしめないでください」と語っています。罪を犯したとき、神は私たちを罰し、訓練されます。それが「あなたの矢」であり、「御手」です。神の怒りを受けたダビデは、肉体的にも、精神的にも、霊的にも、どん底の状態に落ち込みました。

3節には、「あなたの憤りのため　私の肉には完全なところがなく　私の罪のゆえ　私の骨には健全なところがありません」とあります。

さらに8節には、「私は衰え果て　砕き尽くされ心もだえて　ほえ叫んでいます」ともあります。

罪は、病や死をもたらします。使徒パウロは、「あなたがたの中に弱い者や病人が多く、死んだ者たちもかなりいるのは、そのためです」（1コリ11・30）と書いています。

神との分離

ダビデは、神から切り離されたと感じ、孤独感を味わっています。彼の友人たちや親戚の者までが、彼から離れ去りました。彼は、敵の前で黙して忍耐しています。罪に対する罰は、敵の攻撃という形を取って彼に下っています。

11節には、「愛する者や私の友も　私の病を避けて立ち　近親の者でさえ　遠く離れて立っています」とあります。ここには、キリストの苦しみを思わせるものがあります。私たちが苦しむのは、自分の罪のためです。しかしキリストは、ご自分の罪のためではなく、私たちの罪の身代わりとして苦しまれました。「神は、罪を知らない方を私たちのために罪とされました。それは、私たちがこの方にあって神の義となるためです」（2コリ5・21）。私たちのために御子を犠牲にしてくださった神に、感謝しようではありませんか。

脱出の道

ダビデは、絶望の中で脱出の道を見いだします。その道とは、罪の告白です。「私は　自分の咎を言い表します。　自分の罪で不安なのです」（18節）。彼は、罪の告白と神から受ける一方的な恵みだけが、問題解決の道であることを悟ります。最後に彼は、「急いで私を助けてください。　主よ　私の救いよ」（22節）と祈っています。

素早い救出を願うのは良いことですが、同時に、信仰者は神の時を待たねばならないことも知っています。「待ち望め　主を。雄々しくあれ。心を強くせよ。　待ち望め　主を」（詩27・14）とあるとおりです。罪の告白と、神を待ち望む信仰こそ、私たちに祝福をもたらす道です。

たとえ家族や友人が私たちを見捨てるようなことがあっても、父なる神は決して私たちを離れることのないお方です。神の時を待ち望みましょう。

詩篇39篇

私は言った。　私は自分の道に気をつけよう。私が舌で罪を犯さないように。　口に口輪をはめておこう。　悪しき者が私の前にいる間は。

（詩篇39・1）

この詩篇から、以下のことを学びましょう。（1）沈黙すればするほど、苦しくなることがあります。そのときは、神に向かって祈るチャンスです。（2）人間的な思索を積み重ねると、虚無的な人生観に支配されるようになります。（3）苦難は、神が与えてくださる訓練です。それが分かると、神への信頼を告白できるようになります。

苦難の中での沈黙

この詩篇は、苦しみの中から生まれた祈りです。ダビデは、苦難からの救出を神に願っていますが、苦しみを感じる理由は、自分を取り巻く環境を十分に理解できていないことにあります。私たち人間の理解力には、限界があります。それゆえ、落胆したり、苦痛を感じたりするのです。苦境からの救出の第一歩は、神の視点から状況を見始めることです。

苦難の中で沈黙を続けたために、ダビデはより深い苦しみや葛藤を感じるようになります。「私はひたすら黙っていた。　良いことにさえ沈黙した。そのため私の痛みは激しくなった」（2節）。そこで彼は、人に語る代わりに、神に向かって口を開きます。私たちにも、沈黙すればするほど苦しくなるという経験があります。そのときこそ、人に対して不満を漏らすのではなく、神に向って祈るべきです。

人生のむなしさ

ダビデは、人生のはかなさとむなしさを確認します。5節には、「ご覧ください。　あなたは　私の日数を手幅ほどにされました。　あなたの御前では私の一生はないも同然です。　人はみなしっかり立ってはいても　実に空しいかぎりです」とあります。悪人たちが栄えているように見えても、それは一時的なものです。苦難の中に置かれていると、善人として生きても、悪人として生きても、どちらでも大差がないように思えてきます。この詩篇を詠んだときのダビデの心境は、そのようなものでした。

6節には、「まことに　人は幻のように歩き回り　まことに　空しく立ち騒ぎます。　人は蓄えるが　だれのものになるのか知りません」とあります。

神への信頼

ダビデは、祈りの中で、神に信頼することこそ希望を得る道であることを発見します。「主よ　今　私は何を待ち望みましょう。　私の望み　それはあなたです」（7節）。

やがて彼は、自らの苦難を神の訓練と理解し、受け止めます（ヘブ12・5～6参照）。そして、自らの罪を告白し、神の赦しとあわれみを求める祈りへと導かれていきます。「主よ　私の祈りを聞いてください。　助けを求める叫びに　耳を傾けてください。　私の涙に　黙っていないでください。　私はあなたとともにいる旅人　すべての先祖のように寄留の者なのです」（12節）。彼は、自らが天の御国に向かう旅人であることを告白しています。

最後に、「私を見つめないでください。　私が朗らかになれるようにしてください。　私が去っていなくなる前に」（13節）と祈っています。「私を見つめないでください」とは、厳しい目を私に向けないでください、という意味です。つまり、神が怒りの御顔を取りのけてくださるようにという祈りです。

私たちも今、霊の呼吸によって、罪を告白し、聖霊の満たしを求めようではありませんか。この地上にあっては、寄留者であることを告白しましょう。神から離れた人生は、むなしいものです。神が、怒りの御顔を私たちから遠ざけ、恵みによって導いてくださるように、祈りましょう。

詩篇40篇

私は切に　主を待ち望んだ。　主は私に耳を傾け　助けを求める叫びを聞いてくださった。　滅びの穴から　泥沼から　主は私を引き上げてくださった。　私の足を巌に立たせ　私の歩みを確かにされた。（詩篇40・1～2）

この詩篇から、以下のことを学びましょう。（1）ダビデは、苦難から解放されたことを思い出し、御名をたたえています。（2）ダビデは、自らを主に献げています。主によって解放された者として、自らを主に献げています。（3）この詩篇は、メシア預言の詩篇でもあります。（4）ダビデはなおも苦難からの解放を求めて祈ります。感謝、賛美、懇願は、すべて解放を求める祈りの中に含まれるものです。

感謝の祈り

この詩篇は、①感謝の祈りであり、②メシア預言であり、③あわれみを求める祈りでもあります。感謝の祈りは、ダビデ自身の体験から生まれたものです。

神の民を治め、彼らを正しい方向に導く使命を神から与えられたダビデは、日々どれほどの重荷を背負っていたことでしょうか。彼には、周りの敵との戦い、そして自分自身の罪との戦いがありました。彼にとっての最後の砦は、自分自身の力ではなく、主なる神でした。「私は切に　主を待ち望んだ。主は私に耳を傾け　助けを求める叫びを聞いてくださった。　滅びの穴から　泥沼から　主は私を引き上げてくださった。　私の足を巌に立たせ　私の歩みを確かにされた」（1～2節）ということばは、彼の人生の証しそのものです。神は、信頼に足るお方です。私たちも、神が困難な状況の中からどのように私たちを守ってくださったかを思い起こし、神に感謝の歌を献げようではありませんか。

メシア預言

次にダビデは、「キリストの贖いのわざ」を預言しています（6～10節）。この箇所は、ヘブル人への手紙10章5～9節に引用されています。

キリストは、父なる神の御心を行うために来られました。そのことを理解すると、「あなたは私の耳を開いてくださいました」（6節）というダビデのことばが、実感をもって迫ってきます。結局のところ、神は私たちが何を献げるかよりも、どういう姿勢で献げるかを見ておられるのです。旧約時代の犠牲のいけにえの制度は、キリストの到来を予表する脇役に過ぎません。キリストは、神の御心を完全に行うことによって、贖いのわざを完成されました。動物ではなく、キリスト自身が、私たちの罪のための犠牲のささげ物となってくださいました。神の愛を知った者は、神の教えを実行したいと願うようになります。ダビデは公の場で、「わが神よ　私はあなたのみこころを行うことを喜びとします。あなたのみおしえは　私の心のうちにあります」（8節）と告白しています。

あわれみを求める祈り

ダビデの心は、罪のために、また政敵のために、騒いでいます。私たちもまた、自分の罪の大きさに絶望し、「私の咎が襲いかかり　私は何も見ることができません。　それは私の髪の毛よりも多く　私の心も私を見捨てました」（12節）というような思いになることがあります。そういう動揺の中から、ダビデは神の恵みとあわれみを求める祈りを献げています。

「主よ　あなたは　私にあわれみを惜しまないでください。　あなたの恵みとあなたのまことが　絶えず私を見守るようにしてください」（11節）。

「主よ　みこころによって私を救い出してください。　主よ　急いで私を助けてください」（13節）。

これらの祈りは、神がご自身の性質に従って祈りに答えてくださるようにという、懇願のことばです。これを今、何度も自分の祈りとして唱えてみましょう。神の赦しを確信することだけが、絶望から立ち上がる唯一の道です。十字架の恵みを通して自分を見、自分を赦すことを学ぼうではありませんか。

詩篇41篇

幸いなことよ　弱っている者に心を配る人は。
わざわいの日に　主はその人を助け出される。
主は彼を見守り　彼を生かし　地上で幸せな者とされる。　どうか彼を　敵の意のままにさせないでください。
主が　病の床で彼を支えられますように。　彼が病むとき　寝床から起き上がらせてください。
（詩篇41・1～3）

この詩篇から、以下のことを学びましょう。（1）弱っている人を助ける者は、主から祝福を受けます。（2）罪の告白は、病を癒す力となります。（3）キリストは、親しい友からの裏切りに遭われました。（4）私たちも、親しい人からの裏切りに遭ったとき、それを不思議なことと考える必要はありません。

弱っている者に心を配る人

詩篇41篇は、詩篇第1巻の締めくくりの詩篇です。「幸いなことよ」という始まりのことばは、詩篇1篇を思い出させます。詩篇1篇は、主を愛する者の祝福を詠っていますが、詩篇41篇は、貧しい人を愛する者の祝福を詠っています。

モーセの律法は、貧しい者（弱い者）に対する特別な配慮を命じています（レビ14・21、19・10）。弱っている人に助けの手を差し伸べる人は、神から祝福を受けます。これは、霊的な一般原則です。「幸いなことよ　弱っている者に心を配る人は。　わざわいの日に　主はその人を助け出される。　主は彼を見守り　彼を生かし　地上で幸せな者とされる。どうか彼を　敵の意のままにさせないでください」（1～2節）とあるとおりです。神からの祝福とは、①約束の地での平安な生活、②敵からの守り、③病からの解放、などです。

裏切り者への復讐

ダビデは、弱っている人を助けるという命令は実行したのですが、それ以外の点で罪を犯したようです。彼は、罪の赦しを求めて、こう祈っています。「主よ　あわれんでください。　私のたましいを癒やしてください。　私はあなたの前に罪ある者ですから」

（4節）。ダビデは、罪の告白によって病の癒やしを体験しました。

しかし、彼の友（アヒトフェル）は、ダビデが弱っているときを狙って、裏切り行為に走りました。親しい友から裏切られた体験を詠う中で、ダビデは、キリストの受難を預言しています。「私が信頼した親しい友が　私のパンを食べている者までが　私に向かって　かかとを上げます」（9節）。この聖句は、ユダの裏切りの預言としてキリストによって引用されています（ヨハ13・18）。したがってこの詩篇は、キリストの辱めとその後の勝利を詠ったものと考えることができます。ダビデを裏切ったアヒトフェルは、最期は、首をくくって自殺しました（2サム17・23）。

私たちも、親しい友に裏切られたり、傷つけられたりするような経験をすることがあります。特に、弱さを覚えているときに裏切られるのは、辛いものです。信頼していた人から裏切られたとき、キリストの苦難やダビデの経験を思い起こそうではありませんか。

ダビデは、痛みと苦しみの体験を通して、後の世代の信者たちに祝福を届ける詩篇や預言のことばを残すことができました。私たちの人生においても、それと似たようなことが起こります。苦難がもたらす祝福に目をとめようではありませんか。

勝利の歌

すでに述べたように、この詩篇は、キリストの辱めと勝利がテーマですが、それは同時に、ダビデの勝利を詠ったものでもあります。彼は、1〜3節で、弱っている者を愛する人は、神の祝福を受けるという霊的大原則を確認しました。そして、自らが罪に陥ったとき、いかにしてその原則が有効に働いたかを詠います。（1）神の恵みを放縦生活の口実にしてはなりません。信仰者は、誠実に、愛をもって生きるように召されています。（2）しかし、どんな信仰者であっても、ときには罪を犯してしまう可能性があります。罪は、霊的病苦と死をもたらします。しかし、罪を告白する人には、神の恵みが注がれます。（3）神の恵みを当然のことと考えて放縦な生活をする人と、神に対して誠実に歩む人とでは、神の取り扱いの方法が異なります。神は、後者を速やかに立ち上がらせてくださいます。

新約時代のクリスチャンには、特別な祝福が与えられています。クリスチャンになってから罪を犯した場合は、ヨハネの手紙第一1章9節を実行すればよいのです。「もし私たちが自分の罪を告白するなら、神は真実で正しい方ですから、その罪を赦し、私たちをすべての不義からきよめてくださいます」。この聖句を暗誦し、日々これを実行しようではありませんか。

詩篇42篇

鹿が谷川の流れを慕いあえぐように　神よ　私のたましいはあなたを慕いあえぎます。私のたましいは　神を　生ける神を求めて　渇いています。　いつになれば　私は行って　神の御前に出られるのでしょうか。（詩篇42・1〜2）

この詩篇から、以下のことを学びましょう。（1）この詩篇は、苦難に遭った聖徒が体験する魂の渇きについて詠っています。（2）神の臨在から切り離された者は、魂の渇きを覚えるようになります。（3）なぜ自分は失望しているのかと自問自答することが、解決の道です。なぜなら、神は生きておられるからです。（4）いかなる境遇に置かれようとも、神に対する信頼を失ってはなりません。

前書き

ここから詩篇第2巻が始まります（詩42〜72篇）。第2巻の特徴は、多くの作者の詩が含まれていることです。

詩篇42篇と43篇は、もとは連続した1つの詩篇でした。この詩篇の前書きに、「指揮者のために。コラ人のマスキール」とあります。「マスキール」というのは、曲調を示す音楽用語だと思われます。「コラ人」というのはコラの子孫たちで、ダビデによって神殿での聖歌隊に任命されたレビ族の人々のことです。先祖のコラは、モーセに反抗したために神罰を受けた人物です（民16章参照）。先祖は反逆者であっても、その子孫たちは神に奉仕する人々となりました。ここには、私たちへの励ましと教訓があります。

霊の渇望

作者は、ダビデだと思われます。彼はこの詩篇を作り、その保存と賛美をコラ人に委ねたのでしょう。この詩篇の背景は不明ですが、作者が非常に困難な状況に置かれていたことだけは確かです。作者は、エルサレムから遠く離れた所にいます（敵に追われていた可能性が考えられます）。彼は、神殿で礼拝を献げることができた祝福の日々を思い出して、涙しています。

（1）作者は、神殿での礼拝が自分には許されていないことを嘆いています。「鹿が谷川の流れを慕いあえぐように　神よ　私のたましいはあなたを慕いあえぎます」（1節）。鹿と谷川を比ゆ的に用いることによって、魂の飢え渇きを強烈に印象づけています。鹿は、飲み水がなければ死んでしまいます。それと同じように、私たちの魂も、いのちの源である神とつながっていなければ、生きることができません。

（2）この詩篇は、単に神殿での礼拝を求める祈りになっているだけではありません。ここには、神の臨在から切り離された者が体験する魂の飢え渇きが表現されています。この魂の飢え渇きは、すべての信仰者が必ず通過する体験でもあります。作者は、「昼も夜も　私の涙が　私の食べ物でした」（3節）と詠っています。彼の敵は、「おまえの神はどこにいるのか」と責め立ててきます。彼は、「なぜ、あなたは私をお忘れになったのですか」（9節）と神に向かって叫んでいます。この状態は、すべての信仰者が必ず通過する道です。

解決への道

試練の中で、作者は自問自答をくり返します。それが、解決への道につながっていきます。5節と11節に、ほぼ同じ表現の自問自答が出ています。「わがたましいよ　なぜ　おまえはうなだれているのか。私のうちで思い乱れているのか。　神を待ち望め。　私はなおも神をほめたたえる。　御顔の救いを」。作者は、自らの魂に語りかけ、立ち上がろうとしています。いかに状況が困難であっても、神が生きておられることを思い出し、希望を得ようとしています。

（1）彼は、なぜ自分は絶望しているのかと問いかけています。すべてが神の支配下にあることを思い出すなら、絶望しているのはおかしなことです。

（2）生ける神を待ち望み、神をほめたたえ続けることこそ、力と希望に満たされる方法です。その際に重要なのは、みことばの約束に立つことです。

試練の日には、マタ1・23、28・20などを読んでみましょう。「その名はインマヌエルと呼ばれる」。「見よ。わたしは世の終わりまで、いつもあなたがたとともにいます」。主イエスは、インマヌエルなるお方、いつもともにいてくださるお方です。今、その約束を受け取り、自らの魂に語りかけて奮い立とうではありませんか。

この詩篇を黙想しながら、こう祈りましょう。「天の父よ。私は生ける神を信じます。それゆえ、絶望することはありません。どうか私を暗闇から救い、守ってください。主イエス・キリストの御名によって祈ります。アーメン」

詩篇43篇

わがたましいよ　なぜ　おまえはうなだれているのか。なぜ　私のうちで思い乱れているのか。　神を待ち望め。　私はなおも神をほめたたえる。　私の救い　私の神を。（詩篇43・5）

この詩篇から、以下のことを学びましょう。（1）この詩篇は、詩42篇の続編です。（2）作者は、日常生活で経験する疑問について、神に問いかけています。（3）作者は、神の光が自分をエルサレムに導いてくれるようにと願っています。（4）それが成就したなら、神殿で神をたたえると約束しています。これは、信仰による約束の先取りです。（5）作者は、萎えた自らの心に励ましのことばを語っています。

詩42篇の続編

私たちが使用している聖書では、詩42篇と詩43篇は分かれていますが、ヘブル語聖書の写本には、それが1つの詩となっているものが多数あります。

作者は、シオン（エルサレム）から遠く離れた場所にいたと思われます。彼は、神殿での礼拝に連れ戻されることを心から願い求めています。この祈りは、悪魔が支配するこの世にあって、信仰の戦いをくり広げている私たちクリスチャンの叫びでもあります。

神への問いかけ

（1）この詩篇以外についても言えることですが、詩篇の作者たちは、日常生活の中で経験する不条理について、神に質問を投げかけることを恐れていません。神と信仰者の間には、親密な関係が存在しています。信仰者は、自分は神から見捨てられたかのように見えているが、それはなぜなのか、と問いかけます。また、この世では悪人が栄えているが、それはなぜなのか、と質問します。そのような問いかけが、この詩篇でも出てきます。

（2）作者は、自らの窮状を神に訴え、正しく裁かれる神の介入を願っています。「あなたは私の力の神であられるからです。なぜ　あなたは私を退けられたのですか。なぜ　私は敵の虐げに　嘆いて歩き回るのですか」（2節）。これらのことばは、作者の神に対する信頼を表しています。神が真実な祈りに必ずお答えくださる方であることを知ると、私たちの祈りはどのように変わるか、黙想してみましょう。

（3）作者は、真剣に祈っています。「どうか　あなたの光とまことを送り　それらが私を導くようにしてください。　あなたの聖なる山　あなたの住まいへと　それらが私を連れて行きますように」（3節）。出エジプト記の記事を思い出してみましょう。荒野の旅では、昼は雲の柱が、夜は火の柱が、イスラエルの民を導きました。これは、神の臨在がイスラエルの民とともにあることを示すしるしとなりました。作者は、そのことを思い出し、同じ神の臨在が自分の上にもあるようにと祈っています。

（4）新約時代に生きる私たちには、さらに素晴らしい祝福が与えられています。神の栄光は、イエス・キリストの内に宿りました。ヨハネは、「ことばは人となって、私たちの間に住まわれた。私たちはこの方の栄光を見た。父のみもとから来られたひとり子としての栄光である。この方は恵みとまことに満ちておられた」（ヨハ1・14）と書いています。またヨハネは、私たちを導く光について、こう教えています。「私たちがキリストから聞き、あなたがたに伝える使信は、神は光であり、神には闇が全くないということです。もし私たちが、神と交わりがあると言いながら、闇の中を歩んでいるなら、私たちは偽りを言っているのであり、真理を行っていません」（1ヨハ1・5～6）。光とは、善なるもの、信頼できるもの、真理の総体です。

（5）作者は、「こうして　私は神の祭壇に　私の最も喜びとする神のみもとに行き　竪琴に合わせて　あなたをほめたたえます。神よ　私の神よ」（4節）と祈っています。彼は、エルサレムへの帰還を切望し、それが成就した暁には、神殿で神を礼拝し、御名をほめたたえると約束しています。これは、信仰による約束の先取りです。

（6）最後に作者は、自分自身の萎えた心を励ましています。「わがたましいよ　なぜ　おまえはうなだれているのか。　なぜ　私のうちで思い乱れているのか。　神を待ち望め。　私はなおも神をほめたたえる。　私の救い　私の神を」（5節）。これは、詩42篇5節と11節の祈りのくり返しでもあります。

信仰が後退しているとき、この祈りを祈る人は幸いです。私たちには、神の臨在の前に出ることができるという希望が常に与えられています。

詩篇44篇

神よ　私たちはこの耳で聞きました。　先祖たちが語ってくれました。　あなたが彼らの時代　昔になさったみわざを。　あなたは　御手をもって異邦の民を追い払いそこに先祖たちを植えられました。もろもろの国民にわざわいを下し　そこに先祖たちを送り込まれました。（詩篇44・1〜2）

この詩篇から、以下のことを学びましょう。（1）苦難の中を歩んでいると、神が御顔を隠されたかのように感じることがあります。(2)そのようなとき、信仰者は、過去に経験した神の恵みを思い出すべきです。（3）それによって、新たな力を受けることができます。パウロは、ローマ人への手紙8章36〜37節で、詩篇44篇22節を引用し、苦難の中での勝利を宣言しています。

過去の恵みの記憶

詩篇44篇の作者（恐らくダビデ）は、苦難の中を通過していたようです。あるいは、イスラエルの国全体が苦難に直面していたのかもしれません。現状を見ると、まるで神が御顔を隠されたかのようです。神の民は、敵のあざけりの的となっています。そのさまは、屠られる羊のようです。この詩篇は、苦難の中にいる人たちへの神からの励ましのことばです。

（1）作者は、これまでに経験した神の恵みを思い出しています（1～4節）。

「神よ　私たちはこの耳で聞きました。　先祖たちが語ってくれました。　あなたが彼らの時代　昔になさったみわざを」。先祖たちが語ってくれたのは、出エジプトの出来事です。その出来事を通して、神はご自身の力と愛と恵みを表されました。イスラエルの民がエジプトを出てカナンの地に定住したのは、一方的な神の恵みによることです。イスラエルの民は、この出来事を子孫に語り継ぐことによって、信仰の継承を行ってきました。私たちもまた、苦難の日には、自分自身の過去の歩みを振り返り、神がいかに恵みをもってここまで導いてくださったかを思い出すべきです。神は決して私たちを見捨ててはおられません。

（2）作者は、神には自分たちを救う力があることを認めています（5～8節）。

「あなたによって　私たちは敵を押し返し　御名によって　向かい立つ者どもを踏みつけます」。弓や剣では、敵に対して勝利することはできません。神こそ、勝利をもたらすお方です。それゆえ、苦難の日にあっても、神を誇り、神の御名をほめたたえるべきです。

（3）私たちも、キリストの御業を思い起こし、その御名を誇りとすべきです。パウロは、こう書いています。「しかし、あなたがたは神によってキリスト・イエスのうちにあります。キリストは、私たちにとって神からの知恵、すなわち、義と聖と贖いになられました。『誇る者は主を誇れ』と書いてあるとおりになるためです」（1コリ1・30～31）。

（4）作者は、自分たちは不当に苦しめられ、辱めに遭っていると訴えています（9～22節）。

「……ご自分の民を安く売り渡し　その代価で何の利益も得ませんでした。……私の前には絶えず辱めがあり　恥が私の顔をおおってしまいました」。

私たちも、自らの窮状を率直に神に申し上げようではありませんか。いかなる苦難も、神の許しの範囲内でしか私たちを襲ってきません。

（5）作者は、神が自分たちを弁護してくださるようにと叫んでいます（23〜26節）。

この詩篇の最後のことばは、「立ち上がって　私たちをお助けください。御恵みのゆえに　私たちを贖い出してください」です。作者は、神への信頼の祈りをもってこの詩篇を締めくくっています。

私たちへの適用

作者の祈りが聞かれていることは、新約聖書を読むと分かります。

（1）イエスは、弟子たちに次のように語られました。「これらのことをあなたがたに話したのは、あなたがたがわたしにあって平安を得るためです。世にあっては苦難があります。しかし、勇気を出しなさい。わたしはすでに世に勝ちました」（ヨハ16・33）。苦難に遭うことは、クリスチャン生活の一部です。しかし、私たちクリスチャンは、苦難の中にあっても、勝利することができます。なぜなら、私たちが信じている主イエスは、すでに世に勝たれたからです。

（2）パウロは、詩篇44篇22節を引用して、このように言っています。「こう書かれています。『あなたのために、私たちは休みなく殺され、屠られる羊と見なされています。』しかし、これらすべてにおいても、私たちを愛してくださった方によって、私たちは圧倒的な勝利者です」（ロマ8・36〜37）。今、私たちのためにひとり子を犠牲にされた神の愛を受け取り、神の御手の中で安らごうではありませんか。

詩篇45篇

すばらしいことばで　私の心は沸き立っている。王のために私が作った詩を　私は歌おう。　私の舌は巧みな書記の筆。あなたは人の子らにまさって麗しい。　あなたの唇からは優しさが流れ出る。　神がとこしえにあなたを祝福しておられるからだ。

（詩篇45・1～2）

この詩篇から、以下のことを学びましょう。（1）作者は、聖霊の導きによってこの詩篇を書いています。（2）この詩篇は、ソロモン王の結婚を祝ったものですが、究極的には、メシアに対する愛の詩になっています。（3）メシアはいかなる人よりも麗しいお方です。私たちがこの方をあがめるのは、当然のことです。

メシアをたたえる詩

「ゆりの花の調べ」がどのような曲調なのか、今では分かりません。また、マスキールということばの意味も、分かりません（恐らく、詩の形式か音楽の形式でしょう）。

この詩篇は、ソロモン王の結婚を祝ったものなのでしょうが、結果的には、その他の結婚式でも詠われるようになったと思われます。しかしこの詩篇は、究極的には、メシアであるイエスへの愛の詩となっています。新約聖書は、キリストと教会の関係を夫婦関係にたとえています（エペ５・23）。

（1）1節は、この詩篇の意図を要約しています。「すばらしいことばで　私の心は沸き立っている。王のために私が作った詩を　私は歌おう。　私の舌は巧みな書記の筆」。作者は、なんの苦労もなく、ごく自然に、この詩篇を作っています。その理由は、聖霊が彼にことばをお与えになったからです。「巧みな書記」とは、聖霊のことです。

（2）2～9節で、王（メシア）の比類なき麗しさが数え上げられています。「あなたは人の子らにまさって麗しい。　あなたの唇からは優しさが流れ出る。　神がとこしえにあなたを祝福しておられるからだ」（2節）とあります。「とこしえにあなたを祝福しておられる」ということばは、サムエル記第二7章13節を連想させます。「彼はわたしの名のために一つの家を建て、わたしは彼の王国の王座をとこしえまでも堅く立てる」。この約束は、ダビデ契約の中に含まれるものであり、ダビデの子孫であるイエス・キリストにおいて成就するものです。「あなた」と「王」を、「イエス」ということばに置き換えて、2~9節を読んでみましょう。この詩篇の意図がより深く理解できるはずです。イエスは、ご自身に信頼する者には勝利を約束し、敵対する者には滅びをもたらすお方です。

(3)10~15節で、花嫁(教会)への勧めのことばが語られています。「娘よ 聞け。心して耳を傾けよ。 あなたの民と あなたの父の家を忘れよ」(10節)とあります。キリストのすばらしさを味わった者は、もはや過去の生活を振り返るべきではありません。また、そうする必要もありません。コリント人への手紙第二5章17節のことばが耳に響いてきます。「ですから、だれでもキリストのうちにあるなら、その人は新しく造られた者です。古いものは過ぎ去って、見よ、すべてが新しくなりました」。さらに、「そうすれば 王はあなたの美しさを慕うだろう。 彼こそあなたの主。彼の前にひれ伏せ」(11節)とあります。この世の富や名声ではなく、メシアであるイエスだけを見上げて生きるなら、祝福が下ります。私たちに最もふさわしい行為は、この方の前にひれ伏すことです。試練の中にあっても、メシアだけを見上げようではありませんか。

(4)16~17節は、全体のまとめです。「国々の民は 世々限りなく あなたをほめたたえよう」とありますが、これは、黙示録5章12節を思い出させます。「屠られた子羊は、 力と富と知恵と勢いと誉れと栄光と賛美を 受けるにふさわしい方です」。やがて、世界中の聖徒たちが、メシアであるイエスをほめたたえるときがきます。その日を待ち望みながら、きょうもこの世に出て行こうではありませんか。

この詩篇への応答として、こう祈りましょう。「天の父よ。メシアであるイエスの素晴らしさを思うことができ、感謝します。いつも天を見上げながら生活することができますように。主イエス・キリストの御名によって祈ります。アーメン」

詩篇46篇

神は　われらの避け所　また力。　苦しむとき　そこにある強き助け。それゆえ　われらは恐れない。　たとえ地が変わり　山々が揺れ　海のただ中に移るとも。たとえその水が立ち騒ぎ　泡立っても　その水かさが増し　山々が揺れ動いても。

（詩篇46・1〜3）

この詩篇から、以下のことを学びましょう。（1）いかなる試練が襲ってきても、神は、安全な砦であり、避け所です。（2）神の臨在によって守られたエルサレムは、安全な住み家となります。（3）やがて神は、地上に普遍的な平和をもたらされます。聖徒たちは、御国の実現を信じて、今の試練を耐え忍びます。

エルサレムに宿る神の臨在

「指揮者のために。コラ人による。アラモテの調べにのせて。歌」。「アラモテ」とは「乙女たち」という意味です。このことばは、女性の高音（ソプラノ）での賛美を要求したものだと思われます。

（1）この詩篇は、エルサレムに宿る神の臨在を詠ったものです。歴史的背景として考えられるのは、前701年のアッシリアのセンナケリブによるエルサレム包囲と、そこからの奇跡的解放です（2列18・13以下。イザ36章以下）。

（2）この詩篇は、「セラ」（休止符）によって3区分されています。私たちも、セラの箇所で立ち止まり、黙想しながら、この詩篇の深い意味を味わってみましょう。

神は、われらの避け所。

1〜3節では、いかなる天変地異が襲って来ても、シオン（エルサレム）の住民は恐れることがないと詠われています。

（1）作者は、「神は　われらの避け所　また力。苦しむとき　そこにある強き助け」と告白しています。作者は、苦難の日には神が避け所となってくださることを、体験的に知っています。さらに、神は手を伸ばせば届く所にいてくださるタイムリーな助け手であることも、知っています。

（2）試練の激しさが誇張法で描かれています。「たとえ地が変わり　山々が揺れ　海のただ中に移るとも。　たとえその水が立ち騒ぎ　泡立ってもその水かさが増し　山々が揺れ動いても」。つまり、いかなる試練が襲ってきても、神に信頼するなら、恐れる必要はないということです。

（3）この箇所を私たちの生活に適用すると、「神を信じる者は、人生で最悪の事態に直面しても、動揺する必要はない」ということになります。「神はわれらの避け所」という意味について、黙想してみましょう。

川がある。

4～7節では、神が臨在するシオンの町は、その住民にとって安全な住まいとなるということが詠われています。

（1）「川がある。その豊かな流れは　神の都を喜ばせる。　いと高き方のおられる　その聖なる所を。　神はそのただ中におられ　その都は揺るがない。　神は朝明けまでに　これを助けられる」。住民は、町の真ん中を流れる川の恵みに浴しています。この川は比ゆ的ことばで、神の臨在、あるいは、聖霊を表しています。この川は、いのちの水、回復、癒やしなどをもたらします（創2・10、エゼ47章、黙22・2参照）。町の真中に臨在される聖霊が、民をあらゆる患難から守ってくださいます。「朝明け」とは、敵の総攻撃が始まる直前の時間です。最も危険なときにも、神は敵を打ち破り、民を守ってくださいます。

（2）「われらとともにおられる」とは、ヘブル語で「イマヌ」です。このことばは、「インマヌエル（神はわれらとともにおられる）」の前半の部分に当たります。神がともにおられるという事実を黙想する人は、平安を得ることができます。

やめよ。知れ。

8～11節では、神の招きに応答するようにとの呼びかけがなされます。

（1）「やめよ。知れ。　わたしこそ神。　わたしは国々の間であがめられ　地の上であがめられる」。神の御心は、恒久平和の実現です。その平和は、すべての民族が真の神を見上げることから始まります。今の私たちにとっては、平和の君であるイエス・キリストを見上げることが、それに該当します。イエスこそ、低い所に下り、最後に高い所に上げられた方です（エペ4・10、ピリ2・9）。そのイエスが、私たちとともにおられるという事実を黙想し、私たちも平和を作り出す者となれるように願い求めましょう。

（2）後の時代になると、神の臨在によって守られていたエルサレムは、バビロンによって滅ぼされます。崩壊の理由は、神殿内における偶像礼拝の蔓延です（エゼ8・1～18）。シャカイナグローリーが去ったことは、神の守りの約束が取り去られたことを意味します（エゼ10・1～22）。ここには、私たちへの教訓があります。神の臨在の中を歩むことこそ、最も安全な道です。

詩篇47篇

すべての国々の民よ　手をたたけ。喜びの声をもって　神に大声で叫べ。まことに　いと高き方主は恐るべき方。全地を治める　大いなる王。（詩篇47・1～2）

この詩篇から、以下のことを学びましょう。（1）神を信じる者は、神に向かって喜びの賛美を献げることができます。（2）神はイスラエルと契約を結び、イスラエルの神としてご自身を啓示されました。（3）イスラエルの神は、異邦人の神ともなられました。（4）この詩篇は、千年王国の状況を預言しています。イスラエルの民も諸国民（異邦人）も、ともに神を賛美するようになります。

イスラエルの神への賛歌

この詩篇は、全地を支配しておられる創造主なる神への賛歌となっています。この詩篇によれば、イスラエルの民も諸国民（異邦人）も、ともに神を賛美するようになります。つまり、預言的にイスラエルの神が全地の王となられることを詠っているということです。

（1）この詩篇の背景として、2つの可能性が考えられます。①契約の箱をオベデ・エドムの家からシオンに運び上った出来事（2サム6章）。②ユダ王国がアッシリアに勝利した出来事（2列19章）。

（2）私たちも、神がどのようなお方であるかを思い起こし、この方をたたえましょう。神に信頼を置いている人だけが、喜びの賛美を献げることができます。①神は、全宇宙を支配しておられますから、私たちの人生を完全に支え、導くことがおできになります。それゆえ、神の民は手をたたき、喜びの声をあげて神をたたえます。②神は、イスラエル（ヤコブとその子孫）に約束の地をお与えになりました。そのように、私たちにも受け継ぐべき地を与えてくださいます。③「神は上られる。喜びの叫びの中を。主は行かれる。角笛の音の中を」（5節）とは、神が戦いに勝利して天に凱旋するさまを詠ったものです。神は、いと高き御座に座し、神に敵対する者たちを笑っておられます（詩2・4参照）。それゆえ私たちは、地上の何者をも恐れる必要はありません。

イエス・キリストへの賛歌

この詩篇には、イエス・キリストの姿が隠されています。

（1）「神は上られる」（5節）ということばは、イエスの昇天を預言していると考えられます。主イエスは今、天の御座に着いて、私たちのために執りなしをしていてくださいます。

（2）9節に注目しましょう。「国々の民の高貴な者たちは集められた。アブラハムの神の民として」とあります。イエス・キリストを信じた異邦人たちは、アブラハムの神の民として集められたのです。「アブラハムの神」とは、私たちが信じている神が、アブラハム契約を結ばれた神であることを表しています。異邦人もやがて救われるという約束は、アブラハム契約（創12・1〜3）の条項の中に含まれており、それがイエス・キリストによって文字通り成就しました。

（3）「人は律法の行いとは関わりなく、信仰によって義と認められると、私たちは考えているからです。それとも、神はユダヤ人だけの神でしょうか。

異邦人の神でもあるのではないでしょうか。そうです。異邦人の神でもあります」(ロマ3・28〜29)。私たちをいのちがけで愛してくださった主イエスをほめたたえましょう。もし今、恐れを感じているなら、大いなる王である神を見上げ、恐るべき方だけを恐れる信仰をいただきましょう。

この詩篇への応答として、こう祈りましょう。「アブラハム、イサク、ヤコブの神よ。栄光の御座に座し、全世界を支配しておられるあなたの御名を賛美します。どうか私の信仰の幅を広げてください。主イエス・キリストの御名によって祈ります。アーメン」

詩篇48篇

主は大いなる方。大いにほめたたえられるべき方。主の聖なる山 私たちの神の都で。高嶺の麗しさは 全地の喜び。北の端なるシオンの山は大王の都。(詩篇48・1〜2)

この詩篇から、以下のことを学びましょう。(1)シオンとは、神殿の丘であり、比ゆ的にエルサレムのことです。(2)シオンは大王の都であり、そこに住む住民には祝福と安全が保障されています。(3)私たちクリスチャンは、地上に住みながら、天上のシオンに日々近づいています。

神の都シオンに住む喜び

詩篇48篇は、神の都シオンの麗しさと、その住民の幸いを詠ったものです。大王である神がそこに住まわれるがゆえに、その町の住民には安全と祝福が保障されています。

(1)シオンということばには、いくつかの意味があります。①ダビデが征服したエブス人の町エルサレムは、ダビデの町と呼ばれるようになりました。このダビデの町がシオンです。②その後、ダビデの町の北にある丘にソロモンが神殿を建てますが、そのときから、この神殿の丘がシオンと呼ばれるようになりました。③また、エルサレム全体を指してシオンと呼ぶ場合があります。「シオンの娘」とは、エルサレムの住民を指すことばです。④現在、旧市街の西南（城壁外）に「シオンの丘」と呼ばれる地域がありますが、これは、紀元4世紀頃からのキリスト教の伝承によるもので、聖書時代の呼び名ではありません。この詩篇では、第2と第3の意味で、シオンということばが使われています。

（2）エルサレムは、海抜約800mの場所にあり、周りの山々よりも高くそびえています。その中でも、北の端にある神殿の丘は最も高い所に位置しており、「大王の都」と呼ぶにふさわしい地形となっています。「神はその都の宮殿で　ご自分を砦として示された」（3節）とあります。その意味は、神はご自身に信頼を置く者を守られるということです。4〜7節には、シオンの敵たちがあわてふためく姿が描かれています。「東風によって　あなたはタルシシュの船を砕かれる」（7節）とあります。タルシシュの船とは、遠洋航海に耐えるように造られた堅固な船です。それさえも、神の怒りの前にはひとたまりもありません。

天のシオンを慕う

（1）作者は、イスラエルの敵を何度となく破ってこられた神の威光を思い、その御名をほめたたえています。また、シオンの麗しさと、そこに住むことを許された者の特権を思い、感謝を表していきます（9〜14節）。「神よ　私たちはあなたの宮の中で　あなたの恵みを思いました」と詠い、「シオンを巡り　その周りを歩け。その塔を数えよ。その城壁に心を留めよ。その宮殿を巡り歩け。後の時代に語り伝えるために」と呼びかけています。

（2）新約時代に生きる私たちは、地上のシオンの祝福を思うだけでなく、天上のシオンの祝福を思い、その町の住民とされていることの幸いを感謝すべきです。私たちは、天上のエルサレムに近づいています。「しかし、あなたがたが近づいているのは、シオンの山、生ける神の都である天上のエルサレム、無数の御使いたちの喜びの集い」（ヘブ12・22）。今、イエス・キリストの十字架によって示された神の恵みを覚えましょう。また、生けるキリストによって与えられている神の守りの砦がいかに強固なものかを確認し、神に感謝の祈りを献げようではありませんか。

この詩篇への応答として、こう祈りましょう。「全知全能の神よ。天のエルサレムを目指して歩む者とされたことを感謝します。私の内に良きことを始めてくださった主は、必ずそれを完成させてくださると信じます。主イエス・キリストの御名によって祈ります。アーメン」

詩篇49篇

人は死ぬとき　何一つ持って行くことはできず
その栄誉も　その人を追って下ることはない。
たとえ　人が自分自身を　生きている間に祝福できても　あなたには物事がうまく行っていると　人々があなたをほめたたえても。
そのたましいは　代々の先祖のところに行く。
そこでは永久に光を見ることはない。
人は栄華のうちにあっても　悟ることがなければ　滅び失せる獣に等しい。（詩篇49・17～20）

この詩篇から、以下のことを学びましょう。（1）この詩篇は、神への賛美というよりは、愚か者への警告です。（2）聖書では、「愚か者」とは神を否定し、物質に信頼を置く人です。（3）すべての人に死が訪れます。もし悟りがないなら、人は栄華のうちにあっても、滅び失せる獣に等しいのです。

知者の助言

この詩篇では、知者が愚か者に対して警告を発しています。内容は、神への賛美というよりは、知恵を教える箴言になっています。その意味では、伝道者の書と似ています。この世が高く評価するのは、富、地位、業績、名声などです。この世の価値観は、神の価値観と対立します。愚か者というのは、物質的利得だけを考えて生きている人のことです。愚か者の特徴は、神に対する恐れがないことです。詩篇14篇1節にはこうあります。「愚か者は心の中で『神はいない』と言う。　彼らは腐っていて　忌まわしいことを行う。　善を行う者はいない」(詩14・1)。

(1) 詩篇49篇は、すべての人への呼びかけのことばで始まっています(1～4節)。その理由は、これから論じようとする内容が普遍的なものだからです。知者は、「箴言(たとえ)となぞ」を用いて、人生の真理を語ろうとしています。どのような人生を歩もうとも、どのような宗教を持とうとも、すべての人に死が訪れます。死の問題に対してどのような解決策を持っているかで、その人の生き方が変わります。

(2) 愚か者は、財産に信頼を置いています。しかし、物質的豊かさがあっても、それで他人のいのちや自分のいのちを救うことができるわけではありません(5～9節)。ユダヤ文化の中では、奴隷の「買い戻し」の習慣がありました。親戚の者が、代価を払って奴隷を買い戻す制度です。しかし、金銭によって魂の贖いができるわけではありません。「兄弟さえも　人は贖い出すことができない。　自分の身代金を神に払うことはできない。たましいの贖いの代価は高く　永久にあきらめなくてはならない」(7～8節)とあるとおりです。

(3) 作者は、すべての人の最期は死であることを指摘します。後世に名を遺すために、自分の土地に自分の名をつけても無駄なことです。人は必ず死に、その名は忘れ去られます。それが愚か者の最期です。しかし、神に信頼する者は、よみの手から買い戻されます(10～15節)。それゆえ、愚か者が栄えているのを見てもうらやましく思う必要はありません。なぜなら、人は死ぬとき何ひとつ持って行くことができないからです。

(4) この詩篇の結論は、「人は栄華のうちにあっても　悟ることがなければ　滅び失せる獣に等しい」(20節)というものです。

私たちへの教訓

（１）旧約聖書は、イスラエル民族の歴史の書ですが、そこに記されている霊的真理は、普遍的なものであり、全人類に向けられたものです。新約聖書に入ると、メッセージの普遍性はますます明白なものとなります。キリスト教は、宗教というよりはむしろ、天の父との交わりの中で生きる人生の在り方です。天の父を愛し敬うことは、人間として実践すべき当然の責務です。

（２）聖書は、富を得ることは罪だとは教えていません。しかし、金持ちが救いに入るのは非常に難しいと教えています。富の所有と神への信頼を両立させるのは、なんと難しいことでしょうか。主イエスは、こう言われました。「だれも二人の主人に仕えることはできません。一方を憎んで他方を愛することになるか、一方を重んじて他方を軽んじることになります。あなたがたは神と富とに仕えることはできません」（マタ６・24）。

（３）この詩篇には、イエス・キリストが隠されています。イエス・キリストこそ私たちの罪の代価を支払ってくださった方です。どんなに栄えている人であっても、霊的悟りがないままで生きているなら、その人は「滅び失せる獣」のような生き方をしていることになります。

今、主からの知恵を求めてこう祈りましょう。「イエス・キリストの父なる神さま。どうか私に悟りと、あなたを恐れる心をお与えください。主イエス・キリストの御名によって祈ります。アーメン」

詩篇50篇

「感謝のいけにえを神に献げよ。　あなたの誓いをいと高き神に果たせ。

苦難の日に　わたしを呼び求めよ。　わたしはあなたを助け出し　あなたはわたしをあがめる。」

（詩篇50・14〜15）


この詩篇から、以下のことを学びましょう。（1）神が裁判官として、契約の民イスラエルを裁かれます。（2）証人席には、「上なる天」と「地」が呼び集められます。（3）神は、イスラエルの民のささげ物が形式だけのものになっていることを叱責されます。（4）悪者は神の裁きを受けますが、神に信頼する者は神の救いを体験します。

神の法廷

この詩篇では、神が裁き主として現れ、神の民の形式的信仰を叱責されます。この詩篇を読む者は、真心からの礼拝でなければ、神を喜ばせることはできないことを学ぶ必要があります。

（1）神の法廷が開かれ、神の民が被告人席に着こうとしています（1〜3節）。証人席には、被造世界のすべてが呼び出されます。裁判官である主は、「麗しさの極み　シオンから」その姿を現されます。主は忍耐深いお方ですが、裁判官の席にお着きになると、黙ってはおられません。義について、罪について、赦しについて、裁きについて、お語りになります。

（2）神の法廷に、証人として「上なる天」と「地」が呼び集められます。つまり、天使も含めたすべての被造物が、証人になるということです。

（3）被告席に着くのは、神と契約を結んだ者たちです。イスラエルの民の先祖であるアブラハムは、いけにえの動物を裂くことによって、神とアブラハム契約を結びました（創15・10、18）。

（4）天使たちは、神の性質をよく知っています。彼らは、神が義なる審判者であり、神の裁きは愛に基づいたものであることを知っているのです。

イスラエルの民へのことば

（1）神は、ご自身の民イスラエルに語りかけます（7節)。「わたしは神　あなたの神である」という宣言には力があります。イスラエルの民は、忠実にいけにえの動物を献げ、モーセの律法が命じる儀式を実行していました。それゆえ神は、犠牲の動物のことで民を責めているのではありません。そもそも神には、何かに不足したり、飢えを覚えたりするようなことはありません。世界に満ちるすべてのものは、神の所有物です。

（2）イスラエルの民に欠けていたのは、神の前における正しい心、感謝の心です。彼らは、心の状態よりも、いけにえを献げることのほうが大事だと考えていたのです。

（3）神が求めておられるのは、「感謝のいけにえ」です（14～15節)。つまり、「感謝」といういけにえです。これこそが神に献げる最高のいけにえです（ヘブ13・15参照)。神への感謝は、ことばだけでなく行動が伴わなければなりません。それが「あなたの誓いをいと高き神に果たせ」の意味です。

（4）苦難の日には、人間にではなく、神に助けを求めなければなりません。なぜなら、神は私たちを助けることを喜びとしておられるからです。神の招きに応答し、神から助けを受けようではありませんか。私たちの神は愛と恵みに富んだお方です。

悪者に対することば

（1）悪者とは、神の律法を無視する者たちです。彼らは、律法について語り、神との契約についても論じますが、実は、そうする資格もないほどに堕落しています。彼らは、モーセの律法を「うしろに投げ捨てた」のです。

（2）「おまえは盗人に会うと　これと組んで」とは、十戒の第8戒違反です。「姦通する者と親しくする」とは、第7戒違反です。「おまえの口は悪を放ち　舌は欺きを仕組む」とは、第9戒違反です。

（3）神は忍耐深いお方なので、悪者が悔い改めるのを待っておられました。しかし、いつまで経っても、悔い改めは起こりませんでした。その理由は、彼らが神を軽く扱っていたからです。神の忍耐が尽きる時が来ました。神はことばだけでなく、具体的な裁きをもって彼らを戒めます。もし悔い改めないなら、神は彼らを、獅子が獲物を引き裂くように、引き裂かれます（神を獅子にたとえている例として、イザ5・29、31・4、エゼ19・3参照)。

(4)「感謝のいけにえを献げる者は　わたしをあがめる。　自分の道を正しくする人に　わたしは神の救いを見せる」(23節)。この聖句が、この詩篇の結論です。悪者は神の裁きを受けますが、神に信頼する者は神の救いを体験します。

今、形式的信仰から脱却し、神に感謝のいけにえを献げようではありませんか。私たちの生活の全体が、主への賛美となりますように。

詩篇51篇

神よ　私をあわれんでください。あなたの恵みにしたがって。　私の背きをぬぐい去ってください。　あなたの豊かなあわれみによって。私の咎を　私からすっかり洗い去り　私の罪から　私をきよめてください。(詩篇51・1〜2)

この詩篇から、以下のことを学びましょう。(1)預言者ナタンから罪を指摘されたダビデは、神の恵みとあわれみを求めて祈ります。(2)彼は、何よりも神に対して罪を犯したと告白します。(3)ダビデは、清めと再創造を願って神に祈ります。(4)彼は、砕かれた霊こそ最高の神へのいけにえであることを告白します。

悔い改めの詩篇

この詩篇は、7つある悔い改めの詩篇(6、32、38、51、102、130、143篇)の第4番目です。前書きにその背景が書かれています。「ダビデがバテ・シェバと通じた後、預言者ナタンが彼のもとに来たときに」（2サム11・1～27参照）。

（1）「神よ　私をあわれんでください。　あなたの恵みにしたがって。　私の背きをぬぐい去ってください。　あなたの豊かなあわれみによって」（1節）。このことばから、ダビデの心が完全に砕かれていたことが分かります。彼は、自分には神の前に誇れるものが何もないことを認め、ただただ、神の恵みとあわれみを求めています。神との関係の修復は、神の恵みと赦しがなければ不可能です。

（2）「私はあなたに　ただあなたの前に罪ある者です」ということばは、誇張表現です。彼は、人に対しても罪を犯したことを自覚していましたが、神に対する罪のほうがそれよりも重いので、「ただあなたの前に」と言ったのです。いかなる罪も、第一義的には神に対するものです。

（3）彼は、神がいかなる裁きを下されたとしても、それを受け入れると告白しています。なぜなら、神の判断と裁きは、義と聖に基づくものだからです（ロマ3・4参照）。彼は、神が自分の心の奥に知恵を与えてくださると信じ、そう祈っています。

清めと再創造を求める祈り

（1）ダビデは、罪責感の解決と罪からの清めを求めて祈ります（7節）。ヒソプは、過越の子羊の血を鴨居と門柱に塗った時に使用した植物です（出12・22～23）。またそれは、重い皮膚病患者の清め（レビ14・4～7）や、死者と触れた人の清め（民19・6、18）にも用いられたものです。ダビデは、自分のことを重い皮膚病患者や汚れた者のようだと認めて祈っています。

（2）ダビデの全存在が神によって砕かれました。彼は、「神よ　私にきよい心を造り　揺るがない霊を　私のうちに新しくしてください。私を　あなたの御前から投げ捨てず　あなたの聖なる御霊を　私から取り去らないでください」（10～11節）と祈っています。神との関係の回復こそ、喜びの回復につながります。聖霊を取り去らないでくださいという祈りは、旧約時代に特有な祈りです。新約時代の信者には聖霊の内住が与えられていますので、聖霊が取り去られることはありません。私たちの責務は、聖霊の支配に服することです。

（3）自分の祈りが聞かれることを確信したダビ

デは、「私は背く者たちに　あなたの道を教えます。罪人たちは　あなたのもとに帰るでしょう」(13節)と神に約束しています。救いの喜びを回復した者の使命は、同じような罪の問題で悩んでいる人たちを神のもとに連れて来ることです。

(4) ダビデは、悔い改めのないままで律法が命じるいけにえを献げても、神に喜ばれないことを知っていました。そこで彼は、後代の信者たちに大きな影響を与えたあの有名なことばを口にします。「神へのいけにえは　砕かれた霊。　打たれ　砕かれた心。　神よ　あなたはそれを蔑まれません」(17節)。いつの時代にあっても、神は謙遜な信者の祈りを聞いてくださいます。ダビデが犯した罪は深刻なものでしたが、そこから生まれ出たこの詩篇のことばは、人にいのちをもたらすものです。ここにも、神はすべてを益に変えられるという真理があります。

エルサレムのための祈り

(1) 自分の罪の問題に解決を得たダビデは、エルサレムの祝福を求めて祈ります(18節)。彼には、リーダーである自分が罪を犯した結果、国全体が危機に直面したという意識があったのでしょう。

(2) 神との関係が正されるなら、イスラエルの民が献げる礼拝は本物になるはずです。神はそのような礼拝を喜ばれます。「そのとき　あなたは　義のいけにえを　焼き尽くされる全焼のささげ物を喜ばれます」(19節)。私たちも、自分の祝福だけでなく、自分に委ねられている人たちが祝福を受けるように祈ろうではありませんか。

詩篇52篇

しかし私は　神の家に生い茂るオリーブの木。
私は世々限りなく　神の恵みに拠り頼む。
私は　とこしえに感謝します。　あなたのみわざのゆえに。　私はあなたにある敬虔な人たちの前で　すばらしいあなたの御名を待ち望みます。
（詩篇52・8～9）

この詩篇から、以下のことを学びましょう。（1）エドム人ドエグは、悪の象徴です。（2）ダビデがドエグから受けた苦しみは、信仰者が経験する苦難の象徴です。（3）悪人は、偽りの舌で罪を犯しながら、自分には罪はないと主張します。（4）悪人の上に神の裁きが突如下ります。（5）神に信頼する者は、神の家に生い茂るオリーブの木のようです。

エドム人ドエグ

悪に直面した時、信仰者はどのような態度を取ればよいのでしょうか。ダビデの体験から教訓を学んでみましょう。

（1）前書きにこうあります。「指揮者のために。ダビデのマスキール。エドム人ドエグがサウルのもとに来て、『ダビデがアヒメレクの家に来た』と告げたときに」。この詩篇の背景になっているのは、サムエル記第一21章1～10節、22章9～10節などに記された出来事です。エドム人ドエグは悪の象徴であり、ダビデがドエグから受けた苦しみは、すべての信仰者が通過する苦しみの象徴でもあります。ドエグは、サウル王の宮廷で仕えていたエドム人の家来です。当時の王たちは、有能な人物であれば外国人でも採用していました。

（2）サウル王に追われていたダビデが、祭司アヒメレクのもとを訪ねたとき、ドエグはその場にいて、その様子を見ていました。彼は、それをサウル王に伝え、祭司アヒメレクを告発しました。さらに、自らノブの町の祭司たち85人と、女、子ども、家畜までも殺しました。その殺戮を逃れることができたのは、祭司エブヤタルただひとりでした。

（3）後にその悲惨な出来事を知らされたダビデは、義憤に燃えて、偽りの勇士ドエグを糾弾する詩篇を書き記しました。それが詩篇52篇です。

悪人と義人

（1）悪人の特徴は、偽りの舌を持っていることです。その舌は鋭い刃物のようで、それで隣人を切り裂き、その破滅を図ります。その舌は、善よりも悪を、義を語るよりも偽りを愛します。そういう状態にありながら、自分には罪はない、悪い点はないと豪語します（ヤコ3・5参照）。

（2）神の裁きは、偶像を破壊するときと同じように、悪人の上に突如下ります。ダビデは、「だが神は　おまえを打ち砕いて倒し　おまえを引き抜かれる。　生ける者の地から　おまえは根絶やしにされる」（5節）と詠っています。これは、悪人の不幸を喜ぶことばではなく、神の義が成就することを求める祈りです。聖書は、「思い違いをしてはいけません。神は侮られるような方ではありません。人は種を蒔けば、刈り取りもすることになります」（ガラ6・7）と教えています。私たちに関しては、神を神としてあがめることを学びましょう。

（3）「しかし私は　神の家に生い茂るオリーブの木。　私は世々限りなく　神の恵みに拠り頼む」（8節）。ダビデは、極めてヘブル的なイメージを使って、豊かないのちを味わっている人を表現しています。クリスチャンは、一時的な価値観ではなく、永遠の価値観に従って生きています。「私は神に信頼して生きているのです」と、胸を張って告白しましょう。神は、そういう私たちを祝福してくださいます。

詩篇53篇

愚か者は心の中で「神はいない」と言う。彼らは腐っている。忌まわしい不正を行っている。善を行う者はいない。神は天から人の子らを見下ろされた。悟る者神を求める者がいるかどうかと。

（詩篇53・1～2）

この詩篇から、以下のことを学びましょう。（1）詩篇53篇は、14篇と似たような内容になっています。唯一の違いは、5節です。（2）サムエル記第一25章に登場するナバルは、愚か者の典型例です。（3）愚か者は、神に背いた結果、自らの身に滅びを招きます。

愚か者の確信

前書きに「指揮者のために。マハラテの調べにのせて。ダビデのマスキール」とあります。これは、音楽の符号だと思われます。この詩篇は、14篇とほとんど同じです（5節だけが異なります）。しかし、これを単なるくり返しと考えるべきではありません。霊的真理は、一度学べばよいというものではなく、何度も学び直す必要があります。聖書は、汲めども尽きない真理の書です。

（1）愚か者の特徴は、心の中で「神はいない」と言っていることです。内に愚かさを宿しているので、そのような愚かなことが言えるのです。それは、神を恐れることと対極にある心の在り方です。

（2）「愚か者」は、ヘブル語で「ナバル」と言います。愚かさが受肉したような人物が、サムエル記第一25章に登場します。その名は「ナバル」（愚か者）です。彼は、ダビデによって助けられた恩を忘れ、ダビデとその家来たちを侮辱します。激怒したダビデは、彼を殺そうとしますが、ナバルの賢妻アビガイルの執りなしのゆえに、それを思いとどまります。ナバルは一命をとりとめましたが、10日後に主によって打たれて死にます。夫の死後、アビガイルはダビデの妻となります。

（3）パウロは、1～3節をローマ人への手紙3章10～12節に引用しています（七十人訳からの引用）。「次のように書いてあるとおりです。『義人はいない。一人もいない。悟る者はいない。神を求める者はいない。すべての者が離れて行き、だれもかれも無用の者となった。善を行う者はいない。だれ一人いない』」

愚か者の行為

愚か者の行為は、次のようなものです。

（1）彼らはことごとく背き去り、その結果、「かなかすのような姿」（無用の者）、また、「乳が酸化して腐敗臭を放つような状態」になります。

（2）彼らは自己中心的であり、歴史の中で啓示された神の救いの計画に関心を払いません。彼らは、自らの栄光を求めています。

（3）彼らは、本質的に臆病者です。恐れる必要のないときに恐れます。この詩篇と14篇の違いは、5節にあります。「見よ　彼らは恐れのないところで　大いに恐れた。　神が　あなたに陣を張る者の骨を散らされたのだ。　あなたは彼らを辱めた。神が彼らを捨てられたのだ」。神を恐れない者は、自己破壊に陥り、墓に葬られることもなく消え失せます。

（4）ダビデは、人生経験を積み、数々の戦いを経験するうちに、愚か者の本質を見抜くことができるようになりました（2列19・35、2歴32・21、イザ37・36、士7・22、1サム14・15、20、2列6・24、7・6〜7など参照）。きょうも、神への信頼を告白しようではありませんか。神はいないと豪語する者は、愚か者です。神を恐れる者は、知恵ある者です。

詩篇54篇

神よ　あなたの御名によって　私をお救いください。　あなたの力強いみわざによって　私を弁護してください。
神よ　私の祈りを聞いてください。　私の口のことばに耳を傾けてください。（詩篇54・1～2）

この詩篇から、以下のことを学びましょう。（1）この詩篇は、「セラ」（休止符号）を区切りとして、前半が神への嘆願、後半が神への感謝となっています。（2）ダビデは、サウルの攻撃を受ける寸前に神の摂理の御手によって助けられました。（3）ダビデの軍とサウルの軍を分けた岩山は、「仕切りの岩山」と呼ばれるようになりました。この岩山は、神の守りの象徴です。

仕切りの岩山

この詩篇は、苦境からの救いを求める祈りです。前書きにはこう書かれています。「指揮者のために。弦楽器に合わせて。ダビデのマスキール。ジフの人たちが来て、サウルに『ダビデは私たちのところに隠れているのではありませんか』と言ったときに」。この詩篇の背景になっているのは、サムエル記第一23章19節以降の出来事です。

（1）当時ダビデは、サウルの追跡を避けるために、逃亡生活を続けていました。ユダの山地のジフに逃れたダビデに対して、住民たちは裏切り行為を働きました。彼らは、暴君サウルの好意を得るために、同族の戦士でもあったダビデを売り渡そうとしたのです。

（2）サウルがダビデ追跡に出かけたとき、ダビデはジフの南約10㎞の所にあるマオンの荒野にいました。サウルの軍とダビデの軍が山の両側にいて、まさに戦いが始まろうとしたとき、ペリシテ軍侵攻の知らせがサウルに届けられます。彼は、やむなく引き返さなければならなくなりました。神の摂理の手が、ダビデを守ったのです。両軍を分けた岩山は、「仕切りの岩山」と呼ばれるようになりました。ダビデは、そこから死海の西岸にあるエン・ゲディの要害に移り住みました。

（3）私たちもまた、ダビデが遭遇したような危機に直面することがあります。そのような場合、主に助けを求めましょう。主は、私たちと敵の間に「仕切りの岩山」を設けてください。

ダビデの祈り

（1）ダビデは、「主の御名による救い」を祈り求めています。御名とは、神の性質を表すものです。神の御名には、エル、エル・シャダイ、エロヒーム、ヤハウェ（主）などがありますが、ここでは、エロヒーム（神）とヤハウェが用いられています。ダビデはその御名を呼びながら、神の力と裁きと救いを求めています。

（2）「セラ」とは、休止符号です。この符号は、ダビデが神の前に静まっていることを表しています。この詩篇は、「セラ」を区切りとして、前半が神への嘆願、後半が神への感謝となっています。後半に入ると、ことばの調子が前向き、積極的になっていることに注目しましょう。ダビデは沈黙の中で神の声を聞き、自らの祈りが答えられたとの確信を持ったのです。

（3）「神よ　私の祈りを聞いてください」（2節）との願いは、究極的には、イエス・キリストにあって成就しました。イエスは、ヨハネの福音書14章14節で、次のように語っておられます。「あなたがたが、わたしの名によって何かをわたしに求めるなら、わたしがそれをしてあげます」。イエスの御名には、特別な力と権威があります。きょうも、この御名に信頼を置いて歩もうではありませんか。

詩篇55篇

あなたの重荷を主にゆだねよ。　主があなたを支えてくださる。　主は決して　正しい者が揺るがされるようにはなさらない。
しかし神よ　あなたは彼らを　滅びの穴に落とされます。　人の血を流す者どもと欺く者どもは日数の半ばも生きられないでしょう。しかし　私はあなたに拠り頼みます。（詩篇55・22～23）

この詩篇から、以下のことを学びましょう。（1）この詩篇の背景になっているのは、アブサロムの謀反です。ダビデを裏切りました。（2）ダビデにとっては、親友であり、耐え難いほどのものでした。（3）この詩篇は、イエス・キリストの公生涯の預言になっています。（4）主イエスは、重荷を父なる神に委ね、その使命を全うされました。

アヒトフェルの裏切り

この詩篇で、ダビデは親友に裏切られた悲しみと痛みを詠っています。その痛みが耐えられないほど大きくなったとき、彼は神に助けを求めました。この詩篇の背景になっているのは、アブサロムの謀反に加担したアヒトフェルの裏切り行為だと思われます。

（1）アヒトフェルは、ダビデに仕えた助言者（議官）です。その知恵や助言は天与のものと見なされ、ダビデとアブサロムの両者から信頼を受けていました。しかし、晩年になると、アブサロムの反逆に加担し、1万2000人の兵を率いてダビデを討つ計画を立てるようになります。

（2）「アヒトフェルがアブサロムの謀反に荷担している」と知らされたとき、ダビデはこう祈ります。「主よ、どうかアヒトフェルの助言を愚かなものにしてください」（2サム15・31）。主は、この祈りにお答えになります。

（3）アヒトフェルの陰謀は、アルキ人フシャイの反対に遭って挫折します（2サム16・16～19、17・5～14など参照）。その時点でアヒトフェルは、アブサロムの謀反は成功しないと判断し、家に帰って自らのいのちを絶ちます（２サム15・12、31、17・23など参照）。

苦しみの理由

（1）ダビデの苦しみは、尋常なものではありませんでした。なぜダビデは、そんなに苦しんだのでしょうか。それは、敵の攻撃による苦しみではなく、親友からの裏切りによる苦しみだったからです。またそれは、ともに神を礼拝し、神の国のために労していた信仰の友による裏切りだったからです（詩31・11参照）。彼の目には、裏切り者が悔い改めることも神を恐れることもしないで、勝ち誇っているかのように見えました。

（2）「死が彼らをつかめばよい。彼らは生きたまま　よみに下るがよい」（15節）とあります。これは、単なる復讐のことばではなく、神の義がなることを求めることばです。

（3）この詩篇は、ダビデの子イエスの生涯の預言ともなっています。イエスは、イスカリオテのユダによってユダヤ人の指導者たちに売り渡されました。ユダは、イエスの親友であり、信仰の友でもありましたが、口づけによってイエスを裏切りました。主イエスは、私たち人間が味わう一切の苦しみを経験した後、十字架について死んでくださいました。それは、私たち人間の苦しみを理解し、思いやってくださるためでした。私たちの大祭司は、私たちの弱さを理解し、思いやってくださるお方です。

（4）ダビデは、この詩篇の最後（22節）で、「あなたの重荷を主にゆだねよ。主があなたを支えてくださる。　主は決して　正しい者が揺るがされるようにはなさらない」と詠っています（１ペテ５・7参照）。

主イエスは重荷を父なる神に委ね、その使命を全うされました。私たちも今、父なる神のもとに重荷を下ろそうではありませんか。

詩篇56篇

神よ　私をあわれんでください。　人が私を踏みつけ　一日中戦って　私を虐げているからです。私の敵は　一日中私を踏みつけています。　高ぶって　私に戦いを挑む者が多いのです。心に恐れを覚える日　私はあなたに信頼します。神にあって　私はみことばをほめたたえます。神に信頼し　私は何も恐れません。　肉なる者が私に何をなし得るでしょう。（詩篇56・1〜4）

この詩篇から、以下のことを学びましょう。（1）ダビデはサウル王から逃れ、ガテの町に逃げ込みますが、そこで苦難を体験しました。（2）その体験をもとに、彼は苦難に直面したときの祈りを記しました。（3）この詩篇では、「苦境の描写と信仰の告白」が2度くり返されます。（4）最後にダビデは、自分は神以外の何も恐れないと告白します。

ペリシテ人の脅威

この詩篇には危機に直面したときの祈りが記されています。この祈りは、2度にわたって、「神への懇願」から「神への信頼」へと揺れ動きます（最初の動きは1〜4節、次の動きは5〜13節です）。

（1）この詩篇は、苦難に直面しているすべての人を慰めるためのものです。背景として、「ペリシテ人が、ガテでダビデを捕らえたときに」との説明がなされています。ガテは、ペリシテの5大都市の1つで、ペリシテの勇者ゴリヤテの出身地でした（1サム17：4）。

（2）サウル王に追われていたダビデが最初に逃げ込んだ町は、このガテでした。ダビデは、ガテの王アキシュを恐れ、気が狂ったふりをして難を逃れました（1サム21・13）。異邦の地に逃れ、そこで狂気を装ってよだれまで流したダビデの苦しみは、察するに余りあります。

懇願から信頼へ

（1）1〜4節は、「苦境の描写と信仰の告白」です。ダビデは神に苦境を訴えかけ、次に、神の約束は永遠に変わらないことを確認しています。「私はみことばをほめたたえます」という表現が、くり返し出てきます。私たちもまた、苦難の日には、心に蓄えた聖句をくり返し思い出し、神への信頼を告白すべきです。

（2）5～7節は、敵が滅びることを願う祈りですが、むしろ、「罪を憎む祈り」、「神の義を求める祈り」と呼ぶべきものです。「御怒りで国々の民を打ち倒してください」とは、単に個人的な復讐を求める祈りではなく、神に敵対する者への裁きを求める祈りです。不義に対する怒りがなくなったとき、私たちは、「地の塩」「世の光」としての役割を果たさなくなってしまいます。主イエスは、神殿の中で、商売人たちを追い出されました。それは、不義に対する怒りから出た行動でした。

（3）8～11節は、神に対する信頼の表明です。「神に信頼し　私は何も恐れません。　人が私に何をなし得るでしょう」（11節）。ここでダビデは、どのような問題よりも神の方が偉大であることを告白しています。人は、やがて滅びていく有限な存在です。そのような者を恐れる必要はありません。主イエスは、私たちにこう教えてくださいました。「からだを殺しても、たましいを殺せない者たちを恐れてはいけません。むしろ、たましいもからだもゲヘナで滅ぼすことができる方を恐れなさい」（マタ10・28）。

神は私たちを守り、苦境から救い出してくださいます。神の守りが与えられる理由は、私たちが光の中を歩み、神の栄光をほめたたえる者となるためです。

詩篇57篇

神よ　私の心は揺るぎません。　私の心は揺るぎません。　私は歌い　ほめ歌います。私のたましいよ　目を覚ませ。　琴よ　竪琴よ目を覚ませ。　私は暁を呼び覚まそう。

（詩篇57・7～8）

この詩篇から、以下のことを学びましょう。（1）神は、母鳥が雛を翼の陰に隠して守るように、ご自身に信頼する者を守ってくださいます。ダビデの祈りは、この確信の上に立ったものです。（2）ダビデが呼びかけている神は、「いと高き方」です。つまり、地上の力や権威を超越したお方です。（3）ダビデの関心事は、神が全世界であがめられることです。（4）試練に打ち勝つ秘訣は、神の栄光を第一として歩むことです。

神への叫び

この詩篇には、「ダビデがサウルから逃れて洞窟にいたときに」という前書きがついています。歴史的背景は、サムエル記第一22章1節や24章3節の出来事です。ダビデのこの祈りは、洞窟の中からの叫びとなっています。

（1）「私をあわれんでください。神よ。　私をあわれんでください。　私のたましいは　あなたに身を避けていますから。　私は　滅びが過ぎ去るまで御翼の陰に身を避けます」（1節）。ダビデは、麗しいことばを用いて、神の守りを求めています。母鳥が雛を翼の陰に隠して守るように、神はご自身に信頼する者を守ってくださいます（詩17・8参照）。

（2）「私は　いと高き方　神を呼び求めます。私のために　すべてを成し遂げてくださる神を」（2節）。ダビデが呼びかけている神は、「いと高き方」です。つまり、いかなる地上の力や権威よりも大いなる方です。ダビデの神は、私たちが信じる神でもあります。私たちは、地上のいかなる権威も恐れる必要はありません。

（3）次の3～4節は、敵からの救出を求める祈りです。「人の子らを貪り食う者」とは、容赦なく攻めてくる恐ろしい敵を比ゆ的に表現したものです。私たちの人生にも、一度や二度は、人間の力ではどうしようもない状況が襲って来ます。

（4）「神よ　あなたが天で　あなたの栄光が　全世界であがめられますように」（5節）とあります。この祈りは、11節でも再度唱えられます（108・5参照）。神の栄光が地に満ちるなら、あらゆる悪や問題は消え去ります。この祈りは、問題に直面したときの私たちの祈りでもあります。

神への賛美

（1）次の7～11節は、神への賛美です（108・1～5参照）。洞窟の中から叫んでいたダビデが、爽やかな外気に触れて、小躍りしながら神をたたえているようです。彼の内にある抑え切れない賛美の思いが、麗しい詩的表現となってほとばしり出ています。彼は、神による救出を確信し、こう詠います。「私のたましいよ　目を覚ませ。琴よ　竪琴よ　目を覚ませ。　私は暁を呼び覚まそう」（8節）。彼は、自分は暁のときに（早朝）神をたたえると宣言しています。

（2）最後に彼は、「神よ　あなたが天で　あなたの栄光が全地であがめられますように」（11節）と再度詠っています。この祈りは、主イエスの受肉と復活において成就しました。今世界中の人たちが、神の御業とその栄光をほめたたえています。

神が自分の祈りを聞いてくださったという経験があるなら、その人は、神を賛美しましょう。祈りの課題を抱えている人がいるなら、その人は、神の答えが必ず与えられることを信じて、先取りの信仰によって神を賛美しましょう。ダビデにとっては、神の栄光が現れることのほうが、個人的な苦難よりも重要なテーマだったのです。ダビデの信仰に倣う人は幸いです。

詩篇58篇

正しい人は　復讐を見て喜び　その足を　悪しき者の血で洗う。
こうして人は言う。「まことに　正しい人には報いがある。　まことに　さばく神が地におられる。」（詩篇58・10～11）

この詩篇から、以下のことを学びましょう。（1）この詩篇は、正義と公正を求める公の祈りです。（2）権力のある者たちは、自らの利権のために政治を行っていました。（3）指導者が堕落すると、人々の判断力が鈍り、人間的な判断が善悪の基準になってしまいます。（4）ダビデは、預言者的な目をもって、悪者の最期が滅びであることを予告します。

神の義を求める祈り

正義の執行人であるべき支配者たちが、貧しい者たちの利益よりも自らの利益を求めると、国は荒廃します。正義と公正が後退すると、堕落と混乱が始まります。その状況を憂慮したダビデは、義憤をもって神に訴えかけます。詩篇58篇に記された祈りは、個人的な怒りの祈りではなく、正義と公正を求める公の祈りです。

（1）「力ある者たちよ　おまえたちは本当に義を語り　人の子らを公正にさばくことができるのか」（1節）。「力ある者」とは、サウル王やその取り巻き連中のことでしょう。彼らは権力の座にありながら、その責務を果たさず、自らの利権のために動いていました。

（2）「実に　おまえたちは心で不正を働き　地で手の暴虐をはびこらせている」（2節）。悪がはびこると、大多数の人々の判断力が鈍り、ついには、「みんながしてるから」というのが唯一の善悪の基準になってしまいます。人々は、耳の聞こえないコブラがさらに耳をふさぐように、神のことばに対して耳をふさぎます。

（3）すべての人は罪人として生まれますが、義人はその罪の性質と戦います。しかし、悪人は罪の性質のままに流されていきます。私たちもまた、自分の判断力が鈍っていないかどうか、自らを吟味する必要があります。

預言者的な目

ダビデは預言者的な目をもって、自分の祈りが叶えられる様子をはっきりと見ます（6節以降）。

（1）彼は、悪者の武器（策略）が空しくされるようにと祈ります。

（2）さらに、悪者たちを溶けていく「なめくじ」のようにしてくださいと祈ります。なめくじは、熱くて乾燥した地を進むと、干上がってしまいます。

（3）最後に彼は、旅人が砂漠で調理している様子を詠います。釜の中には、食材（悪者たちの様々な計画）が放り込まれています。釜の下には、今まさに火を点じようとしている茨があります（策略を実行に移そうとしている姿を描写したもの）。すると突然、つむじ風が吹いてきて、釜とその中の食材、そして火のついた茨を吹き飛ばします。つむじ風は、神の裁きの象徴です。神の裁きは、つむじ風のように突然やってきます。

（4）この詩篇の結論は、「まことに　正しい者には報いがある。　まことに　さばく神が地におられる」（11節）です。私たちは、時代の風潮に流されてはなりません。むしろ、神を恐れることを第一にして生きるべきです。預言者的な目をもって、正義は必ず勝つことを確認しようではありませんか。

詩篇59篇

私の神よ　私を敵から救い出してください。　向かい立つ者たちよりも高く　私を引き上げてください。
不法を行う者どもから　私を救い出してください。　人の血を流す者どもから　私を救ってください。（詩篇59・1～2）

この詩篇から、以下のことを学びましょう。（1）この詩篇は、ダビデがサウルに殺されそうになったときに詠まれたものです。（2）苦しみの中から麗しい詩篇が生まれました。（3）ダビデの苦難は、キリストの苦難を予表しています。（4）キリストに従う者もまた、苦難を通過します。（5）神に信頼を置く者は、試練からの解放を経験するようになります。

解放を求める祈り

前書きに「ダビデを殺そうとサウルが人々を遣わし、彼らがその家の見張りをしたときに」とあります。これは、サムエル記第一19章11節以降に記された状況です。このときダビデは殺されそうになりましたが、ダビデの妻ミカルが機転を働かせ、ダビデを窓から降ろして難を免れさせました。苦難の日に神の助けと守りを求めて祈る人は、幸いです。この詩篇から教訓を学んでみましょう。

（1）苦しみの中から麗しい詩篇が生まれました。ダビデがこのような苦難を通過していなければ、この詩篇は存在しなかったのです。「苦しみにあったことは　私にとって幸せでした。それにより　私はあなたのおきてを学びました」（詩119・71）。この告白を自分のものとしようではありませんか。

（2）ダビデの苦難は、キリストの苦難を予表しています。と同時にすべての信仰者が経験する試練をも予表しています。「私には咎がないのに　彼らは走り　身構えています。どうか目を覚まし　ここに来て　見てください」（4節）とあります。主イエスもまた、なんの罪もないのに迫害に遭われました。「キリストは罪を犯したことがなく、その口には欺きもなかった。ののしられても、ののしり返さず、苦しめられても、脅すことをせず、正しくさばかれる方にお任せになった。キリストは自ら十字架の上で、私たちの罪をその身に負われた。それは、私たちが罪を離れ、義のために生きるため。その打ち傷のゆえに、あなたがたは癒やされた」(1ペテ2・22~24)。私たちクリスチャンは、キリストの愛を受け入れた結果、罪を離れた生活をする者とされました。ハレルヤ!

(3)キリストに従う者たちは、キリストが経験されたような苦難を経験するようになります。これは、キリストの弟子たちに与えられている運命です。しかし、失望する必要はありません。なぜなら、神は試練を益に変えることができるお方だからです。

(4)敵が獲物を求めて野犬のようにうろつき回っても、神の前では無力です。神は彼らを笑い、すべての国々をあざけられます。試練の中で、私たちはこう祈ることができます。「私の力よ 私はあなたにほめ歌を歌います。 神は私の砦 私の恵みの神であるからです」(17節)。また、次の聖句から励ましを受け取ることもできます。「神を愛する人たち、すなわち、神のご計画にしたがって召された人たちのためには、すべてのことがともに働いて益となることを、私たちは知っています」(ロマ8・28)。

敵の破滅を確信する目

(1)10節以降で、ダビデは敵の破滅を確信して、主に感謝を表しています。神は、試練の中にいる人に助け手を送ってくださいます。「私の恵みの神は私を迎えに来てくださる。 神は 私に敵を平然と眺めるようにしてくださる」(10節)。この詩篇の場合は、サウルの娘のミカル(ダビデの妻)がダビデを救う働きをしました。それより前には、サウルの息子のヨナタンがダビデを助けたこともありました。私たちも、試練の中で神がどのような助け手を送ってくださったかを思い出してみましょう。人生の曲がり角で、神の介入があったはずです。

(2)悪人は、夜中にうろつく野犬のようですが、彼らは決して満足するということを知りません。彼らは執拗にダビデのいのちを狙い、ダビデを発見できないと大いに怒ります。「彼らは 夕べに帰って来ては 犬のようにほえ 町をうろつき回ります。食を求めてさまよい歩き 満ち足りなければ 夜を明かします」（14～15節）。

（3）この詩篇は、朝明けを待ち望むことばで終わっています。「しかし　この私はあなたの力を歌います。朝明けには　あなたの恵みを喜び歌います。私の苦しみの日に　あなたが私の砦　また私の逃れ場であられたからです」（16節）。信仰者は、朝明けを待ち望みます。神を自分の隠れ場とする者は、決して絶望させせられることがありません。

詩篇60篇

神よ　あなたは私たちを拒み　私たちを破られました。　あなたは怒られました。　どうか　私たちを回復させてください。
あなたは地を揺るがし　引き裂かれました。　その裂け目を癒やしてください。　地が揺れ動いているからです。
あなたは　御民を苦しい目にあわせ　よろめかす酒を　私たちに飲ませられました。
あなたは　あなたを恐れる者に　旗を授けられました。　弓から逃れた者をそこに集めるために。（詩篇60・1～4）

この詩篇から、以下のことを学びましょう。（1）イスラエルの民は、罪のゆえにエドムから奇襲攻撃を受けます。（2）ダビデは、罪を告白し、神の恵みに依り頼む祈りを献げます。（3）神は、アブラハム契約に基づいた勝利を約束されます。

敗北に直面して

前書きには、「ダビデがアラム・ナハライムやアラム・ツォバと戦っていたとき、ヨアブが帰って来て、塩の谷でエドムを一万二千人打ち殺したときに」とあります。この詩篇の背景となっているのは、サムエル記第二8章3節、13節、歴代誌第一18章12節などに記された出来事です。

（1）ダビデが北方でアラム・ナハライム（アラム軍）やアラム・ツォバ（ダマスコの北東にある国）と戦っていたとき、その隙をついて南からエドムが攻撃して来ました。早速、将軍ヨアブが派遣され、イスラエルの民は、死海の南にある「塩の谷」で、1万2000人のエドムの兵士たちを討ちました。ダビデは、この勝利は主によるものであることを後の世代に記憶させるために、この詩篇を作りました。

（2）イスラエルが苦戦した原因は、罪にあります。「神よ　あなたは私たちを拒み　私たちを破られました。　あなたは怒られました。　どうか　私たちを回復させてください。あなたは地を揺るがし　引き裂かれました。　その裂け目を癒やしてください。　地が揺れ動いているからです」（1～2節）。

私たちの人生に起こる試練も、罪が原因となっている場合が多々あります。もしそうなら、悔い改めと神の恵みによってのみ、その問題は解決されます。ダビデがしたように、悔い改めを告白し、神の恵みに依り頼むことを学びましょう。

祈りに対する神からの答え

（1）神は、ダビデの祈りにお答えになりました（6～8節）。その答えは、アブラハム契約に基づく勝利の約束でした。アブラハムに約束された土地は、永遠にイスラエルの所有物です。

（2）いくつもの地名が列挙されます。「シェケム」はヨルダン川の西側、「スコテ」は東側にあります。「ギルアデ」はヨルダン川の東側にあるマナセの半部族が住んでいた土地です。「エフライム」と「ユダ」は、ヨルダン川の西側を代表する土地です。これらすべてがイスラエルに約束されています。

（3）「モアブ」はイスラエルを滅ぼそうとしましたが、足を洗う「たらい」のように低くされました（民22章）。「エドム」も「ペリシテ」も、神の力の前に驚きと恐れの声をあげるようになります。

（4）ダビデは、神がともにいてくださるようにと懇願します。彼は、人の救いの空しさを知っていたので、神による勝利を心から求めました。苦難の日に、誰に頼ればいいのでしょうか。「見よ。わたしは世の終わりまで、いつもあなたがたとともにいます」（マタ28・20）と言われる主イエスにのみ、私たちの救いはあります。

詩篇61篇

神よ　私の叫びを聞き　私の祈りに耳を傾けてください。
私の心が衰え果てるとき　私は地の果てからあなたを呼び求めます。どうか　及びがたいほど高い岩の上に　私を導いてください。
あなたは私の避け所　敵に対して強いやぐら。
私は　あなたの幕屋にいつまでも住み　御翼の陰に身を避けます。（詩篇61・1～4）

この詩篇から、以下のことを学びましょう。（1）神の臨在から離れた所にいたダビデは、叫びに似た祈りを神に献げます。（2）彼は、過去に経験した神の力と恵みを思い出しながら、神に祈っています。（3）祈りの途中で、彼の願いは確信に変わります。（4）最後にダビデは、王としての使命を全うすることができるようにと祈ります。

ダビデの祈り

詩篇61～63篇は、すべて王の守りと祝福を祈る詩篇です。特に、神の臨在を求める祈りの詩篇となっています。

（1）「私の心が衰え果てるとき　私は地の果てから　あなたを呼び求めます。……」（2節）とあります。「地の果てから」ということばは、比ゆ的に「神の臨在から遠く離れた場所」を指します。息子アブサロムの謀反のゆえに、エルサレムから逃れていたときの状況がこれに当てはまります。ダビデは、神の都エルサレムから離れるという悲しみを経験しています。そして、彼の祈りのことばは、叫びに変わります。

（2）彼は、過去に経験した神の力と恵みを思い起こして（3節）、1日も早く、神の臨在の場である幕屋に帰る日が来ることを願っています。「私はあなたの幕屋にいつまでも住み　御翼の陰に身を避けます」（4節）。「御翼の陰」とは神の臨在のことです。信仰者は、試練の日に「御翼の陰」に逃げ込むことができます。

（3）「神よ　まことにあなたは　私の誓いを聞き入れ　御名を恐れる者の受け継ぐ地を　私に下さいました」（5節）とあります。ここでの動詞の時制は、完了形です。つまり、彼の祈りは、願いから確信に変わったということです。「受け継ぐ地」とは、単に土地の約束が成就するということではなく、聖なる幕屋の約束、神の臨在の約束などが成就するという総合的な概念です。

（4）最後に彼は、自分自身のために祈っていま す（7節）。それは、自己中心的な祈りではなく、神から与えられた王としての使命を全うすることができるように、という祈りです。また、神の御名を賛美することができるように、という祈りです。「こうして　私はあなたの御名を　とこしえまでもほめ歌い　日ごとに私の誓いを果たします」（8節）。

私たちへの教訓

（1）ダビデの祈りを自分の状況に当てはめてみましょう。私たちも、かつては地の果てにいました。つまり、神から遠い所にいたということです。「そのころは、キリストから遠く離れ、イスラエルの民から除外され、約束の契約については他国人で、この世にあって望みもなく、神もない者たちでした」（エペ2・12）。

（2）しかし、あわれみ豊かな神は、罪過の中に死んでいた私たちを愛によって生かしてくださいました。これは、神の恵みによって起こったことです。（3）今や私たちは、良い行いをするために造られた神の作品となりました。私たちもダビデがしたように、神から与えられた使命を全うできるように祈りましょう。きょう1日、神の恵みを思い起こし、主の臨在の中で生活することを志そうではありませんか。

詩篇62篇

私のたましいは黙って　ただ神を待ち望む。　私の救いは神から来る。
神こそ　わが岩　わが救い　わがやぐら。　私は決して揺るがされない。
おまえたちは　いつまで一人の人を襲うのか。おまえたちは　こぞって打ち殺そうとしている。城壁を傾け　石垣を倒すように。
実に彼らは　人を高い地位から　突き落とそうと企んでいる。彼らは偽りを好み　口では祝福し心では呪う。（詩篇62・1～4）

この詩篇から、以下のことを学びましょう。（1）この詩篇は、「試練の中での平安」というテーマを取り上げています。（2）ダビデの敵は、口ではダビデを祝福しながら、心の中では呪っています。（3）ダビデは、沈黙してただ神を待ち望みます。（4）ダビデは民に対して、自分がしているように神に信頼せよと勧めます。

神に信頼せよ

この詩篇は、王が神に守られ、祝福を受けるようにという祈りです。王は数々の人間の敵と対峙していますが、神に信頼を置いているので、その心は揺るぎません。王は民に、人間の敵がいかに恐ろしそうに見えても、神の視点に立って相手を見るようにとさとします。この詩篇の内容は、あらゆる時代のリーダーたちが心がけるべきものです。

（1）ダビデは、敵の策略という試練に直面する中で、神への信頼を再確認します。「試練の中での平安」というテーマは、すべての信者に適用可能なものです。主イエスのことばを思い起こしましょう。「これらのことをあなたがたに話したのは、あなたがたがわたしにあって平安を得るためです。世にあっては苦難があります。しかし、勇気を出しなさい。わたしはすでに世に勝ちました」（ヨハ16・33）。

（2）ダビデの敵は、ダビデのことを軽視し（傾いた城壁、ぐらついた石垣）、その破滅を狙っています。また、口ではダビデを祝福しながら、心の中では呪っています。彼らは、偽善者たちです。

（3）それに対してダビデは、沈黙してただ神を待ち望んでいます。「ただ神を」ということばのくり返しに注目しましょう。「神こそ　わが岩　わが救い　わがやぐら。　私は揺るがされることがない。私の救いと栄光は　ただ神にある。　私の力の岩と避け所は　神のうちにある」（6～7節）。

（4）神に絶対的な信頼を置くダビデは、敵を笑い、民に対しては、自分がしているように神に信頼せよと勧めています。「民よ　どんなときにも神に信頼せよ。　あなたがたの心を　神の御前に注ぎ出せ。　神はわれらの避け所である」（8節）。

私たちへの教訓

（1）「試練の中での平安」を得る秘訣は、神への信頼です。神だけを信頼するということは、神以外のものに頼らないということでもあります。身分の低い人々も、高い人々も、頼りにはなりません。もし私たちに、神以上に頼りにしている人がいるなら、それは霊的に不健康なことです。

（2）力（圧政、略奪）に望みを置くことも、むなしいことです。地上的な力は、時が来ると必ず崩壊するからです。

（3）富に心をとめるのも危険なことです。一生かかって築き上げた富が一瞬にして取り去られるのは、珍しいことではありません。さらに致命的なのは、地上の富を天国に持って行くことができないということです。

（4）「神は一度告げられた。二度私はそれを聞いた。力は神のものであることを」（11節）。きょうも、この聖句を思い出しながら、この世に出て行こうではありませんか。私たちの神は、力あるお方です。

詩篇63篇

神よ　あなたは私の神。　私はあなたを切に求めます。　水のない　衰え果てた乾いた地で　私のたましいは　あなたに渇き　私の身も　あなたをあえぎ求めます。

私は　あなたの力と栄光を見るために　こうして聖所で　あなたを仰ぎ見ています。

（詩篇63・1～2）

この詩篇から、以下のことを学びましょう。（1）ダビデは、肉体的にも霊的にも、荒野に置かれています。（2）彼の全存在が、神を求めて渇いています。（3）しかし彼は、荒野を「聖所」に変え、その地で神をほめたたえます。（4）彼は、神との親密な関係の中にいのちと喜びを発見します。

荒野を聖所に

前書きに「ダビデの賛歌。ダビデがユダの荒野にいたときに」とあります。荒野は、人の住まない乾燥した地です。このときのダビデは、霊的にも荒野に置かれていました。私たちの人生にも、霊的荒野がやって来ます。この詩篇は、人生の荒野を通過する人に励ましを提供しています。

（1）「神よ　あなたは私の神。　私はあなたを切に求めます。　水のない　衰え果てた乾いた地で　私のたましいは　あなたに渇き　私の身も　あなたをあえぎ求めます」（1節）とあります。「私のたましい」と「私の身」ということばが出てきますが、これはダビデの全存在が渇いていることを示しています。そのような状況の中で、彼は神を慕い求めています。

（2）ダビデは、荒野を「聖所」と呼んでいます。「私は　あなたの力と栄光を見るために　こうして聖所で　あなたを仰ぎ見ています」（2節）。ここには、「思いの飛躍」があります。人間的にはそこは荒野ですが、信仰の目を上げるなら、そこが聖所となります。試練のとき、私たちに必要なのはこのような「思いの飛躍」です。これは、信仰による飛躍でもあります。

（3）「あなたの恵みは　いのちにもまさるゆえ　私の唇は　あなたを賛美します」（3節）。真のいのちと喜びは、神との親密な関係の中にあります。「あなたの恵み」とは、契約に基づく神の恵みと守りです。

（4）ダビデは、荒野を瞑想の場としました。聖書には、荒野を祈りと瞑想の場に変えた多くの聖徒たちが出てきます（エレ2・2、エゼ20章、ホセ2・14など）。主イエスも、荒野で40日間断食の祈りをされました。

神に目を向ける

（1）「床の上で　あなたを思い起こすとき　夜もすがら　あなたのことを思い巡らすときに。　まことに　あなたは私の助けでした。　御翼の陰で　私は喜び歌います」（6〜7節）とあります。ダビデは、神ご自身とその恵みに自分の関心を集中させ、過去の恵みを思い起こしています。そして、神の守り（御翼の陰）の中に自分を置いて、神をたたえています。

（2）「私のたましいは　あなたにすがり　あなたの右の手は　私を支えてくださいます」（8節）。神は、「右の手（強い守りの手）」をもって信仰者たちを守られます。その理由は、神の契約のゆえです。私たちの神は、契約を守るお方です。この右の手は、神に敵対する者たちを滅ぼす手でもあります（9節）。

（3）イエスを救い主と信じた者は、神の契約に基づく恵みをいただいています。神の右の手は、私たちを支え守ってくれます。今いる場所を聖所とし、心からの礼拝を神に献げようではありませんか。

詩篇64篇

神よ　私が嘆くとき　私の声を聞いてください。敵の脅かしから　私のいのちを守ってください。どうか　私をかくまってください。　悪を行う者どものはかりごとから　不法を行う者どもの騒ぎから。（詩篇64・1～2）

この詩篇から、以下のことを学びましょう。（1）神を恐れない者たちは、自分の舌を巧妙に用いることによって、義人を破滅に陥れようとします。（2）ダビデは、そのような中傷や裏切りを何度も経験してきました。（3）彼は、神に叫ぶようにして訴えかけます。その結果、人を傷つけることばは、結局その人を滅ぼすことを学びます。（4）この詩篇で詠われている真理は、すべての聖徒たちが共有すべきものです。

神を恐れない者の中傷

この詩篇は、神を恐れない者たちからの救出を願い求める祈りです。

（1）「彼らは　その舌を剣のように研ぎ澄まし　苦いことばの矢を放っています。全き人に向けて　彼らは隠れた所から射掛け　不意に矢を射て　何も恐れません」（3〜4節）。悪人は、自分の舌を巧妙に用いることによって、義人を破滅に陥れようとします。また、悪しき知恵を用いて、義人を陥れようとします。

（2）彼らの悪知恵は、驚くほどのものです。「彼らは不正を企み『企んだ策略がうまくいった』と言っています。　人の内なる思いと心とは　底が知れません」（6節）。

（3）ダビデは、そのような中傷や裏切り、謀反などを幾度となく経験してきました。そのようなとき、彼は神に叫ぶようにして訴えかけました。そこから彼が学んだ真理は、神を恐れない者たちの策略は、必ず自滅に至るということです。「しかし神が　彼らに矢を射掛けられるので　彼らは不意に傷つきます。彼らは自らの舌につまずきました。彼らを見る者はみな　頭を振って嘲ります」（7〜8節）。人を傷つけることばは、結局その人を滅ぼすことになります。

メシアの祈り

この詩篇でダビデが詠っている真理は、すべての聖徒たちが共有すべきものです。

（1）この詩篇の中に、ハマンの策略によって殺されそうになった義人モルデカイの姿を見ることができます（エステル記）。最後に滅びたのは、モルデカイではなくハマンでした。

（2）また、ライオンの穴に投げ込まれた義人ダニエルの姿も見えてきます。ダニエルはなんの害を受けることもなく、神の栄光をほめたたえることができました。

（3）さらに、私たちのために十字架に架けられた主イエスの姿もそこにあります。主イエスは、死に勝利してよみがえられました。

（4）真剣に神に従おうとする者は、サタンの攻撃や神に敵対する者たちの攻撃を避けることができません。しかし、敵の攻撃がどんなに激しくても、義人の勝利は揺らぐことがありません。「こうして　すべての人は恐れ　神のみわざを告げ知らせ　そのなさったことを悟ります。正しい人は主にあって喜

び　主に身を避けます。　心の直ぐな人はみな　誇ることができます」（9～10節）。

（5）他人から中傷されて心が痛むとき、ダビデの信仰を思い出しましょう。神を恐れない者たちの舌とその謀略は、必ず取り除かれます。私たちの舌を、神の御業を告げ知らせるために用いようではありませんか。

詩篇65篇

神よ　御前には静けさがあり　シオンには賛美があります。　あなたに誓いが果たされますように。
祈りを聞かれる方よ　みもとにすべての肉なる者が参ります。
数々の咎が私を圧倒しています。　しかし　私たちの背きを　あなたは赦してくださいます。
（詩篇65・1～3）

この詩篇から、以下のことを学びましょう。（1）この詩篇は、贖罪の日と仮庵の祭りの期間に詠われたものと思われます。（2）すべての肉なる者は、神を賛美すべきです。（3）神は私たちの祈りを聞いてくださるお方であり、私たちの罪を赦してくださるお方です。（4）神が創造された自然界は、調和を保っています。（5）自然界が神を賛美しているとするなら、被造物の冠である私たちこそ、率先して神をたたえるべきです。

神を賛美する理由

作者はダビデですが、この詩篇がどのような状況のもとで詠われたかについては、何も記されていません。イスラエルでは、新年祭（ロシュ・ハシャナ）は秋に祝われます。それに続くのが、贖罪日（民29・7）と仮庵の祭り（民29・12）です。内容から判断すると、この詩篇は、贖罪の日と仮庵の祭りの期間に詠われたものと思われます。内容は、「すべての肉なる者（人類すべて）は、神を賛美すべきである」というものです。ダビデは、賛美すべき理由を美しいことばで列挙しています。神だけが私たちの賛美と誓いを受けるにふさわしいお方です。

（1）神の御前には静けさがあり、神が臨在される所（シオン）には、聖徒たちの賛美があります（1節）。さらに、そこには神に向かって献げられる聖徒たちの祈りがあります（2節）。神は私たちの祈りを聞いてくださるお方です。それゆえ、聖徒たちは神に向かって祈るのです。

（2）聖徒たちは、自らの罪を認識しています。と同時に、神が罪を赦してくださるお方であることを信じ、神に信頼を置いています（3節）。「幸いなことよ　あなたが選び　近寄せられた人　あなたの大庭に住む人は。　私たちは　あなたの家の良いもの　あなたの宮の聖なるもので満ち足ります」（4節）とあります。神から罪を赦された人は、神に選ばれ、神から招きを受けた人です。これはユダヤ人だけでなく、異邦人にも当てはまることです。罪人は神から義とされなければ、神の前に出ることは許されません（詩32・5参照）。

（3）贖罪の日は、1年で最も厳粛な日です。この日、イスラエルの民は1年の歩みを振り返り、すべての罪を神の前に告白します。この日は、罪の重荷から解放されて、新しい1年を希望とともに歩み出すための日です。贖罪の日が予表しているものは、主イエスの十字架による赦しです。もし今、罪の重荷から解放される必要性を感じているなら、今が救いの時です。自らの背きの罪を告白し、主イエスの十字架を見上げようではありませんか。

自然界を統治する神

（1）すべての肉なる者が神を賛美すべき理由は、神が自然界を統治しておられるからです。神は山々を堅く据え、それを支配しておられます。山々の雄姿は、神がいかに力強いお方であるかを示しています（6節）。

（2）神は荒れ狂う波をも支配しておられます。海で嵐に遭遇した者は、その破壊力に恐れおののいたはずです。しかし、神の力はそれ以上のものです。「あなたは　海のとどろきを鎮められます。その大波のとどろき　もろもろの国民の騒ぎを」（7節）とあります。この節では、大波が騒ぐさまが、神に対する諸国の反乱にたとえられています。神は、国々の反乱をあざ笑っておられます（詩2篇、33・6〜11、46・6など参照）。

（3）「最果てに住む者も　あなたの数々のしるしを恐れます。あなたは　朝と夕の始まる所が　高らかに歌うようにされます」（8節）とあります。被造世界の存在は、すべての民にとって、創造主（唯一の神）の存在を示す確かな証拠です。それゆえ、私たちには弁解の余地はありません（ロマ1・20参照）。

（4）自然界は、美しく調和しています。9〜13節は、被造世界が神の愛の守りの中に置かれていることを示しています。「あなたはその年に　御恵みの冠をかぶらせます。あなたの通られた跡には　油が滴っています」（11節）。なんと麗しい表現でしょうか。自然界は創造主をたたえています。「牧草地は羊の群れをまとい　広やかな平原は穀物を覆いとしています。まことに喜び叫び　歌っています」（13節）。これは、擬人法による自然界の描写です。私たち人間こそ、被造物の冠として創造主をたたえるべき存在です。私たちは、神を賛美し、神を礼拝するために創造されました。

詩篇66篇

全地よ　神に向かって喜び叫べ。御名の栄光をほめ歌い　神の誉れに栄光を帰せよ。神に申し上げよ。「あなたのみわざは　なんと恐ろしいことでしょう。偉大な御力のためにあなたの敵は　御前にへつらい服します。全地はあなたを伏し拝みます。あなたをほめ歌いあなたの御名をほめ歌います」（詩篇66・1～4）

この詩篇から、以下のことを学びましょう。（1）作者は、被造世界に向かって、また全世界の民に向かって、御名をたたえるように呼びかけています。（2）神は、出エジプトの奇跡を通して、ご自身の民を解放されたお方です。（3）信者の生活は、この神の御手によって支えられています。しかし神は、愛する者たちを訓練されます。（4）神による解放を体験したときは、感謝のいけにえを献げるべきです。

神をたたえよとの招き（前半）

この詩篇の作者が誰なのかは分かりません。作者は、2つの賛美（1～12節と13～20節）によって、罪人を贖う神の御名をたたえています。

（1）作者は、被造世界を総動員して、御名の栄光（神のご性質の素晴らしさ）をほめたたえるように呼びかけています（1～2節）。さらに、全世界の民に向かって、神をたたえるようにと呼びかけています（3～4節）。

（2）真の神とはどういうお方なのでしょうか。神は、出エジプトの奇跡を通して、ご自分の民を解放されたお方です（5～7節）。神は、紅海を2つに割り、そこを乾いた地とされました。また、ヨルダン川の水をせき止め、イスラエルの民が川の中を歩いて渡れるようにされました。

私たちへの適用

（1）イスラエルの歴史の中で数々の奇跡を行われた神は、信じる者の人生においても、数々の恵みのわざを行ってくださいます。そのことのゆえに、異邦人の国々も神をほめたたえるように勧められています（8節）。

（2）信者の生活は、神によって支えられていま す。自然界が神の御手によって支えられているのと 同じです（9節）。神は、愛する者たちを試練とい う「るつぼ」の中で精錬されます（10節）。また、 私たちが傲慢にならないように、試練を用意されま す（11節）。私たちは、敵が私たちの頭上を超える ような体験も通過します（12節a）。しかし、神に 信頼する者には、最終的な勝利と安全が約束されて います（12節b）。

（3）神は、どのような試練からも私たちを救い 出すことのできるお方です。試練の中に置かれたと き、私たちの神が出エジプトの神であること、また、 御子イエスを死者の中から復活させた神であること を思い起こしましょう。

神をたたえよとの招き（後半）

（1）旧約時代の聖徒たちは、苦境から救い出さ れたときに、感謝のいけにえを神に献げました（13 ～14節）。もちろん、心が伴っていなければ、いけ にえには何の意味もありません。感謝のいけにえは、 献身の表明です。新約時代の信者は、動物のいけに えを献げる必要はありませんが、そこにある原則は 変わりません。全的献身こそ、神への感謝のいけに えです。

（2）しかし、私たちはなんと忘れやすい者たち でしょうか。苦境に陥ったときには、助けを求めて 神の前に数々の誓いを述べます。しかし、そこから 解放された瞬間に、その祈りを忘れてしまうのです。 創世記に登場するヤコブの例を見てみましょう。彼 は、創世記28章20～22節で神の守りを求めて祈り、 誓いのことばを語っています。その誓いは、35章3 節で果たされています。「私たちは立って、ベテル に上って行こう。私はそこに、苦難の日に私に答え、 私が歩んだ道でともにいてくださった神に、祭壇を 築こう」。私たちの場合も、苦しみのときに誓った 誓いを果たさねばなりません。

個人的賛美

この詩篇の最初の4節（1～4節）は、賛美への 公的呼びかけでした。最後の5節（16～20節）は、 個人的賛美です。

（1）「私はこの口で神を呼び求め　この舌で神をあがめた。もしも不義を　私が心のうちに見出すなら　主は聞き入れてくださらない」（17～18節）とあります。罪の告白は、神との関係の回復につながります。この真理は、新約時代も変わりません（1ヨハ1・9）。

（2）神は罪人の告白に耳を傾け、その人の祈りを心にとめてくださいます。「しかし　確かに神は聞き入れ　私の祈りの声に耳を傾けてくださった」（19節）。

（3）この詩篇の最後は、感謝と賛美のことばで終わっています。「ほむべきかな　神。　神は私の祈りを退けず　御恵みを私から取り去られなかった」（20節）。私たちが信じている神は、歴史を支配し、私たちの罪を赦されるお方です。

詩篇67篇

どうか　神が私たちをあわれみ　祝福し　御顔を私たちの上に　照り輝かせてくださいますように。（詩篇67・1）

この詩篇から、以下のことを学びましょう。（1）イスラエルが祝福されることは、イスラエルの神の御名があがめられることにつながります。（2）イスラエルは、神の栄光を諸国民に伝えるために召されました。（3）しかし彼らは、その使命を果たすことに失敗しました。（4）教会に与えられている使命は、イスラエルに与えられている使命と同じです。（5）クリスチャンは、神の救いを宣べ伝えるように召されています。

世界の祝福

（1）この詩篇は、「どうか　神が私たちをあわれみ　祝福し　御顔を私たちの上に　照り輝かせてくださいますように」（1節）という祈りで始まっています。これは、民数記6章24～26節にある大祭司の祈りの要約です。次の2節に、神の祝福を求める理由が書かれています。「あなたの道が地の上で　御救いが　すべての国々の間で知られるために」。つまり、イスラエルの上に祝福が下ることは、イスラエルの神の評判が全世界で高められることだというのです。

（2）この詩篇の背景にある考え方をまとめると、次のようになります。①神は、イスラエルをご自分の民として選ばれ、世界のハイウェイとも呼ばれる「カナンの地」に置かれました。②彼らの生活ぶりは、平和な時代には商人や旅人たちを通して、戦時には軍隊を通して、世界中に伝達されることになりました。③彼らの生活が祝されていることは、そのまま、イスラエルの神の偉大さの証明となりました。④諸国の民は、イスラエルが祝されている姿を見て、イスラエルの神に対する反抗的な態度を悔い改め、イスラエルの民が献げる賛美に参加するようになります。⑤6節には、「大地はその実りを産み出しました。　神が　私たちの神が　私たちを祝福してくださいますように」とあります。豊かな収穫は、神の祝福のしるしです。⑥7節には、「神が私たちを祝福してくださり　地の果てのすべての者が　神を恐れますように」とあります。キリストが全世界でたたえられるようになるという預言は、詩篇2篇8節にもありました。「わたしに求めよ。わたしは国々をあなたへのゆずりとして与える。地の果ての果てまで　あなたの所有として」

私たちへの適用

新約時代に生きる私たちは、この詩篇から何を学べばよいのでしょうか。

（1）イスラエルの民は、神の恵みを諸国民に告げ知らせるための器として召されました。しかし彼らは、その使命を果たすことに失敗しました。

（2）私たちクリスチャンが祝福を受けたのもまた、他の人々を祝福するためです。そういう意味では、教会に与えられた使命は、旧約聖書のイスラエルに与えられた使命と同じです。神の救いを宣べ伝えるのが、クリスチャンの使命です。

（3）イスラエルの失敗から教訓を学びましょう。彼らは、自分勝手な道に歩んだために、神の民としての祝福と特権を失いました。私たちに関しては、神の教えに忠実に歩もうではありませんか。どうすれば隣人に祝福をもたらすことができるかを考えながら、この世に出て行きましょう。忠実な者には豊かな報奨が用意されています。

詩篇68篇

神は立ち上がり　その敵は散り失せる。神を憎む者たちは御前から逃げ去る。
煙が追い払われるように　追い払ってください。
ろうが火の前で溶け去るように　悪しき者が
神の御前から滅び失せますように。
しかし正しい者たちは　小躍りして喜ぶ。神の
御前で喜び楽しむ。（詩篇68・1〜3）

この詩篇から、以下のことを学びましょう。（1）この詩篇は、シオンの山に向かう神の凱旋行列の様子を詠ったものです。（2）神は、イスラエルの民をエジプトから解放し、彼らをカナンの地に導き入れました。ダビデは、その出来事のゆえに神をたたえています。（3）最後にダビデは、他の人たちも神を賛美するように、勧めています。

神をたたえる祈り
ユダヤ人たちは、この詩篇を七週の祭り（五旬節）の日に朗読します。この詩篇の底流にあるのは、イスラエルの民をエジプトから導き出した神の力と忠実さへの信頼です。とても長い詩篇ですが、短くまとめてみましょう。

(1)ダビデは、「神よ。立ち上がってください」(新改訳第3版)ということばでこの詩篇を書き始めています。これは、契約の箱を運び上るときのかけ声です。また、「神の敵は、散りうせよ。神を憎む者どもは御前から逃げ去れ」と宣言しています。イスラエルの民が約束の地に入ったとき、神はそのように敵を追い払われました(民10・35~36、ヨシ6~12章参照)。

(2)ダビデは、出エジプトの出来事を振り返り、そこから将来を展望しています(4節)。イスラエルの民をエジプトから解放された神は、孤児の父であり、やもめの守護者です(5~6節)。また、神に背く者を排除されるお方です。

(3)7~10節では、シナイ山から約束の地への旅程と出来事が回顧されています。過去の恵みを振り返ることは、今を生きるための力となります。主イエスが私たちに与えてくださったのは、「霊的出エジプト」です。主イエスの十字架の死、埋葬、復活、昇天を思い起こし、きょうを生きるための力をいただきましょう。

戦いに勝利する主

(1)「主はみことばを与えてくださる。良き知らせを告げる女たちは大きな群れ」(11節)。この聖句は、多くの女性歌手が主からの良き知らせを歌っている様子を描写しています(詩68・25、出15・20参照)。

(2)家にとどまっている非戦闘要員の者まで、勝利の分け前に与ることができます(12節)。それほどに、主にある勝利は容易で、偉大なものです。

(3)神に信頼する民の平和で安全な生活が、比ゆ的に描写されます(13~14節)。

シオンに入る契約の箱

(1)「神々しい山　バシャンの山よ。峰を連ねた山　バシャンの山よ。峰を連ねた山々よ。なぜ　おまえたちはねたみ見るのか。神がその住まいとして望まれたあの山を。……」(15~16節)。バシャンの山とは、現在のゴラン高原のことです。

山は象徴的に「国（主権）」を表します。この聖句は、異邦人の国々がシオン（エルサレム）をねたみ見る様子を描いています。

（2）戦車は、当時の武器としては最強のものでした。それが数知れずあるというのは、神の力が無限大であることを示しています（17節）。

（3）「あなたは　捕虜を引き連れて　いと高き所に上り　人々に　頑迷な者どもにさえ　贈り物を与えられた。……」（18節）。この聖句は、当時の凱旋行列の様子を描いています。神はシオンに王座を置き、神の敵に勝利されました。この聖句と同じイメージが、キリストの勝利を描写する箇所で用いられています（エペ4・8〜13）。

（4）神は、日々私たちの必要に応えてくださいます（19節）。その神にすべてを委ねて、きょうもこの世に出て行きましょう。

主の恵みと守り

（1）いのちと死の問題は、すべて神の御手の中にあります。それゆえ、神に敵対する者たちを恐れる必要はありません（20〜21節）。神はその民を、いかなる敵からも救ってくださいます（22〜23節）。

（2）24〜27節では、大行列が神を賛美しながらシオンの山に上って行く様子が描かれています。征服された王たちは、神に贈り物を持って来るようになります（29節）。好戦的な敵でさえも征服され、神の前にひれ伏すようになります（30〜31節）。

（3）「地の王国よ　神に向かって歌え。主にほめ歌を歌え」（32節）。これがこの詩篇の結論です。すべての国々が神にひれ伏すようになります。神をたたえることは、私たちの力になります（33〜35節）。私たちの神は大いなるお方、全世界であがめられるべきお方です。

詩篇69篇

神よ　私をお救いください。　水が喉にまで入って来ました。
私は深い泥沼に沈み　足がかりもありません。
私は大水の底に陥り　奔流が私を押し流しています。
私は叫んで疲れ果て　喉は渇き　目も衰え果てました。　私の神を待ちわびて。

（詩篇69・1〜3）

この詩篇から、以下のことを学びましょう。（1）この詩篇は、詩篇22篇以外では新約聖書に最も多く引用されているものです。（2）ダビデの祈りは、①苦難の告白、②解放を求める祈り、③敵の滅びを求める祈りと続きます。（3）最後に彼は、苦しみを賛美に変え、シオンの高揚を求めて祈ります。

苦難の告白

（1）ダビデは、自らが直面している苦難がいかに耐え難いものであるかを神に訴えています（1〜4節）。彼の敵は、強力な軍勢を有し、今にも攻め込んで来そうな状態です。今彼は、神から遠く切り離されたように感じています。

（2）次にダビデは、自らの罪を告白します（5節）。人は、隣人との関係において無実であっても、神の前で無実を主張することはできません。さらに彼は、自分が受けている大きな苦しみのゆえに、他の人たちが信仰を失うことがないようにと願っています。神ご自身の栄誉が損なわれることのないためです（6節）。

（4）信仰者は、家族や友人からも迫害されることがあります（8〜9節）。これは、主イエスが体験されたことでもあります。敬虔に生きようとする者は、今も迫害に遭います（2テモ3・12）。しかし、試練は私たちをより神に近づけます。

（5）ダビデが経験した苦難は、ダビデの子であるイエスご自身も経験されたことです。①4節は、ヨハネの福音書15章25節で成就しました。主イエスも、ゆえなく苦しまれました。②9節は、ヨハネの福音書2章17節で成就しました。神殿の中で商売をする者たちを追い出したことで、イエスは支配者たちから憎まれました。③12節は、マタイの福音書27章27～30節で成就しました。兵士たちは、イエスをあざけりました。

解放を求める祈り

（1）次にダビデは、「神の御顔」と「贖い」を求める祈りを献げます（16～18節）。神は、このような真実な祈りに答えてくださいます。しかし、メシアであるイエスに対しては、父なる神はその御顔を隠されました（イザ53・11の預言）。御子の苦しみのゆえに、私たちのいのちは贖われました。

（2）「彼らは私の食べ物の代わりに　毒を与え　私が渇いたときには酢を飲ませました」（21節）。この聖句は、マタイの福音書27章34節で成就しました。イエスは、十字架の上で苦痛と辱めに耐えてくださいました。

（3）ダビデは、義人を迫害する者たちに神の報いが下るようにと祈ります。「彼らの宿営が荒れ果て　その天幕から住む者が絶えますように」（25節）。この聖句は、使徒の働き1章20節に引用されています。

（4）「どうか　彼らの咎に咎を加え　彼らをあなたの義のうちに入れないでください。彼らがいのちの書から消し去られますように。正しい者と並べて　彼らが書き記されることがありませんように」（27～28節）。「いのちの書」には誕生したすべての人の名が書かれています。しかし、未信者のまま死んだなら、その名は「いのちの書」から消されます（黙3・5参照）。

（5）一連の呪いのことばは、復讐を求めるというよりも、神の義がなることを求める祈りです。私たちもまた、神の義が地上になるように祈ろうではありませんか。

苦しみを賛美に

（1）ダビデは、主の御力によって苦難から救われることを願っています（29～31節）。その救いが成就するために、彼は賛美と感謝の礼拝を献げています。

（2）神に「誓い」をする際には、いけにえを献げるのが普通でした（20・3、51・19など参照）。ダビデは、賛美と礼拝が動物のいけにえよりも主に喜ばれると語っています（31節）。

シオンの高揚

（1）この詩篇の結論部分で、シオン（エルサレム）のための祈りが献げられます（34〜36節）。ダビデは、シオンの祝福と高揚のために祈ります。シオンだけでなく、カナンの地全体の繁栄を願って祈ります。

（2）イスラエルの民は、その地を受け継ぎ、その地に永遠に住むようになります。この祈りがすべて成就するのは、メシア的王国（千年王国）においてです。

（3）苦難のとき、神の前にへりくだり、神をたたえ、神を礼拝することを学びましょう。神は私たちとともにいてくださいます。

詩篇70篇

神よ　私を救い出してください。　主よ　急いで私を助けに来てください。

私のいのちを求める者たちが　恥を見　辱められますように。　私のわざわいを喜ぶ者たちが退き　卑しめられますように。

「あはは」とあざ笑う者たちが　恥をかいて　立ち去りますように。（詩篇70・1〜3）

この詩篇から、以下のことを学びましょう。（1）この詩篇は、詩篇40篇13〜17節とほとんど同じです。69篇の続篇として読むこともできますし、71篇の前篇として読むこともできます。（2）この詩篇の中には、消極的な内容（敵の裁きを求める祈り）と積極的な内容（祝福を求める祈り）が含まれています。（3）この詩篇は、キリストの祈りの予表となっています。

詩篇40篇13〜17節の再現

（1）前書きの中にある「記念のために」という

ことばは、「自分のことを覚えていてください」という祈りでしょう。

(2) ダビデは緊急性をもってこの詩篇を詠んでいます。「神よ　私を救い出してください。主よ　急いで私を助けに来てください」(1節) ということばや、「私は苦しむ者　貧しい者です。神よ　私のところに急いでください」(5節) ということばが、緊急性をよく表しています。

(3) この詩篇の中には、消極的な内容と積極的な内容が含まれています。消極的な内容は、自分の敵が辱めを受け、卑しめられるようにというものです。「私のいのちを求める者たちが　恥を見　辱められますように。　私のわざわいを喜ぶ者たちが退き　卑しめられますように」(2節)。これは、神の正義を求める祈りでもあります。

(4) 積極的な内容は、信仰者が祝福されるようにということです。「あなたを慕い求める人たちがみな　あなたにあって楽しみ　喜びますように。あなたの救いを愛する人たちが　『神は大いなる方』と　いつも言いますように」(4節)。

キリストの祈りの予表

この詩篇は、キリストの祈りの予表となっています。イエスは地上生涯の最後に、弟子たちのために祈られましたが、これは「大祭司の祈り」と呼ばれています。「わたしがお願いすることは、あなたが彼らをこの世から取り去ることではなく、悪い者から守ってくださることです。わたしがこの世のものでないように、彼らもこの世のものではありません」(ヨハ17・15～16)。この祈りは、私たちに次のようなことを教えています。

(1) 私たちは、この世に属するものではなく神に属するものです。

(2) したがって、この世にあっては、信仰者は苦難に遭います。

(3) 神の計画は、私たちがこの世から取り去られることではなく、患難の場にあって守られることです。

(4) イエス自身が、私たちと同じように試みに遭われました。この祈りの直後、イエスはゲツセマネの園で最大の苦悶を経験されました。

(5) 主イエスは、私たちのために執りなしておられます。私たちの神は、祈りを聞いてくださる神です。この詩篇を何度も自分の祈りとして唱えてみましょう。神が最善の時に、私たちを助けてくださいますように。

詩篇71篇

主よ　私はあなたに身を避けています。　私が決して恥を見ないようにしてください。

あなたの義によって私を救い　助け出してください。あなたの耳を私に傾け　私をお救いください。

私の避け所の岩となってください。　いつでもそこに入れるように。　あなたは私の救いを定められました。　あなたは私の巌　私の砦なのです。

（詩篇71・1～3）


この詩篇から、以下のことを学びましょう。（1）老年になった作者は、青年期に信仰を持ち、神に従ってきたことを喜んでいます。（2）老人には様々な苦難が待ち受けています。老年期を迎えた作者は、神の助けを求めて祈っています。（3）勝利の秘訣は、神のご性質を思い出すことです。（4）この詩篇は、勝利の確信と主への賛美で終わります。

青年期の信仰

この詩篇に前書きはありませんが、その内容からしてダビデの作であると考えて間違いないでしょう。老境に入ったダビデが、信仰生活の集大成としてこの詩篇を詠んだと考えられます。内容は、苦難の中からの叫びではなく、主への信頼の告白です。祝された老年を送る秘訣は、若いときから神とともに歩むことにあります。

（1）作者は、神が身を避けるべき岩であることを認め、告白しています（1～4節）。また、神に信頼するなら、神は敵の手から救い出してくださるとの確信を表明しています。「あなたは私の巌　私の砦なのです。わが神よ　私を悪者の手から助け出してください。……」（3～4節）。

（2）作者は、若い頃のことを思い出し、自分が常に主を信頼して歩んできたことを喜んでいます（5～8節）。「神である主よ　あなたは私の望み　若い日からの拠り所。私は生まれたときから　あなたに抱かれています。あなたは私を母の胎から取り上げた方。私はいつもあなたを賛美しています」（5～6節）。このような青年期を過ごした人は、幸いです。

老年期の信仰

（1）老人にはさまざまな苦難が待ち受けています。体力が衰え、病気や怪我が襲ってきます。知的にも霊的にも、衰えてきます。社会的評価も下がり、孤独を感じるようになります。さらに、若い時の罪を思い出し、自責の念にかられます。作者は、自らの衰えを自覚し、二度も神に叫んでいます。「年老いたときも　私を見放さないでください。私の力が衰え果てても　見捨てないでください」（9節）。「年老いて　白髪頭になったとしても　神よ　私を捨てないでください。……」（18節）。

（2）さらに、敵がいのちを狙って策略を巡らしてきます。作者は、敵からの解放を祈っていますが、それは自分のためだけでなく、次の世代に神の力と恵みを伝えるためでもあります（17節）。

（3）青年期にいる人は、主への信頼を新たにし、常に神とともに歩むことを学びましょう。老年期にいる人は、次世代に信仰を継承するために、さらに神の力を経験させてくださいと祈りましょう。

神の性質を思う

（1）作者（年老いた信仰者）は、試練の中で、神の性質を思い起こし、自らを励ましています（19節）。私たちも、神が義であり、偉大なお方であることを思い出すなら、試練に打ち勝つ力が与えられます。

（2）さらに彼は、神が自分を助けてくださるお方であることを告白しています。「あなたは私を多くの苦難とわざわいとに　あわせられましたが　私を再び生き返らせ　地の深みから　再び引き上げてくださいます」（20節）。

（3）彼は、神が与えてくださる救出を待ちながら、楽器をもって神を賛美する準備を始めています（22節）。彼は、「イスラエルの聖なる方よ」と呼びかけていますが、これは、神が契約の神であり、約束を必ずお守りになる方であることを確認したものです。

勝利の確信

（1）この詩篇は、勝利の確信と主への賛美で終わります。新約聖書では、使徒パウロが同じようなことばで老年期を締めくくっています。「そのために、私はこのような苦しみにあっています。しかし、それを恥とは思っていません。なぜなら、私は自分が信じてきた方をよく知っており、また、その方は私がお任せしたものを、かの日（キリストの再臨の日）まで守ることがおできになると確信しているからです」（2テモ1・12）。パウロのこの証言は、テモテを初めとする次世代の指導者たちに大いなる励ましと教訓になりました。

（2）私たちは、どのようなことばで自分の人生を締めくくろうとしているでしょうか。青年期に与えられた信仰を、老年期に開花させる人は幸いです。

詩篇72篇

神よ　あなたのさばきを王に　あなたの義を王の子に与えてください。彼が義をもって　あなたの民をさばきますように。公正をもって　あなたの苦しむ民を。山も丘も　義によって　民に平和をもたらしますように。（詩篇72・1〜3）

この詩篇から、以下のことを学びましょう。（1）この詩篇は、詩篇第2巻の締めくくりです。（2）ダビデは、息子ソロモンの治世が祝福されたものとなるように祈っています。（3）ダビデが願った3つの祝福は、メシアであるイエスの統治のときに成就します。

ソロモンのための祈り

前書きには「ソロモンのために」とあり、20節には「エッサイの子ダビデの祈りは終わった」とあります。この詩篇は、晩年のダビデが息子ソロモンを祝福する祈りを献げ、それが詩の形に書き記されたものだと思われます。一般的に中近東では、王たちは正義を実行する者であるとの認識がありましたが、イスラエルの王たちには、それ以上に高い基準が要求されました。ダビデは、ソロモンの治世において義が行われるようにと祈ります。

（1）ソロモンの治世が、公正と義に満ちたものとなるようにという祈り（1〜8節）。

義が実行されると、自然界の調和と国の繁栄がもたらされます。「山も丘も　義によって　民に平和をもたらしますように」（3節）。

（2）その治世が、普遍的な祝福をもたらすものとなるようにという祈り（9〜14節）。

つまり、すべての民族がその恩恵に浴するようにということです。その結果、敵国でさえもイスラエルの王の前にひざまずくようになります。

（3）その治世が、永遠に続くようにという祈り（15〜17節）。

この祈りは、ソロモンのためのものであると同時に、王の王であるメシアの治世を求めるものでもあります。

メシアの統治を求める祈り

ダビデが願った前述の3つの祝福は、最終的にはメシアであるイエスの統治によって成就します。

（1）主イエスは、知恵に満ちたお方です。「このキリストのうちに、知恵と知識の宝がすべて隠されています」（コロ2・3）。主イエスから知恵と知識を求めようではありませんか。

（2）主イエスは、すべての民を1つにされるお方です。「実に、キリストこそ私たちの平和です。キリストは私たち二つのものを一つにし、ご自分の肉において、隔ての壁である敵意を打ち壊し」（エペ2・14）。主イエスによる平和が、すべての地域に、特に中東に訪れるように祈りましょう。

（3）主イエスは、永遠に変わることのないお方です。「イエス・キリストは、昨日も今日も、とこしえに変わることがありません」（ヘブ13・8）。私たちは、主イエスの永遠に変わらない愛で愛されています。

「ほむべきかな　神である主　イスラエルの神。ただひとり　奇しいみわざを行われる方。とこしえにほむべきかな　その栄光の御名。その栄光が全地に満ちあふれますように。アーメン、アーメン」（18〜19節）。この頌栄は、詩篇第2巻のエピローグでもあります。今自分が置かれている場所で、主イエスの臨在を認め、心からの礼拝を献げましょう。

詩篇73篇

見よ　あなたから遠く離れている者は滅びます。
あなたに背き　不実を行う者を　あなたはみな
滅ぼされます。
しかし　私にとって　神のみそばにいることが
幸せです。　私は　神である主を私の避け所とし
あなたのすべてのみわざを語り告げます。
（詩篇73・27〜28）

この詩篇から、以下のことを学びましょう。（1）ここから詩篇第３巻（73〜89篇）が始まります。（2）アサフは、悪人が栄えるという人生の不条理を目撃し、大いに悩みます。（3）その疑問に対する回答は、聖所で与えられます。（4）神の視点に立てば、悪人の最期は滅びであり、義人の最期は祝福です。

大いなる疑問

この詩篇のテーマは、詩篇37篇のそれと同じです。作者のアサフは、神が良き方であることを知っています。しかし、彼が経験している現実は、必ずしもその理解と合致していません。そこに葛藤の理由があります。アサフは、「なぜ罪人が栄えるのか」という疑問について内省します。これは、私たちが悩む問題でもあります。

（1）「まことに　神はいつくしみ深い。　イスラエルに　心の清らかな人たちに」（1節）とあります。アサフは、自らが神を信じる者であることを告白しています。

（2）次に彼は、彼が感じている人生の不条理に取り組みます。なぜ罪人は栄え、彼らの死には苦痛がないように見えるのか。なぜ義人が苦しむのか。常識的には、義人が栄え、罪人が苦難に遭うというのが条理なのでしょうが、現実はそうはなっていません。そこにアサフの葛藤があるのです。

（3）疑問が増すと、今までの信仰生活や、清い道を求めてきた努力が、すべて無駄であったかのように思えてきます。彼は、「ただ空しく　私は自分の心を清め　手を洗って　自分を汚れなしとした」（13節）と語り、諦めにも似た心情を吐露します。彼は、信仰の危機に直面しています。

聖所での解決

（1）疑問への回答は、聖所で与えられます。彼は神の聖所に入り、自らの疑問を別の角度から眺め始めます。それまでの彼は、人生の不条理を人間的な視点から眺めていました（1～14節）。そのために、疑問が解けなかったのです。

（2）17節になって、彼は上を見上げるようになります。その結果、次のような霊的真理が見え始めます。①悪人の結末は、実に悲惨なものです（18～20節）。②義人の最期は、栄光に満ちたものとなります（21～24節）。③義人が受け継ぐ最大の賜物は、神ご自身です（25～27節）。

（3）それが分かったとき、彼は大喜びでこう詠います。「見よ　あなたから遠く離れている者は滅びます。あなたに背き　不実を行う者を　あなたはみな滅ぼされます。しかし　私にとって　神のみそばにいることが　幸せです。私は　**神**である主を私の避け所とし　あなたのすべてのみわざを語り告げます」（27～28節）。

（4）私たちも、大きな疑問にぶつかることがあります。そのとき、アサフがしたように、問題を神の視点から見ることを始めるべきです。試練は、私たちを再献身へと導く神の方法でもあります。

詩篇74篇

神よ　なぜ　いつまでも拒み　御怒りをあなたの牧場の羊に燃やされるのですか。どうか思い起こしてください。昔あなたが買い取られ　ゆずりの民として贖われた　あなたの会衆を。あなたの住まいであるシオンの山を。
（詩篇74・1〜2）

この詩篇から、以下のことを学びましょう。（1）この詩篇は、エルサレムの崩壊を予見した預言的詩篇です。（2）作者は、神の民が直面している現状を嘆き、神に訴えかけます。（3）作者は、悲劇の原因を考えますが、それを説明できる人は誰もいません。（4）作者は、神がイスラエルの民と結ばれた契約は変わることがないと告白することによって慰めを得ます。

預言的詩篇

この詩篇は、神殿の破壊という悲劇（前586年）を背景にした祈りのように読めます。そう解釈すると、アサフが作者であるということと時代的に合致しません。解決策としては、この詩篇を預言的詩篇と見るという方法があります。アサフは、信仰者が困難に直面したときに祈る祈りを詠んだのでしょう。この解釈に立てば、この詩篇は、たちまち普遍的な意味を持ち始めます。

（1）作者は、1〜11節で、神の民が置かれている現状を嘆き、神に訴えかけます。「神よ　なぜいつまでも拒み　御怒りをあなたの牧場の羊に燃やされるのですか」（1節）。神とイスラエルの民の関係は、羊飼いと羊のそれですが、羊飼いである神がいつまでも羊に対して怒っておられるようです。イスラエルの民はエジプトから救い出され、神との特別な契約関係に入れられました。しかし神は、その契約関係さえも忘れておられるように思えます。

（2）敵は、神の御名をあざけり、したい放題の悪行を重ねています。4〜8節は、神殿崩壊の様子を実に生々しく、残酷に描写しています。

（3）作者は悲劇の原因を考えていますが、それを説明できる預言者は、もはや存在しません（9節）。それでも神は、沈黙を保っておられるようです（10

～11節)。

神への訴え

（1）私たちもまた、このような絶望的な状態に直面することがあります。しかし、人間には絶望的に見えても、神に不可能はありません。作者は、イスラエルとの契約に目をとめてくださいと神に祈ります（12～23節)。

（2）彼は、神の奇跡的な御業を数え上げます。神は、出エジプトの奇跡を通してイスラエルの民を生み出されたお方です。神は、宇宙の運行や自然界の移り変わり、また、歴史を支配しておられるお方です。

（3）彼は、神の契約にアピールします。聖書の神は、契約の神です。神がイスラエルの民と結ばれた契約は永遠に変わることがありません。

（4）私たちが、主イエスを信じる信仰によって神の民とされたという事実もまた、永遠に変わりません。神が私たちに与える矯正的裁きは一時的なものので、罪の告白とともに、神との関係が回復されます。試練は自らの生活を吟味する良い機会となります。「私の兄弟たち。様々な試練にあうときはいつでも、この上もない喜びと思いなさい。あなたがたが知っているとおり、信仰が試されると忍耐が生まれます。その忍耐を完全に働かせなさい。そうすれば、あなたがたは何一つ欠けたところのない、成熟した、完全な者となります」（ヤコ1・2～4)。

詩篇75篇

私たちはあなたに感謝します。　神よ　私たちは感謝します。　あなたの御名は近くにあり　あなたの奇しいみわざが　語り告げられています。「わたしが　定めの時を決め　わたし自ら　公正にさばく。地とそこに住むすべての者が揺らぐとき　わたしが　地の柱を堅く立てる。」（詩篇75・1〜3）

この詩篇から、以下のことを学びましょう。（1）この詩篇には、神からの直接的語りかけが2度出てきます。（2）作者は、神に感謝すべき理由を列挙しています。（3）神は、悪を必ず裁かれます。また、義人を高く上げてくださいます。（4）信者は、神がそばにいてくださるので、どのような状況にあっても神をたたえることができます。

神からの語りかけ

この詩篇は、神への感謝で始まっています。「私たちはあなたに感謝します」。感謝する理由は、神からの直接的語りかけが2カ所あり、それによって神が義なるお方であることが保証されているからです。

（1）最初の直接的語りかけは、2〜4節にあります。「わたしが　定めの時を決め　わたし自ら公正にさばく。地とそこに住むすべての者が揺らぐとき　わたしが　地の柱を堅く立てる。わたしは誇る者には　『誇るな』と言い　悪者どもには　『角を上げるな。おまえたちの角を高く上げるな。横柄な態度で語るな』と言う」。この語りかけは、神は公正なお方であり、悪を必ず裁かれるということを約束しています。

（2）次の語りかけは、10節にあります。「私は悪者どもの角を　ことごとく切り捨てます。正しい者の角は　高く上げられます」。この語りかけは、義人の守りと、悪人の裁きを約束したものです。

神への感謝

作者は、神に感謝する理由を列挙しています。

（1）「あなたの御名は近くにあり　あなたの奇しいみわざが　語り告げられています」（1節）。「御名」とは、神ご自身を表すことばです。神はいつも私たちのそばにいてくださるので、どのような状況にあっても感謝することができます。今、神の臨在が私たちを取り囲んでいることを覚え、神に感謝しましょう。

（2）神は、この世の悪者どもを裁かれますが（6～8節）、その様子が「泡立つぶどう酒」ということばで比ゆ的に表現されています。「混ぜ合わされた」とは、非常に美味であることを表しています。つまり悪者どもは、神の手にある怒りの杯から、最後の一滴まで飲み干してしまうということです。エレミヤも、似たような表現を用いています。「まことにイスラエルの神、主は、私にこう言われた。『この憤りのぶどう酒の杯をわたしの手から取り、わたしがあなたを遣わすすべての国々に、これを飲ませよ』」（エレ25・15）。

（3）私たちクリスチャンには、神に感謝すべき理由がもう1つあります。私たちは罪人であり、神の怒りの杯を飲むべき者たちでした。しかし、その怒りの杯を主イエスが飲んでくださいました。イエスがゲツセマネの園でいかに苦しまれたかを思い起こしましょう。それは、私たちがイエスにあって神の義となるためでした。今、歴史を支配し、悪人を裁かれる神が、私たちとともにいてくださることの幸いを思い起こしましょう。その神に、心からの感謝を献げましょう。

詩篇76篇

神は　ユダにご自分を示される。　イスラエルに
その御名の偉大さを。
その仮庵はサレムに　その住まいはシオンにある。
神はそこで　弓の火矢を砕かれる。　盾と剣も
戦いも。（詩篇76・1〜3）

この詩篇から、以下のことを学びましょう。（1）詩篇75篇は、将来の勝利を信じて神をたたえていましたが、詩篇76篇は、過去の勝利を回顧して神をたたえています。（2）エルサレムの神殿に臨在される神は、そこから戦いを指揮し、あらゆる敵を打ち破ってこられました。(3)神は大いなる裁き主です。私たちは、この方を恐れるべきです。（4）神による解放を経験した人は、神に感謝のささげ物を献げるべきです。

過去の勝利に対する感謝

詩篇75篇と76篇は、対になっています。前者は将来の勝利を信じて神をたたえ、後者は過去の勝利を回顧して神をたたえています。

（1）1〜3節で、神の勝利が宣言されます。神の偉大さは、その民の間でよく知られています。ユダとイスラエルにおいて、その御名の偉大さは知られています。神は、神の都エルサレム（サレム）の神殿に臨在しておられます。神は、その神殿から戦いを指揮し、どのような敵に対しても勝利を収めてこられました。「神はそこで　弓の火矢を砕かれる。盾と剣も　戦いも」（3節）。私たちもまた、過去に神が私たちをどのように扱ってくださったかを思い起こそうではありませんか。過去を記憶することは、困難に立ち向かうための力となります。

（2）4〜6節で、戦いにおける勝利者である神への賛歌が献げられます。「あなたは輝かしく　獲物で満ちる山々にまさって威厳があります」（4節）。「獲物で満ちる山々」とは、神の敵たち（敗北した敵たち）を指す比ゆ的ことばです。神は、いかなる強敵よりも威厳があるお方です。敵の勇士たちが敗北する様子が、象徴的に描かれています。「深い眠りに陥りました」とは、戦死したということです。

神を恐れよとの勧め

（1）7～9節で、神が偉大なる裁き主であることが描かれます。私たちは、この偉大なる裁き主を恐れるべきです。そして、この方だけを恐れるべきです。「あなたは　実にあなたは恐ろしい方。お怒りになれば　だれが御前に立てるでしょう」（7節）とありますが、まさにそのとおりです。

（2）10～12節で、神に感謝の贈り物を献げよとの勧めが語られます。神の裁きは、罪人に対する罰であると同時に、苦しみの中にある人を解放する神のわざでもあります。神は、罪人の策略さえもご自身の栄光のためにお用いになります（10節）。この真理は、ローマ人への手紙8章28節にも記されています。「神を愛する人たち、すなわち、神のご計画にしたがって召された人たちのためには、すべてのことがともに働いて益となることを、私たちは知っています」。神の民の使命は、この神を恐れ、この方に心からの礼拝を献げることです。

（3）この詩篇が描いている情景は、再臨のイエスが王としてエルサレムから全世界を統治されるときに成就します。人間の努力によって一時的な平和を獲得できたとしても、最終的な平和は、平和の君イエスによってしかもたらされません。エルサレムに、またこの地上に、主イエスによる平和が実現するように、祈りましょう。

詩篇77篇

私は神に声をあげて　叫ぶ。　私が神に声をあげると　神は聞いてくださる。苦難の日に　私は主を求め　夜もすがら　たゆまず手を差し伸ばした。　けれども　私のたましいは慰めを拒んだ。神を思い起こして　私は嘆き悲しむ。　思いを潜めて　私の霊は衰え果てる。（詩篇77・1〜3）

この詩篇から、以下のことを学びましょう。（1）アサフは、苦悶の祈りを神に献げています。（2）彼は、自分たちが神から見捨てられたのではないかと感じています。（3）しかし、過去に行われた神の御業を思い出したときに、彼は自分が不信仰に陥っていたことに気づきます。（4）私たちも、試練の日には自らの出エジプト体験を思い出すことによって、信仰を回復しようではありませんか。

苦悶の祈り

この詩篇がどういう背景のもとで詠まれたかは分かりませんが、作者（アサフ）は、神が昔のように再び民を救ってくださることを願っています。

（1）1〜3節で、作者は神に向かって叫び声をあげます。彼は、人間的な慰めではなく、神からの答えを求めて必死に祈ります。神からの答えがすぐに来ないとき、信仰者は、神を信じない人たち以上に苦しみを感じるようになります。

（2）4〜10節で、作者は6つの質問を投げかけています。これは失望と当惑から出たことばです。①主は、いつまでも拒まれるのか。②もう決して受け入れてくださらないのか。③主の恵みは、とこしえに尽き果てたのか。④約束のことばは、永久に絶えたのか。⑤神は、いつくしみを忘れられたのか。⑥怒ってあわれみを閉ざされたのか。

（3）11〜20節で、作者は過去に主がなされた大いなる御業を思い出しています。「私は　主のみわざを思い起こします。　昔からの　あなたの奇しいみわざを思い起こします。私は　あなたのなさったすべてのことを思い巡らし　あなたのみわざを　静かに考えます」（11〜12節）。過去の御業を思い出した瞬間、突如暗闇に光が差し込みます。そして作者は、自分が不信仰に陥っていたことに気づきます。自らの不信仰を自覚した彼は、イスラエルが国として誕生したあの出エジプトの出来事を思い起こします。神は大いなることをされました。その神の愛と力は、変わることがありません。この思いに至ったとき、作者は平安を回復します。

私たちの出エジプト

（１）私たちも、神の愛からもれたのではないかと感じるようなことがあります。そのようなとき、自らの出エジプト体験を思い起こしましょう。

（２）私たちにとっての出エジプトとは、主イエスの十字架による滅びからの解放です。神に「なぜ」と問いかけるよりは、十字架に示された神の愛を思い出すべきです。そして、今起きていることは、神の許しがなければ起こり得ないものであることを認め、自らが置かれている状況と和解しましょう。「私たちすべてのために、ご自分の御子さえも惜しむことなく死に渡された神が、どうして、御子とともにすべてのものを、私たちに恵んでくださらないことがあるでしょうか」（ロマ８・32）。この約束は真実で、そのまま受け入れるに値するものです。

詩篇78篇

私の民よ　私の教えを耳に入れ　私の口のことばに耳を傾けよ。私は口を開いて　たとえ話を　昔からの謎を語ろう。それは　私たちが聞いて　知っていること。私たちの先祖が語ってくれたこと。

（詩篇78・1～3）

この詩篇から、以下のことを学びましょう。（1）若い世代は、歴史から教訓を学ぶべきです。（2）神の御業は、世代から世代へと語り継がれてきました。（3）歴史の回顧は、魂に活力を与え、その人を知恵ある者とします。（4）この詩篇には、「民の不信仰」と「神の真実」の対比があります。

子孫への教訓

この詩篇がどういう背景で詠まれたのかは、明確ではありません。1つの可能性としては、シロ（エフライムの地）に置かれていた幕屋が、シオン（ユダ族の地）に移される際に詠まれたということが考えられます。いずれにしても、この詩篇は、祭りのときに朗詠されたものと思われます。目的は、若い世代に対して歴史から教訓を教えることにあります。

（1）歴史は、その意味を解説してくれる人がいなければ、謎のままにとどまります（1～2節）。歴史の意味を理解するためには、知者による解き明かしが必要です。若い世代は、その説明に注意深く耳を傾ける必要があります。

（2）神が行われた御業は、世代から世代へと語り継がれてきました（3～4節）。その目的は、主に栄光を帰し、歴史の中で啓示された霊的原則を学び、それを実行することにあります。

（3）「主は　ヤコブのうちにさとしを置き　イスラエルのうちにみおしえを定め　私たちの先祖に命じて　その子らに教えるようにされた」（5節）。イスラエルの歴史を学ぶことによって、魂に活力を得、知恵ある者となることができます。歴史の回顧は、私たち異邦人信者にとっても極めて重要なことです。歴史から神の主権と恵みを学び、日々の生活にそれを適用しようではありませんか。

神の御業の忘却

(1) エフライムは、長子の権を与えられた部族です(9～11節)。本来なら他の部族の手本となるべきエフライム族が、神の期待に反して、戦いの日に退却しました(カナン征服戦争においてでしょう)。退却の原因は、神の数々の奇跡と恵みを忘れてしまったことにあります。後に、エフライムは北王国イスラエルの代名詞となります。その北王国が崩壊した原因は、偶像礼拝でした(2列17・15)。

(2) 出エジプトに際して神が行われた数々の奇跡が、列挙されます(12～16節)。これほどの奇跡を見せられても、イスラエルの民は神を疑い、不信仰のゆえに神を試しました(18～19節)。イスラエルの民の不信仰に対して、神の怒りが燃え上がりました(21節)。神は、民の要求に応えて、マナとうずらの肉を与えましたが、その肉がまだ口にあるうちに、民の中の強健な者や若い者は、神によって打ちのめされました。

(3) 荒野を旅するイスラエルの民は、基本的には不信仰で気まぐれな民でした。神の裁きが下ると、一時的には悔い改めますが、すぐに元の状態に戻り、さらに厳しい神の裁きを受けるというサイクルをくり返しました。その結果、長期にわたって荒野を放浪する生活を送り、最後は、出エジプトを体験した世代がすべて滅びることになりました。

(4) 民の反抗の最悪のケースは、カデシュ・バルネアでの出来事でした(申1・19～23参照)。12人のスパイのうち10人までが否定的な報告をもたらし、民はそれに同調しました。不信仰の理由は、神がエジプトで行われたしるし(奇跡)を覚えていなかったことです。

(5)この詩篇には、大いなる対比があります。「民の不信仰」と「神の真実」の対比です。彼らは、偶像礼拝に陥りました。その地の住民を根絶やしにしなかったからです。民の偶像礼拝は、神を大いに怒らせました。その結果、シロにあった幕屋(より具体的には契約の箱)は敵に奪われ、民もまた戦いに敗れました。この敵とは、ペリシテ人のことです。

神の導き

（1）敵の攻撃が最高潮に達したとき、神はイスラエルの民を救うために行動を起こされました（65節）。そのとき神が用いた器はダビデであり、打ち負かされた敵はペリシテ人でした。

（2）そのとき以来、ユダ族とエルサレムが、神の本来的な選びの対象であることが明らかになりました（70～71節）。謙遜な者、低い身分の者が高くされるという真理がここに描かれています。神は、傲慢で反抗的な者を退け、謙遜で従順な者を用いて、ご自身の民を導かれました。神の守りと忠実さは、永遠に変わりません。歴史から教訓を学ぶ人は、幸いです。

詩篇79篇

主よ　いつまでですか。とこしえに　あなたはお怒りになるのですか。いつまで　あなたのねたみは　火のように燃えるのですか。どうか　あなたの激しい憤りを注いでください。あなたを知らない国々に。御名を呼び求めない王国の上に。（詩篇79・5～6）

この詩篇から、以下のことを学びましょう。（1）詩篇79篇は、危機に直面したときの嘆きの詩篇です。（2）作者のアサフは、悲惨な現状を神に訴えかけます。（3）さらに、自らの罪を告白し、赦しと助けを求めます。（4）作者は、祈りの最後を賛美のことばで締めくくります。

試練に直面したとき

詩篇79篇は、祖国滅亡の危機に直面したときの嘆きの詩篇です。背景にあるのは、詩篇74篇と同様、バビロン軍によるエルサレム侵攻だと思われます。その結果、エルサレムと神殿は破壊されました。イスラエル人にとって、神殿の破壊は自らのいのちが抹殺されるに等しい大惨事です。作者のアサフは、1~4節で、民の窮状を包み隠さず神に申し上げています。さらに、5~13節で、神の赦しと助けを求めています。

(1) 神を知らない者は、試練に直面したとき、不平不満を述べるだけで、解決がないまま死んでいきます。しかし、真の神を知っている者は、どのような不平不満であっても、父なる神のもとに持っていくことができます。

(2) 異邦人の国々の侵入によってエルサレムが破壊されたために、民は絶望状態に陥っています(1節)。神殿が汚されたため(破壊されたため)、礼拝も不可能になっています。遺体が葬られないで放置されたままになっているのは、実に屈辱的なことです(2~3節)。神と契約関係にあるイスラエルの民が、周りの者のあざけり、笑いぐさとなっているのは驚きです(4節。エレ51・51、哀歌1・10も参照)。

(3) アサフの祈りから、教訓を学びましょう。神に不平や不満をぶつけることは、それが祈りに結びつくものであるなら、必ずしも悪いことではありません。アサフは、不満のことばを祈りにつなげています。彼は、現状を包み隠さず神に申し上げ、その上で、神の赦しと助けを求めています。私たちも、父なる神に私たちの現状を申し上げましょう。私たちには、大祭司である主イエスがおられます。

神のあわれみを求める祈り

(1)「主よ　いつまでですか。とこしえに　あなたはお怒りになるのですか。いつまで　あなたのねたみは　火のように燃えるのですか」(5節)。これは、苦難のときにイスラエルの民が祈った伝統的な祈りのことばです。アサフは、敵に敗北したことを神の怒りの結果と考えました。「あなたのねたみ」とありますが、偶像礼拝は神の「ねたみ」を引き起こします。これは愛に基づく「ねたみ」です。

(2)「どうか　あなたの激しい憤りを注いでください。あなたを知らない国々に。御名を呼び求めない王国の上に。彼らはヤコブを食い尽くし　その住む所を荒らしたのです」(6~7節)。作者は、神の義が成るように求めています。イスラエルの民

（ヤコブ）を苦しめた異邦人の国々が神の激しい憤りに遭うようにという祈りは、神の義を求める祈りでもあります。

（３）「先祖たちの咎を　私たちのものとして思い出さないでください。　あなたのあわれみが　速やかに私たちを迎えるようにしてください。　私たちは　ひどくおとしめられているのです」（８節）。作者は、神のあわれみを求めて祈っています。「先祖たちの咎」は、「以前の咎」とも訳せます。それを、私たちのものとして思い出さないでくださいというのです。苦難の解決は、罪の赦しが与えられたときにやってきます。

（４）「私たちの救いの神よ　私たちを助けてください。　御名の栄光のために。　私たちを救い出し　私たちの罪をお赦しください。　御名のゆえに」（９節）。作者は、御名の栄光を求めて祈っています。神の民が再び力を回復し、隣人（アンモン人、モアブ人、エドム人）が罰を受けることは、御名の栄光が現れることです（12節）。

（５）この詩篇は、「とこしえまでも神をほめたたえます」という約束のことばで終わっています。

「……私たちは　とこしえまでもあなたに感謝し
代々限りなく　あなたの誉れを語り告げます」（13節）。この祈りは、私たちの祈りの手本です。問題の解決を求めて祈るとき、次のように祈りましょう。①現状を神に訴える。②自らの罪を告白する。③赦しと助けを求める。④最後を賛美のことばで締めくくる。

詩篇80篇

イスラエルの牧者よ　聞いてください。　ヨセフを羊の群れのように導かれる方よ　光を放ってください。　ケルビムの上に座しておられる方よ。
エフライムとベニヤミンとマナセの前で　御力を呼び覚まし　私たちを救いに来てください。
神よ　私たちを元に戻し　御顔を照り輝かせてください。　そうすれば　私たちは救われます。
（詩篇80・1～3）

この詩篇から、以下のことを学びましょう。（1）この詩篇は、神の偉大さを思い出すための呼びかけで始まっています。（2）作者は、国家的な窮状の原因が罪であることを認め、告白しています。（3）作者は、出エジプトの出来事を思い出し、神に助けを求めています。

この詩篇の背景

この詩篇の背景として考えられるのは、アッシリアによる北王国イスラエルの崩壊です（前722年）。このとき、多くの民が捕囚に引かれて行きました。北王国に残った民と、南王国ユダの民は、王国の回復と再統一を願って熱心に祈りました。この詩篇は、そのような背景のもとに生まれたものだと思われます。

（1）この詩篇は、神への呼びかけで始まっています（1～3節）。アサフは、「イスラエルの牧者よ」、「ヨセフを羊の群れのように導かれる方よ」、「ケルビムの上に座しておられる方よ」と呼びかけています。これらの呼びかけは、神の偉大さを思い出すためのものです。

（2）次にアサフは、国家的な窮状をそのまま神に訴えかけています（4～7節）。彼は、民の苦しみは罪の結果であり、神が御顔を照り輝かせてくださらなければ解決はないと告白します。「神よ　私たちを元に戻し　御顔を照り輝かせてください。そうすれば　私たちは救われます」（3節）という祈りが、先に行くほど強い語調でくり返されます（7節、19節）。イスラエルの民にとっては、敵に敗北したことよりも、神の怒りを受けたことのほうがより悲惨なのです。

出エジプトの記憶

（1）次に、イスラエルの歴史が寓話的に語られます（8～19節）。そこでは、ぶどうの木がイスラエルの象徴として用いられています。これは、単なる歴史的事実（出エジプトの出来事）の回顧ではありません。寓話を用いた文学的手法には、語り手や聞き手の情感を揺さぶらずにはおかない力があります。

（2）アサフは、絶望の闇の中に希望の光を見いだそうとしています。それが、17節の祈りです。「あなたの右にいる人の上に　御手が　ご自分のため強くされた人の子の上に　御手がありますように」。「右にいる人」とは、ヘブル語で「ベニヤミン」ですが、これは「人の子」として来臨されるメシアを指しています。アサフは、現在の試練からの解放は、メシアの力と恵みによるしか方法がないことを告白しています。そして締めくくりに、「私たちはあなたから離れ去りません。　私たちを生かしてください。　私たちはあなたの御名を呼び求めます」（18節）と祈っています。

（3）私たちは、どのような呼びかけのことばをもって祈りを始めているでしょうか。私たちの特権は、神に向かって「天のお父さま」と呼びかけることができることです。その呼びかけの意味を考え、心からそれを口にするとき、祈りの大半が終わったと言えます。

詩篇81篇

喜び歌え　私たちの力なる神に。　喜び叫べ　ヤコブの神に。
ほめ歌を歌い　タンバリンを打ち鳴らせ。　麗しい音色の竪琴を　琴に合わせてかき鳴らせ。
新月と満月に　角笛を吹き鳴らせ。　私たちの祭りの日に。（詩篇81・1～3）

この詩篇から、以下のことを学びましょう。（1）作者は、偶像礼拝に対する警告を発する前に、神をたたえるように呼びかけています。（2）神への感謝は、常に全力を尽くして行うべきものです。（3）次に作者は、歴史を回顧し、神の力と恵みを思い出すように勧めています。（4）神は、イスラエルの民の悔い改めを待っておられます。

神にほめ歌を歌え

この詩篇は、偶像礼拝に対する警告の歌です。神の民は、主だけをほめたたえ、主に喜ばれる清い生活を送ることを決意する必要があります。

（1）作者アサフは、警告を語る前に、神に喜び歌うように勧めます。「喜び歌え　私たちの力なる神に。　喜び叫べ　ヤコブの神に。ほめ歌を歌い　タンバリンを打ち鳴らせ。　麗しい音色の竪琴を　琴に合わせてかき鳴らせ」（1～2節）。タンバリンや琴などの楽器も動員されています。神への感謝は常に全力を尽くして行うべきものですが、特別な記念の日には、より一層そうすべきです。

（2）次に作者は、イスラエルの歴史を回顧し、その中に表された神の力と恵みとを思い出すように勧めます。「苦しみの中であなたは叫び　わたしはあなたを助け出した。　わたしは　雷の隠れ場からあなたに答え　メリバの水のほとりで　あなたを試した」（7節）。イスラエルの民の特徴は、明確な歴史観を持っていたことです。この詩篇では、出エジプトの出来事が要約した形で詠われています。今、自問自答してみましょう。私は、聖書的理解に基づいた歴史観を持っているだろうか。自分が救われた出来事を常に思い出しているだろうか。

神からの叱責の声

（1）次に、神からの叱責の声が紹介されます。「聞け　わが民よ。わたしはあなたを戒めよう。イスラエルよ　わたしの言うことをよく聞け」（8節）。神は、イスラエルの民に真実を尽くされました。しかし民は、何度も神を失望させました。もし民が従順であったなら、どれほどの祝福を手にしていたことでしょうか。イスラエルの民が苦難に遭うのは、神が弱いからではなく、彼らが不従順だからです。

（2）神の嘆きの声に耳を傾けましょう。「ああただ　わたしの民がわたしに聞き従い　イスラエルがわたしの道を歩んでいたなら。わたしはただちに彼らの敵を征服し　彼らに逆らう者に　手を下したのに」（13～14節）。

（3）神の命令に従う者には、祝福の約束が与えられます。「しかし主は　最良の小麦を御民に食べさせる。わたしは岩から滴る蜜で　あなたを満ち足らせる」（16節）。神とともに霊的な高嶺を目指す人生は、驚きと祝福に満ちています。私たちは、低地を行進するような生活を送っていないでしょうか。今、方向転換をし、霊の高嶺を目指して歩み始めようではありませんか。

詩篇82篇

神は　神の会議の中に立ち　神々のただ中でさばきを下す。
いつまで　おまえたちは不正をもってさばき悪しき者たちの味方をするのか。
（詩篇82・1～2）

この詩篇から、以下のことを学びましょう。（1）神の代理人として立てられている者たちは、この詩篇では「神々」と呼ばれています。（2）作者は、その神の代理人たちが不正を行っていることに怒りを覚えています。（3）神もまた、指導者たちの堕落に対して憤りを覚えておられます。（4）ヨハネの福音書10章31～39節で、イエスの神性宣言をめぐる論争が起こっています。そのときイエスは、詩篇82篇6節を引用されました。（5）自分に与えられている立場や賜物を神の栄光のために用いる人は、幸いです。

アサフの義憤

神によって立てられた神の代理人たちは、神の性質（義と聖）を反映させながら奉仕に励む必要があります。しかし、それとは正反対のことが起こっていたのです。作者アサフは、権力者たちが不正を行っている姿を目撃し、義憤に満たされました。

（1）「神は　神の会議の中に立ち　神々のただ中でさばきを下す。いつまで　おまえたちは不正をもってさばき　悪しき者たちの味方をするのか」（1～2節）。「神々」とは、裁き手（裁判官）、あるいは、神のことばを語る者を指しています（出7・1、21・6、22・9参照）。彼らが「神々」と呼ばれるのは、地上における神の代理人としての役割が与えられているからです。しかし彼らは、不正を行い、悪人に有利な判決を下しています。

（2）彼らの本来の使命は、弱者を守ることです（3～4節）。もし彼らが、自らの権力を用いて不正を働くなら、真の裁き主である神が、彼らを裁かれます。

（3）彼らは、無知であるばかりか、意図的に神の御心を無視して歩んでいます。その結果、無政府状態がイスラエルの地を支配しています（5節）。

神の義憤

（1）「わたしは言った。『おまえたちは神々だ。みな　いと高き者の子らだ。にもかかわらず　おまえたちは人のように死に　君主たちの一人のように倒れるのだ』」（6〜7節）。神は、彼らに権威が与えられていることを認めながらも、不道徳な生き方のゆえに、滅びがくると警告しておられます（詩20・8、91・7参照）。

（2）ヨハネの福音書10章31〜39節で、イエスの神性宣言をめぐる論争が起こっています。そのときイエスは、詩篇82篇6節を引用し、神から遣わされた人を神の代理人という意味で「神」と呼んだとすれば、どうして自分のことを、「神の子」と呼んではいけないのかと、反論しておられます。実にイエスは、神の代理人以上のお方、「神の子」ご自身です。しかしユダヤ人たちには、それは冒涜のことばにしか聞こえなかったのです。なんという悲劇でしょうか。

（3）この詩篇は、神の義を求める祈りで終わります。「神よ　立ち上がって　地をさばいてください。あなたが　すべての国々を　ご自分のものとしておられるからです」（8節）。

（4）私たちにどのような社会的立場や能力が与えられていようとも、それらはすべて、神からの賜物です。賜物には責務が伴います。きょう1日、パウロのこの教えを心にとめて歩もうではありませんか。「何をするにも、人に対してではなく、主に対してするように、心から行いなさい」（コロ3・23）。

詩篇83篇

神よ　沈黙していないでください。　黙っていないでください。　神よ　黙り続けないでください。

ご覧ください。あなたの敵が騒ぎ立ち　あなたを憎む者どもが頭をもたげています。

（詩篇83・1〜2）


この詩篇から、以下のことを学びましょう。（1）この詩篇の背景になっているのは、歴代誌第二20章の出来事です。（2）神の敵は、神の民を滅ぼすために心を1つにします。（3）作者は、神の敵が滅ぼされるようにと祈りますが、それだけではありません。（4）彼は、神の敵の救いと、神の栄光の現れのためにも祈ります。

見張り人の祈り

この詩篇の背景になっているのは、歴代誌第二20章の出来事です。ヨシャファテ王の時代、ユダは敵の連合軍に包囲されました。そのとき、アサフ族出身のレビ人ヤハジエルが、励ましの預言を語りました（彼がこの詩の作者だと思われます）。その預言に励まされて、ヨシャファテ王は賛美する者たちを先頭に立てて進軍し、大勝利を収めました。

（1）作者は、「城壁に立つ見張り人」として祖国のために執りなしの祈りを献げています（1〜4節）。作者は、神が無関心を装っているかのように感じています。私たちも、苦難の中でそのように感じることがあります。

（2）敵は、神の民を滅ぼそうとして、悪賢い計画を立てています（4節）。神の民の敵は、神の敵でもあります。5節以降で、敵の状態が具体的に描写されます。「ロトの子ら」とは、モアブ人とアモン人です。「ロトの子らの腕となった」のは、エドムの天幕の者たち、イシュマエル人、ハガル人、ゲバル人、アマレク人、ツロの住民、ペリシテ人、アッシリア人などです。雑多な民族が、イスラエル滅亡のために心を1つにしたのです。

祈りの精神

（1）作者は、神が敵を滅ぼしてくれることを願っていますが、敵に対する憎しみが動機になっているわけではありません。(1) 彼は、敵が恥を見た結果、神の御名を捜し回るようになることを願っています。つまり、敵の回心を願っているのです。「彼らの顔を恥で満たしてください。　主よ　彼らが御名を捜し回りますように」(16節)。

(2) さらに作者は、それを通して神の栄光が現れるようにと祈っています。「こうして彼らが知りますように。　その名が主であるあなただけが　全地の上におられる　いと高き方であることを」(18節)。

私たちクリスチャンもまた、主イエスにある勝利者として執りなしの祈りを献げることができます。私たちが持つべき祈りの精神とは、神の敵が回心することと、神の栄光が現れることです。聖書が書かれた目的は、神の栄光が現れることです。

詩篇84篇

万軍の主よ　あなたの住まいは　なんと慕わしいことでしょう。私のたましいは　主の大庭を恋い慕って　絶え入るばかりです。　私の心も身も　生ける神に喜びの歌を歌います。雀さえも　住みかを　燕も　ひなを入れる巣を　あなたの祭壇のところに得ます。　万軍の主　私の王　私の神よ。なんと幸いなことでしょう。　あなたの家に住む人たちは。　彼らはいつも　あなたをほめたたえています。（詩篇84・1〜4）

この詩篇から、以下のことを学びましょう。(1) コラの子たちは、父祖の失敗から教訓を学び、麗しい賛美の作者となりました。(2) 作者は、神殿の中に身を置くことの素晴らしさを詠っています。(3) 心の中にエルサレムへの思いがある人は幸いです。その人は、人生の「涙の谷」を通過するときも、そこを喜びの場とします。

神の住まいを慕う人々

この詩篇は、礼拝の喜びを詠ったものです。前書きには、「指揮者のために。ギテトの調べにのせて。コラ人による。賛歌」とあります。作者は、コラの子たちです。民数記16章には、コラとその仲間の者たちがモーセとアロンに反抗した結果、神によって滅ぼされたと記されています。しかし、コラの子たちは助かりました。父の罪から教訓を学ぶなら、父の咎が子に及ぶことはありません（エゼ18・14～20参照）。コラの子たちは、麗しい賛美の作者となりました。

（1）「万軍の主よ　あなたの住まいは　なんと慕わしいことでしょう。私のたましいは　主の大庭を恋い慕って　絶え入るばかりです。私の心も身も生ける神に喜びの歌を歌います」（1～2節）。作者は、万軍の主の住まいに身を置くことを慕わしいと言っています。また、「大庭」（神殿）は実に慕わしいと言っています。「大庭」（神殿の内庭）に身を置くことを心から求めています。信仰者にとって最高の祝福は、神の臨在の中に身を置くことです。

（2）新約時代に生きる私たちは、いつでもどこでも、神の臨在の中に自分を置くことができます。日々静思のときを持っておられる方は、このことを体験的に知っておられると思います。とは言え、教会に行き、他の信者の方々と交わることを軽視してはなりません。会衆として献げる礼拝や賛美には、特別な恵みがあるからです。

（3）「雀さえも　住みかを　燕も　ひなを入れる巣を　あなたの祭壇のところに得ます。万軍の主　私の王　私の神よ。なんと幸いなことでしょう。あなたの家に住む人たちは。彼らはいつも　あなたをほめたたえています」（3～4節）。作者は、雀や燕が神殿に巣を作っている様子を見て、それさえもうらやむほどに神殿が慕わしいと告白します。その理由は、神殿の外形が素晴らしいからではなく、そこに主の臨在があるからです。私たちの献げる礼拝は、喜びに満ちたものになっているでしょうか。もしそうでないなら、何が問題なのか黙想してみましょう。

幸いな人々

（1）さらに作者は、巡礼者としてエルサレムに上る人(神殿に向かって旅をする人)は幸いだと言っています。これは、単に物理的な意味での巡礼のことではなく、霊的に、神の教えを慕い、それを実行したいと願うことでもあります。

（2）「彼らは涙の谷を過ぎるときも　そこを泉の湧く所とします。　初めの雨も　そこを大いなる祝福でおおいます。彼らは力から力へと進み　シオンで神の御前に現れます」（6〜7節）。「涙の谷」は、原語では「バーカーの谷」です。「バーカー」には「泣く」という意味がありますので、「涙の谷」という訳になったのです。「涙の谷」がどの谷のことなのか、作者は特定していません。恐らくこれは、比ゆ的ことばでしょう。つまり、人生において体験する苦難の経験を意味しているということです。

（3）巡礼者たちは、エルサレムへの途上、荒涼たる荒野を通過しますが、途中で泉が湧くのを目撃します。この体験は、荒野を行く旅人にとっては大いなる励ましとなります。私たちもまた、人生における悲しみの谷を通過するとき、似たような体験(神の恵みの体験）をするようになります。苦難は私たちを訓練し、成長させます。それゆえ、歩き続けることが重要です。

（4）最後に作者は、「まことに　あなたの大庭にいる一日は　千日にまさります。私は悪の天幕に住むよりは　私の神の家の門口に立ちたいのです」（10節）と告白しています。これは、この世の栄華の中に身を置くよりは、神殿にいることのほうがはるかに素晴らしいという告白です。神との交わりの中で生きる人は、この世の価値観に染まることはありません。

詩篇85篇

主よ　あなたはご自分の地に恵みを施し　ヤコブを元通りにされます。あなたは　御民の咎を担い　すべての罪を　おおってくださいます。（詩篇85・1〜2）

この詩篇から、以下のことを学びましょう。（1）危機に遭遇したときは、神の恵みを思い起こして祈りましょう。（2）作者は、イスラエルの民の罪を告白し、神の御告げを待ち望みます。（3）作者は、神の性質である恵みとまことがともに働いて、最後は、義と平和と繁栄が成就するという確信を得ます。

祖国の危機に際しての祈り

この詩篇の背景は分かりませんが、祖国の危機に際しての祈りであることは確かです。

（1）作者はまず、過去の神の恵みを思い起こし、「主よ　あなたはご自分の地に恵みを施し　ヤコブを元通りにされます」（1節）と詠っています。これは、バビロン捕囚からの帰還のことではなく、何か別の国家的危機を指したものでしょう（詩14・7参照）。「コラ人」は、バビロン捕囚よりもはるか前に奉仕した人たちです。作者は、神は怒るのに遅く、恵みに富んだお方であることを再確認しています（1〜3節）。

（2）次に作者は、イスラエルの民の現状を率直に神に訴えかけ、神が再びイスラエルの罪を赦してくださるようにと祈っています（4〜7節）。「主よ　私たちにお示しください。あなたの恵みを。私たちにお与えください。あなたの救いを」（7節）。「あなたの恵み」とは、契約に基づく愛、変わることのない愛です。

（3）罪の告白の後、作者は神の御告げを直接聞きたいと願います。それが8〜9節のことばです。「聞かせてください。主である神の仰せを。主は御民に　主にある敬虔な人たちに　平和を告げられます。　彼らが再び愚かさに戻らないように。確かに　御救いは主を恐れる者たちに近い。　それは栄光が私たちの地にとどまるためです」。この聖句（平和と栄光の約束）は、キリストにあって究極的な成就を見ます。平和と救いの約束は、神の御子が人間世界に宿られたときに成就しました。ヨハネは、そのことを念頭に置き、こう記しています。「ことばは人となって、私たちの間に住まわれた。私たちはこの方の栄光を見た。父のみもとから来られたひとり子としての栄光である。この方は恵みとまことに満ちておられた」（ヨハ1・14）。

祝福の確信

（1）作者は、8～9節の約束に基づいて、祝福に満ちた未来を思い描きます。「恵みとまことはともに会い　義と平和は口づけします。　まことは地から生え出で　義は天から見下ろします。……義は　主の御前に先立って行き　主の足跡を道とします」（10～13節）。作者は、神の性質である恵みとまことがともに働いて、最後は、義と平和と繁栄をもたらすという確信を得ます。

（2）この詩篇は、私たちが祈るべき祈りの手本ともなっています。神から遠く離れたと感じるとき、以下のように祈り、正しい道を選びましょう。①神が罪を赦されるときは、すべての罪が赦されます。②率直に自らの罪を告白しましょう（1ヨハ1・9）。③「汝の罪、赦されたり」という解放の宣言を聞きましょう。④赦された者として、希望の未来に向かって歩み始めましょう。

詩篇86篇

主よ　耳を傾けて　私に答えてください。　私は苦しみ　貧しいのです。私のたましいをお守りください。　私は神を恐れる者です。　あなたのしもべをお救いください。あなたは私の神。　私はあなたに信頼します。主よ　私をあわれんでください。　絶えず　私はあなたを呼んでいます。このしもべのたましいを喜ばせてください。　主よ　私のたましいはあなたを仰ぎ求めています。主よ　まことにあなたは　いつくしみ深く　赦しに富み　あなたを呼び求める者すべてに　恵み豊かであられます。（詩篇86・1～5）

この詩篇から、以下のことを学びましょう。（1）苦難を通過している者は、この詩篇から慰めを得ることができます。（2）作者は、自分の苦境を率直に告白します。（2）次に、出エジプト記34章5～7節の約束に基づいて、神の助けを求めます。（3）作者は、自分が信じている神がどのようなお方であるかを思い起こし、新たな希望に満たされます。（4）作者は、高ぶる者、横暴な者に勝利するために、主からの力を求めます。それは、神の栄光が現れるためです。

守りを求める祈り

この詩篇は、ダビデが苦難に遭っていたときに詠まれたものです。神は恵み深く、信じる者を敵の手から救い出すことのできるお方です。苦難を通過している者は、この詩篇から慰めと力を受けることができます。

（1）作者は、自分がいかに悩んでおり、貧しい者であるかを告白しています。「主よ　耳を傾けて私に答えてください。私は苦しみ　貧しいのです」（1節）。

（2）作者は、神の愛と忠実さに訴えかけています。「主よ　まことにあなたは　いつくしみ深く赦しに富み　あなたを呼び求める者すべてに　恵み豊かであられます」（5節）。これは、出エジプト記34章5～7節の約束に基づく告白です。みことばの約束をもとにした祈りには、力があります。

御力をたたえる祈り

（1）作者は、自分が呼びかけている神がどのようなお方であるかを思い起こし、新たな希望に満たされます。神は偉大なお方です。苦難の日に神に祈ると、神はその祈りを聞き、私たちを助け出してくださいます。

（2）国々の民の偶像はむなしいものですが、イスラエルの神は大いなるお方、奇跡を行われるお方です。「主よ　神々のうちであなたに並ぶ者はなく　あなたのみわざに比べられるものはありません」（8節）。

（3）神はあがめられるべきお方です。「主よ　あなたが造られたすべての国々は　あなたの御前に来て　伏し拝み　あなたの御名をあがめます。まことに　あなたは大いなる方　奇しいみわざを行われる方。あなただけが神です」（9～10節）。

（4）次に作者は、より忠実な者となれるように、神の道を示してくださいと祈ります。「主よ　あなたの道を私に教えてください。私はあなたの真理のうちを歩みます。私の心を一つにしてください。御名を恐れるように」（11節）。

力を求める祈り

（1）作者は、高ぶる者、横暴な者に勝利するために、主からの力を求めます。「御顔を私に向け　私をあわれんでください。あなたのしもべに御力を与え　あなたのはしための子をお救いください」（16節）。

（2）その結果、人々はその勝利が主から来たものであることを知るようになるというのです。「私に　いつくしみのしるしを行ってください。そうすれば　私を憎む者どもは見て　恥を受けます。主よ　あなたが　私を助け　慰めてくださるからです」（17節）。私たちもまた苦難に直面します。そのとき、神の栄光が現れるために神からの力を求めようではありませんか。

詩篇87篇

主の礎は聖なる山にある。主はシオンの門を愛される。ヤコブのどの住まいよりも。神の都よ　あなたについて　誉れあることが語られている。（詩篇87・1〜3）

この詩篇から、以下のことを学びましょう。（1）この詩篇は、詩篇86篇9節の内容を発展させたものです。（2）神は、人類救済史の中心地としてエルサレム（シオン）をお選びになりました。（3）終わりの時代には、異邦人諸国がエルサレムに集められるようになります。（4）メシアによる統治が始まると、民族間の紛争はなくなります。

詩篇86篇9節の展開

詩篇86篇9節にはこうありました。「主よ　あなたが造られたすべての国々は　あなたの御前に来て伏し拝み　あなたの御名をあがめます」。詩篇87篇は、その内容を発展させたものです。短い詩篇ですが、ここには終末時代の預言が記されています。

（1）神は、アブラハムとその子孫をご自身の計画を実行する民としてお選びになりました。と同時に、シオン（エルサレム）を人類救済史の中心地としてお定めになりました。「主の礎は聖なる山にある。主はシオンの門を愛される。ヤコブのどの住まいよりも」（1〜2節。イザ11・10参照）。

（2）次に作者は、シオンに集められる国々をリストアップします。彼らは、その地で生まれ育った子どもたちのようになります。神のご計画は、それらの民をご自身と和解させることです。

（3）特に5つの国が挙げられます。「わたしはラハブとバビロンを　わたしを知る者として記憶しよう。見よ　ペリシテとツロ　クシュもともに。『この者は　この都で生まれた』と」（4節）。

シオンの重要性

（1）このシオンで、メシア（イエス・キリスト）は十字架につき、復活されました。しかし、それでシオンの役割が終わったのではありません。やがてメシアが再臨され、シオンは神の都として世界の首都となります。そのとき、世界中から異邦人たちが神を礼拝するためにそこに上って来るようになります。

（2）どのような国が、シオンに上って来るのでしょうか。①ラハブとは、エジプトのことです（イザ30・7）。②バビロンは、今のイラクです。③ペリシテは、地中海岸の地域です。④ツロはフェニキアのことで、今のレバノンです。⑤クシュはエジプト南部、スーダン、エチオピア北部です。

南の国エジプトも、東の国バビロンも、西の国ペリシテも、高慢な国ツロも、遠方の国エチオピアまでも、シオンの住民とされます。

（3）現在の中東情勢を見ると、イスラエル人とアラブ人の対立はいつまでも続きそうな気がしますが、そうではありません。ここに記された諸国の民がイエス・キリストを主として受け入れるとき、民族間の和解が実現します。「その日、イスラエルはエジプトとアッシリアと並ぶ第三のものとなり、大地の真ん中で祝福を受ける。万軍の主は祝福して言われる。『わたしの民エジプト、わたしの手で造ったアッシリア、わたしのゆずりの民イスラエルに祝福があるように』」（イザ19・24～25）。キリストにある平和は、私たちの希望です。この約束が成就するように、祈ろうでありませんか。

詩篇88篇

主よ　私の救いの神よ　昼　私は叫びます。夜も
あなたのみそばで。
私の祈りを　あなたの御前にささげます。どう
か　私の叫びに耳を傾けてください。
私のたましいは　苦しみに満ち　私のいのちは
よみに触れていますから。（詩篇88・1～3）

この詩篇から、以下のことを学びましょう。（1）この詩篇は、エズラフ人ヘマンによるもので、（2）作者は、詩篇の中で最も悲しみに満ちたものです。（3）この詩篇は、苦難の中から神に叫び続けます。（4）この詩篇は、メシアの苦難を預言するものとなっています。この詩篇は、9節bから突如その調子が変わります。作者は、復活の希望を語り始めます。

苦難の人エズラフ人ヘマン

詩篇88篇は、詩篇の中で最も悲しみに満ちたものです。前書きに、「歌。コラ人の賛歌。指揮者のために。マハラテ・レアノテの調べにのせて。エズラフ人ヘマンのマスキール」とあります。

（1）作者は、激しい苦難に遭い、ついに死を覚悟するほどになりました。しかし彼は、日々神に叫び続けます。死者はなんの役にも立たないから、どうか自分を生かし続けてほしいというのが、彼の祈りです。

（2）作者であるエズラフ人ヘマンは、苦難の意味を知っていた人でした。彼は「先見者」と呼ばれ、息子14人と娘3人がいました。また、有名な音楽家でありました（1歴15・19、16・41～42、25・1、5～6参照）。この詩篇は、ヘマン自身の体験を詠いながら、メシアの苦難を預言するものとなっています。

苦難のメシア

（1）作者は、神に対して絶えず叫び声をあげています。「主よ　私の救いの神よ　昼　私は叫びます。夜もあなたのみそばで」（1節）。

（2）作者は今、死に至るほどの悲しみと苦難を通過しています。「私のたましいは　苦しみに満ち　私のいのちは　よみに触れていますから。私は穴に下る者たちとともに数えられ　力の失せた者のようになっています。私は　死人たちの間に放り出され　墓に横たわる　刺し殺された者たちのようです。……」（3〜5節）。

（3）作者にとっては、その悲しみと苦難は「地獄」そのものです。彼はその体験を、神の怒りの結果と理解しました。「あなたは私を最も深い穴に置かれました。　暗い所に　深い淵に。あなたの憤りが私の上にとどまり　あなたのすべての波で　あなたは私を苦しめておられます」（6〜7節）。

（4）親友からも裏切られた作者は、さらに絶望感を増し加えています。「あなたは　私の親友を私から遠ざけ　私を　彼らの忌み嫌う者とされました。　私は閉じ込められて　出て行くことができません」（8節）。

（5）魂の痛みは、肉体をも破壊し始めます。「私の目は苦しみによって衰えています」（9節a）。

（6）この詩篇は、9節bから突如その調子が変わります。作者は、すべてを神の裁きに委ねる決断をします。「主よ　私は日ごとにあなたを呼び求めています。　あなたに向かって両手を差し伸ばしています」（9節b）。この祈りは、「あなたの御心がなりますように」という主イエスのゲッセマネの祈りと重なります。

（7）次に作者は、驚くべきことに復活の希望を語り始めます。「あなたは死人のために　奇しいみわざを行われるでしょうか。　亡霊が起き上がりあなたをほめたたえるでしょうか」（10節）。

（8）苦難の中でしか知り得ない神の恵みがあります。苦難に直面したとき、主イエスが私たちのために苦しまれたことを思い起こし、「神の御心だけがなりますように」と祈りましょう。神はすべてを益とされることを信じましょう。

詩篇89篇

私は　主の恵みを　とこしえに歌います。　あなたの真実を代々限りなく私の口で知らせます。　私は言います。「御恵みは　とこしえに打ち立てられ　あなたはその真実を　天に堅く立てておられます。」
「わたしは　わたしの選んだ者と契約を結び　わたしのしもべダビデに誓う。
わたしは　あなたの裔をとこしえまでも堅く立て　あなたの王座を代々限りなく打ち立てる。」
（詩篇89・1〜4）

この詩篇から、以下のことを学びましょう。（1）作者は、国家的危機に際して、ダビデ契約をもとに祈ります。(2)作者は、歴史的出来事を思い起こし、神の素晴らしい性質をほめたたえます。（3）彼は挑戦的な祈りを口にしますが、根底には、神への信頼があります。（4）新約時代に生きる私たちも、新しい契約のゆえに、神への信頼を告白することができます。

ダビデ契約

この詩篇をもって、詩篇の第3巻が終わります。聖書を理解するために最も重要なキーワードは「契約」です。一方的な神の恵みによって結ばれた契約を「無条件契約」と言います。

（1）作者は、エズラフ人エタンです。彼は、国家的危機に際して祈っていますが、その内容は、神がダビデ契約（2サム7・5〜16）を顧みてくださるようにというものです。作者にとって不可解なことは、ダビデの子孫であるユダの王たちが、敵（エジプトやバビロン）によって打ち負かされていることです。

（2）作者は、最初に神の恵みと忠実さをたたえます（1〜2節）。彼の祈りは、神はご自身の契約に忠実なお方であるという確信の上に立ったものです。それゆえ、その祈りには力があります。その上で、ダビデ契約の内容を再確認し、それを心の中で反芻します（3〜4節）。聖書にはさまざまな契約が出てきますが、最も重要なものは、アブラハム契約（創12・1〜3）です。アブラハム契約の祝福の

1つが、子孫が増え広がるという約束です。ダビデ契約は、その子孫の約束が具体化したものです。その内容は、ダビデの王座は永遠に続くというものです。この契約は究極的には、「ダビデの子」と呼ばれるイエス・キリストにおいて成就します。

神の素晴らしい性質

（1）作者は、神の素晴らしい性質を数え上げます（5～14節）。神の素晴らしさを証明するために、歴史からの事例が取り上げられます。ラハブ（10節）とはエジプトのことです。イスラエルの最初の敵となったエジプトは、主によって打ち砕かれました。

（2）15～18節では、神を信じる者の幸いが詠われます。イスラエル人たちは、ダビデ王（ダビデ契約）のゆえに神の恵みを確信することができました。私たちは、主イエス（新しい契約）のゆえに神の子とされていることを確信することができます。

ダビデ契約の再確認

（1）作者は、ダビデ契約の祝福を一つずつ数え上げていますが、そのときの彼の心は、喜びで満ちています。もしダビデの子孫が罪を犯すなら、神は彼らを裁かれます（31～32節）。しかし、ダビデ契約そのものが取り消されることはありません（無条件契約）。神は約束したことを取り消す方ではありません（33～34節）。

（2）ダビデはキリストの型です。神に選ばれたこと、油注ぎを受けたこと、敵からの攻撃に遭ったこと、苦難に勝利して高く上げられたこと、これら一切は、キリストにあって究極的な成就を見ます。神がダビデとその子孫に約束された祝福は、太陽や月がいつまでも変わらずに存在するように、とこしえに変わることがありません（36～37節）。神がイエス・キリストにあって私たちに約束された祝福も、永遠に変わることはありません。

（3）作者は、非常に激しい祈りのことばを口にします（38～39節）。彼は、神の恵みが再び戻ってくるようにと懇願します。（46節）。彼の祈りの底流には、神への揺るぎなき信頼が流れています。その理由は、すでに彼がダビデ契約の素晴らしさを確認したからです。

（4）私たちもまた、神から見捨てられたように感じることがあります。そのようなとき、新約時代の信者である私たちに与えられている次の聖句を、声に出して読んでみましょう。「私はこう確信しています。死も、いのちも、御使いたちも、支配者たちも、今あるものも、後に来るものも、力あるものも、高いところにあるものも、深いところにあるものも、そのほかのどんな被造物も、私たちの主キリスト・イエスにある神の愛から、私たちを引き離すことはできません」（ロマ8・38〜39）。

詩篇90篇

主よ　代々にわたって　あなたは私たちの住まいです。
山々が生まれる前から　地と世界を　あなたが生み出す前から　とこしえからとこしえまであなたは神です。
あなたは人をちりに帰らせます。「人の子らよ帰れ」と言われます。
まことに　あなたの目には　千年も　昨日のように過ぎ去り　夜回りのひと時ほどです。
（詩篇90・1〜4）

この詩篇から、以下のことを学びましょう。（1）イスラエルの民は、この祈りを共同体の祈りとして祈ったと思われます。（2）作者は、まず神に呼びかけ、その偉大さを確認します。（3）次に、人間が有限な存在であることを認め、神の恵みを祈り求めます。（4）最後に、罪を告白し、神の赦しとあわれみを求めます。

神への呼びかけ

ここから詩篇第4巻が始まります。作者がモーセであるかどうかに関して、学者の間に議論がありますが、内容はイスラエルの民が荒野をさまよっていたときの状況をよく映し出しています。モーセが作者であると考えて、なんら問題はありません。イスラエルの民は、モーセの祈りを共同体の祈りとして祈ったと思われます。

（1）作者は、まず神に呼びかけ、神の偉大さを再確認します。「主よ　代々にわたって　あなたは私たちの住まいです。山々が生まれる前から　地と世界を　あなたが生み出す前から　とこしえからとこしえまで　あなたは神です」（1～2節）。「私たちの住まい」とは、危機に際しての逃れ場、安全な場所という意味です。確かに、神は私たちを守り、危険から救ってくださいました（申33・27、エゼ11・16参照）。

（2）「地と世界を　あなたが生み出す前から」とあります。まさに神は、天と地を誕生させたお方、創造主です。私たちも、苦難の日には、神の偉大さを思い起こし、そのお方に呼びかけようではありませんか。

有限な人間

（1）次に作者は、人間がいかに有限な存在であるかを確認します。確かに、神が「人の子らよ　帰れ」と言われたなら、私たちの肉体はちりに帰り、魂は神のもとに帰ります(創3・19参照)。人のいのちは、すぐに枯れてしまう草花のようです。

（2）作者は、神の無限性、永遠性をたたえます。神は、全世界を創造される前から存在しておられました。神にとっては、1000年は1日のようです。「……主の御前では、一日は千年のようであり、千年は一日のようです」（2ペテ3・8）。

（3）私たちのいのちは、草花のようです。夜露の恵みを受けて朝には花を咲かせますが、昼間の熱風に吹かれて夕べには枯れてしまいます（5～6節）。

（4）作者は、神の無限性と人間の有限性を対比させ、それを根拠として神の恵みを祈り求めます。これこそ、私たちが神に向かうときの姿勢でなければなりません。私たちは弱くても、神は強いお方です。神に対する信頼を告白しようではありませんか。

罪の告白

（1）イスラエルの共同体が、自らの罪を神の前に告白します。彼らは、自分たちが経験している苦難を、神の裁きとして認識しています（7～8節）。人間の隠しごとは、神の前ではすべて明らかにされます。そのことを覚える人は、自らの生活を正しません。また、安易に隣人を裁くようなことをしません（1コリ4・5参照）。

（2）人間のいのちは、ため息をつく間に終わるようなもので、実にむなしいものです（9節）。「私たちの齢は七十年。健やかであっても八十年。そのほとんどは　労苦とわざわいです。……」（10節）。モーセは例外的に長寿を全うしましたが（申34・7）、人生が短くてむなしいものであるという事実は、変わりません。それゆえ私たちは、「自分の日を正しく数えること」を学ぶ必要があります。つまり、神を恐れ、謙遜に歩むということです。

赦しとあわれみを求める祈り

（1）神の裁きの正しさを認めた後、作者は、神の赦しとあわれみを求めて祈ります。彼は、今は夜であっても、希望の朝が必ずくることを信じて祈ります。「朝ごとに　あなたの恵みで私たちを満ち足らせてください。私たちのすべての日に　喜び歌い　楽しむことができるように」（14節）。

（2）もし今、暗闇の中にいるなら、この詩篇はあなたのものです。主イエスに対する信頼を告白し、新しい希望の光を受け取ろうではありませんか。私たちの歩みが確かなものにされるのは、神の御手によるからです。「私たちの神　主の慈愛が　私たちの上にありますように。私たちのために　私たちの手のわざを　確かなものにしてください。どうか　私たちの手のわざを　確かなものにしてください」（17節）。アーメン。

詩篇91篇

いと高き方の隠れ場に住む者　その人は　全能者の陰に宿る。

私は主に申し上げよう。「私の避け所　私の砦　私が信頼する私の神」と。（詩篇91・1～2）

この詩篇から、以下のことを学びましょう。（1）前書きがありませんが、作者はモーセだと考えられる根拠はあります。（2）作者は、神に信頼する者はすべての悪から守られると詠っています。（3）「全能者の陰に宿る」は、「十字架の陰に宿る」と同じ意味です。（4）11～12節は、荒野の誘惑において、サタンが引用した聖句です。（5）神を愛する者には、豊かな祝福が約束されます。

神に信頼する者の幸い

前書きがありませんので、作者も詠まれた状況も分かりません。ユダヤ人（タルムード）は、作者名が書かれていないときは、その直前の詩篇と同じ作者の作であると考えます。その原則に従うと、90篇の作者はモーセでしたので、続く91～100篇までがすべてモーセの作となります（ただし、詩篇95篇は例外で、ヘブ4・7によればダビデの作です）。この詩篇では、一人称と二人称が混在しています。モーセ（私）がイスラエルの民（あなた）に、信仰の道を解き明かしているように読めます。

（1）「いと高き方の隠れ場に住む者　その人は全能者の陰に宿る。私は主に申し上げよう。『私の避け所　私の砦　私が信頼する私の神』と」（1～2節）。モーセは、神に信頼する者はあらゆる災害、敵の攻撃、悪魔の誘惑から守られると教えます。

（2）「主こそ　狩人の罠から　破滅をもたらす疫病から　あなたを救い出される」（3節）。「狩人の罠」、「破滅をもたらす疫病」はともに、神の民を襲ってくる悪の力の比ゆ的表現です。神に信頼する者は、すべての悪から守られ、その必要が満たされます。

（3）「主は　ご自分の羽であなたをおおい　あなたは　その翼の下に身を避ける。　主の真実は大盾また砦」（4節）。「翼」、「大盾」、「砦」などのことばはすべて、神の守りを表現する比ゆ的ことばです。「昼に飛び来る矢」、「暗闇に忍び寄る疫病」、「真昼に荒らす滅び」などのことばは、人間的な力と同時に、サタン的力をも暗示しています。神の民は、霊的な世界からの攻撃にも遭いますが、神の守りは、手を伸ばせば届くところにあります。

（4）「全能者の陰に宿る」は、「十字架の陰に宿る」と同じ意味です。私たちは、イエス・キリストの十字架を通して、父なる神のもとに近づくことができるようになりました。

（5）邪悪な者たちが千人、万人と倒れても、神の民は破壊から守られます（7節）。その理由は、神避け所である主を、住まいとしたからです。つまり、主の教えを守り、そこに身を避けたからです。

（5）この詩篇の内容は真実ではないと考える人たちがいます。彼らは、ある特定の例を思い浮かべ、信者でも不幸に遭うことがあると論じます。彼らに対しては、次のように反論することができます。①私たちの生活が日々平安のうちに営まれている理由は、神の摂理的な守りがあるからです。②もし信者が苦難に遭うことがあっても、それは、最終的に私たちを祝福へと導く神の計画です。③もし神が、信者が苦難に遭うことを許される場合は、それとともに、耐える力と逃れの道を備えてくださいます。

神の守りの約束

（1）「主が　あなたのために御使いたちに命じて　あなたのすべての道で　あなたを守られるからだ。……」（11～12節）。荒野の誘惑において、サタンはこの聖句を引用しました（マタ4・6、ルカ4・10～11参照）。サタンは、神への信頼のことばを、神を試みるための道具として利用しました。

（2）「あなたの足が石に打ち当たらないようにする」とは、全的守りを約束したことばです。パレスチナの荒々しい道が、この表現の背後にあります。神は、母親が幼子を抱くように、私たちを抱いてくださいます。その役割を果たすのが、天使たちです。

（3）最後の3節（14～16節）は、神からの直接的語りかけです。神を愛する者には、次のような祝福が約束されています。①試練のとき、神の助けが与えられる。②神からの栄誉が与えられる。③神から祈りの答えが与えられる。④どのようなときにも、神がともにいてくださる。⑤神がその人のために計画されたことが、すべて成就する。

罪人は、長生きしても満足することはありません。信仰者は、たとえ若くして召されることがあったとしても、満ち足りた人生であったと感謝しつつ、神のもとに帰ることができます。これら5つの祝福を思い起こし、新しい力を受け取ろうではありませんか。

詩篇92篇

主に感謝することは　良いことです。　いと高き方よ　あなたの御名をほめ歌うことは。
朝に　あなたの恵みを　夜ごとに　あなたの真実を告げることは。
十弦の琴に合わせ　竪琴の妙なる調べにのせて。
（詩篇92・1〜3）

この詩篇から、以下のことを学びましょう。（1）この詩篇は、安息日のための詩篇です。（2）冒頭の「主に感謝することは　良いことです」という宣言は、この詩篇のテーマであり結論です。（3）作者は、神をたたえる理由を列挙します。その結果、「神の摂理の御手」がはっきりと見えるようになります。（4）いと高き所におられる神は、悪人を裁き、義人を助けることができます。（5）神の祝福を受けた義人は、永遠に神の御名をたたえます。

主をたたえる

この詩篇は、作者名もその背景も不明です。ただ、

「賛歌。安息日のための歌」とだけあります。作者は、自らの体験を通して神の義と力を知るようになりました。それゆえ、感謝と喜びをもって主の御名をたたえています。

（1）作者は冒頭で、「主に感謝することは　良いことです」と宣言します。これがこの詩篇のテーマであり、結論でもあります。

（2）1節の後半から、「あなた」という二人称の呼びかけに変わります。「いと高き方よ　あなたの御名をほめ歌うことは」。これは、作者と神の親密な関係を表しています。

（3）作者は、いつも（朝に夜に）、あらゆる方法で（十弦の琴や竪琴を用いて）、主をたたえることを願い、それを読者にも勧めています。

神の義と力

（1）作者は、過去の主の恵みを思い起こし、主の御名をたたえます（4節）。ユダヤ人たちにとっては、安息日は天地創造のわざを思い起こさせるものです。また、エジプトでの奴隷状態から解放され、自由の民とされたことを確認する日でもあります。

（2）「主よ　あなたのみわざは　なんと大きいことでしょう。あなたの御思いは　あまりにも深いのです」（5節）。神に感謝する理由を挙げているうちに、「神の摂理の手」がはっきりと見え始めます。神の摂理の手があったことを知った者は、より神に感謝するようになります。しかし、霊の目が閉ざされている者たちには、神の摂理の手は見えません（6節）。作者が特に神をたたえる理由は、神が義であり、義人を守り、悪人を滅ぼされるからです（7節）。

（3）新約時代に生きる私たちは、安息日（土曜日）の規定から自由になり、どの日に礼拝してもよい状態に置かれました。主イエスの十字架によって、真の安息が与えられたことを感謝しようではありませんか。

いと高き所におられる神

（1）「主よ　あなたは永遠に　いと高き所におられます」（8節）。この節は、前半（1〜7節）と後半（9〜15節）をつなぐ連結器のような役割を果たしています。悪者や愚か者は神を無視していますが、神は彼らを必ず裁かれます。それゆえ神は、とこしえに、いと高き所におられるのです。「主よ　まことに今　あなたの敵が　まことに今　あなたの敵が滅びます。　不法を行う者はみな散らされます」(9節)。

(2) 作者は、神が悪を裁かれることを予想し、善人が勝利することを宣言します。まだ起こっていないことを、すでに起こったかのように語ります。「あなたは　野牛の角のように私の角を高く上げ　私にみずみずしい油を注がれました」(10節)。「野牛の角」とは、力の象徴です。「油」とは、喜びの象徴です。神はいと高き所に座しておられるので、ご自身に信頼を置く者を、高き所に引き上げることができるのです。

(3) 義人は、悪人が滅びて行くのを目撃するようになります(11節)。神を信じる者には、敵への勝利、最終的な勝利が約束されています。

(4) 悪人は一時的に栄えても、草花のように突如枯れてしまいます。それに対して、義人はいつまでも長らえます。「正しい者は　なつめ椰子の木のように萌え出で　レバノンの杉のように育ちます。彼らは　主の家に植えられ　私たちの神の大庭で花を咲かせます。彼らは年老いてもなお　実を実らせ　青々と生い茂ります」(12～14節)。義人の栄えが、「なつめ椰子の木」と「レバノンの杉」で表現されています。ともに、力と輝きを象徴する木です。

(5) 神の祝福を受けた義人たちは、彼らの神であり、岩である方の義を永遠にたたえます。「こうして告げます。『主は正しい方。　わが岩。　主には偽りがありません』」(15節)。私たちもまた、「主に感謝することは、良いことです」と告白しようではありませんか。

詩篇93篇

主こそ王です。威光をまとっておられます。主はまとっておられます。力を帯とされます。まことに　世界は堅く据えられ揺るぎません。あなたの御座は　いにしえから堅く立ち　あなたは　とこしえからおられます。

（詩篇93・1～2）

この詩篇から、以下のことを学びましょう。（1）この詩篇は、王座に着く神をたたえる詩篇です。（2）試練を乗り越える最善の方法は、神の偉大さを思い出すことです。（3）いかなる敵が騒ぎ立てても、主権者である神の王座が揺らぐことはありません。（4）ここに詠われている内容は、メシア的王国において成就します。

主権者なる神

この詩篇は、作られた背景も著者も不明です。王座に着く神をたたえる詩篇は、他にもあります（47篇、95～99篇など）。イスラエルの民は、国家的な試練の中でも、主権者なる神をたたえ、そこから励ましを受け取っていました。確かに、試練を乗り越える最善の方法は、私たちの信じている神がいかに大いなるお方であるかを思い出すことです。

（1）この詩篇に詠われている神の性質を数え上げてみましょう。「主こそ王です。威光をまとっておられます。主はまとっておられます。力を帯とされます。まことに　世界は堅く据えられ揺るぎません。あなたの御座は　いにしえから堅く立ち　あなたは　とこしえからおられます」（1～2節）。神は、天地の創造主です。旧約聖書では、衣服はそれを着ている人の延長と考えられていました。それゆえ、「主こそ王。威厳を衣とし　力を衣とし、身に帯びられる」（新共同訳）という表現になるのです。

（2）この神は、いにしえからイスラエルと契約を結ばれたお方です。そして、その契約は永遠に続きます。

（3）神の敵は騒ぎ立ちますが、神の王座は決して揺るぎません。「川」（3節）とは、アッシリア（ユーフラテス川）やエジプト（ナイル川）のような強大な国を指します。「海」（4節）とは、神の民を攻撃する異邦人国家を指します。地上のどのような権力が騒ぎ立てようとも、天の御座におられる神の主権が揺るがされることはありません。

神の王国の確立

（1）バビロニヤ・タルムードの解説によれば、ユダヤ人たちは伝統的にこの詩篇を週の6日目に朗読していました。つまり、安息日の前日、天地創造の最後の日に、神の主権を覚えて、これを朗読したということです。

（2）しかし、ここに詠われている内容の最終的な成就は、終末時代にやってきます。黙示録19章6～8節は、その様子をこのように語っています。「……ハレルヤ。私たちの神である主、全能者が王となられた。私たちは喜び楽しみ、神をほめたたえよう。子羊の婚礼の時が来て、花嫁は用意ができたのだから。花嫁は、輝くきよい亜麻布をまとうことが許された。その亜麻布とは、聖徒たちの正しい行いである」（黙19・6～8）。

（3）試練を乗り越えるもう1つの秘訣は、未来に希望を抱くことです。暗闇はいつまでも続くものではありません。必ず、試練が終わる朝がきます。未来に希望を抱く人は、幸いです。

詩篇94篇

復讐の神　主よ　復讐の神よ　光を放ってください。
地をさばく方よ　立ち上がってください。　高ぶる者に報復してください。
主よ　いつまでですか　悪しき者が　いつまでですか　悪しき者が勝ち誇るのは。
（詩篇94・1〜3）

この詩篇から、以下のことを学びましょう。（1）作者は、神の裁きが悪人の上に下るようにと祈ります。（2）神の復讐は、人間の「復讐心」とは本質的に異なります。神の復讐は、神は邪悪な者を裁かれます。（3）邪悪な指導者たちは、神を侮っていますが、彼らは愚か者です。（4）作者は、個人的な問題の解決を求めて祈り、神だけが自分の助けであることを確認します。（5）作者は、神への信頼を告白し、この詩篇を締めくくります

神の義を求める祈り

人生の不思議の1つは、なぜ神を恐れない者が栄えるのかということです。作者は、善良な者、神に信頼する者が、神を恐れない者によって抑圧されているのを目撃し、激しい口調で「神の正義」を求めて祈ります。この詩篇は、前半（1〜15節）と後半（16〜23節）に分かれます。

（1）作者は冒頭で、神が行動してくださるようにと祈ります（1〜4節）。神の復讐とは、不義に対する義なる裁きのことを指しています。これは、人間の「復讐心」とは本質的に異なります。神は義なるお方であるがゆえに、邪悪な者を裁かれます。

（2）次に、堕落した指導者たちの姿が描写されます（5〜7節）。良い政府のしるしは、弱者を保護していることです。ここでは、やもめ、寄留者、みなしごたちが苦しめられていますので、作者の目から見ると、今ある政府は邪悪です。堕落した指導者たちは、思い上がったことばを口にし、神を侮っています。彼らは、「主は見ることはない。ヤコブの神は気づかない」と言っています。

（3）さらに作者は、神を無視する邪悪な指導者

たちを叱責します（8～11節）。神を恐れない者は、愚か者です。邪悪な者の思い計ることは、実にむなしいものです（箴19・21、1コリ3・20参照）。

（4）しかし、神を恐れ、神に信頼を置く者は、平安を得るようになります（12～15節）。神は、ご自身を信じる者とともにいてくださり、平安を与えてくださいます。神を恐れることを学びましょう。神にのみ信頼を置くことを決心しようではありませんか。

自分の問題の解決を求める祈り

（1）作者は、自分の問題の解決を求めて、神に訴えかけます（16～19節）。「だれが私のために　悪を行う者に向かって　立ち上がるでしょうか。だれが私のために　不法を行う者に向かって　堅く立つでしょうか」（16節）。これらの質問は、助け手は神以外にはいないことを暗示しています。それゆえ作者は、「もしも主が私の助けでなかったなら　私のたましいは　ただちに　沈黙のうちに　とどまったでしょう」（17節）と告白するのです。この告白は、作者の体験から出たものです。「沈黙」とは死の世界のことです（詩31・17参照）。

（2）次の19節の祈りは、私たちのためのものでもあります。「私のうちで　思い煩いが増すときに　あなたの慰めで私のたましいを喜ばせてください」。この祈りは、ピリピ人への手紙4章6節に相通じるものです。「何も思い煩わないで、あらゆる場合に、感謝をもってささげる祈りと願いによって、あなたがたの願い事を神に知っていただきなさい」。ここには平安を得る秘訣が書かれています。

神の義への信頼

（1）作者は、神の義への信頼を告白し、この詩篇を締めくくります（20～23節）。「破滅をもたらす法廷が　あなたを仲間に加えるでしょうか。おきてに従いながら　邪悪なことを謀る者どもが」（20節）。この節は、新共同訳では「破滅をもたらすのみの王座　掟を悪用して労苦を作り出すような者が　あなたの味方となりえましょうか」と訳されています。神と悪とは、なんの関係もありません。「彼らは　正しい者のいのちを求めてともに集まり　不義に定めて　咎なき者の血を流します」（21節）。

（2）しかし、信じる者は神の御手の中で守られます。「しかし主は私の砦となり　私の神は　私の避け所の岩となられました」（22節）。悪人は必ず神の裁きに遭います。作者の締めくくりのことばに注目しましょう。「主は彼らの不義をその身に返し　彼ら自身の悪によって　彼らを滅ぼされます。私たちの神　主が　彼らを滅ぼされます」（23節）。私たちに関しては、人を恐れるのではなく、神だけを恐れながら、与えられた道を歩み続けようではありませんか。

詩篇95篇

さあ　主に向かって　喜び歌おう。　私たちの救いの岩に向かって　喜び叫ぼう。感謝をもって　御前に進み　賛美をもって　主に喜び叫ぼう。まことに主は大いなる神。　すべての神々にまさって　大いなる王である。（詩篇95・1～3）

この詩篇から、以下のことを学びましょう。（1）ヘブル人への手紙4章7節によれば、この詩篇の作者はダビデです。（2）聖書的礼拝の特徴は、①喜び、②感謝、③賛美の3点にあります。（3）聖書的礼拝を維持する方法は、神の偉大さを思い起こすことです。（4）ダビデは、先祖たちの失敗から教訓を学ぶようにと勧めています。

礼拝者の心構え

ヘブル人への手紙4章7節は、この詩篇をダビデの作と見ています。ダビデは、主を大いなる王としてほめたたえています。主を王座に座すお方としてたたえる詩篇としては、47篇、93篇、96〜99篇などがあります。

(1) 作者は冒頭で、聖書的礼拝の特徴が、①喜び、②感謝、③賛美の3点にあることを宣言しています。「さあ　主に向かって　喜び歌おう。私たちの救いの岩に向かって　喜び叫ぼう。感謝をもって　御前に進み　賛美をもって　主に喜び叫ぼう。まことに主は大いなる神。すべての神々にまさって　大いなる王である」(1〜3節)。

(2) 私たちが礼拝する神は、自然界を支配されるお方、すべての神々にまさって偉大なお方です。礼拝に喜びと感謝が欠けるときは、神の偉大さを数え上げるべきです。また、イエス・キリストがどのように栄光に満ちた方であるかを、思い出すべきです。主イエスはこう言われました。「わたしには天においても地においても、すべての権威が与えられています。ですから、あなたがたは行って、あらゆる国の人々を弟子としなさい。父、子、聖霊の名において彼らにバプテスマを授け、わたしがあなたがたに命じておいた、すべてのことを守るように教えなさい。見よ。わたしは世の終わりまで、いつもあなたがたとともにいます」(マタ28・18〜20)。

(3)「まことに　主は私たちの神。私たちはその牧場の民　その御手の羊」(7節a)。この聖句は、神と私たちの関係を見事に表現しています(詩23・3参照)。

主からの警告

(1)「今日　もし御声を聞くなら　あなたがたの心を頑なにしてはならない。メリバでのように荒野のマサでの日のように」(7b〜8節)。パウロは、ヘブル人への手紙4章7節でこの詩篇を引用しています。「神は再び、ある日を『今日』と定め、長い年月の後、前に言われたのと同じように、ダビデを通して、『今日、もし御声を聞くなら、あなたがたの心を頑なにしてはならない』と語られたのです」(ヘブ4・7)。

(2) ダビデは、先祖たちが荒野で犯した失敗を回顧して、民に同じ失敗をくり返さないよう警告します(出17・1〜7、民20・1〜13参照)。神は彼らの不信仰を嫌い、その世代の者が約束の地に入ることをお許しになりませんでした。その結果、彼らは40年間も無意味に荒野をさまよいました。

イスラエルの民の失敗から教訓を学びましょう。きょう、神の声を聞いているなら、心を頑なにしてはなりません。

詩篇96篇

新しい歌を主に歌え。全地よ　主に歌え。主に歌え。御名をほめたたえよ。日から日へと御救いの良い知らせを告げよ。主の栄光を国々の間で語り告げよ。その奇しいみわざを　あらゆる民の間で。（詩篇96・1～3）

この詩篇から、以下のことを学びましょう。（1）この詩篇の背景になっているのは、ダビデが契約の箱をエルサレムに運び上った出来事です。（2）そのときダビデは、主の前で喜び踊りました。（3）主の御名をたたえよという呼びかけが、すべての民族に向かってなされます。（4）御名をたたえる理由は、主が大いなる神であるからです。（5）この詩篇は、被造世界回復の預言になっています。

新しい歌を主に歌え

この詩篇の背景は、歴代誌第一16章に記された出来事です。ダビデは、契約の箱をオベデ・エドムの家からエルサレムに運び上りました。その際ダビデは、亜麻布のエポデを身につけ、全イスラエルが歓声をあげて賛美する中を喜び踊りながら進みました。ダビデの妻となっていたミカル（サウルの娘）は、それを見て心の中で彼を蔑みました。この日ダビデは、初めてアサフとその兄弟たちを用いて、主をほめたたえました。その内容が、この詩篇です。

（1）主の御名をたたえよとの呼びかけが、すべての民族に対してなされます。「新しい歌を主に歌え。全地よ　主に歌え。主に歌え。御名をほめたたえよ。　日から日へと　御救いの良い知らせを告げよ。主の栄光を国々の間で語り告げよ。　その奇しいみわざを　あらゆる民の間で」（1～3節）。

（2）この詩篇では、歴代誌第一16章にあったイスラエルの民の歴史に関する記述が、省略されています。その理由は、この詩篇が千年王国の予表になっているからです。そのときには、世界中の民族が、一致して礼拝を献げるようになります。

（2）御名をたたえる理由は、主が大いなる神であるからです。「まことに主は大いなる方　大いに賛美される方。　すべての神々にまさって恐れられる方だ。　まことに　どの民の神々も　みな偽りだ。しかし主は天をお造りになった。　威厳と威光は御前にあり　力と輝きは主の聖所にある」（4～6節）。イスラエルの神は、地域限定の神々とは根本的に異なります。この方は創造主であり、全宇宙を支配しておられるお方です。

普遍的招き

（1）再び、すべての民族に対する呼びかけがなされます（7～9節）。「もろもろの民の諸族よ　主に帰せよ。　栄光と力を主に帰せよ。　御名の栄光を主に帰せよ。　ささげ物を携えて　主の大庭に入れ。　聖なる装いをして　主にひれ伏せ。　全地よ　主の御前におののけ」。私たちが主に献げるべきものは、礼拝であり、感謝です。礼拝とは、神を栄光と力に満ちたお方として認めることです。

（2）作者は最後に、全宇宙に呼びかけ、主を礼拝するように促します（10～13節）。「国々の間で言え。　『主は王である。　まことに　世界は堅く据えられ揺るがない。　主は公正をもって諸国の民をさばかれる。』……主は必ず来られる。地をさばくために来られる。　主は　義をもって世界を　その真実をもって諸国の民をさばかれる」。この聖句は、被造世界回復の預言になっています（ロマ８・14～22参照）。

すべての民が、同じ神を王として礼拝するときが必ずきます。その希望を持って日々歩む人は、幸いです。

詩篇97篇

主は王である。地は小躍りせよ。多くの島々は喜べ。
雲と暗黒が主を囲み　義とさばきが御座の基である。
火は御前に先立ち　主の敵を囲んで焼き尽くす。
主の稲妻は世界を照らし　地はそれを見て　おののく。
山々は主の御前にろうのように溶ける。全地の主の御前に。（詩篇97・１～５）

この詩篇から、以下のことを学びましょう。（１）この詩篇は、千年王国の到来を待ち望む詩です。（２）作者は、「主は王である」という宣言で、この詩篇を始めます。（３）「雲、暗黒、火」などのことばは、シャカイナグローリーを指しています。（４）神の裁きの座に立つのは恐ろしいことですが、信仰者はその裁きが正義と真実に基づいて行われることを知っていますので、王の支配を喜ぶことができます。（５）再臨の希望を持つ者は、日々、主を愛する生き方を志します。

王なる主の支配

作者は、諸国民の上に、また自然界の上に、主の支配が確立することを信じ、その素晴らしさを詠っています。この詩篇は、千年王国の成就を待ち望む詩であり、信仰者には大いなる励ましを与えてくれるものです。

（1）この詩篇は、「主は王である。 地は小躍りせよ。多くの島々は喜べ」（1節）という宣言で始まります。さらに、主の臨在が、「雲、暗黒、火」などのことばで描写されます(2～3節)。これらは、シャカイナグローリーを指すことばです（出19・16参照)。王なる主の裁きの座に立つのは恐ろしいことですが、私たちは、そのお方が正義と真実に基づいて裁かれることを知っていますので、王の支配を喜ぶのです。

（2）「天は主の義を告げ　諸国の民はその栄光を見る」（6節）とあります。ここには、天にあるものと、地上にあるものとの対比があります。天にあるもの（天使、太陽、月、星など）は、主が正義であることを告げ、地にあるもの（すべての国々）は、主の栄光を見ます。その結果、偶像に仕える者たちはみな、恥を見るようになります（7節)。「すべての神々よ　主にひれ伏せ」（7節b）とは、偶像が主の前に敗北するという意味です。それとは対照的に、主に信頼する者たちは喜び、小躍りします（8～9節)。

（3）この詩篇は、「主を愛する者たちよ。悪を憎め」（10節）から始まる勧めのことばで終わります。

再臨の希望

（1）イエス・キリストを救い主として受け入れた者には喜びがありますが、その喜びはまだ完成したわけではありません。再臨のキリストが地上に千年王国を確立されるとき、私たちの喜びは頂点に達します。そのとき、自然界は呪いから解放され、すべての民族が主の栄光を見るようになります。

（2）今世界には難問が山積しています。しかし、主イエスが再臨されたなら、それらの難問はすべて解決されます。テサロニケ人への手紙第二1章7～8節には、こうあります（これは再臨の前に起こる携挙の描写です)。「苦しめられているあなたがたには、私たちとともに、報いとして安息を与えることです。このことは、主イエスが、燃える炎の中に、力ある御使いたちとともに天から現れるときに起こります。主は、神を知らない人々や、私たちの主イエスの福音に従わない人々に罰を与えられます」(2テサ1・7~8)。

(3)どのような問題よりもさらに大きなお方、主イエスをきょうも見上げて歩もうではありませんか。主イエスの再臨のときには、私たちの喜びが満ち満ちたものとなることを信じ、きょう1日生きるために必要な力を受けましょう。

詩篇98篇

新しい歌を主に歌え。主は　奇しいみわざを行われた。主の右の御手　聖なる御腕が　主に勝利をもたらしたのだ。主は御救いを知らしめ　ご自分の義を国々の前に現された。主は　イスラエルの家への　恵みと真実を覚えておられる。地の果てのすべての者が　私たちの神の救いを見ている。(詩篇98・1~3)

この詩篇から、以下のことを学びましょう。(1)作者は、被造世界のすべてに向かって、支配者である主をほめたたえるように呼びかけます。(2)主は奇跡を行われました。それゆえ、主をたたえるのです。(3)人間だけでなく被造世界全体が、主をたたえます。ここには、自然界が呪いから解放された姿があります。(4)私たちが今献げる礼拝は、メシア的王国での礼拝の予表です。

全地への呼びかけ

作者は、被造世界のすべてに向かって、世界を支配しておられる主をほめたたえるように呼びかけます。なぜなら、主は大いなる奇跡をもってイスラエルを救われたお方、正義をもって世界を裁かれるお方だからです。私たちも、聖書に記された神の御業を思い起こし、作者といっしょに、主の御名をたたえようではありませんか。この詩篇は3つの部分に分かれます。

（1）奇跡を行われた主（1～3節）。「新しい歌を主に歌え。　主は　奇しいみわざを行われた。主の右の御手　聖なる御腕が　主に勝利をもたらしたのだ」（1節）。主は、イスラエルの家への約束（アブラハム契約）を覚えておられ、その通りに救いを成就されました。「地の果てのすべての者が　私たちの神の救いを見ている」（3節b）。地の果てのすべての者の中には、私たちも含まれています。

（2）主をほめたたえる人々（4～8節）。「全地よ　主に喜び叫べ。　大声で叫び　喜び歌い　ほめ歌を歌え。主にほめ歌を歌え。竪琴に合わせて。竪琴に合わせ　ほめ歌の調べにのせて。　ラッパに合わせ　角笛の調べにのせて　王である主の御前で喜び叫べ」（4～6節）。この聖句を読み、目を閉じると、主の御前で人々が喜び踊っている姿が目に浮かびます。人々は、楽器（竪琴、ラッパ、角笛）に合わせて大声で喜び歌います。「海とそこに満ちているもの　世界とその中に住むものよ　鳴りとどろけ。　もろもろの川よ　手を打ち鳴らせ。　山々もこぞって喜び歌え」（7～8節）。単に人々が主をほめたたえるだけではありません。自然界そのものが、その賛美に参加するようになります。これは、自然界が呪いから解放され、栄光の姿に回復されるさまを描いたものです。

（3）主をたたえる理由（9節）。「主の御前で。主は　地をさばくために来られる。　主は　義をもって世界をさばき　公正をもって諸国の民をさばかれる」（9節）。主による正義の裁きが成就するのは、将来のことです。

クリスチャンが主に献げる礼拝は、メシア的王国での礼拝の予表となっています。私たちは、主が為されたことに感謝し、また、これから完成されることを待ち望みつつ、主を礼拝します。今、私たちの礼拝が、喜びと賛美に満ちたものとなっているかどうか、黙想してみましょう。

詩篇99篇

主は王である。　国々の民は恐れおののけ。　ケルビムの上に座しておられる方に。　地よ　震えよ。
主はシオンにおられる　大いなる方。　主は　すべての国々の民の上に高くいます。
大いなる　恐れ多い御名をほめたたえよ。　主は聖なる方。（詩篇99・1〜3）

この詩篇から、以下のことを学びましょう。（1）主は、全地の統治者です。それゆえ、異邦人も主をたたえるべきです。（2）主は、正義をもって裁きを行われるお方です。（3）歴史を回顧し、主をたたえるのは素晴らしいことです。（4）神は、悔い改めた罪人を赦すお方です。

支配者である主は、聖なるお方。
作者は、神が聖なるお方、私たちの祈りを聞いてくださるお方であるがゆえに、その御名をたたえるべきだと詠っています。

（1）主は、全地の統治者（王）であり、聖なるお方です。それゆえ、国々の民はその御名をたたえるべきです。「主は王である。　国々の民は恐れおののけ。　ケルビムの上に座しておられる方に。　地よ　震えよ。……主は　すべての国々の民の上に高くいます。　大いなる　恐れ多い御名をほめたたえよ。　主は聖なる方」（1～3節）。主がケルビムの上の御座（契約の箱の上）に着座しておられることを思い起こしましょう（1列6・23～28）。主は、神殿が建っていたシオンにおいて、大いなるお方です。その力と聖なる性質のゆえに、私たちは主の御名をたたえます。

（2）「王は力をもって　さばきを愛する。　あなたは　公正を堅く立て　さばきと正義を　ヤコブの中で行われた」（4節）。主は、正義をもって裁きを行われるお方です。それゆえ、主の御名をたたえるべきです。「われらの神　主をあがめよ。　その足台のもとにひれ伏せ。　主は聖なる方」（5節）。この聖句は、くり返しのことばになっています（9節と同じ内容）。

支配者である主は、恵み深いお方。

（1）次に、歴史の回顧が行われます。「モーセとアロンは主の祭司たちの中に　サムエルは御名を呼ぶ者たちの中にいた。　彼らは主を呼び　主は彼らに答えられた。　主は雲の柱から　彼らに語られた。彼らは主のさとしと　主が賜ったおきてを守った」（6～7節）。確かに、主はモーセ、アロン、サムエルなどのイスラエルの指導者たちにお語りになりました。主がシャカイナグローリーの中から語られた出来事は、出エジプト記13章21節に記されています。

（2）「われらの神　主よ　あなたは　彼らに答えられた。　あなたは　彼らには赦しの神　彼らの悪しきわざには報復される方」（8節）。主は、イスラエルの民が不真実であったときも、恵みによって彼らの罪を赦し、彼らの祈りに耳を傾けてくださいました。

まとめ

まとめとして、神の性質を確認してみましょう。

（1）祈りに答える神（6節）。神は、イスラエルの指導者たちの祈りにお答えになりました。

（2）道を示す神（7節）。神はイスラエルに律法をお与えになりました。それによって、いかにすれば神を喜ばせることができるかが明らかになりました。

（3）赦しの神（8節）。神は悔い改めた者を必ずお赦しになります。

（4）礼拝を求める神（9節）。この詩篇の最後は、神への礼拝の勧めで終わっています。旧約時代の聖徒たちが神の前にひれ伏したとするなら、御子イエスを通して神の愛と恵みを知った私たちは、なおさら神の前にひれ伏すべきではないでしょうか。

詩篇100篇

全地よ　主に向かって喜びの声をあげよ。
喜びをもって主に仕えよ。　喜び歌いつつ御前に来たれ。
知れ。主こそ神。　主が　私たちを造られた。
私たちは主のもの　主の民　その牧場の羊。
（詩篇100・1～3）

この詩篇から、以下のことを学びましょう。（1）詩篇100篇は、詩篇93～99篇の締めくくりと考えられます。（2）この詩篇のキーワードは、「喜び」です。（3）喜びの理由が3つ挙げられています（3節）。主は、私たちの羊飼いです。（4）後半で、エルサレムに上り、神殿で感謝のささげ物を献げるようにと勧められます。

感謝の賛歌

「感謝の賛歌」という前書きの詩篇は、これだけです。詩篇93～99篇を「主は王なり」というテーマを詠った一連の詩篇とするなら、詩篇100篇はその締めくくりに当たります。この詩篇は、イスラエルの民が神殿で感謝のいけにえを献げる際に歌われたものと思われます（レビ7・12参照）。

（1）この詩篇のキーワードは、「喜び」です。人類は喜びを見いだそうとして、神以外のあらゆる可能性を探ってきました。しかしこの詩篇は、神こそが喜びの源であって、神なくして本当の喜びはないことを教えています。神を知り、神を楽しむことこそ、真の喜びにつながります。

（2）主に向かって喜びの声をあげる理由が、3節に書かれています。「知れ。主こそ神。　主が私たちを造られた。　私たちは主のもの　主の民その牧場の羊」（3節）。①主は、創造主です。私たちを造られた方です。創造主を離れては、喜びはありません。②主は、私たちの贖い主です。「私たちは主のもの、主の民」となりました。この真理がさらに明らかになるのは、新約聖書に入ってからです。神は、御子イエスのいのちという代価を支払って、私たちを買い戻してくださいました。その結果、私たちは神の子と呼ばれるようになりました。③主は、私たちの羊飼いです。主は、自力で生きることができない愚かで弱い羊である私たちを、豊かな水と緑の牧場へと導いてくださいます。

（3）この詩篇の後半は、エルサレムに上り、神殿で感謝のささげ物を献げるようにという呼びかけになっています。「感謝しつつ　主の門に　賛美しつつ　その大庭に入れ。　主に感謝し　御名をほめたたえよ」（4節）。感謝をもって主に近づく理由は、主が恵み深いお方だからです。主との関係が正された人の第一の使命は、主を礼拝することです。この使命は、地上だけではなく天上においても、永遠に続きます。なぜなら、「主はいつくしみ深く　その恵みはとこしえまで　その真実は代々に至る」（5節）からです。

今、神との関係が正されるように祈りましょう。神と和解するなら、この詩篇で詠われているような喜びが自分のものになります。

詩篇101篇

恵みとさばきを　私は歌います。　主よ　あなたにほめ歌を歌います。私は　全き道に心を留めます。　いつあなたは私のところに来てくださいますか。　私は家の中を　全き心で行き来します。

（詩篇101・1～2）

この詩篇から、以下のことを学びましょう。（1）詩篇101篇は、信仰を行動に移す詩篇です。（2）ダビデがこの詩篇を作ったのは、神の箱をオベデ・エドムの家からエルサレムに運び込んだときだと思われます（2サム6章）。（3）ダビデは、2つの生活の領域での敬虔さを求めます。私的生活の領域と社会生活の領域がそれです。（4）この詩篇は、主イエスの来臨を待ち望むすべての信者が、自らの生活原則として告白すべきものです。

王の決心

詩篇99篇と100篇は、主への賛美と感謝を詠ったものでした。詩篇101篇は、ダビデ王が自らの信仰を行動に移す詩篇です。この詩篇では、その信仰を行動に移す意を神の前に表明します。その内容は、彼が統治する国においては、正義が統治原則となるというものです。

（1）ダビデの生涯には3つの転機がありました。①サウル王の死後、王となったこと。②北と南に分かれて争っていた国が、エルサレムを首都として統一されたこと。③神の箱をオベデ・エドムの家からエルサレムに運び込んだこと（2サム6章）。

（2）「いつあなたは　私のところに来てくださいますか」という表現がありますので、ダビデがこの詩を作ったのは、上記③のときであったと考えられます。

私的生活と社会生活

（1）ダビデは、2つの生活領域での敬虔さを求めます。まず、私的生活における敬虔さが取り上げられます。「恵みとさばきを　私は歌います。……私は　全き道に心を留めます。　いつあなたは　私のところに来てくださいますか。……私は　目の前に卑しいことを置きません。　私は　曲がったわざを憎み　それが私に　まといつくことはありません。　曲がった心は私から遠ざかります。　私は悪を知ろうともしません」（1〜4節）。彼は、「恵みとさばきを　私は歌います」と書いています。「恵み」とは、契約によって表された神の変わることのない愛であり、「さばき」とは、罪をあくまでも排除する神の厳しさです。この2つが、神の基本的な性質です。そこでダビデは、私生活や宮廷（家）での生活において、罪を排除し、聖さを求めることを宣言しているのです。

（2）次に、社会生活における敬虔さが取り上げられます（5〜8節）。これは、王としての統治原則を述べたものです。彼が排除しようとしたのは、陰で人をそしること、傲慢な思い、欺き、偽り、悪事などです。この詩篇の最後は、「朝ごとに　私は国の中の悪しき者を　ことごとく滅ぼし　主の都から　不法を行う者を　ことごとく断ち切ります」（8節）で終わります。「朝ごとに」とあるのは、王の並々ならぬ決意の表明です。

（3）この詩篇は、神の地上的代理人であるダビデが、神の国の統治原理を詠ったものです。と同時に、主イエスの来臨と神の国の到来を待ち望むすべての信者が、自らの生活原則として告白すべきものでもあります。主イエスがいつ再臨されても構わないような生き方を常に志す人は、幸いです。

詩篇１０２篇

主よ　私の祈りを聞いてください。　私の叫びがあなたに届きますように。
私の苦しみのときに　御顔を私に隠さないでください。　私に耳を傾けてください。　私が呼ぶときに　すぐに私に答えてください。
（詩篇１０２・1～2）

この詩篇から、以下のことを学びましょう。（1）作者は、苦難からの解放を求めて祈ります。（2）彼が置かれている絶望的な状態が、さまざまな比ゆ的ことばで表現されます。（3）祈りの途中で、彼は突如希望のことばを発します。（4）彼は、エルサレムの回復のためにも祈ります。（5）ヘブル人への手紙1章10～12節は、イエス・キリストは永遠に変わることのないお方だと教えています。

苦難の中からの叫び

通常、この詩篇は7つの悔い改めの詩篇（6、32、38、51、１０２、１３０、１４３篇）の1つと考えられることが多いのですが、内容は単なる「罪の悔い改め」ではなく、個人的苦境と国の荒廃した姿を嘆く詩篇となっています。前書きには、「苦しむ者の祈り。彼が気落ちして、自分の嘆きを主の前に注ぎ出したときのもの」とあります。作者名ではなく、詩を詠んだときの状況が記されているのは、珍しいことです。作者は恐らくダビデでしょう。

（1）作者は、自分の祈りに早く答えてくださいと懇願しています。それほどに彼の苦しみは耐え難いものになっているのです。「御顔を私に隠さないでください」（2節）とは、沈黙しないでくださいという意味です。

（2）作者は、自らの絶望的な状態を、さまざまな比ゆ的ことばで表現します。①彼の生涯は、煙のように消え去ろうとしています。②骨は炉のように燃えています。③心は草のようにしおれ、渇いています。④パンを食べることさえ忘れるほどに、食欲はなくなっています。⑤嘆きが余りにも深いので、痩せ衰えています。⑥自分のことを、荒野のみみずくか廃墟のふくろうのように感じています。⑦また、屋根の上に取り残された1羽の鳥のように、孤独を感じています。

（3）さらに悪いことに、敵が彼の絶望的な状況を見て、あざけっています（9～10節）。「灰をパンのように食べ」とは、日々深い嘆きが続いていることを示しています。彼は、神の怒りが自分に降りかかったために、この状況が起こっていると理解しています。「伸びていく夕影」とは、自分の生涯が終わりに近づいていることを示しています（11節）。

信仰による希望

（1）このような絶望的な状況が、次の12節で大きく変化します。「しかし　主よ　あなたはとこしえに御座に着いておられます。　あなたの呼び名は代々に及びます」。この「しかし」は、神への信頼の表明です。苦難の中で「しかし」と言える人は幸いです。

（2）作者は、苦境から目を離し、御座に着いておられる主を見上げます。ここには、苦難の中でもがいている人間と、永遠の御座に着いておられる主との対比があります。それは、有限性と無限性の対比です。

（3）さらに作者の目は、自分の問題を離れ、シオン（エルサレム）の窮状に向かいます。当時エルサレムは、荒廃した状態にあったようです。彼は、主がエルサレムを救ってくださることを確信しています（13節）。主のしもべたちは、エルサレムが神の都であることを知っています。それゆえ、エルサレムを愛し、その回復を祈るのです。そして、その祈りは聞かれます。

（4）エルサレムの回復を見て、諸国の王たちは主の御名を恐れるようになります。彼らは、エルサレムが世界の中心であることを認識するようになります。作者は、後代の者たちがエルサレム回復の話を聞いて、主をたたえるようになると予測しています（18～22節）。

個人的祈り

（1）作者の祈りは、再び個人的な内容に戻ります。彼は、自分が若くして死ぬのではないかと恐れ、長寿を求めて祈ります。「私の神よ　私の日の半ばで　私を取り去らないでください。　あなたの年は代々に至ります」（24節）。

（2）次に彼は、自分は有限な存在であるが、主は無限なるお方、天地の創造主であることを告白します。被造世界はいつか滅びるが、主はいつまでも変わることがない、というのです（25～27節）。

（3）詩篇１０２篇25～27節は、ヘブル人への手紙1章10～12節に引用されています。ヘブル人への手紙の著者は、創造主なるお方、永遠に変わることのないお方は、イエス・キリストであると教えています。結局のところ、私たちを苦難から救い出し、堅く立ててくださるお方は、イエス・キリストだけです。

詩篇１０３篇

わがたましいよ　主をほめたたえよ。　私のうちにあるすべてのものよ　聖なる御名をほめたたえよ。

わがたましいよ　主をほめたたえよ。　主が良くしてくださったことを何一つ忘れるな。

（詩篇１０３・１～2）

この詩篇から、以下のことを学びましょう。（1）この詩篇は、老年になった信仰者の祈りです。（2）ダビデは、自分が体験した主の恵みを列挙し、御名をたたえます。(3)私たちに与えられる神の恵みは、契約に基づくものです。（4）人間は有限な存在ですが、主は無限なるお方です。その方に信頼を置く者は、幸いです。

個人的な感謝

驚くべきことに、この詩篇の中には「願い事」が1つもありません。この詩篇は、老年になって到達する祈りの極致を示しています。年を取ると、肉体の衰えや人生のはかなさを感じるものですが、それ以上の祝福を体験することもできます。

（1）冒頭でダビデは、全身全霊を込めて主をたたえよと自らに言い聞かせます。また、過去に受けた恵みを何一つ忘れるなと自分に命じます（1～2節）。

（2）次にダビデは、自分が体験した恵みを列挙します。①主は私たちの罪を赦してくださいました。②主は私たちの病気を癒やしてくださいました。③主は私たちを死の危険から救出してくださいました。「穴から贖われる」（4節）の「穴」とは、墓のことです。また、「贖い」ということばは、ヘブル語で「ゴーエール」で、自分の親族を保護したり、仇に報復したりする義務を持つ近親者のことを指します。ダビデは、主なる神がその役を引き受けてくださったと告白しています。

（3）主は、私たちの一生を良いもので満たしてくださいます。老年になった信者の姿が、「若々しい鷲」にたとえられています。

契約に忠実な神

（1）神の恵みは、契約に基づくものです。「主はご自分の道をモーセに　そのみわざをイスラエルの子らに知らされた方」（7節）とありますが、これはシナイ契約によって与えられたモーセの律法を指します。①主は、すべてしいたげられている人々のために、正義と裁きを行われます。②主は、あわれみ深く、情け深いお方です。私たちの罪に従って私たちを扱わず、恵みによって私たちを導かれます（8節。出34・6参照）。

（2）「恵み」（8節）は、ヘブル語では「ヘセッド」ということばです。これは、「契約に基づく愛」を指します。神は契約の神であり、ご自身の契約に忠実なお方です。神は、契約の民に対して変わることのない恵みを示されます。私たちもまた、イエス・キリストを信じることによって、契約の民の一員とされました。今こそ、神がしてくださったすべてのことを思い起こし、御名をたたえようではありませんか。

有限と無限の対比

（1）次に、有限と無限の対比が詠われます（14〜19節）。有限とは私たち人間のことであり、無限とは主のことです。有限な私たちが立ち続けられるのは、主の契約のゆえです。人間の成り立ちは、取るに足りない「地のちり」にすぎません（創2・7参照）。主はそのことを心にとめ、私たちのことをあわれんでくださいます。

（2）「人 その一生は草のよう。 人は咲く。野の花のように。 風がそこを過ぎると それはもはやない。 その場所さえも それを知らない」（15〜16節）。この聖句もまた、人間のいのちのはかなさを表現しています。イスラエルの地では、砂漠から熱風が吹くと、それまで咲き誇っていた野の草花が瞬時に枯れます。その様子は、人間世界の栄枯盛衰に似ています（詩37・2、イザ40・6〜8参照）。それに対して、主の恵みは、いつまでも存続します（17〜18節）。それゆえ私たちは、主の契約に忠実に歩もうとするのです。

主への賛歌

（1）この詩篇は、主への賛歌で終わります。主は、全宇宙を統治しておられます。それゆえ、天使たち、主のしもべたち、そして、被造世界のすべてが、主をたたえるべきなのです。

（2）作者は最後に、1節と同じことばを使っています。「わがたましいよ 主をほめたたえよ」（22節b）。これによって、この詩篇は最初に戻ったことになります。

（3）この詩篇から学ぶべき教訓とは、なんでしょうか。それは、目に見えるものに希望はないということです。真の希望は、私たち人間と契約を結ばれた主にのみあります。「わがたましいよ 主をほめたたえよ。 主が良くしてくださったことを何一つ忘れるな」（2節）。アーメン。

詩篇104篇

わがたましいよ　主をほめたたえよ。　わが神主よ　あなたはまことに大いなる方。　あなたは威厳と威光を身にまとっておられます。あなたは光を衣のようにまとい　天を幕のように張られます。（詩篇104・1～2）

この詩篇から、以下のことを学びましょう。（1）この詩篇は、創世記1章を想起させます。（2）1～6節は、創造の第1日目と第2日目に対応しています。（3）7～18節は、創造の第3日目に対応しています。（4）19～23節は、創造の第4日目に対応しています。（5）24～30節は、創造の第5日目と第6日目に対応しています。（6）31～35節は、創造の第7日目に対応しています。

創世記1章との対比

この詩篇は、103篇と同じように「わがたましいよ　主をほめたたえよ」で始まっています。作者名は書かれていませんが、恐らくダビデだと思われます（七十人訳では、作者はダビデとなっています）。103篇では、神は、イスラエルの民に対するあわれみのゆえにたたえられていました（父と子の関係）。104篇では、神は、創造主であるがゆえにたたえられます（創造主と被造世界の関係）。作者は、自然と歴史が、創造主である神の力と知恵と恵みを啓示していると詠います。そういう意味で、この詩篇は、創世記1章を想起させます。

（1）1～6節は、創造の第1日目と第2日目に対応しています。第1日目に光が造られ、夜と昼の区別が生じました。第2日目に大空が創造され、上の水と下の水が区別されました。「光を衣のようにまとい」（2節）とは、神の特質が光であることを示しています（1ヨハ1・5参照）。「天を幕のように張られます」とは、空が海の上を覆っているさまを表現したものです。水も雲も火も、すべて神が創造された作品です（3～4節）。「あなたは地をその基の上に据えられました。　地は　とこしえまでも揺るぎません」（5節）。この聖句は、地が揺るぎなく造られていることを詩的に表現したものです。人間の目からは、地は強固な基の上に据えられているように見えるのです。地の上には深い水があり、それが地全体を覆っていました（6節）。まだ乾いた陸地は現れていません。これが、創造の2日目までの状況です。

（2）7～18節は、創造の第3日目に対応しています。第3日目に、海と陸が区別され、陸地に植物が造られました（7～8節）。これ以前の水は、混沌とした状態にありましたが、神が境を定めたために、地はあらゆる生き物にとって最適な住み家となりました。地には植物が生え、その実は獣にも人にも、食物となりました。

（3）19～23節は、創造の第4日目に対応しています。第4日目に、太陽と月が造られました。私たち人間の生活は、太陽と月の恩恵に浴しています（19～20節）。太陽と月は、季節と時を司っています。自然界は、神の力と栄光で満ち満ちています（ロマ1・20）。もし私たちが、自然界を通した一般啓示を否定するなら、ますます神から遠ざかることになります。

（4）24～30節は、創造の第5日目と第6日目に対応しています。第5日目に、魚を含む水生動物と鳥類が造られました。第6日目に、陸地に住む動物と人間が造られました。人間は創造の冠ですが、この詩篇にはそのことが出てきません。その理由は、人間がこの詩篇の作者であること自体が、人間は「創造の冠」であることを表しているからでしょう。人は、自分が神によって創造された創造の冠であることを自覚すると、生き方が変わります。

（5）31～35節は、創造の第7日目に対応しています。神は第7日目に、創造された世界を良しとし、それを祝福されました。「主の栄光が　とこしえにありますように。主がご自分のみわざを喜ばれますように」（31節）。地も、その中に住むものも、いつかは滅びます。人間もまた例外ではありません。私たちにできることは、いのちの限り神をたたえることです。作者は、被造世界の素晴らしさについて黙想した結果、自分の内側に賛美が湧き上がるのを経験しています（33～35節）。

私たちへの教訓

（1）私たちの神は、天地を創造された大いなるお方です。

（２）聖書は、被造世界が「良いもの」であると教えています。そこに死と呪いをもたらしたのは、罪です。
（３）聖書が提供する救いは、単に個人的な救いにとどまらず、宇宙の完成にまで及びます（ロマ８・21参照）今、どんな問題よりも神のほうが偉大であることを思い起こし、神に重荷をお委ねしようではありませんか。

詩篇１０５篇

主に感謝し　御名を呼び求めよ。　そのみわざを諸国の民の間に知らせよ。
主に歌え。主にほめ歌を歌え。　そのすべての奇しいみわざを語れ。（詩篇１０５・１〜２）

この詩篇から、以下のことを学びましょう。（１）詩篇１０５篇は、イスラエルの歴史を回顧した壮大な詩篇です。（２）イスラエルの幼少期から、カナン定住までの出来事が回顧されます。（３）新約時代に生きる私たちも、自らの歴史を回顧することによって御名をたたえることができます。

イスラエルの歴史の回顧

詩篇１０５篇のテーマは、イスラエルの歴史の回顧です。作者名は書かれていませんが、ダビデの作と考えて間違いないでしょう。作者は、アブラハム契約に対する主の忠実さを思い起こし、御名をたたえています。ちなみに、１〜15節は、歴代誌第一16章８〜22節に引用されています。

（1）「主に感謝し　御名を呼び求めよ。　そのみわざを諸国の民の間に知らせよ」（1節）。主への感謝は、主が為してくださったことを思い起こすところから始まります。「そのみわざを諸国の民の間に知らせよ」とは、神がイスラエルの民のためにしてくださったことを、異邦人の間で言い広めよという意味です。イスラエルの民が経験したことは、全人類の祝福に関係しています。私たちのためにも、主は大いなることを為してくださいました。主イエスによって与えられた救いは、霊的出エジプト体験です。今私たちは、罪の奴隷ではなく、自由の子とされています。そのことを思い起こし、神に賛美を献げようではありませんか。

（2）8〜15節は、イスラエルの民の幼少期の回顧です。そこで強調されているのは、神がアブラハムと結んだ契約は、「イスラエルに対する永遠の契約である」という点です。また、その契約の中にはカナンの地を与えるという約束が含まれています。その頃のイスラエルの民は、数は少なく、その上、寄留の地に住む他国人でした。神は、弱小民族であったイスラエルを、大いなる御手をもって守り、導かれました。私たちも、自分がどのようなところから救われたのかを思い起こしましょう。主の前に謙遜になることは、そのまま主への賛美につながります。

（3）16〜24節は、エジプトでの寄留生活の回顧です。イスラエルの民は、ききんを避けるためにエジプトに下りました。創世記のヨセフ物語が、簡潔なことばによって詩的に表現されています（17〜18節）。ヨセフの身に起こった悲劇は、神がヤコブの一家をエジプトに移住させるための方策でした。試練に遭ったとき、神は私たちを子として訓練されるという真理を思い起こしましょう（ヘブ12・8）。

（4）25〜38節は、出エジプトの出来事の回顧です。そこで強調されているのは、エジプトの初子がことごとく打たれたことと、民が銀と金とを持って出て来たことです。29〜35節で、エジプトを襲った災害が列挙されます。これらは、エジプトの神々を打つための災害でしたが、特に重要なのが36節です。「主は彼らの国の長子をことごとく打たれた。彼らのすべての力の初穂を」。イスラエル人たちは、神の御業を記念した詩を詠い、出エジプトの出来事を民族の記憶にとどめました。聖書研究を通して神の御業を記憶することは、今を生きるための力となります。

（5）39～45節は、荒野の旅の回顧です。「主は雲を広げて仕切りの幕とし　夜には火を与えて照らされた」（39節）。これは、神の臨在を示すシャカイナグローリーのことです。

荒野の旅において、民は数々の要求や不満を口にしましたが、主はそれにお答えになりました。大量のうずらの供給、マナの供給、そして、岩からほとばしり出る水の供給がありました。作者は、これらの神の配慮は、アブラハム契約のゆえであると解説しています（42節）。イスラエルの民は不信仰の民でしたが、神の忠実さのゆえに、約束の地に入ることができました（45節）。

（6）新約時代に生きる私たちは、より大きな声をもって、「ハレルヤ」と叫ぶことができます。①契約に関しては他国人であった私たちが、今やイスラエルの契約の中に招き入れられました。②罪の奴隷であった私たちは、イエスの死によって、霊的な出エジプトを経験しました。③そして主は、私たちを聖霊によって生かし、導いてくださいます。④クリスチャン生活は、天のカナンを目指して歩む生活です。そのことを思い起こし、新しい勇気と希望をいただきましょう。

詩篇106篇

ハレルヤ。　主に感謝せよ。主はまことにいつくしみ深い。　その恵みはとこしえまで。

だれが主の大能のわざを告げ　主の誉れのすべてを語り聞かせることができよう。

幸いなことよ　さばきを守る人々　いかなるときにも正義を行う人は。（詩篇106・1～3）

この詩篇から、以下のことを学びましょう。（1）作者は、先祖たちの罪と自分たちの罪を告白します。（2）イスラエルの民は、荒野の旅において数々の罪を犯し続けました。（3）さらに、カナン定住後も、罪を犯し続けました。（4）しかし、契約に忠実な主は、真実をもってイスラエルの民を救われました。（5）最後に出てくる祈りは、御国建設の成就を願う祈りになっています。

イスラエルの不従順

詩篇106篇をもって詩篇第4巻が終わります。この詩篇は、イスラエルの不従順と忘恩を告白する悔い改めと嘆きの詩です（詩篇78篇、列王記第一8章、ネヘミヤ記9章、ダニエル書9章など参照）。歴史に現れた自らの罪を告白することは、神の祝福を受けるための方法です。

（1）悔い改めの詩篇であっても、主をたたえることが最優先されます（1節）。神の民にとって、主に感謝し、主を礼拝することは、特権であり、義務であり、喜びです。主をたたえる理由が2つ記されています。①主はいつくしみ深い。②その恵みはとこしえまで続く。これはヘブル的対句法です。

（2）「私たちは　先祖と同じように罪を犯し　不義を行い　悪を行ってきました」（6節）。作者は突如、先祖たちの罪を思い起こし、自分たちの世代もそれと同じことを行っているという認識に導かれます。神の恵みと約束は不変です。悲劇が襲ってきたのは、人間の側に問題があったからです。作者は、ヘブル的対句法で民族的罪を告白します。「罪を犯し」、「不義を行い」、「悪を行ってきた」は、同じ内容を3度繰り返したものです。

（3）7～12節は、エジプトと葦の海での罪の告白となっています。イスラエルの民は、エジプトでは神の奇しいわざを悟らず、葦の海では神の導きに逆らいました。しかし主は、御名のために彼らを救われました。それは、ご自分の力を知らせるためでした。主がイスラエルの民を救われる理由は、ご自身の栄光（力と恵み）を全世界に示すためです。

（4）13～33節は、荒野での罪の告白です。欲望の罪、モーセとアロンをねたんだ罪、金の子牛を作って拝んだ罪、約束の地を蔑んだ罪、バアル・ペオルにつき従った罪、メリバの水のほとりで主を怒らせた罪など、次々と罪の告白がなされます。以上の罪のリストは、私たちと無関係なものではありません。

（5）34～43節は、約束の地での罪の告白です。カナンの地で偶像礼拝にふけった罪、自分の子どもたちを偶像に献げた罪、その結果被った神の裁き、などが語られます。カナン人を滅ぼすことは、主の命令でした。しかし彼らは、その命令を無視し、逆に、カナンの地の悪習を真似て、偶像礼拝に陥りました。そしてついに、偶像に献げるために、自分の息子、娘の血を流しました。その結果、イスラエルの民は異教の民族の支配下に置かれるようになりました。しかし神は、彼らを見捨てませんでした（45節）。

神の真実

（1）主は、イスラエルの罪を厳しく罰しましたが、彼らが悔い改めたときには、恵みをもって臨まれました(44節)。士師記の時代がそうでした。神は、イスラエルの民の叫びを聞き、解放者（士師）を起こされました。神が苦しむ民を助けられた理由は、彼らと結んだ契約のゆえです。聖書が教える神の恵みとは、契約に基づく神の真実のことです。

（2）捕囚の期間でさえも、イスラエルの民に対する神の守りがありました。神は、異邦人の支配者たちの心にイスラエルをあわれむ思いを入れてくださいました。それゆえ、イスラエルの民は滅びを免れたのです。

御国建設の祈り

（1）作者は、イスラエルの民が離散の地から帰還するようにと祈っています（47～48節）。この祈りは、御国（メシア的王国）建設の約束の成就を求める祈りでもあります。

（２）イスラエルの民に起こったことから教訓を学びましょう。「これらのことが彼らに起こったのは、戒めのためであり、それが書かれたのは、世の終わりに臨んでいる私たちへの教訓とするためです」（1コリ10・11）。私たちが自らの罪を悔い改めるなら、神は恵みの御手を伸ばしてくださいます。

詩篇１０７篇

「主に感謝せよ。主はまことにいつくしみ深い。その恵みはとこしえまで。」
主に贖われた者は　そう言え。　主は彼らを敵の手から贖い
国々から彼らを集められた。　東からも西からも北からも南からも。（詩篇１０７・１〜３）

この詩篇から、以下のことを学びましょう。（１）主に感謝すべき理由が、４つ挙げられます。（２）「この苦しみのときに　彼らが主に向かって叫ぶと主は彼らを苦悩から救い出された」（６節）ということばが、13節、19節、28節でもくり返されます。（３）主の摂理的御手を記憶する人は、知恵ある人です。

主に感謝せよ

ここから詩篇第５巻が始まります。

（１）「主に感謝せよ。主はまことにいつくしみ深い。　その恵みはとこしえまで」（1節）。このことばは、106篇の始まりと同じです。主をたたえる理由は、主が「いつくしみ」と「恵み」に富んでおられるからです。この2つは神の基本的な性質です。

(2)では、誰が主に感謝し、その御名をたたえるべきなのでしょうか。それは、「主に贖われた者」です(2~3節)。この文脈では、贖われた者とは、苦難(敵の手)から解放された者という意味です。

主に感謝する4つの理由

(1)イスラエルの民の苦悩が、「荒野をさまよう旅人の苦悩」にたとえられます(4~9節)。彼らは、飢えと渇きに苦しみましたが、主は彼らを救いへと導かれました。この体験が何を指しているかに関しては、3つの可能性が考えられます。①出エジプトの際の荒野の旅。②荒野を旅する旅人一般の経験。③バビロンから帰還する民の経験。恐らく①を指しているのでしょう。しかし、それに限定する必要はないと思います。「この苦しみのときに　彼らが主に向かって叫ぶと　主は彼らを苦悩から救い出された」(6節)。これと同じ内容が、13節、19節、28節でもくり返されます。「主に感謝せよ。その恵みのゆえに。人の子らへの奇しいみわざのゆえに」(8節)。これも大切な聖句です(15節、21節、31節でもくり返されます)。

(2)次に、民の苦悩が、囚人たちの苦悩にたとえられます(10~11節)。捕囚の民イスラエルの姿は、まさに囚人のようでした。彼らは、その状態から解放されました。「まことに主は青銅の扉を打ち砕き鉄のかんぬきをへし折られた」(16節)ということばは、イザヤ書45章2節の成就です。

(3)さらに、民の苦悩が、「病者の苦悩」にたとえられます(17~22節)。彼らは、「愚か者」と呼ばれています。神のことばに従わない者は、愚か者です。彼らがこのような苦しみに陥ったのは、その咎と罪のためです。彼らの病状は深刻で、死に至るほどのものです。次の19節は、重要な聖句です。「この苦しみのときに　彼らが主に向かって叫ぶと　主は彼らを苦悩から救われた」(6節、13節、28節と同じ)。21節も重要な聖句です。「主に感謝せよ。その恵みのゆえに。人の子らへの奇しいみわざのゆえに」(8節、15節、31節と同じ)。

(4)最後に、民の苦悩が、「嵐に悩む水夫の苦悩」

にたとえられます（23～32節）。ここで語られているのは、生活の糧を稼ぐために海で働くイスラエル人たちです。彼らは、嵐の海にもてあそばれ、死を覚悟するほどの状況に置かれました。しかし神は、水夫たちを目的地に安全に導かれました。

自然界に対する神の支配

（1）作者は、33～42節で、主の摂理的支配について黙想します。主は川を荒野に変えたり、肥沃な地を不毛の地に変えたりすることができます。その地の住民が邪悪であれば、罰としてそうされるのです。それとは逆に、荒野を水のある沢に、砂漠を肥沃な地に変えることもできます。それは悲しむ民を慰めるためです。主の祝福は、忠実な民の上に注がれます。

（2）主の摂理的支配は、人間界にも及びます。主の御心に反抗する者は、試練に遭います（39～40節）。しかし主は、苦悩している神の民のためには、試練を祝福に変えてくださいます（41～42節）。

（3）この詩篇の結論は、「知恵のある者はだれか。これらのことに心を留めよ。主の数々の恵みを見極めよ」（43節）です。今、自らの人生を振り返り、神がどのようにして私たちを苦難から解放してくださったかを思い出しましょう。神は、永遠の愛をもって私たちを愛してくださいました。そのことを思い起こし、キリストにあって知恵ある者とさせていただきましょう。

詩篇108篇

神よ　私の心は揺るぎません。　私は歌い　ほめ歌います。　私の心の底も。琴よ　竪琴よ　目を覚ませ。　私は暁を呼び覚まそう。
主よ　私は諸国の民の間で　あなたに感謝し　もろもろの国民の間で　あなたをほめ歌います。あなたの恵みは大きく　天の上に及び　あなたのまことは雲にまで及ぶからです。
（詩篇108・1〜4）

この詩篇から、以下のことを学びましょう。（1）この詩篇は、詩篇57篇の一部と詩篇60篇の一部を1つにまとめたものです。（2）ダビデは、諸国の中にあって主を礼拝することを宣言します。主が恵み深いお方だからです。（3）ダビデは、主の守りを祈り求めます。そして主は、その祈りにお答えになります。

感謝のことば

この詩篇は、かつてダビデが詠った2つの詩篇を、1つにまとめたものです。1〜5節は詩篇57篇7〜11節と、6〜13節は詩篇60篇5〜12節とほぼ同じです。2つの詩篇を結合したものであっても、その内容は見事に調和しています。

（1）「神よ　私の心は揺るぎません。　私は歌い　ほめ歌います。　私の心の底も。　琴よ　竪琴よ　目を覚ませ。　私は暁を呼び覚まそう」（1〜2節）。ダビデは、主への確固とした信仰を持っており、その信仰が、彼の心に喜びと賛美を生み出しています。これは、真の信仰者でなければ味わうことのできない祝福です。

（2）ダビデは、諸国民の中にあって、主に感謝し、主を礼拝すると宣言します。礼拝する理由は、次の節に出てきます。「あなたの恵みは大きく　天の上に及び　あなたのまことは雲にまで及ぶからです」（4節）。

信仰の祈り

（1）「あなたの愛する者たちが助け出されるよう

あなたの右の手で救い　私に答えてください」（6節）。これは、敵に対する勝利を願う祈りです。「右の手」とは、神の力強い御手を指します。

（2）それに対して、神からの回答が与えられます。神は、ご自身の民を守ると約束されます。「わたしは　喜んでシェケムを分け　スコテの平原を測ろう」（7節）。シェケムは、エフライム族の領地にあります。スコテは、シェケムから東に30㎞ほど離れたヨルダン川東岸の地で、ガド族の領地にあります。主はエフライム族とガド族の領地を守られます。

（3）ギルアデは、ヨルダン川東岸の地、マナセはヨルダン川の両岸に広がる地です。それらはともに、主のものです。

（4）「エフライムはわたしの頭のかぶと」（8節b）。エフライム族は、強大な部族で、イスラエル全体の守りの中心です。

（5）「ユダはわたしの王笏」（8節c）。ユダ族から王になる者が出ます。ダビデはユダ族出身でした。

（6）イスラエルの敵であるモアブ、エドム、ペリシテは、ともに敗北し、奴隷の仕事をするようになります。

（7）ダビデは、10～12節で、いくつかの修辞的疑問を投げかけ、イスラエルに対する神の愛を確認します。13節は、ダビデの決心であり、この詩篇の結論でもあります。「神にあって私たちは力ある働きをします。神こそが　私たちの敵を踏みつけてくださいます」。真の勝利は、神によってもたらされるものです。きょうも、キリストにある勝利を信じ、この方にお従いしようではありませんか。

詩篇109篇

私の賛美である神よ。　沈黙しないでください。彼らは　邪悪な口と欺きの口を私に向けて開き偽りの舌をもって私に語るからです。彼らは　憎しみのことばで私を取り囲み　ゆえもなく私に挑んできます。私の愛に代えて　彼らは告発で応じます。　私は祈るばかりです。（詩篇109・1〜4）

この詩篇から、以下のことを学びましょう。（1）ダビデは、愛を示した者たちから裏切られました。(2)ダビデは、悪者が裁かれるようにと祈りますが、これは神の義を求める祈りです。（3）この詩篇は、主イエスの受難を預言しています。（4）最後にダビデは、主こそ自分を解放してくださるお方であることを告白しています。

解放の祈り

最初の5節で、ダビデは敵からの解放を求めて祈っています。「私の賛美である神よ。　沈黙しないでください。彼らは　邪悪な口と欺きの口を私に向けて開き　偽りの舌をもって私に語るからです」（1〜2節）。

（1）ダビデの敵は、虚偽のことばをもって彼を陥れました。それどころか、ダビデが示した愛に、悪意をもって応じました(4〜5節)。私たちもまた、似たような経験をすることがあります。そのようなときこそ、神の介入を求めて祈るべきです。

（2）ダビデは、悪者が裁かれるようにと祈ります。悪者本人だけでなく、その家族や子孫までもが裁かれるようにと願います（7〜10節）。このような厳しい呪いのことばを、どう理解したらよいのでしょうか。まず、これらのことばは、ダビデ自身の個人的な怒りや復讐心を表現したものではないことを覚えましょう。この詩篇で詠われていることは、罪に対する怒りであり、神の義に対する渇望です。地上に神の義が成るようにという願いが、その根底にあります。

（3）さらにこの詩篇は、預言的な内容を含んでいます。善にかえて悪を、愛にかえて憎しみを、というのは、イスカリオテのユダがイエスに対して取った態度です。新約時代に生きる私たちは、パウロの次の教えを思い出すべきです。「愛する者たち、自分で復讐してはいけません。神の怒りにゆだねなさい。こう書かれているからです。『復讐はわたしのもの。わたしが報復する。』主はそう言われます」(ロマ12・19)。

窮状の訴え

(1)後半に入ると、ダビデは自らの窮状を訴えます。「しかし 神よ 私の主よ あなたは 御名のために 私にみわざを行ってください。 御恵みのすばらしさのゆえに 私を救い出してください」(21節)。ダビデは、「御名のために」救出を求めています。それは、神の栄光を求める祈りです。また、愛、聖、忠実さなどの神の性質が啓示されるための祈りでもあります。

(2)「私は苦しみ そして貧しく 私の心は私のうちで傷ついています」(22節)。彼は、深く傷ついています。それは、心に剣が刺さった状態、負傷兵が戦場で横たわっている状態です。「私は 伸びていく夕日の影のように去り行き いなごのように振り払われます」(23節)。日時計の上の影は伸び、徐々に消え去ろうとしています。また、黒雲のように見えるいなごの大群も、強い風によって散らされ、姿を消します。これらは、人生の終局を表現する比ゆ的ことばです。

(3)「私の膝は断食のためによろけ 肉は削げ落ち 痩せ衰えました」(24節)。長期にわたる断食のせいで、ダビデの肉体はやせ衰え、生気を失っています。「私は彼らのそしりの的となり 彼らは私を見て 頭を振ります」(25節)。頭を振るのは、軽蔑の動作です(詩22・7、マタ27・39参照)。

解放を求める祈り

(1)最後にダビデは、神の介入を信じて祈ります。神が義人を救われる理由は、「恵み」のゆえです。「恵み」とは、契約に対する忠実さのことです。

(2)ダビデは、彼らが恥を見るように、侮辱を被るように願っています(「彼ら」とありますので、ダビデを責める悪人が複数いたことになります)。ダビデが解放を求める理由は、多くの人々の真ん中で主を賛美するためです。

（3）この詩篇の結論は、31節です。「主が貧しい人の右に立ち　死を宣告する者たちから彼を救われるからです」。ここでの主の姿は、私たちの救い主である主イエスの姿そのものです。「傷んだ葦を折ることもなく、くすぶる灯芯を消すこともない。さばきを勝利に導くまで。異邦人は彼の名に望みをかける」（マタ12・20～21）。主イエスは、弱き者、貧しき者の友となってくださいました。ハレルヤ！

詩篇110篇

主は　私の主に言われた。「あなたは　わたしの右の座に着いていなさい。　わたしがあなたの敵を　あなたの足台とするまで。」主はあなたの力の杖を　シオンから伸ばされる。「あなたの敵のただ中で治めよ」と。

（詩篇110・1～2）

この詩篇から、以下のことを学びましょう。（1）詩篇110篇は、メシア預言の詩篇です。イエスはパリサイ人たちに向かって、この詩篇を引用しながら質問されました（マタ22・44）。（2）現在メシアは、父なる神の右の座に着いておられます。（3）王であると同時に祭司でもあったメルキゼデクは、メシアの型です。（4）主イエスは今、天において大祭司として奉仕をしておられます。

父なる神の宣言

詩篇110篇は、メシア預言の詩篇です（マタ22・44参照）。

（1）ダビデは、主（父なる神）がメシア（ダビデの主）にこう語りかけるのを聞きました。「あなたは　わたしの右の座に着いていなさい。わたしがあなたの敵を　あなたの足台とするまで」（1節）。わたし今メシアは、父なる神の「右の座」に着いておられます。この状態は、「わたしがあなたの敵を　あなたの足台とするまで」続きます。つまり、敵が完全に征服されるまで続くということです。「右の座」とは、権威ある地位のことです。

（2）主イエスは昇天によって、父なる神の右の座に着座されました。そこから地上に戻って来られるのは、神の敵が完全に滅ぼされたときです。

（3）次の3節は難解です。「あなたの民は　あなたの戦いの日に喜んで仕える。聖なる威光をまとって　夜明け前から。あなたの若さは朝露のようだ」。概略をまとめると、以下のような意味になると思われます。①自発的にメシアに仕える民が出る。②彼らは、朝露のように若々しく、突然現れる。

メルキゼデクの例に倣い

（1）次に、メルキゼデクがメシアの型であることが示されます。「主は誓われた。思い直されることはない。『あなたは　メルキゼデクの例に倣いとこしえに祭司である』」（4節）。メルキゼデクは、サレムの王であり、同時に祭司でした。ひとりの人物が、王であり祭司であるというのは、モーセの律法にはないことです。その特徴のゆえに、メルキゼデクはメシアの型とされました（つまり、メシアは王であり祭司であるということ）。ヘブル人への手紙は、4回にわたって、そのことを教えています（ヘブ5・6、6・20、7・17、21）。メシアが登場して以降、アロン系の祭司は消滅しました。

（2）ダビデは、5～7節で、メシアの勝利を確信して詠っています。最後の7節には、「主は道の傍らで　流れから水を飲まれる。こうして　その頭を高く上げられる」とあります。これは、メシアが日々その力を発揮されることと、最終的に栄光をお受けになることを示しています。

（3）新約時代に生きる私たちは、メシアが今天において、大祭司として私たちのために仕えておられることを知っています。このメシアは、やがて王として地上に再臨されるお方です。再臨の主を待ち望む信仰によって、日々の霊的戦いに勝利しようではありませんか。

詩篇111篇

ハレルヤ。　私は心を尽くして主に感謝をささげよう。　直ぐな人の交わり　主の会衆において。主のみわざは偉大。　それを喜ぶすべての人に尋ね求められるもの。そのみわざは威厳と威光。　その義は永遠に立つ。（詩篇111・1〜3）

この詩篇から、以下のことを学びましょう。（1）この詩篇は、「アルファベット歌」と言われるものです。（2）作者は、3つの理由を挙げて神の御名をたたえます。（3）「知恵の初め　それは主を恐れること。　これを行う人はみな賢明さを得る。　主の誉れは永遠に立つ」（10節）。これがこの詩篇の結論です。

神をたたえる理由

この詩篇は、「アルファベット歌」と言われるものです。つまり、各行の最初の文字が、アルファベット順に書かれているということです。作者は、会衆の真ん中で、主の偉大な御業のゆえに、その御名をたたえると宣言します。主の御名をたたえる理由は、①創造の御業、②恵みの御業、③摂理的御業、の3つです。

（1）創造の御業。「主のみわざは偉大。それを喜ぶすべての人に　尋ね求められるもの」（2節）。神は天地を造り、イスラエルの民を、全人類を救うための器としてお選びになりました。私たちもまた、このお方によって造られました。創造の御業は、神の尊厳と威光を示しています。

（2）恵みの御業。「主は情け深く　あわれみ深い。主を恐れる者に食べ物を与え　ご自分の契約をとこしえに覚えておられる」（4b～5節）。イスラエルの民が人類救済のための神の器として選ばれたのは、恵みの御業です。「契約」ということばが2回出てきます(5節、9節)。主は契約を結ぶお方です。アブラハムと契約を結ばれたことも、恵みの御業です。

（3）摂理的御業。神は契約を結んだ相手を、とこしえにお守りになります。「主を恐れる者に食べ物を与え」（5節a）とあるのは、荒野に降った天からのマナに言及したものです。確かに主は、信じる者を見えざる御手で支えてくださいます。これが、神の摂理の御手と呼ばれるものです。

個人的生活への適用

（1）「知恵の初め　それは主を恐れること。これを行う人はみな賢明さを得る。主の誉れは永遠に立つ」（10節）。この節は、詩篇111篇全体の適用です。知恵ある人になる道は、主を恐れることです。これが聖書の中心的な教えです。

（2）神は、私たちを母の胎内で造ってくださいました。また、恵みによって、天地が造られる前から、イエス・キリストにあって、私たちを選んでくださいました。イエスをメシアと信じることができたのは、神の選びがあったからです。そして神は、信じた私たちを支え続けてくださいます。今までに、神の摂理の御手がどのように私たちを守り、導いてくれたかを、思い返してみましょう。神の御業を理解し、理解したことを個人生活に適用してみましょう。それこそが、知恵ある生き方です。

詩篇112篇

ハレルヤ。幸いなことよ　主を恐れ　その仰せを大いに喜ぶ人は。その子孫は地の上で勇士となり　直ぐな人たちの世代は祝福される。繁栄と富はその家にあり　彼の義は永遠に堅く立つ。（詩篇112・1〜3）

この詩篇から、以下のことを学びましょう。（1）この詩篇は、詩篇111篇の続編と考えられます。（2）作者は、神の子たちの良き行いが神の栄光につながると詠っています。（3）作者は、主を恐れる人が受ける祝福を列挙します。（4）悪者は、主を恐れる人とは対照的に悲惨な最期を迎えます。

主を恐れる人が受ける祝福

詩篇112篇は、111篇の続編と考えられます。この詩篇もまた、「アルファベット歌」となっています。詩篇111篇は、神のみわざをたたえる詩でしたが、112篇は、その神を信じる者たちの祝福について詠っています。つまり、神が神の子たちの良き行いによって栄光をお受けになるということです。主イエスも、このようにお語りになりました。「このように、あなたがたの光を人々の前で輝かせなさい。人々があなたがたの良い行いを見て、天におられるあなたがたの父をあがめるようになるためです」（マタ5・16）。

（1）この詩篇のテーマが1節で宣言されます。「ハレルヤ。幸いなことよ　主を恐れ　その仰せを大いに喜ぶ人は」。現代のクリスチャンが抱える問題の1つは、主への恐れを失っていることです。主への恐れは、私たちに罪の認識を与え、私たちを主の恵みへと導きます。さらに、私たちを罪から遠ざけます。

（2）2〜9節で、主を恐れる人が受ける具体的な祝福が列挙されます。①その人は、健康と物質的な富という祝福を得ます（2〜3節）。②その人は、暗闇の中にあっても光が与えられます（4節）。つまり、知恵と希望が与えられるということです。③その人は、隣人に情け深くあるので、幸いな人生を歩みます(5節)。④その人は、悪い知らせを恐れず、主への信頼をますます堅くします。また、人を恐れることがありません（6～8節）。⑤その人は、貧しい人々に惜しみなく分け与えるので、その角は高く上げられます。つまり、神がその人を強くし、栄誉を与えてくださるということです（9節）。

悪者の最期

（1）「悪しき者はそれを見て苛立ち　歯ぎしりして消え去る。　悪しき者の願いは滅び失せる」（10節）。悪者は、主を恐れる者とは対照的な最期を迎えます。悪者は、私たちにとって反面教師となります。悪者は、神が義人を祝福されるのを見ていらだち、不安で満たされます。

（2）私たちに関しては、悪者の最期を思い、神を恐れることを学びましょう。と同時に、「主を恐れる者」の最終的なモデルであり、私たちの真の教師でもある主イエスを見上げましょう。2～9節に書かれたことはすべて、キリストのうちにあって成就します。きょうも聖霊に導かれ、「キリストの律法」を行う者とならせていただきましょう。

詩篇113篇

ハレルヤ。　主のしもべたちよ　ほめたたえよ。
主の御名をほめたたえよ。
今よりとこしえまで　主の御名がほめられるように。
日の昇るところから沈むところまで　主の御名がほめたたえられるように。

（詩篇113・1～3）

この詩篇から、以下のことを学びましょう。（1）詩篇113～118篇まで「ハレルヤ詩篇」が続きます。（2）イスラエルの民は、かつて「ファラオの奴隷」でしたが、今や「主のしもべ」とされました。それゆえ、主をほめたたえるのです。（3）この詩篇は、ハンナの歌（1サム2・1～10）やマリアの賛歌（ルカ1・46～55）とよく似ています。（4）私たちクリスチャンも、イスラエルの民と同じように、低い所から高い所に引き上げられました。

(1サム2・1~10)やマリアの賛歌(ルカ1・46~55)とよく似ています。

神のあわれみ

(1)5~6節では、神のあわれみがテーマとなっています。「だれが　私たちの神　主のようであろうか。　主は高い御位に座し　身を低くして　天と地をご覧になる」。主は、他の神々にまさって高い御位に座しておられますが、身を低くして天と地をご覧になります。この真理は、神の御子イエスの受肉において究極的な成就を見ました(ピリ2・7)。主イエスが示された謙遜さを思い起こし、低くされることを学びましょう。傲慢の罪が示されたなら、それを悔い改めましょう。

(2)主は弱い者を引き上げ、高い所に置いてくださいました。これは、イスラエルの民だけでなく、私たちクリスチャンにも起こったことです。かつては罪人であった私たちが、キリスト・イエスにあって天の御座に座らせていただくようになりました。

(3)主は子を産まない女を、子をもって喜ぶ母としてくださいました。その例が、上記にあるハンナの歌

ハレルヤ詩篇

詩篇113~118篇まで「ハレルヤ詩篇」が続きます。これは、120~134篇、136篇などと区別して、「エジプトのハレルヤ詩篇」と呼ばれることがあります。その理由は、これらの詩篇の背景に、出エジプトの出来事があるからです。ユダヤ人たちには、過越の祭りの食前と食後に、これらの詩篇を朗詠する習慣があります。

(1)1~4節では、神の栄光がテーマとなっています。まず、「ハレルヤ」という呼びかけで、この詩篇が始まります。「ハレルヤ」とは、「主(ヤハウェ)をほめたたえよ」という意味です。次に、「主のしもべたちよ」とあります。イスラエルの民は、かつてエジプトの地にあったときには、「ファラオの奴隷」でしたが、今や「主のしもべ」とされました。出エジプトを経験したイスラエルの民だけでなく、主によって束縛から解放された者はすべて、「主のしもべ」です。

(2)私たちが主の御名を高く掲げる理由は、主が抑圧された者たちを高く上げてくださるからです。そういう意味では、この詩篇は、ハンナの歌

ナです。

（4）日本での宣教は難しいと言われます。いくら努力しても、霊の子どもを産むことができないような私たちですが、主は必ず多くの霊の子どもを授けてくださると信じます。今、この国にも霊的覚醒が与えられることを祈り求めましょう。私たちが信じている神は、まことに比類なきお方です。

詩篇114篇

イスラエルがエジプトから　ヤコブの家が　ことばの異なる民のうちから　出て来たとき
ユダは神の聖所となり　イスラエルは神の領地となった。
海は見て逃げ去り　ヨルダン川は引き返した。
山々は雄羊のように　丘は子羊のように跳ね回った。（詩篇114・1～4）

この詩篇から、以下のことを学びましょう。（1）作者は、出エジプトの出来事を思い起こし、現在与えられている恵みのゆえに主をたたえています。（2）この詩篇では、対句法と擬人法がふんだんに用いられています。（3）主の臨在と力を体験した者は、「恐れ」と「おののき」をもって主に応答します。

出エジプトの出来事

この詩篇は、過越の祭りで朗詠されるものです。イスラエル国家の誕生は、出エジプトの出来事によって実現しました。作者は、そのことを想起しながら、現在与えられている恵みを喜び、主の御名を賛美しています。この詩篇では、対句法（似たような表現を並べる文学的手法）と擬人法（自然界の無生物を人にたとえる文学的手法）が、ふんだんに使われています。それらの文学的手法によって、作者の情感が見事に描きだされています。

（1）「イスラエルがエジプトから　ヤコブの家がことばの異なる民のうちから　出て来たとき　ユダは神の聖所となり　イスラエルは神の領地となった。海は見て逃げ去り　ヨルダン川は引き返した。山々は雄羊のように　丘は子羊のように跳ね回った」（1～4節）。主は、イスラエルの民をエジプトから救い、カナンの地に導かれました。主が進まれたとき、自然界は主の臨在の前にその姿を変えました。紅海は2つに裂け、ヨルダン川の水は途中で立ち上がりました。シナイ山で律法が与えられたとき、山々は主の臨在のゆえに、揺れ動きました。

（2）「山々よ　なぜおまえは雄羊のように跳ねるのか。　丘よ　なぜ子羊のように跳ねるのか。　地よ　主の御前におののけ。　ヤコブの神の御前に。神は　岩を水の潤う沢に変えられた。　硬い岩を水のあふれる泉に」（6～8節）。作者は詩的手法を生かして、大胆にも、山々や丘に、「なぜ雄羊や小羊のように跳ねるのか」と質問しています。そして、その質問に答える代わりに、おののき続けるようにと命じています。その理由は、神が岩から水を出されたからです。これは、民にとっては大きな祝福でした。

信者の応答

（1）出エジプトの出来事は、イスラエルの民を解放するものでしたが、キリストの死と復活の出来事は、すべての人を罪と死から解放する「霊的出エジプト」となりました。主イエスは、私たちを罪からの解放し、いのちの水の源となってくださいました。

（2）今、自分がどのような状態の中から救われたのかを思い起こしましょう。自分をキリストに導いてくれた一つひとつのステップを思い出し、その背後に主の御手があったことを認めましょう。主の臨在と力に対する正しい応答は、「恐れ」と「おののき」です。主が私たちに示してくださった恵みの数々を思い起こし、主の御名をたたえましょう。

詩篇115篇

私たちにではなく　主よ　私たちにではなく
ただあなたの御名に　栄光を帰してください。
あなたの恵みとまことのゆえに。
なぜ　国々は言うのか。「彼らの神は　いったいどこにいるのか」と。（詩篇115・1〜2）

この詩篇から、以下のことを学びましょう。（1）作者は、主の御名が汚されているのを目撃し、主ご自身が御名の栄誉のために戦ってくださることを祈り求めます。（2）偶像礼拝者たちは、「あなたの神は、いったいどこにいるのか」と挑戦してきますが、そのようなことばに耳を傾ける必要はありません。（3）偶像は無力ですが、私たちの神は、天におられる全知全能の神です。（4）それゆえ、真の信仰者たちは、とこしえに主をほめたたえます。

義なる怒り

この詩篇は、イスラエルの民が偶像礼拝者たちに踏みにじられていたときに書かれたものだと思われます。作者は、主ご自身が御名の栄誉のために戦ってくださることを求めています。民に対しては、なおも主に信頼するように勧めています。

（1）「私たちにではなく　主よ　私たちにではなく　ただあなたの御名に　栄光を帰してください。あなたの恵みとまことのゆえに。なぜ　国々は言うのか。『彼らの神は　いったいどこにいるのか』と」（1〜2節）。作者は、主の御名にのみ栄光が帰されるようにと祈っています（イザ48・11参照）。偶像礼拝者たちは、「あなたの神は、いったいどこにいるのか」と信者に挑戦してきますが、このような挑戦のことばに耳を傾ける必要はありません。なぜなら、私たちの神は、天におられる全知全能の神だからです（3節）。

（2）作者は、偶像の無力さを数え上げます。「彼らの偶像は銀や金。　人の手のわざにすぎない。口があっても語れず　目があっても見えない。　耳があっても聞こえず　鼻があっても嗅げない。　手があってもさわれず　足があっても歩けない。　喉があっても声をたてることができない」（4〜7節）。人の手によって造られた偶像は無力であり、それに信頼する者も、主の前においては無力な者とされます（8節）。

主への信頼

（1）「イスラエルよ　主に信頼せよ。　主こそ助け　また盾。アロンの家よ　主に信頼せよ。　主こそ助け　また盾。　主を恐れる者たちよ　主に信頼せよ。　主こそ助け　また盾」（9〜11節）。ここには、①イスラエル全体への呼びかけ、②宗教的指導者たちへの呼びかけ、そして、③真の信仰者たちへの呼びかけがあります。「主を恐れる者たち」とは、真の信仰者たちのことです。主に信頼する者は、幸いです。

（2）最後に作者は、主の御名をたたえ、この詩篇を終えます。「天は　主の天。　地は　主が人の子らに与えられた。　死人は主をほめたたえることがない。　沈黙へ下る者たちも。　しかし　私たちは主をほめたたえる。　今よりとこしえに至るまで。ハレルヤ」（16〜18節）。偶像とは異なり、主は天を所有し、人間に地を与えてくださいました。主によって生かされている私たちは、とこしえまでも主をほめたたえます。主の御名があがめられることを求める人は、幸いです。

詩篇116篇

私は主を愛している。　主は私の声　私の願いを聞いてくださる。
主が私に耳を傾けてくださるので　私は生きているかぎり主を呼び求める。
（詩篇116・1～2）

この詩篇から、以下のことを学びましょう。（1）作者は、自分が経験した出エジプトを思い起こし、御名をたたえています。（2）作者は、主の御名の意味を理解した上で、祈りを献げています。（3）主による解放を経験した作者は、公の場で主への信頼を告白すると宣言します。（4）聖徒たちの死は、主の目に尊いものです。

主の御名を呼ぶ

詩篇113～118篇は、「エジプトのハレルヤ詩篇」と呼ばれ、ユダヤ人たちが過越の食事の前後に朗詠するものです。主イエスが弟子たちと食された最後の晩餐は、過越の食事でした。したがって、主イエスもこの詩篇を朗詠されたということになります。そう考えると、この詩篇はより一層私たちに身近なものとなります。

（1）「私は主を愛している。主は私の声　私の願いを聞いてくださる。主が私に耳を傾けてくださるので　私は生きているかぎり主を呼び求める」（1〜2節）。作者は、自分の人生にも個人的な出エジプトがあったことを思い起こして、主に感謝を献げ、主への愛を表明しています。

（2）「死の綱が私を取り巻き　よみの恐怖が私を襲い　私は苦しみと悲しみの中にあった」（3節）とありますので、文字通り彼は、肉体的、または霊的死に直面したことがあったのです。

（3）「そのとき　私は主の御名を呼び求めた」（4節）。これと同じ表現が、13節、17節にも出てきます。このヘブル的表現は、創世記12章8節、13章4節、出エジプト記33章19節、34章5節などにも見られます。「主の御名」とは、神の性質、力、権威など、神の実体を象徴するすべてのものです。作者は、「主の御名」が持つ意味を理解しながら祈ったのです。

神による解放

（1）主は、その祈りに答えてくださいました（5〜6節）。主が困難に直面している人を救出される理由は、「情け深く、……あわれみ深い」からです。この原則は、この詩篇の作者だけでなく、すべての信者に適用されるものです。

（2）主の恵みを思い返すことは、魂に喜びと平安を受ける方法です（7〜8節）。私たちもまた、個人的な出エジプト体験を思い出そうではありませんか。試練に直面したときには、この作者がしたように、「主の御名」を呼び求めようではありませんか。神の恵みを思い出す人は、幸いです。

信仰の決意

（1）主によって死の危険から解放されたことを詠った作者は、後半で、自らの信仰の決意を公に表明します（9〜11節）。結局のところ、「人はだれでも偽りを言う」のですから、人間を頼りにしても失望するだけです。

（2）「主が私に良くしてくださったすべてに対

し　私は主に何と応えたらよいのでしょう。私は救いの杯を掲げ　主の御名を呼び求めます。私は自分の誓いを主に果たします。　御民すべての目の前で」(12～14節)。作者は、主の恵みに対してどのように感謝すべきかを考えています。「救いの杯を掲げ」とは、神殿で感謝のささげ物である「注ぎのささげ物」を献げることでしょう。彼は、主への誓いを果たすことを決意しています。「御民すべての目の前で」とは、公の礼拝の場で、という意味です。

聖徒たちの死

(1)「主の聖徒たちの死は　主の目に尊い。ああ主よ　私はまことにあなたのしもべです。　あなたのしもべ　あなたのはしための子です。　あなたは私のかせを解いてくださいました。　私はあなたに感謝のいけにえを献げ　主の御名を呼び求めます」(15～17節)。作者は、主の許しがなければ、誰ひとり死ぬことはないことを告白します。主は、ご自身の聖徒たちの死に関心を払い、死の時を定めておられます。

(2)作者は、自分が自由人となった「主のしもべ」であることを告白します。最後に彼は、これらの告白を、神の民のただ中で公にすると宣言しています(18～19節)。私たちは、主への感謝を公にしているでしょうか。信仰を公に告白することは、神から祝福を受ける道です。告白する本人だけでなく、その告白を聞いた人々も大いに恵まれます。

詩篇117篇

すべての国々よ　主をほめたたえよ。　すべての国民よ　主をほめ歌え。主の恵みは私たちに大きい。　主のまことはとこしえまで。　ハレルヤ。（詩篇117・1〜2）

この詩篇から、以下のことを学びましょう。（1）この詩篇は、詩篇の中では最も短いものです。（2）パウロは、ローマ人への手紙15章で、この詩篇を引用しています。（3）この詩篇は、異邦人も救いに招かれることを預言しています。

主をほめたたえよという呼びかけ

この詩篇には、たった2節しかありません。詩篇の中では最も短いものです。また、聖書全体で見ても、最も短い章になっています。さらに、この詩篇は聖書のほぼ中間にあります。

（1）「すべての国々よ　主をほめたたえよ。すべての国民よ　主をほめ歌え」（1節）。ヘブル的対句法で、神をたたえよという呼びかけが、全人類に対してなされます。対句法ですから、そこには意味の強調があります。私たちもまた、「すべての国々」、「すべての国民」の中に含まれています。

（2）私たち異邦人もまた、イスラエルの民と同じように、神によって救いに招かれました。パウロは、異邦人の救いについて論じている箇所で、この詩篇を引用しています。「また、こう言われています。『異邦人よ、主の民とともに喜べ。』さらに、こうあります。『すべての異邦人よ、主をほめよ。すべての国民が、主をたたえるように』」（ロマ15・10〜11）。つまり、詩篇117篇1節は、異邦人も救いに招かれることを預言した素晴らしい聖句だということです。

主をほめたたえる理由

（1）「主の恵みは私たちに大きい。主のまことはとこしえまで。ハレルヤ」（2節）。イスラエルは「神のリトマス試験紙である」とか、「世界の日時計である」とか、よく言われます。その意味は、神がイスラエルを取り扱われる方法を見ていると、神が全人類をどのように取り扱ってくださるかが分かるということです。

（２）イスラエルに示された「恵み」は、ヘブル語で「ヘセド（ヘセッド）」と言います。「ヘセド」とは、契約に基づく恵み、契約を持続させる愛です。神の愛は、この「ヘセド」を土台にしたものです。

（３）「恵み」ということばに「まこと」ということばが続くことがよくあります。「まこと」は、ヘブル語で「エメット」と言います。この２つのことばは、神の性質を表現する重要なことばです。神の性質は、永遠に変わることがありません。

（４）自分には、神をほめたたえる理由が見つからないと考えている人がいるなら、神の「恵み」と「まこと」は永遠に変わることがないという事実を思い起こしましょう。そして、「ハレルヤ！」（主をほめよ）と大声で叫びましょう。

詩篇１１８篇

主に感謝せよ。主はまことにいつくしみ深い。その恵みはとこしえまで。さあ　イスラエルよ　言え。「主の恵みはとこしえまで。」さあ　アロンの家よ　言え。「主の恵みはとこしえまで。」さあ　主を恐れる者たちよ　言え。「主の恵みはとこしえまで。」（詩篇１１８・１〜４）

この詩篇から、以下のことを学びましょう。（１）作者は、敵の攻撃に遭う中で、自らの体験を振り返りながら、「信仰者の試練と勝利」について詠います。（２）作者が苦しみの中から主に叫ぶと、主は応えてくださいました。（３）この詩篇の後半は、メシア預言になっています。「家を建てる者たちが捨てた石」とは、イエス・キリストのことです。（４）25〜26節は、イエスがエルサレムに入城されたときに成就しました。

礼拝への招き

この詩篇は、「エジプトのハレルヤ詩篇」の最後のもので、過越の祭りの最後に朗詠されるものです。最後の晩餐の席でこの詩篇が朗詠された可能性は大です（マタ26・30参照）。神の人が敵からの攻撃に遭うのは、珍しいことではありません。作者は、自らの体験を振り返りながら、「信仰者の試練と勝利」について詠います。

（1）1～4節は、礼拝への呼びかけです。その呼びかけに応えて、会衆が御名をたたえます。2～4節は、交読文として詠われたと思われます。

（2）5～14節で、作者は自らの苦難の体験を要約しています。「苦しみのうちから　私は主を呼び求めた。主は答えて　私を広やかな地へ導かれた。主は私の味方。私は恐れない。　人は私に何ができよう」（5～6節）。作者は主によって立てられた指導者です。しかし、彼の周囲には敵が群がっています。それでも彼は、主への信頼を捨てません。むしろ、苦しみのうちから主を呼び求めます（6節の告白は、ヘブル人への手紙13章6節に引用されています）。主は、彼の願いに応えて、敵を滅ぼされました。その結果、彼は人を恐れず、主にだけ信頼を置く信仰へと導かれました（13～14節）。

（3）15～21節で、作者は神による勝利を詠います（15～18節）。主の守りが、「右の手」ということばで表現されます。「右の手」は、信者を懲らしめる手ですが、究極的には、信者を守り、祝福へと導く手です。作者は19節で、神殿に入ることを求めます。神殿で御名をたたえるためです。

家を建てる者たちの捨てた石

（1）詩篇１１８篇の後半は、メシア預言となっています。「家を建てる者たちが捨てた石　それが要の石となった。これは主がなさったこと。私たちの目には不思議なことだ」（22～23節）。「家を建てる者たちが捨てた石」とは、作者自身のことでしょう。あるいは、イスラエルという国のことかもしれません。いずれにしても、人から評価されず、見下された状態になった者を、主が回復し、重用してくださるのです。

（2）この石は、究極的には、メシアであるイエスのことです。「要の石」とは、建物の隅に置かれる礎石か、アーチの一番上に置かれる中央の石のことです。

（3）世界がイスラエルを見捨てても、神はイスラエルを神の国の最も重要な位置に据えてくださるというのが、作者の信仰です。その真理は、メシアであるイエスにも当てはまります。イエスは、この詩篇の預言を、ご自分に適用されました（マタ21・42）。神は、復活を通して、イエスこそ人類の救い主であることを証明されました（マタ21・42、マコ12・10、ルカ20・17、使徒4・11、1ペテ2・7参照）。

民の祝福のための祈り

（1）「ああ主よ　どうか救ってください。　ああ主よ　どうか栄えさせてください。　祝福あれ　主の御名によって来られる方に。……」（25〜26節）。この聖句は、イエスがエルサレムに入城されたときに、群衆が叫んだものです（マタ21・9）。「ホサナ」とは、「私たちを救ってください」という意味です。

（2）群衆は、イエスをメシアとして大歓迎しましたが、彼らが期待したメシア像は政治的メシアであったため、1週間後には、イエスを拒否するようになります。

（3）主イエスは、私たちに永遠のいのちを与えるために贖罪の死を遂げ、3日後に復活してくださいました。私たちには、あの群衆たち以上に、主イエスをたたえる理由があります。神は、試練によって砕かれた信仰者たちを、神の国建設のための重要な石として用いてくださいます。信仰によって、頭を高く上げようではありませんか。

詩篇119篇

幸いなことよ　全き道を行く人々　主のみおしえに歩む人々。幸いなことよ　主のさとしを守り　心を尽くして主を求める人々。まことに　彼らは不正を行わず　主の道を歩みます。（詩篇119・1～3）

この詩篇から、以下のことを学びましょう。（1）詩篇119篇は、黄金の詩篇と呼ばれる最高峰の詩篇です。（2）この詩篇は、平均的な詩篇の20倍以上の長さがあります。（3）この詩篇は、アルファベット歌と呼ばれる文学的に非常にすぐれた作品になっています。（4）この詩篇のテーマは、「神のことばへの愛」です。

巧みに構成された詩篇

今私たちは、詩篇の最高峰にたどり着きました。詩篇119篇には、なんと176節もあります。これは、平均的な詩篇の20倍以上の長さです。したがって、限られた字数でその内容を要約することは不可能です。ここでは、この詩篇の特徴だけを列記します。読者の皆様には、直接この詩篇をお読みいただきたいと思います。

（1）この詩篇には、著者の名前がありません。作者は不明ですが、文学的才能に富んだ人物であることに間違いはありません。

（2）この詩篇は、アルファベット歌です。22の区分があり、それぞれの区分が8節から成っています。つまり、8×22で合計176節になるわけです。各区分の最初の文字に、ヘブル語アルファベット22文字が順番に使われています。作者は、聖霊から与えられた知恵によって、巧みな構成を完成させました。その目的は、この詩篇の暗誦を容易にするためです。翻訳文には、アルファベット歌の美しさが反映されていません。残念なことですが、止むを得ません。

（3）詩篇119篇の主題は、「神のことばへの愛」です。「神のことば」を表わすのに、10種類のことばが使われています。①「みおしえ」（トーラー）、②「さとし」（エーダー）、③「戒め」（ピックード）、

④「おきて」（ホーク）、⑤「仰せ」（ミツワー）、⑥「さばき」（ミシュパット）、⑦「ことば」（ダバール）、⑧「ことば」（イムラー）、⑨「道」（デレク）、⑩「道」（オーラフ）。

（4）キリスト教は、聖書信仰です。つまり、聖書から離れたなら、キリスト教は成り立たないということです。「聖書はすべて神の霊感によるもので、教えと戒めと矯正と義の訓練のために有益です」（2テモ3・16）。聖書に対する愛を確認しようではありませんか。

信仰者と神のことば

詩篇119篇を読む際に、次の3点を心にとめておきましょう。

（1）神のことばへの愛は、神を愛するところから発する愛です。聖書がなければ、どのようにして神を愛したらよいのか、分かりません。聖書は、神から私たちに宛てられたラブレターです。誰でも、愛する人からの手紙は熱心に、何度も読み返すはずです。それと同じように、私たちは神を愛するがゆえに聖書を愛し、その教えに従おうとするのです。

（2）神のことばを実行する力は、聖霊によって与えられます。自力で頑張ろうとするなら、必ず挫折します。しかし、聖霊の力によってみことばに従い始めるなら、喜びといのちを体験するようになります。そのような人は、「幸いなことよ　全き道を行く人々　主のみおしえに歩む人々」（1節）と呼ばれるようになります。

（3）聖霊は、みことばとともに働かれます。聖霊の力によって生きると言っても、それは聖書と分離した世界で起こるのではありません。聖霊なしに聖書を読むことも、聖書なしに聖霊を語ることも、ともに不毛な努力に終わります。それゆえ作者は、「あなたの義のさばきを学ぶとき　私は直ぐな心であなたに感謝します。　私はあなたのおきてを守ります。　どうか　私を見捨てないでください」（7～8節）と詠います。

神の御心をもっと実行したいという願いと、みことばを学ぶことへの感謝が、私たちの信仰を育ててくれます。詩篇119篇を何度も味わい、神が約束しておられる「幸いな道」を歩み続けようではありませんか。

詩篇120篇

苦しみのうちに私が主を呼び求めると　主は私に答えてくださった。
主よ　私のたましいを　偽りの唇　欺きの舌から　救い出してください。（詩篇120・1〜2）

この詩篇から、以下のことを学びましょう。（1）作者は、敵からの攻撃に遭っています。その試練の中から、神に向かって叫んでいます。（2）苦難が作者を神に近づけました。（3）作者は平和の人ですが、争い好きな人たちの間に住み、苦しんでいます。（4）新約時代の信者には、ペテロの手紙第一2章の聖句が参考になります。

都上りの歌

詩篇120〜134篇には、「都上りの歌」というタイトルがつけられています。巡礼者たちがエルサレムに上る途上で朗詠したものだと言われています。

（1）「苦しみのうちに私が主を呼び求めると　主

は私に答えてくださった。　主よ　私のたましいを偽りの唇　欺きの舌から　救い出してください」（1～2節）。信者が体験する苦難の1つは、嘘や偽りによって、敵から攻撃されることです。偽りのうわさ話は、短時間のうちに世間に広がります。それに対して、真実に関心を払う者は、いつの時代においても少数派です。作者は、端的に、「主よ　私のたましいを　偽りの唇　欺きの舌から　救い出してください」と祈っています。苦難が彼を主に近づけたのです。

（2）「欺きの舌よ　おまえに何が与えられ　おまえに何が加えられるだろうか。　勇士の鋭い矢　そして　えにしだの炭火だ」（3～4節）。作者は、特定の悪人を思い起こし、その人物に「欺きの舌よ」と呼びかけています。その悪人は、どのような罰を受けるべきでしょうか。彼には、主からの裁きが下ります。「勇士の鋭い矢」と「えにしだの炭火」は、ともに比ゆ的ことばで、主からの裁きを意味しています。えにしだの木から作られた炭は、強い熱を出すことで知られていました。

平和の人

（1）「ああ　嘆かわしいこの身よ。　メシェクに寄留し　ケダルの天幕に身を寄せるとは」（5節）。作者は平和の人です。しかし彼は、争い好きな人たちの間に住んでいます。メシェク（創10・2参照）とケダル（創25・13）はともに、野蛮で争い好きな民です。

（2）「この身は　平和を憎む者とともにあって久しい。私が　平和を──と語りかければ　彼らは戦いを求めるのだ」（6～7節）。作者は、平和的な共存を望んでいます。しかし、野蛮で争い好きな人々は、そうではありません。彼らは、平和について話そうとすると、戦いを仕かけてきます。作者の嘆きは尽きません。

（3）新約時代の信者には、ペテロの勧告が助けとなります。「罪を犯して打ちたたかれ、それを耐え忍んでも、何の誉れになるでしょう。しかし、善を行って苦しみを受け、それを耐え忍ぶなら、それは神の御前に喜ばれることです」（1ペテ2・20）。「キリストは罪を犯したことがなく、その口には欺きもなかった。ののしられても、ののしり返さず、苦しめられても、脅すことをせず、正しくさばかれる方にお任せになった」（1ペテ2・22〜23）。試練の中でも、神に喜ばれる道があることを覚えようではありませんか。試練に耐える力が与えられるように祈りましょう。

詩篇121篇

私は山に向かって目を上げる。　私の助けは　どこから来るのか。
私の助けは主から来る。　天地を造られたお方から。（詩篇121・1〜2）

この詩篇から、以下のことを学びましょう。（1）作者は、旅の途中で山に向かって目を上げます。山は、種々の危険の象徴です。（2）作者は、自分の助けはどこから来るのかと問い、その助けは天地を造られた主から来ることを確認します。（3）3節以降、話し手が変わります。その人物は、旅人である作者に、励ましのことばを語ります。

私の助けはどこから

この詩篇は巡礼歌です。旅人が、丘々や荒野を通過しながら、エルサレムに上る旅について黙想しています。

（1）作者は、山（原語では丘々）に向かって目を上げます。旅人にとって、山は恐ろしいもの、種々の危険の象徴です。そこで彼は、こう自問自答します。「私の助けは　どこから来るのか」(1節)。その質問への回答は、自らの信仰を確認することで、すぐに与えられます。「私の助けは主から来る。天地を造られたお方から」(2節)。

(2)作者が見ている丘々もまた、主によって創造されたものです。主は、いかなる困難や悪の力よりも偉大なお方です。

主の守りの確かさ

(1)「主は　あなたの足をよろけさせず　あなたを守る方は　まどろむこともない。　見よ　イスラエルを守る方は　まどろむこともなく　眠ることもない」(3~4節)。3節以降、話し手が変わります。1~2節を語った人に対して、誰か別の人が励ましのことばを語っています。その人は、巡礼に同行していた祭司なのかもしれません。あるいは、霊的指導者のひとりである可能性もあります。

(2)今この詩篇を読む私たちは、これらのことばを通して聖霊が語っておられることを感じることができます。神に信頼を置く者は、信仰の歩みにおいて滑ったり、転んだりすることはありません。なぜなら、その人は常に神の守りの中に置かれているからです。私たちを守る方は、私たちが寝ている間も、外界に対する私たちの意識が停止している間も、常に私たちを守っておられます。

(3)「主はあなたを守る方。主はあなたの右手をおおう陰。　昼も　日があなたを打つことはなく　夜も　月があなたを打つことはない」(5~6節)。ここでは、日は昼間に旅人を襲う危険を、月は夜間に旅人を襲う危険を表しています。イスラエルを常に守るお方は、旅人を守るお方でもあります。つまり、神が旅人の右を歩き、ボディーガードとなってくださるということです。

(4)「主は　すべてのわざわいからあなたを守り　あなたのたましいを守られる。　主はあなたを　行くにも帰るにも　今よりとこしえまでも守られる」(7~8節)。作者は、最後に再び主への信頼を告白します。神は、私たちの生活のあらゆる局面において、未来永劫にわたって、私たちを見守ってくださいます。神の許しなしには何も起こらないことを覚え、天の御国への旅を続けようではありませんか。

詩篇121篇を自らの巡礼歌とする人は、幸いです。

詩篇122篇

「さあ　主の家に行こう。」　人々が私にそう言ったとき　私は喜んだ。エルサレムよ　私たちの足は　あなたの門の内に立っている。（詩篇122・1～2）

この詩篇から、以下のことを学びましょう。（1）ユダヤ人男子は、年に3度、巡礼祭を祝うためにエルサレムに上りました。（2）ダビデは、エルサレムの麗しさをたたえます。（3）エルサレムの平和のために祈ることは、神からの命令です。（4）エルサレムの平和のために祈るとは、究極的には、ユダヤ人の救いとメシアの再臨ために祈ることです。

第3の巡礼歌

作者はダビデです。ダビデの時代にはまだ神殿は建っていませんので、この詩篇は、ダビデがソロモンの時代を思って詠った預言的詩篇だということになります。

（1）「『さあ　主の家に行こう。』　人々が私にそ

う言ったとき　私は喜んだ」（1節）。ユダヤ人男子は、年に3度、巡礼祭を祝うためにエルサレムに上りました。「私は喜んだ」ということばの中に、今年も都に上り主を礼拝する時期になったという感慨が込められています。信者にとって神を礼拝することは、退屈なことでも義務でもなく、大いなる喜びです。

（2）「エルサレムよ　私たちの足は　あなたの門の内に立っている」（2節）。ここで作者は、長い旅路を終えてエルサレムに到着し、城壁の中に入ります。作者の喜びと興奮が伝わってきます。

（3）「エルサレム　それは　一つによくまとまった都として建てられている。そこには　多くの部族主の部族が上って来る。　イスラエルである証しとして　主の御名に感謝するために。そこには　さばきの座　ダビデの家の王座があるからだ」（3～5節）。作者は、エルサレムの麗しさをたたえています。「一つによくまとまった都」とは、小さな町ではあっても、見事に調和した町（あらゆる建物が結合している町）として建てられているということです。この町は、イスラエルの政治的、かつ宗教的中心地です。そこにはダビデの王座があり、また主の臨在がとどまる神殿がありました。

エルサレムを思う心

（1）「エルサレムの平和のために祈れ。『あなたを愛する人々が安らかであるように。あなたの城壁の内に　平和があるように。あなたの宮殿の内が　平穏であるように』」（6～7節）。これは、神の命令です。エルサレムの平和のために祈ることは、神の命令です。この命令には、約束が伴っています。エルサレムの平和と繁栄を祈る者は、神からの祝福を受けます。アブラハム契約には、アブラハムの子孫（イスラエル人）を祝福する者は神から祝福を受ける、という約束が含まれています。

（2）では、エルサレムの平和のために祈るとはどういうことでしょうか。最善の方法は、ユダヤ人の救いを祈ることです。ユダヤ人の救いは、主イエスの再臨をもたらします。中東紛争の最終的な解決も世界平和も、再臨のメシアによってしかもたらされないことを思い、ユダヤ人の救いのために祈りましょう。また、人生は神の国への巡礼の旅であることを思い、喜びをもって日々信仰の旅を続けようではありませんか。

詩篇123篇

あなたに向かって　私は目を上げます。　天の御座に着いておられる方よ。まことに　しもべたちの目が主人の手に向けられ　仕える女の目が女主人の手に向けられるように　私たちの目は私たちの神　主に向けられています。　主が私たちをあわれんでくださるまで。（詩篇123・1～2）

この詩篇から、以下のことを学びましょう。（1）作者は、支配者による圧政からの解放を求めて祈ります。（2）背景にあるのはバビロン捕囚の出来事でしょう。（2）作者の目は、天の御座に着いておられるお方に向けられます。奴隷の目が主人の手に向けられているように。（3）エレミヤは、バビロン崩壊の預言を語りました（エレ50章）。

主に向かって目を上げる

この詩篇の背景にあるのは、バビロン捕囚の出来事だと思われます。イスラエル人たちは、支配者の圧政に苦しんでいます。苦難からの解放は、彼らの切実な願いであり、祈りです。

（1）「あなたに向かって　私は目を上げます。天の御座に着いておられる方よ」（1節）。捕囚の民にとって唯一の希望は、天の御座に着いておられる方の存在です。作者は、天を見上げ、苦難の日々を早く終わらせてくださいと祈ります。

（2）「まことに　しもべたちの目が主人の手に向けられ　仕える女の目が女主人の手に向けられるように　私たちの目は私たちの神　主に向けられています。　主が私たちをあわれんでくださるまで」（2節）。作者は、奴隷の目が主人の手に向けられているように、自分たちの目は主に向けられていると言います。通常これは、主人の命令が下るのを待つしもべの姿勢を表現するものですが、ここでは、主による解放を待っているという意味です。

主への懇願

（1）「あわれんでください　主よ　あわれんでください。　私たちは蔑みでいっぱいです。　私たちのたましいは　安逸を貪る者たちの嘲りと　高ぶる者たちの蔑みでいっぱいです」（3～4節）。支配者の圧政は、忍耐の限度を超えています。彼らは、安逸を貪る者たち、高ぶる者たちです。その彼らが、神の民をあざけり、蔑んでいます。神が速やかに行動を起こしてくださらなければ、民は滅びてしまうでしょう。

（2）バビロンの高ぶりについては、エレミヤがこう預言しています。「高ぶる者よ。見よ、わたしはおまえを敵とする。――万軍の**神**、主のことば――　おまえの日、わたしがおまえを罰するときが来たからだ。　そこで、高ぶる者はつまずき倒れ、これを起こす者もいない。　わたしは、その町々に火をつける。　火はその周りのものすべてを焼き尽くす」（エレ50・31～32）。

（3）この詩篇のキーワードは、「目」と「あわれみ」です。前者は4回、後者は3回出ています。ユダヤ人たちは、何度も圧政を経験してきました。エジプトでの奴隷生活、アッシリア捕囚、バビロン捕囚、ローマによる支配、近代ではナチスによる虐殺など。ユダヤ人たちにとっては、敵の支配からの解放は切実なテーマです。

（4）私たちの場合はどうでしょうか。私たちの切実なテーマは、家族や同胞の救いです。神がただちに行動を起こしてくださるように、私たちの目を神の御手に向けようではありませんか。

詩篇124篇

「もしも　主が私たちの味方でなかったなら。」
さあ　イスラエルは言え。
「もしも　主が私たちの味方でなかったなら
人々が敵対してきたとき
そのとき　彼らは私たちを生きたまま　丸呑みにしていたであろう。　彼らの怒りが私たちに向かって燃え上がったとき
そのとき　大水は私たちを押し流し　濁流は私たちを越えて行ったであろう。
そのとき　荒れ狂う水は　私たちを越えて行ったであろう。」（詩篇124・1〜5）

この詩篇から、以下のことを学びましょう。（1）この詩篇のキーワードは、「もしも」です。仮定表現を用いることによって、主の守りの素晴らしさが詠われます。（2）神がイスラエルの味方でなかったら、彼らははるか昔に滅びていたことでしょう。（3）作者は、力強い御手のゆえに主の御名をたたえます。

「もしも」というキーワード

この詩篇のキーワードは、「もしも」です。これは、死といのちを、破滅と解放を分かつことばです。この詩篇の内容は、すべてこのことばにかかっています。

（1）「『もしも　主が私たちの味方でなかったなら。』　さあ、イスラエルは言え」（1節）。イスラエルが生存し続けているのは、まさに奇跡です。エジプトでの奴隷生活、バビロン捕囚、ローマによる圧政、世界離散、ポグロム（ロシアでの大量虐殺）、ホロコースト、そしてイスラエル共和国の建国。これらの歴史は、神がイスラエル人とともにおられたことを示しています。まさに、イスラエルの歴史が神の存在を証明していると言えます。しかし、異邦人の中には、そのことを認めない人たちが多くいることも事実です。

（2）「もしも　主が私たちの味方でなかったなら　人々が敵対してきたとき　そのとき　彼らは私たちを生きたまま　丸呑みにしていたであろう。　彼らの怒りが私たちに向かって燃え上がったとき　そのとき　大水は私たちを押し流し　濁流は私たちを越えて行ったであろう。……」（2～5節）。作者は、イスラエルの歴史を振り返り、敵が自分たちを滅ぼそうとして立ちあがった出来事を思い起こしています。敵の怒りが炎と大水にたとえられています。大水は、敵の大軍の象徴です。もし主がイスラエルとともにおられなかったとするなら、彼らは水の中に沈んでいたことでしょう。今も、イスラエルを取り囲む周辺諸国の指導者たちが、イスラエルを地中海に沈めてやると豪語しています。

ほむべきかな　主。

（1）「ほむべきかな　主。　主は私たちを　彼らの歯の餌食にされなかった。　鳥のように　私たちのたましいは　仕掛けられた罠から助け出された。罠は破られ　私たちは助け出された」（6～7節）。しかし、主はイスラエルを、獰猛な敵の歯から、また敵が仕掛けた罠から、助け出されました。ときには摂理的な方法を用いて、ときには奇跡を通して、主はそれをなさいました。それゆえ、御名をたたえるのです。

（2）「私たちの助けは　天地を造られた主の御名にある」（8節）。これが、霊的な洞察力を持ったイスラエル人の告白です。イスラエルの生存は、神の存在を抜きにして語ることができないものです。私たちもまた、この告白の内容を自分の祈りとすることができます。私たちの歩みがここまで守られたのは、すべて主の恵みと助けによることです。

詩篇125篇

主に信頼する人々はシオンの山のようだ。　揺るぐことなく　とこしえにながらえる。

エルサレムを山々が取り囲んでいるように　主は御民を　今よりとこしえまでも囲まれる。

それは　悪の杖が　正しい人の割り当て地の上にとどまることがなく　正しい人が不正なことに　手を伸ばさないようにするためだ。

（詩篇125・1〜3）


この詩篇から、以下のことを学びましょう。（1）主に信頼する人は、主への信頼を告白します。（2）信頼の根拠は、作者は、シオンの山のようです。（2）信頼の根拠は、神が異邦人の手からエルサレムを守られることにあります。（3）作者は、善良な人々が誘惑から守られるようにと祈ります。（4）最後に、不信仰者や背教者に対する裁きの警告が語られます。

主に信頼する人々

この詩篇は、義なる信者と不信者の運命の違いについて詠っています。

(1)主への信頼の告白。「主に信頼する人々はシオンの山のようだ。 揺るぐことなく とこしえにながらえる。 エルサレムを山々が取り囲んでいるように 主は御民を 今よりとこしえまでも囲まれる」(1~2節)。なんと麗しい表現でしょうか。信者の姿が、「シオンの山」にたとえられています。「シオンの山」とは、エルサレムの北にある高嶺のことですが、広義にはエルサレムそのものを指すことばです。エルサレムは、三方が山に囲まれた自然の要害です。そのように、神の民もまた神の御手によって守られています。

(2)信頼の根拠。「それは 悪の杖が 正しい人の割り当て地の上にとどまることがなく 正しい人が不正なことに 手を伸ばさないようにするためだ」(3節)。エルサレムが守られている目的は、異邦人による支配が神の民に悪影響を及ぼさないためです。異邦人の支配は、制限つきです。異邦人の支配者は、イスラエル人が耐え切れなくなり、罪を犯してしまうほどの圧政を行うことが許されていません。

(3)祈り。「主よ 善良な人々や心の直ぐな人々に いつくしみを施してください」(4節)。このことばは、祈りであると同時に、主の守りの下にいる人の祝福を詠った信仰告白でもあります。どんなに善良な人々であっても、汚れた世に住んでいる限り、誘惑に陥ることがあります。主の守りといつくしみがなければ、私たちは患難や誘惑に勝利することができません。

(4)警告。「主は 曲がった道にそれる者どもを不法を行う者どもとともに追い出される」(5節a)。最後に、不信仰者や背教者に対する裁きの警告が語られます。愛は、単に感傷的なものではなく、罪に対する厳しさも含んだものです。イスラエルの歴史を見ると、民が不信仰に陥ったとき、神は彼らを矯正するために裁きを遂行されたことが分かります。これは、ヘブル人への手紙12章5~6節の教えと合致します。「そして、あなたがたに向かって子どもたちに対するように語られた、この励ましのことばを忘れています。『わが子よ、主の訓練を軽んじてはならない。主に叱られて気落ちしてはならない。 主はその愛する者を訓練し、受け入れるすべての子に、むちを加えられるのだから』」（ヘブ12・5～6）。

（5）「イスラエルの上に平和があるように」（5節b）。主から平和をいただく秘訣は、主に信頼して歩むことです。この真理は、私たちにも適用されます。主イエス・キリストとともに歩む人は、幸いです。

詩篇126篇

主がシオンを復興してくださったとき　私たちは夢を見ている者のようであった。そのとき　私たちの口は笑いで満たされ　私たちの舌は喜びの叫びで満たされた。そのとき　諸国の人々は言った。「主は彼らのために大いなることをなさった。」主が私たちのために大いなることをなさったので　私たちは喜んだ。（詩篇126・1～3）

この詩篇から、以下のことを学びましょう。（1）バビロン捕囚は、70年で終わりました。（2）シオンに帰還した者たちの間には、笑いと喜びの叫びが起こりました。（3）諸国民は、その背後に主の奇跡的な御業があったことを認めました。（4）帰還民たちは、国を再建するためにより多くの同胞たちが帰還するように祈ります。

シオンへの帰還

この詩篇は、バビロン捕囚からの帰還の喜びを詠ったものです。

（1）「主がシオンを復興してくださったとき　私たちは夢を見ている者のようであった。　そのとき私たちの口は笑いで満たされ　私たちの舌は喜びの叫びで満たされた」（1～2節ａ）。バビロン捕囚は、イスラエルの国家的悲劇です。しかし、70年後にペルシアのキュロス王が、捕囚民のシオンへの帰還を許可しました。

（2）「私たちは夢を見ている者のようであった」ということばは、「私たちは健康を回復した者のようであった」とも訳せることばです。帰還民の間には、笑いと喜びの叫びが起こりました。捕囚になって以降の70年間で、彼らがこれほど喜んだことはありませんでした。

（3）「そのとき　諸国の人々は言った。『主は彼らのために大いなることをなさった。』　主が私たちのために大いなることをなさったので　私たちは喜んだ」（2ｂ～3節）。イスラエルの民の帰還の知らせを聞いて、諸国の民は仰天しました。彼らは、この出来事はイスラエルの神がご自分の民を顧みて行われた奇跡であることを認め、主に栄光を帰しました。

（4）イスラエルの民は、異邦人諸国の評価に同意しました。確かに、主が彼らのために大いなることをされたのです。神の民にとって、これほどの喜びはありません。

切実な祈り

（1）「主よ　ネゲブの流れのように　私たちを元通りにしてください」（4節）。帰還民は、その地が荒廃しており、農業を再開し、国造りをするのが困難な地であることを発見します。彼らには、より多くの人材と物資が必要です。そこで彼らは、より多くの帰還民が速やかに戻って来るようにと祈ります。「ネゲブの流れのように」とは、イスラエル南部の荒野にあるワジ（水なし川）のことです。乾季には涸れた川になりますが、雨季にはその流れは激流となって死海に流れ込みます。

（2）「涙とともに種を蒔く者は　喜び叫びながら刈り取る。　種入れを抱え　泣きながら出て行く者は　束を抱え　喜び叫びながら帰って来る」（5～6節）。初年度は、わずかばかりの種を蒔き、収穫の時まで待たねばなりません。これは涙を流す期間です。しかし作者は、その種蒔きの努力が必ず収穫の喜びにつながると確信しています。この原則は、霊的な世界にも当てはまります。労苦して種を蒔くなら、永遠の収穫に与ることができます。神の国のために奉仕するなら、悲しみが喜びに変えられます。

詩篇127篇

主が家を建てるのでなければ　建てる者の働きはむなしい。　主が町を守るのでなければ　守る者の見張りはむなしい。

あなたがたが早く起き　遅く休み　労苦の糧を食べたとしても　それはむなしい。　実に　主は愛する者に眠りを与えてくださる。

（詩篇127・1〜2）


この詩篇から、以下のことを学びましょう。（1）この詩篇は、伝道者の書の教えと合致しています。（2）作者は、４つの人生の課題を取り上げ、主の摂理的御手の素晴らしさを詠っています。（3）４つの人生の課題とは、家、安全、労働、家庭です。

人生の4つの課題

この詩篇は、ソロモンの作だと書かれています。それゆえ、伝道者の書の教えと合致しています。作者は、人生の４つの課題を取り上げています

（1）家。「主が家を建てるのでなければ　建てる

者の働きはむなしい」（1節a）。家の建て方には、2つの方法があります。①自分なりに計画を立て、その上に神の祝福が注がれるように祈るという方法。こうして建てられた家は、人間の業以上のものにはなりません。②神の御心を求め、平安を得た後に建てるという方法。この方法では、さまざまな形での神の介入を見るようになります。

（2）安全。「主が町を守るのでなければ　守る者の見張りはむなしい」（1節b）。この聖句は、警察や消防などの安全に必要な組織を排除せよと教えているのではありません。主の摂理的な御手に信頼しないなら、人間が行う努力はむなしいという意味です。

（3）労働。「あなたがたが早く起き　遅く休み　労苦の糧を食べたとしても　それはむなしい。　実に　主は愛する者に眠りを与えてくださる」（2節）。この聖句も、勤勉を否定しているのではありません。この聖句が教えているのは、人がいくら頑張って働いたとしても、神の摂理的な御手に信頼していないなら、結果はむなしいということです。神に信頼していると、予期せぬ祝福が与えられます。

（4）家庭。「見よ　子どもたちは主の賜物　胎の実は報酬。　若いときの子どもたちは　実に　勇士の手にある矢のようだ。　幸いなことよ　矢筒をその矢で満たしている人は。　彼らは門で敵と論じるとき　恥を見ることがない」（3～5節）。この部分は、信者の家庭であることが前提となっています。子どもたちは、主から与えられた摂理的な賜物です。親が年老いたとき、子どもたちは大きな助けとなります。「矢」ということばが使われているのは、当時の人々が、内外の敵に囲まれながら日常生活を送っていたからです。「門で敵と論じるとき　恥を見ることがない」とあるのは、町を包囲した敵と交渉するのは門のところだったという背景があるからです。子どもたちが力になってくれると、訴訟においても、不当な扱いを受けることがなくなります。

この詩篇の内容をまとめると、ゼカリヤ書4章6節に行き着きます。「権力によらず、能力によらず、わたしの霊によって」。聖霊に導かれて歩む人は、幸いです。

詩篇128篇

幸いなことよ　主を恐れ　主の道を歩むすべての人は。（詩篇128・1）

この詩篇から、以下のことを学びましょう。（1）この詩篇は、詩篇127篇と対になっています。（2）主を恐れる者の労働は、祝されます。（3）主を恐れる者の家庭生活もまた、祝されます。（4）最後に作者は、主がエルサレムの神殿からその民を祝してくださるようにと祈ります。（5）新約時代の信者は、キリストにあって「天上にあるすべての霊的祝福」を受けました（エペ1・3）。

主を恐れる者の祝福

この詩篇は、詩篇127篇と対になっています。127篇は、主の摂理に信頼しない人生のむなしさについて詠っていましたが、128篇は、主を恐れる者が受ける祝福について詠っています。

（1）「幸いなことよ　主を恐れ　主の道を歩むすべての人は。あなたがその手で労した実りを食べること　それはあなたの幸い　あなたへの恵み」（1～2節）。主を恐れる者の労働は祝され、豊かな収穫をもたらします。詩篇127篇2節には、主に信頼しない者の労働はむなしいとありました。主に従順に歩む者は、地上生涯において祝福を受けるというのが、詩篇全体のテーマです（詩1・1～3参照）。

（2）「あなたの妻は　家の奥で　たわわに実るぶどうの木のようだ。あなたの子どもたちは　食卓を囲むとき　まるでオリーブの若木のようだ。見よ　主を恐れる人は　確かに　このように祝福を受ける」（3～4節）。ここでは、家庭生活の祝福が詠われています。妻はぶどうの木に、子どもたちはオリーブの木にたとえられています。ここには、「家族の成長」と「豊かな人生」の暗示があります。

（3）「主がシオンからあなたを祝福されるように。あなたは　いのちの日の限り　エルサレムへのいつくしみを見よ。あなたの子らの子たちを見よ。イスラエルの上に平和があるように」（5～6節）。この箇所は、祈りのことばです。作者は、主が御座（エルサレムの神殿）からその民を祝してくださるようにと祈っています。また、いつまでもエルサレムの繁栄が続くように、さらに、孫の顔を見ることができるほどの長寿が与えられるようにとも願っています。そして最後に、国の上に平和が与えられるようにと祈っています。

私たちへの教訓

（1）以上のことは、律法の時代に生きていた聖徒たちに適用される真理です。その時代にあっては、主への従順が地上的祝福を受ける条件でした。私たちは今、恵みの時代に生かされています。そして私たちは、キリストにあって「天上にあるすべての霊的祝福」をすでに受けています（エペ1・3）。単なる長寿の約束ではなく、永遠のいのちの約束を受けています。

（2）地上生涯においてはさまざまな試練が訪れるでしょうが（2テモ3・12）、それ以上の祝福を受けているのですから、なおも父なる神に信頼を置いて歩むべきです。私たちに関しては、すでに確信しているところに従って歩み続けようではありませんか。

詩篇129篇

「彼らは　私が若いころからひどく私を苦しめた。」　さあ　イスラエルは言え。「彼らは　私が若いころからひどく私を苦しめた。　しかし　彼らは私に勝てなかった。耕す者たちは私の背に鋤をあて　長いあぜを作ったが。」（詩篇129・1〜3）

この詩篇から、以下のことを学びましょう。（1）巡礼者たちは、歴史を回顧し、主の守りがあったことを思い起こします。（2）さらに、将来の守りを求めて祈ります。（3）イスラエルを憎む者は、神からの祝福を受けることができません。

歴史の回顧

巡礼者たちは、エルサレムに上る途上で、イスラエルの歴史を回顧し、主の御名をたたえます。

（1）「『彼らは　私が若いころからひどく私を苦しめた。』　さあ　イスラエルは言え。『彼らは　私が若いころからひどく私を苦しめた。 しかし 彼らは私に勝てなかった。

耕す者たちは私の背に鋤をあて 長いあぜを作ったが』」（1～3節）。作者は、苦難の歴史を告白するようにと民を励まします。
（2）イスラエルは、国としての体裁を取り始めたときから、さまざまな敵による苦しみを受けてきました。エジプトでの奴隷生活は、その1つです。しかし、いかなる敵もイスラエルを滅ぼすことはできませんでした。イスラエルの生存は、歴史上の謎です。
（3）「耕す者たちは私の背に鋤をあて 長いあぜを作った」とは、労役の苦しさを詠ったことばです。支配者たちは、イスラエルの民を極限まで苦しめました。
（4）「主は正しくあられ、悪しき者の綱を断ち切られた」（4節）。イスラエルの民は敵から苦しめられましたが、滅ぼされることはありませんでした。主の介入があったからです。

将来のための祈り

（1）「シオンを憎む者はみな 恥を受けて退け。彼らは 伸びないうちに枯れる 屋根の草のようになれ。 そのようなものを刈り取る者はつかまず束ねる者も抱えることはない」5～7節）。この部分は、イスラエルの敵が滅ぼされるようにという祈りです。「屋根の草」とは、風に吹かれて屋根の上に乗った種が芽を出したものです。中東では、このような光景をよく見かけます。せっかく芽を出しても、強い太陽の光にさらされると、土壌がないのですぐに枯れてしまいます。屋根の草は実をつけることがないので、それを収穫する者もいません。イスラエルを憎む者の最期は、屋根の草のようです。
（2）「通りがかりの人も 『あなたがたに主の祝福があるように。 主の名によって祝福あれ』 と言うことはない」（8節）。中東では今も、人と出会うと、「シャローム」と言い交わします。しかし、イスラエルの敵に対しては、誰も祝福のことばを口にしなくなります。反ユダヤ主義者は、神の祝福を受けるに値しない人たちです。
（3）イスラエルが反ユダヤ主義者の攻撃から守られるように祈りましょう。これは、今も有効な祈りです。さらに、主がアブラハムに語られた約束を思い起こしましょう。「わたしは、あなたを祝福する者を祝福し、あなたを呪う者をのろう。地のすべての部族は、あなたによって祝福される」(創12・3)

詩篇130篇

主よ　深い淵から私はあなたを呼び求めます。主よ　私の声を聞いてください。私の願いの声に耳を傾けてください。(詩篇130・1〜2)

この詩篇から、以下のことを学びましょう。(1)作者は、「深い淵」から主に助けを求めて叫んでいます。(2)私たちの神は赦しの神です。それゆえ、神に祈り、神に近づくことができます。(3)作者は、主が解放を与えてくださることを、夜回りが夜明けを待つような思いで待ち望んでいます。(4)神がイスラエルに約束されたことは、すべて成就します。

真実な叫び

作者は、主の助けを求めて叫ぶような祈りを献げます。

(1)「主よ　深い淵から私はあなたを呼び求めます。主よ　私の声を聞いてください。私の願いの声に耳を傾けてください」(1〜2節)。「深い淵」とは比ゆ的ことばです。これは、作者が直面していた非常な困難、あるいは死を覚悟するほどの試練を意味しています。その試練がなんであるかは書かれていませんが、おそらく国家的危機だと思われます（8節がそれを暗示しています）。

（2）「主よ　あなたがもし　不義に目を留められるなら　主よ　だれが御前に立てるでしょう。　しかし　あなたが赦してくださるゆえに　あなたは人に恐れられます」（3～4節）。もし神が私たちの不義を問題にされるなら、私たちは神の御前に立つことができません。しかし、神は赦してくださるお方です。それゆえ、私たちは神に祈り、神に近づくことができるのです。罪の赦しを体験した人は、神の赦しを軽々しく扱ってはなりません。神の赦しを体験した人は、神への恐れを内に抱くようになります。「恐れ」とは、ユダヤ的文脈では、礼拝と従順を含むことばです。神の赦しは、私たち罪人を聖徒に変えます。

待ち望む信仰

（1）「私は主を待ち望みます。　私のたましいは待ち望みます。　主のみことばを私は待ちます。　私のたましいは　夜回りが夜明けを　まことに　夜回りが夜明けを待つのにまさって　主を待ちます」（5～6節）。作者は、主による解放を待ち望んでいます。その状態を描写するために、夜回りの心境を例に引いています。「夜回り」とは、夜通し任務についている城壁の見張り人のことです。朝になると任務から解放されるので、彼にとって夜明けは実に待ち遠しいものなのです。

（2）「イスラエルよ　主を待て。　主には恵みがあり　豊かな贖いがある。　主は　すべての不義から　イスラエルを贖い出される」（7～8節）。作者は、イスラエル全体に向かって、自分がしているように主を待ち望めと勧めています。その根拠は、主には「恵み」と「贖い」があるからです。「恵み」（ヘブル語でヘセド）ということばは、契約に基づく不変の愛を指しています。私たちもまた、この詩篇の作者と同じように、キリストにあって救いの完成を待ち望んでいます。神が約束されたことは、すべて成就します。主を恐れる者として、このことを告白しようではありませんか。

詩篇131篇

主よ　私の心はおごらず　私の目は高ぶりません。及びもつかない大きなことや奇しいことに私は足を踏み入れません。（詩篇131・1）

この詩篇から、以下のことを学びましょう。（1）ダビデは、彼自身が実践していた「平安の秘訣」について民に教えています。（2）神の御前における謙遜こそ、平安を得る秘訣です。（3）自らの無知を告白する人は、謙遜な人です。（4）ダビデは、魂が揺れ動くとき、母の胸にいる幼子のように神の懐で憩います。

平安の秘訣

前書きに、「都上りの歌。ダビデによる」とあります。ダビデは、この詩篇を通して、彼自身が実践していた「平安の秘訣」について民に教えています。その秘訣とは、「神の御前における謙遜」です。

（1）「主よ　私の心はおごらず　私の目は高ぶりません。及びもつかない大きなことや奇しいことに　私は足を踏み入れません」（1節）。人生は謎に満ちています。私たちが住む世界には、人間に理解できることと、できないことが同居しています。自分はあらゆる問題に対する答えを持っていると考える人は、愚かで傲慢な人です。

（2）なぜ、この世には悪が存在するのでしょうか。なぜ、ある人たちに悲劇が起こるのでしょうか。神の主権と人間の自由意志の関係は、どうなっているのでしょうか。なぜ、ある祈りは聞かれ、ある祈りは聞かれないのでしょうか。これらの問いは、私たち人間には回答不可能な謎です。

（3）難問に直面したときのダビデの視線は、低いところにあります。彼は、「主よ　私の心はおごらず、私の目は高ぶりません」と言い、自らの無知を告白しています。「私には分かりません」と言える人は、謙遜な人です。

主への信頼

（1）「まことに私は　私のたましいを和らげ　静めました。　乳離れした子が　母親とともにいるように　乳離れした子のように　私のたましいは私とともにあります」(2節)。ダビデは、乳離れした子(離乳期の子)を例に取り、自分の心の状態を解説します。最初はむずかっていた子も、母親の胸に抱かれると、安心しておとなしくなります。ダビデもまた、神の御前で平安を得る体験をしています。心が揺れ動くとき、彼は自らの無知を告白し、神がすべてをご存じであることを信じて魂の平安を得ています。
(2)最後に彼は、「イスラエルよ 今よりとこしえまで 主を待ち望め」(3節)と呼びかけ、全知全能の神に信頼することこそ平安の秘訣であることを教えています。これは短い詩篇ですが、人生の達人になる道を示した貴重な詩篇です。

詩篇132篇

主よ ダビデのために 彼のすべての苦しみを思い出してください。(詩篇132・1)

この詩篇から、以下のことを学びましょう。(1)作者は、ダビデのすべての苦しみを思い出してくださいと祈っています。「すべての苦しみ」とは、神殿建設のための労苦のことです。(2)契約の箱は、キルヤテ・エアリムに20年間とどまっていましたが、ついに神殿に運び込まれました。(3)ソロモンは、シャカイナグローリーが神殿に宿るように祈ります。(4)主は、ソロモンが願った以上の答えをお与えになります。

ダビデの誓い

この詩篇の作者は、不明です。1つの可能性として、ソロモンが契約の箱を神殿に安置した際に祈った祈りだということが考えられます。
(1)「主よ ダビデのために 彼のすべての苦しみを思い出してください」(1節)。作者は、主がダビデの苦しみを思い出してくださるようにと願っています。「すべての苦しみ」とは、ダビデが神殿建設のために払った犠牲のことです。

（2）「彼は主に誓い　ヤコブの力強き方に誓いを立てました。『私は決して　私の家の天幕に入りません。　私のために備えられた寝床にも上がりません。……』」（2～5節）。ダビデが主に誓ったということは、ここ以外の箇所には書かれていません。誓いの内容は、文字通りの意味ではなく、ダビデの決意の深さを示したものです。

（3）「主のために　一つの場所を　ヤコブの力強き方のために　御住まいを　私が見出すまでは」（5節）というのは、神殿建設の意志を示すことばです。つまりダビデは、契約の箱を安置する神殿を建設するまでは、自分の心が安らぐことはないと言ったのです。

神殿に上る喜び

（1）ここから祈りの雰囲気が変わります。「今や　私たちは　エフラテでそれを聞き　ヤアルの野でそれを見出した」（6節）。この節は、難解です。「エフラテ」とはベツレヘムのことですが、イスラエル人たちが、ベツレヘムで契約の箱を見いだしたという記事はありません。そこで、エフラテという地名を「カレブ・エフラテ」（1歴2・24）と解釈すれば、ヤアル（キルヤテ・エアリムの別名）と同じ意味になります。つまり、6節は対句法による表現だということです。契約の箱は、キルヤテ・エアリムに20年間とどまっていました（1サム7・1～2）。

（2）契約の箱が神殿に近づくにつれて、人々の心は高鳴ります（7節）。「主の足台」とは、契約の箱のことです。そこはシャカイナグローリーが宿る場です。イスラエルの民は、神殿で主を礼拝することを喜びました。信者といえども、ダビデやソロモンのように神の栄光を第一にして歩む人は多くはありません。自らの信仰を省みて、栄光の御座に近づこうではありませんか。

ソロモンの祈り

（1）8～10節は、ソロモンの祈りです（2歴6・41～42参照）。ソロモンは、主が神殿の至聖所に臨在を現してくださるように祈ります（8節）。

契約の箱の上にシャカイナグローリーが輝かないなら、神殿が建設された意味がありません。

（2）さらにソロモンは、義なる祭司たちが継続して起こされるように、また、民の喜びがいつまでも続くようにと祈ります（9節）。

（3）最後にソロモンは、「油注がれた者」のためにも祈ります（10節）。主がその者を見捨てないようにという祈りですが、「油注がれた者」とはソロモン自身のことと、メシアのことども解釈されます。

主の答え

（1）ソロモンの祈りに対して、主から具体的な答えが与えられます。主の臨在を求める祈り（8節）に対する答えは、「これはとこしえに　わたしの安息の場所。ここにわたしは住む。　わたしがそれを望んだから」（14節）です。

（2）祭司たちのための祈り（9節a）に対する答えは、「その祭司たちに救いをまとわせる」（16節a）です。

（3）イスラエルの民のための祈り（9節b）に対する答えは、「その敬虔な者たちは高らかに喜び歌う」（16節b）です。

（4）油注がれた者のための祈り（10節）に対する答えは、「そこにわたしはダビデのために　一つの角を生えさせる。……わたしは彼の敵に恥をまとわせる。しかし　彼の上には王冠が光り輝く」（17〜18節）です。

（5）主の答えは、ソロモンが願った以上のものでした。この詩篇の背後にあるのはダビデ契約です（2サム7章）。ソロモンは、ダビデ契約に従って主に願い、主はその契約に基づいて祝福の約束をお与えになりました。みことばの約束に基づいた祈りを献げる人の信仰生活は、大いに祝福されます。

詩篇133篇

見よ。なんという幸せ　なんという楽しさだろう。　兄弟たちが一つになって　ともに生きることは。（詩篇133・1）

この詩篇から、以下のことを学びましょう。（1）この詩篇は、イスラエルの12部族がともに主を礼拝している姿を詠ったものです。（2）ダビデは、一致からくる祝福を、アロンの頭に注がれた油にたとえています。（3）水分の多いヘルモンの露が、シオンの山々に降ります。これもまた、一致からくる祝福を詠ったものです。

頭に注がれた油

この詩篇は、短いですが内容豊かな詩篇です。

（1）「見よ。なんという幸せ　なんという楽しさだろう。　兄弟たちが一つになって　ともに生きることとは」（1節）。ダビデは、兄弟たちが一致することの幸いを詠っています。この場面は、イスラエルの12部族が巡礼祭でエルサレムに上り、ともに主を礼拝しているところです。聖書的一致とは、すべての人が同じように考え、同じように行動するということではありません。中心的な事項においては一致しながら、周辺のことについては多様性が認められているということです。つまり、多様性と調和がともに保たれている状態です。

（2）「それは　頭に注がれた貴い油のようだ。それは　ひげに　アロンのひげに流れて　衣の端にまで流れ滴る」（2節）。ダビデは、このような一致を大祭司アロンに注がれる油にたとえています（レビ8・12参照）。この詩篇の背景はエルサレムでの礼拝ですので、このたとえは実に適切なものです。頭に注がれた油は、アロンのひげに、そして衣の襟に滴り落ちます。その下には、イスラエルの12部族の名前を刻んだ胸当てがあります。油は、その胸当てにまで流れ滴ります。これは、一致から来る祝福がイスラエルの12部族全体に及ぶことを象徴しています。

ヘルモンの露

（1）次にダビデは、一致の祝福をヘルモン（イスラエルの北にある山）の露にたとえます。油が大祭司アロンの上半身を覆うように、ヘルモンの露は山全体を覆います。それがシオンの山々に降りるというのです。ヘルモンの露は、水分の多い露です。「それはまた　ヘルモンから　シオンの山々に降りる露のようだ。　主がそこに　とこしえのいのちの祝福を命じられたからである」（3節）。ヘルモンの露は、その地にあるいのちを活性化させます。あらゆる生物が、その露によって活力を取り戻します。そのように、シオンの山々は一致から来る祝福によっていのちを回復します。

（2）一致して主を礼拝することは、民全体が霊的活力を回復することに直結しています。逆から考えると、多様性と調和を伴った一致のないところには、このような祝福は下ってこないということです。パウロの勧告を思い起こしましょう。「最後に兄弟たち、喜びなさい。完全になりなさい。慰めを受けなさい。思いを一つにしなさい。平和を保ちなさい。そうすれば、愛と平和の神はあなたがたとともにいてくださいます」（2コリ13・11）。

詩篇134篇

さあ　主をほめたたえよ。　主のすべてのしもべたち　夜ごとに主の家で仕える者たちよ。聖所に向かってあなたがたの手を上げ　主をほめたたえよ。（詩篇134・1～2）

この詩篇から、以下のことを学びましょう。（1）この詩篇は、都上りの歌の最後のものです。内容は、「頌栄」です。（2）巡礼者と神殿で奉仕する祭司たちが、互いに祝福のことばを投げかけ合っています。（3）主の祝福は、巡礼者一人ひとりに下ります。

最後の都上りの歌

この詩篇は、15ある都上りの歌の最後のものですが、内容は最後を飾るにふさわしく「頌栄」となっています。

（1）「さあ　主をほめたたえよ。　主のすべてのしもべたち　夜ごとに主の家で仕える者たちよ」（1節）。神殿での1日の活動を終えると、巡礼者たちは帰路に就きます。しかし、神殿では夜通し香をたき、感謝を献げ、主をたたえる祭司たちがいます。巡礼者たちはその姿を見て、彼らに、主をたたえよと呼びかけます。祭司たちは、主のしもべたちであり、夜ごとに神殿で主に仕える者たちです。「主の家」とは、神殿のことです。

（2）「聖所に向かってあなたがたの手を上げ　主をほめたたえよ」（2節）。巡礼者たちは祭司たちに向かって、両手を上げて主をほめたたえよと呼びかけます。両手を上げるのは、ユダヤ人たちが祈るときの一般的な姿勢です。

祝福のことば

（1）次の3節は、おそらく祭司たちのことばでしょう。巡礼者たちの呼びかけに応えて、祭司たちが祝福のことばを発します。「天地を造られた主がシオンからあなたを祝福されるように」（3節）。

（2）巡礼者を祝福されるのは、主です。この方は、天地の創造主であり、契約を結ぶ神です。主はヘブル語で「ヤハウェ」ですが、それは、契約を結ぶ神の御名です。

（3）この祝福は、巡礼者一人ひとりに下ります。「あなた」ということばが単数形になっています。そして、祝福を受ける場所は、シオン（エルサレム）です。今私たちも、大いなる神（天地の創造主）から個人的な祝福を受け取ろうではありませんか。

アーメン。

詩篇135篇

ハレルヤ　主の御名をほめたたえよ。　ほめたたえよ　主のしもべたち。
主の家で仕え　私たちの神の家の大庭で仕える者よ。
ハレルヤ　主はまことにいつくしみ深い。　主の御名にほめ歌を歌え。その御名は実に麗しい。
（詩篇135・1～3）

この詩篇から、以下のことを学びましょう。（1）作者は、御名をほめたたえる理由を挙げて、賛美の呼びかけを行います。（2）作者は、イスラエルの歴史を回顧しながら、御名をたたえる理由を再確認します。（3）主は創造主であり、力ある神です。それに対して、偶像は無力です。

賛美の呼びかけ

（1）「ハレルヤ　主の御名をほめたたえよ。　ほめたたえよ　主のしもべたち。主の家で仕え　私たちの神の家の大庭で仕える者よ」（1～2節）。作者は、主の御名をほめたたえよと呼びかけています。これは、第一義的には祭司やレビ人たちへの呼びかけですが、同時に、イスラエルの民全体への呼びかけともなっています。さらに、「主を恐れる者」（20節）すべてに対する呼びかけでもあります。その中には、私たちも含まれています。

（2）次に、主をほめたたえる理由が列挙されます。「ハレルヤ　主はまことにいつくしみ深い。主の御名にほめ歌を歌え。その御名は実に麗しい」（3節）。主の偉大さと麗しさをすべて理解し、それをことばにして表現できる人はひとりもいません。私たちにできるのは、主が為されたことを思い起こし、御名をたたえることだけです。

（3）神がイスラエルをご自分の宝として選ばれたのは、まさに神秘です（4節）。イスラエルの民はそのことのゆえに、主をたたえるのです。私たちもまた、選びによって神の子とされていることのゆえに、主を礼拝します。

（4）主は天地を創造し、今も被造世界を支えておられるお方です（5節）。偶像の神々は無力ですが、主は大いなることを行われるお方です。

（5）自然界は、神の栄光を現しています（6～7節）。主は地に雨を降らせ、風を起こされます。「神の、目に見えない性質、すなわち神の永遠の力と神性は、世界が創造されたときから被造物を通して知られ、はっきりと認められるので、彼らに弁解の余地はありません」（ロマ1・20）。

イスラエルの歴史の回顧

（1）「主はエジプトの初子を　人から家畜に至るまで打たれた。　エジプトよ　おまえの真っただ中に　主はしるしと奇跡を送られた。　ファラオとそのすべてのしもべらに」（8～9節）。イスラエルの歴史の中で、主の御力が現れた最大の事件は、出エジプトの出来事です。このとき主は、ファラオとその臣下を種々の災害によって苦しめました（クライマックスは、ファラオの息子も含めた初子の死と、紅海が2つに割れた出来事です）。

（2）「主は多くの国々を打ち　力ある王たちを殺された。　アモリ人の王シホン　バシャンの王オグカナンのすべての王国を」（10～11節）。主は、イスラエルの敵を打ち破られました。その中には、アモリ人の王シホンとバシャンの王オグがいました。さらに、カナンの地に存在していた国々も同様の運命に遭いました。

（3）「主は彼らの地をゆずりとして与えられた。御民イスラエルにゆずりとして」（12節）。イスラエルの民は、カナンの地を相続するために、エジプトを出て来たのです。彼らにその地を与えたのは、主です。

偶像との対比

（1）「主よ　あなたの御名はとこしえに　主よあなたの呼び名は代々に至ります。まことに　主はご自分の民をさばき　そのしもべらをあわれまれます」（13～14節）。御名とは、主のご性質そのものです。主があわれみと力に満ちた神であるという事実は、永遠に続きます。

（2）「異邦の民の偶像は銀や金。　人の手のわざにすぎない。　口があっても語れず　目があっても見えない。　……これを造る者も　これに信頼する者もみな　これと同じ」（15～18節）。偶像の愚かさが描写されています。まさにそのとおりで、人間が作った偶像は、無力です。
（3）「イスラエルの家よ　主をほめたたえよ。アロンの家よ　主をほめたたえよ。レビの家よ　主をほめたたえよ。主を恐れる者たちよ　主をほめたたえよ。……ハレルヤ」（19〜21節）。この詩篇は、主をほめたたえよという呼びかけで終わっています。祭司も、レビ人も、主を恐れる者も、すべての信仰者が主をほめたたえるべきです。賛美する聖徒たちの群れの中に入る人は、幸いです。

詩篇１３６篇

主に感謝せよ。主はまことにいつくしみ深い。主の恵みはとこしえまで。神の神であられる方に感謝せよ。主の恵みはとこしえまで。主の主であられる方に感謝せよ。主の恵みはとこしえまで。（詩篇１３６・１〜３）

この詩篇から、以下のことを学びましょう。（1）この詩篇は交読文の形式になっており、「主の恵みはとこしえまで」というフレーズが26回くり返されます。（2）作者は、創造の御業のゆえに主に感謝するように呼びかけています。（3）さらに、贖いの御業のゆえに主に感謝すべきだと語っています。（4）最後に、イスラエルのために戦われるお方であるがゆえに、主に感謝せよと勧めています。

この詩篇の特徴

詩篇１３６篇は、26節から成っていますが、その特徴は、「主の恵みはとこしえまで」というフレーズが26回くり返されることです。
（1）この詩篇は、礼拝において「交読文」のようにして詠われたのでしょう。つまり、祭司（司式者）が主をたたえることばを発すると、会衆が「主の恵みはとこしえまで」ということばで応じたということです。
（2）この詩篇は、イスラエルの祭りや礼拝で詠われたものと思われます。イスラエル人たちが最も好んだ詩篇の1つです（エズ3・11、2歴7・3、6参照）。
（3）民が礼拝する神は、神の中の神、天地創造の神、唯一の神です（申10・17～18参照）。この世に「主」と呼ばれる者がどれほどいても、私たちにとっての「主」はただおひとりです。私たちも、「主の恵みはとこしえまで」と応答しようではありませんか。

創造の御業

（1）神が恵み深いお方であることは、その創造の御業の中に表されています（4節）。宇宙は神の御手のわざであり、神の栄光を現しています。神は計り知れぬ知恵をもって、天を張り広げられました（5節）。神は、地をまるで水の上に浮かぶ島々のように配置されました（6節）。神は、天空にいくつもの巨大な光る物体を置かれました（7節）。巨大な光る物体の1つが、太陽です。太陽は昼のためのしるしとなりました（8節）。また、月と星は夜のためのしるしとなりました（9節）。
（2）私たちが信じている神は、創造主であり、大いなる神であることを思い起こしましょう（詩19・1～4、ロマ1・20）。

贖いの御業

（1）神の恵みは、その贖いの御業の中に表されています。神は、イスラエルの民を奴隷生活から解放するために、エジプトの初子を打たれました（10節）。これはエジプトに下った10番目の裁きでした。神は、イスラエルの民をカナンの地に導くために、彼らをエジプトの奴隷生活から連れ出されました（11節）。出エジプトの出来事は、人間のわざではなく、神の奇跡です（12節）。（4）神は、葦の海を2つに分けてそこを乾いた地とされました（13節）。

イスラエルの民は、乾いた地を歩いて向こう岸に渡りました(14節)。後を追って来たエジプトの軍勢は、波に飲み込まれて溺死しました（15節）。

（2）神は御業を行われますが、それに応答するのは人間です。神の御業は、私たちが信仰によって応答したときに具体化していきます。贖いの御業のゆえに神の御名をたたえましょう。

イスラエルのために戦われる神

（1）神が恵み深いお方であることは、イスラエルのために戦われたことの中に表されています（16節)。神は、荒野の旅を40年にわたって導かれました。水も食物もない地です。道も地図もありません。民が約束の地に入れたのは、まさに奇跡です。神は最高の「人生のガイド」です。

（2）アモリ人の王シホンとバシャンの王オグは、イスラエルの民の前に立ちはだかりました。イスラエルの民は彼らと戦い勝利しましたが、これは主による勝利でした（17〜20節）。その様子は、民数記21章に記録されています。「大いなる王たちを打たれた方に。　その恵みはとこしえまで。　主は力ある王たちを殺された」。神は、シホンとオグの地をイスラエルの相続地とされました（17〜18節。ヨシ12・1〜6参照）。

（3）イザヤの預言には、荒野の旅を導かれた主への祈りが書かれています（イザ63・11〜16）。乙女マリアもまた、「主の恵みはとこしえまで」と主の御名をたたえています。「主はあわれみを忘れずに、そのしもべイスラエルを助けてくださいました。　私たちの父祖たちに語られたとおり、アブラハムとその子孫に対するあわれみを　いつまでも忘れずに」（ルカ1・54〜55）。

詩篇137篇

バビロンの川のほとり　そこに私たちは座り　シオンを思い出して泣いた。街中の柳の木々に　私たちは竪琴を掛けた。それは　私たちを捕らえて来た者たちが　そこで私たちに歌を求め　私たちを苦しめる者たちが　余興に「シオンの歌を一つ歌え」と言ったからだ。（詩篇137・1〜3）

この詩篇から、以下のことを学びましょう。（1）この詩篇は、バビロン捕囚の苦しみの中から生まれた珠玉の詩です。（2）バビロンの川のほとりで、捕囚の民は涙を流しました。（3）バビロンの支配者たちは、捕囚の民にシオンの歌を1つ歌えと迫りましたが、歌えるはずがありません。（4）作者は、いつまでもエルサレムを忘れることはないと誓います。（5）神の民を迫害する者は、必ず裁かれます。

バビロンの川のほとりで

悲しい体験を歓迎する人は誰もいません。しかし、悲しみが珠玉の詩を生むことも事実です。イスラエルの歴史の中の悲劇の1つが、バビロン捕囚です（紀元70年のエルサレム崩壊は、それよりもさらに悲惨な出来事でした）。

（1）バビロンの軍勢は、その残酷さを余すところなく発揮しました。イスラエル人たちは、同胞が虐殺され、妻や娘たちが辱められ、息子たちが殺されるのを目撃しました。地獄のような状況を通過してきた彼らが、異郷の地で、どのような思いになったかは想像に難くありません。その悲しみから生まれたのが、この珠玉の歌です（捕囚から帰還した直後に作られたと思われます）。今やこの詩篇は、ユダヤ人の民族的遺産となっています。

（2）「バビロンの川のほとり　そこに私たちは座り　シオンを思い出して泣いた。　街中の柳の木々に　私たちは竪琴を掛けた」（1〜2節）。捕囚の民は、安息日ごとに、バビロンの川のほとりに座り、シオン（エルサレム）を思い出して涙を流しました。川の水が流れていくさまは、彼らの目から流れる涙を象徴しています。彼らは、竪琴を柳の木々に掛けました。歌う歌がないので、楽器を演奏する必要がなかったからです。

（3）バビロンの川のほとりで、「シオンの歌」を歌うことは不可能です。彼らは、バビロン捕囚を神から見捨てられた出来事と理解しました。その彼らの悲しみにさらに悲しみを上塗りするように（傷に塩をすり込むように）、バビロンの支配者たちは、「シオンの歌を1つ歌え」と要求しました。偶像礼拝者たちの間で、どうして余興として主を礼拝する歌が歌えるでしょうか。聖なるものと汚れたものを混同することなど、あり得ないことです。

エルサレムへの思い

（1）捕囚の地から帰還した作者は、今後決してエルサレムを忘れることはないとの堅い決意を表明します（5〜6節）。もしエルサレムを忘れるようなことがあれば、その罰として、右手が萎えて、竪琴を演奏できなくなってもいい、また、舌が上あごについて喜びの歌を歌えなくなってもいい、というのです。

（2）紀元70年以降の約1900年に及ぶ離散の歴史の中で、ユダヤ人たちがエルサレムを忘れたことは一度もありませんでした。彼らは、「来年はエルサレムで」を合言葉として、離散の歴史を生き延びました。まさに、詩篇137篇の告白通りのことが起こったのです。

主による報復

（1）作者にとっては、イスラエルの敵の悪行を忘れることは不可能です。しかし作者は、自らの手で復讐するよりは、主ご自身が報復してくださるようにと願っています（7節）。これは、主の義を求める祈りでもあります（箴20・22、ロマ12・19参照）。

（2）エドム人たちは、侵略者であるバビロンの兵士たちを鼓舞するために、「破壊せよ、破壊せよ。その基までも」と掛け声をかけました。それゆえ、主はエドム人の罪を裁かれるのです。

（3）バビロンは、神の民を裁くために神によって用いられた神の器ですが、彼らもまた、神の民に対して行った蛮行のゆえに、神の裁きを受けます（8〜9節）。バビロンの子どもたちは、岩に打ちつけられます。これはバビロンがユダヤ人たちに対して行ったことへの報復です。作者にとっては、バビロンの滅びは確定的なことです。
（４）契約の民イスラエルを祝福する者には、神からの祝福が約束されています。神の御心に適う祈りを献げる人は幸いです。

詩篇１３８篇

心を尽くして　私はあなたに感謝をささげます。
御使いたちの前で　あなたをほめ歌います。
私は　あなたの聖なる宮に向かってひれ伏し
恵みとまことのゆえに　御名に感謝します。
あなたがご自分のすべての御名のゆえに
あなたのみことばを高く上げられたからです。
私が呼んだその日に　あなたは私に答え　私のたましいに力を与えて強くされました。
（詩篇１３８・１～３）

この詩篇から、以下のことを学びましょう。（１）ダビデは、主が自分の祈りに答えてくださったことを思い起こし、御名をたたえています。（２）主の御業を目撃した王たちも、御名をたたえるようになります。（３）最後にダビデは、メシアによる救いは必ず成就すると宣言します。

神をたたえることば

（１）ダビデは、神が自分の祈りに答えてくださったことを思い起こし、神の御名をたたえています。「心を尽くして　私はあなたに感謝をささげます。御使いたちの前で　あなたをほめ歌います。　私はあなたの聖なる宮に向かってひれ伏し　恵みとまことのゆえに　御名に感謝します。……　私が呼んだその日に　あなたは私に答え　私のたましいに力を与えて強くされました」（1～3節）。「御使いたち」とは、ヘブル語の「エロヒーム」で、「異教の神々」とも訳せることばです。ダビデは、神の約束は必ず成就することを異教の神々（偶像）の前で宣言します。

（2）ダビデは、聖所に向かって神の御名をたたえます。その理由は、神が彼の祈りに答え、彼の信仰を強めてくださったからです。苦難の日に主に向かって叫び、祈りの答えを受ける者は幸いです。

地の王たちへの証し

（1）「主よ　地のすべての王はあなたに感謝するでしょう。　彼らがあなたの口のみことばを聞いたからです。　彼らは主の道について歌うでしょう。主の栄光が大きいからです。　まことに　主は高くあられますが　低い者を顧みてくださいます。　しかし高ぶる者を　遠くから見抜かれます」（4～6節）。神が祈りに答えてくださるということは、地のすべての王たちへの証しとなります。地の王たちもまた、神の約束がダビデの上に成就しているのを目撃し、主の素晴らしさについて歌うようになります。

（2）主の道は、人の道とは大いに異なります。主は高いところに座しておられますが、「低い者」（ダビデのような信仰者のこと）を顧みてくださいます。また、「高ぶる者」（ダビデの敵たち）が悪事を働くことのないように、見張ってくださいます。

苦難の中での平安

（1）「私が苦しみの中を歩いても　あなたは私を生かしてくださいます。　私の敵の怒りに向かって御手を伸ばし　あなたの右の手が私を救ってくださいます。　主は私のためにすべてを成し遂げてくださいます。　主よ　あなたの恵みはとこしえにあります。　あなたの御手のわざをやめないでください」（7～8節）。最後にダビデは、自分に関わる約束はすべて成就すると宣言しています。これはそのまま、メシアによる救いは必ず成就するという信仰告白になっています。

（2）同じことをパウロは、こう表現しています。「あなたがたの間で良い働きを始められた方は、キリスト・イエスの日が来るまでにそれを完成させてくださると、私は確信しています」（ピリ1・6）。神に対してこのような確信を持つ人は、幸いです。

詩篇139篇

主よ　あなたは私を探り　知っておられます。あなたは　私の座るのも立つのも知っておられ遠くから私の思いを読み取られます。あなたは私が歩くのも伏すのも見守り　私の道のすべてを知り抜いておられます。ことばが私の舌にのぼる前に　なんと主よ　あなたはそのすべてを知っておられます。

（詩篇139・1〜4）

この詩篇から、以下のことを学びましょう。（1）詩篇139篇は、神のご性質についてダビデが詠った麗しい賛歌です。（2）この詩篇は、4連（各6節）から成っています。①第1連は神の全知について、②第2連は神の遍在について、③第3連は神の全能について、④第4連は神への信頼について、詠っています。

神の全知

（1）「主よ　あなたは私を探り　知っておられま

す」（1節）。ダビデは、主が自分のすべてを知っておられるとの認識を持っています。

（2）ダビデは、神の全知を例示します（2～4節）。原文では、「あなた」ということばに強調点があります。①「座ると立つ」は、行動のすべてを示すことばです。②神は、行動の背後にある動機までご存じです。③「歩くと伏す」は、1日の行動のすべてを示すことばです。神は、人の1日の行動をすべてご存じです。④神は、人がことばを発する前に、すでにそれを知っておられます。

（3）ダビデは、神が全知であるという事実に当惑を覚えます（5～6節）。それが、いかにも窮屈なことのように思えるからです。「あなたは前からうしろから私を取り囲み　御手を私の上に置かれました」とは、その窮屈な思いを表現したものです。

（4）神が私たちのすべてをご存じだということは、良い知らせでしょうか、悪い知らせでしょうか。神は、私たちが抱える問題について、常に正しい裁きをしてくださるお方です。その神に、自分の願いを申しあげる人は幸いです。

神の遍在

（1）神の全知を確認したダビデは、神の御前から逃避する可能性について考えます（7節）。もちろん、神から逃れられる場所などあるはずがありません。

（2）ダビデは、極限的な場所をいくつか上げて、そこに逃避する可能性を考えます(8～10節)。「天」は神の臨在の場であり、「よみ」は死者が行く場所です。そのどちらにも神はおられます。「暁の翼を駆って」とは、光の速さで移動しても、ということです。「海の果てに住んでも」とは、地中海の彼方に住んでもという意味です。その場合でも、主の臨在から逃れることはできません。

（3）ここで突然、神の臨在という事実が彼にとって新しい意味を持ち始めます。彼は、「あなたの御手が私を導き　あなたの右の手が私を捕らえます」（10節）と告白します。神の右の手は、彼に平安を与え、彼を導く力となります。神の御手の中で安らぐ人は幸いです。

神の全能

（1）第3連の内容は、第1連（神の全知）と第2連（神の遍在）の内容を具体的に解説したものです。「あなたこそ　私の内臓を造り　母の胎の内で私を組み立てられた方です。……」（13～14節）。神は、人を母の胎内で組み立てたお方です。それゆえ神は、私たちのことをすべてご存じであり（全知）、常に私たちとともにおられるのです（遍在）。

（2）神の創造の御手を認識した瞬間、ダビデの心には主への感謝が溢れます。彼は、自分の体が実に不思議な方法で組み立てられていることを認識します。それどころか、誕生する前から、ダビデの生涯の詳細が神の書物に書き記されていました（15～16節）。私たちを造られたお方は、私たちのいのちを支え導くお方として、朝ごとにともにいてくださいます。

信頼すべきお方

（1）神の全知、遍在、全能について黙想したダビデは、最後に、自分が置かれている苦境に目をとめてくださいと祈ります（19～20節）。ダビデに敵対する者はすべて、神に反抗する者ばかりです。それゆえダビデは、彼らの上に神の裁きが下ることを願います。「彼らを憎みます」とは、彼らと絶交し、どのような関係も持ちませんという意味です。ダビデの心は、神とともにあります。

（2）最後にダビデは、神が自分の心を探ってくださることを願います（23～24節）。それによって、自分は神に反抗する人のようでないことが証明されるからです。全知の神は、ダビデの思い煩いをご存じです。また、信仰の道から外れたなら、正しい道に導いてくださいます。詩篇１３９篇に詠われた神の性質を黙想する人は、大いなる励ましと、清い生活を送るための力を受けます。

詩篇１４０篇

主よ　私をよこしまな人から助け出し　暴虐を行う者から守ってください。彼らは心の中で悪を企み　日ごとに戦いを仕掛けてきます。蛇のようにその舌を鋭くし　唇の下には　まむしの毒があります。（詩篇１４０・１〜３）

この詩篇から、以下のことを学びましょう。（1）ダビデは、自らの苦難の経験をもとにこの詩篇を詠んでいます。（2）悪しき者たちは、まむしの毒を持った舌でダビデを攻撃してきます。(3)ダビデは、主の助けを求めて祈ります。(4)この詩篇の内容は、主イエスの公生涯にも当てはまるものです。

悪人の存在

詩篇１３９篇で、全知全能の神に対する信頼について学びました。その続きとして、この詩篇を読むと、より一層味わい深いものとなります。

（1）「主よ　私をよこしまな人から助け出し　暴虐を行う者から守ってください。彼らは心の中で悪を企み　日ごとに戦いを仕掛けてきます。蛇のようにその舌を鋭くし　唇の下には　まむしの毒があります」（1〜3節）。青年ダビデは、サウル王からいのちを狙われ、荒野を転々と逃げ回っていたことがありました。この詩篇は、そのときの体験をもとに詠まれたものかもしれません。主への信頼を告白した者には、すぐに悪からの攻撃がやってきます。よこしまな人が、日ごとにダビデに戦いを仕掛けています。彼らの武器は、まむしの毒を持った舌です。

（2）「主よ　悪しき者の手から私を守り　暴虐を行う者からお守りください。彼らは私の足をつまずかせようと企んでいます。高ぶる者は　私に罠を仕掛け　綱で網を広げ　道端に落とし穴を設けました」（4〜5節）。ダビデは、悪しき者の手からの守りを主に願っています。なぜなら、彼の敵は人を破滅させることの名人だからです。彼らは、目に見えない罠と網を道端に仕掛けます。また、落とし穴を用意します。主だけがこのような窮地から私たちを救うことができます。

祈り

（1）「私は主に申し上げます。『あなたは私の神。主よ　私の願いの声を聞いてください。私の主　**神**　私の救いの力よ。あなたは私が武器を取る日に　私の頭をおおってくださいました。主よ　悪者の願いをかなえさせず　その企みを遂げさせないでください。彼らは高ぶっています」（6〜8節）。ダビデは、主の助けを受けるために主に対する信仰を告白し、主に嘆願します。かつての経験を思い出し、主に感謝を献げます。高ぶる者たちが低くされるようにと願います。

（2）この詩篇に詠われている体験は、ダビデのものであると同時に、ダビデの子として来られた主イエスのものでもあります。この詩篇を何度も読むと、そこに主イエスの苦しみが見えてくるはずです。さらに、この苦難の体験は、クリスチャンがこの世で清く生きようとするときに遭遇するものでもあります。この世の価値観に囚われている人々は、クリスチャンの清い生き方を見ただけで、我慢できなくなるのです。私たちもまた、周りの人々から中傷されるような経験をします。しかしそれは、私たちだけの経験ではないことを覚えましょう。あらゆる苦しみを経験された主イエスが、私たちとともにいてくださいます。

詩篇141篇

主よ　私はあなたを呼び求めています。　私のところに急いでください。　私があなたに呼び求めるときに　私の声に耳を傾けてください。　私の祈りが　御前への香として　手を上げる祈りが　夕べのささげ物として　立ち上りますように。（詩篇141・1〜2）

この詩篇から、以下のことを学びましょう。（1）聖徒たちの祈りは、神の前に立ち上る香りです。（2）悪人に苦しめられていたダビデは、悪の手から守られるようにと祈ります。（3）さらに、悪人と交わることのないようにと祈ります。（4）また、愛のある叱責を喜んで受けることができるようにと祈ります。（5）最後にダビデは、敵が自ら仕掛けた罠に落ち込むように、また、神の守りの御手が自分の上に伸ばされるようにと祈ります。

御前に立ち上る香

初代教会の聖徒たちは、朝の礼拝で詩篇63篇を、夕の礼拝で詩篇141篇を朗詠したと言われています。祈りは、神の御前に献げられる香です（黙5・8参照）。

（1）「主よ　私はあなたを呼び求めています。私のところに急いでください。　私があなたに呼び求めるときに　私の声に耳を傾けてください。　私の祈りが　御前への香として　手を上げる祈りが　夕べのささげ物として　立ち上りますように」（1〜2節）。悪人に苦しめられていたダビデは、神が自分の祈りに耳を傾けてくださるようにと懇願します。

（2）「主よ　私の口に見張りを置き　私の唇の戸を守ってください。　私の心を悪に向けさせず　不法を行う者たちとともに　悪い行いに携わらないようにしてください。　私が彼らのごちそうを　食べないようにしてください」（3〜4節）。次にダビデは、より具体的な願いを神に語っています。①口が守られるようにという願い（箴13・3、21・23参照）。②心が守られるようにという願い。③交わりが祝されるようにという願い。悪人と交わっても自分は影響を受けることはないと考える人は、自分を欺く人です。
（3）「正しい人が真実の愛をもって私を打ち　頭に注ぐ油で私を戒めてくれますように。　私の頭がそれを拒まないようにしてください。　彼らが悪行を重ねても　なおも私は祈ります。　彼らのさばき人たちが　岩の傍らに投げ落とされるとき　彼らは私のことばが　どんなに優しいものだったかを知るでしょう」（5～6節）。ダビデは、愛のある叱責を喜んで受けることができるようにと願います。悪人から賞賛されるよりも、正しい者から叱責を受けるほうが幸いです（箴3・11、13・18、27・6参照）。ダビデは、神が悪人を必ず裁かれるとの信仰に立って、これらの祈りを神に献げています。

神の介入を求める祈り

（1）「人が地を掘り起こして砕くときのように私たちの骨はよみの入り口にまき散らされました」（7節）。この節でダビデは、迫害の激しさを詠っています。ユダヤ人への迫害は、耕作地を掘り起こすときのように徹底的に実行されます。
（2）「私の主　神よ　まことに　私の目はあなたに向いています。　私はあなたに身を避けています。　私のたましいを危険にさらさないでください。どうか　彼らが私に仕掛けた罠から　不法を行う者の落とし穴から　私を守ってください。　私が無事に通り過ぎるとき　悪者が自分の網に陥りますように」（8～10節）。ダビデは、敵が自ら仕掛けた罠に落ち込むように、また、神の守りの御手が自分の上に伸ばされるようにと祈ります。これは、ダビデの祈りであると同時に、キリストの教会に連なる信者一人ひとりの祈りでもあります。悪者たちが網に落ち込むそのとき、私たちはそこを安全に通り過ぎます。神の守りがあるからです。きょうも、私たちをあらゆる危険から守られる主をほめたたえましょう。

詩篇142篇

声をあげて　私は主に叫びます。　声をあげて　私は主にあわれみを乞います。　私は御前に自分の嘆きを注ぎ出し　私の苦しみを御前に言い表します。（詩篇142・1～2）

この詩篇から、以下のことを学びましょう。（1）この詩篇は、ダビデが洞窟の中で祈った祈りです。（2）人間的には解決不可能な問題に直面していたダビデは、すべてを知っておられる神に向かって祈ります。（3）ダビデは何度も神に向かって「あなた」と呼びかけています。（4）この祈りのクライマックスは、「あなたこそ私の避け所　生ける者の地での　私の受ける分」という叫びです。

重大な危機に直面して

この詩篇は、エン・ゲディ（死海のほとり）の洞窟でダビデが祈った祈りだと思われます。当時ダビデは、サウル王から命を狙われており、ユダの荒野を逃げ回っていました（1サム22～24章参照）。

（1）「声をあげて　私は主に叫びます。　声をあげて　私は主にあわれみを乞います。　私は御前に自分の嘆きを注ぎ出し　私の苦しみを御前に言い表します」（1～2節）。ダビデは、洞窟を祈りの部屋に変え、神への信頼の祈りを献げました。「声をあげて」という表現がくり返されています。人間的には解決不可能な問題が彼を襲っていたことが分かります。

（2）「私の霊が私のうちで衰え果てたときにも　あなたは　私の道をよく知っておられます。……ご覧ください　私の右に目を注いでください。　私には　顧みてくれる人がいません。　私は逃げ場さえも失って　私のいのちを気にかける人もいないのです」（3～4節）。彼には、助けてくれる友人はいません。それどころか、道に罠を仕掛ける敵が彼を取り囲んでいます。「私の右」とは、保護者や弁護者が立つ位置ですが、そこには誰もいません。しかしダビデは、「あなたは　私の道をよく知っておられます」と告白しています。神に対して何度も、「あなた」と呼びかけていることに注目しましょう。ここには、主はすべてをご存じで、決して自分を見捨てないとの確信が表明されています。

避け所なる神

（1）「主よ　私はあなたに叫びます。『あなたこそ私の避け所　生ける者の地での　私の受ける分。　どうか　私の叫びに耳を傾けてください。私はひどくおとしめられていますから。……私のたましいを牢獄から助け出し　私があなたの御名に感謝するようにしてください。　正しい人たちは私の周りに集まるでしょう。　あなたが私に良くしてくださるからです』」（5～7節）。ダビデの告白は、5節で最高潮に達します。彼は、「あなたこそ私の避け所　生ける者の地での　私の受ける分」と叫んでいます。すべての人から見捨てられても、私たちは神に助けを求めることができます。

（2）苦しみの中から神を呼び求め、そこから上に引き上げられるというのは、主イエスが経験されたことでもあります。「キリストは、肉体をもって生きている間、自分を死から救い出すことができる方に向かって、大きな叫び声と涙をもって祈りと願いをささげ、その敬虔のゆえに聞き入れられました」（ヘブ5・7）。私たちにも、洞窟の祈りを献げるときがやってきます。問題の彼方にある希望に目を注ぎましょう。主イエスは生きておられます。

詩篇143篇

主よ　私の祈りを聞き　私の願いに耳を傾けてください。　あなたの真実と義によって　私に答えてください。
あなたのしもべをさばきにかけないでください。
生ける者はだれ一人　あなたの前に正しいと認められないからです。
敵は私のたましいを追いつめ　私のいのちを地に打ちつけ　死んで久しい者のように　私を闇にとどめます。
それゆえ　私の霊は私のうちで衰え果て　心は私の中で　荒れすさんでしまいました。
（詩篇143・1〜4）

この詩篇から、以下のことを学びましょう。（1）この詩篇は、悔い改めの詩篇の最後（7番目）のものです。（2）ダビデは、自分が直面している苦難は罪の結果であることを認めています。（3）彼は、過去の恵みを思い起こして、新しい恵みといつくしみが注がれることを願います。（4）さらに、神こそ最後の砦であり、自分はそこに身を隠すと告白します。

苦しみの原因

この詩篇は、伝統的に「7つの悔い改めの詩篇の最後のもの」とされています（6、32、38、51、102、130、143篇）。旧約聖書のギリシア語訳である七十人訳には、「彼の息子（アブサロム）が彼を追跡していたとき」との解説があります。

（1）「主よ　私の祈りを聞き　私の願いに耳を傾けてください。　あなたの真実と義によって　私に答えてください。　あなたのしもべをさばきにかけないでください。　生ける者はだれ一人　あなたの前に正しいと認められないからです」（1〜2節）。まずダビデは、自分が罪人であることと、苦しみの原因が罪にあることを告白しています。神の御前で自らの義を主張できる人は誰もいません。「すべての人は罪を犯して、神の栄光を受けることができず、神の恵みにより、キリスト・イエスによる贖いを通して、価なしに義と認められるからです」（ロマ3・23〜24）。

（2）「敵は私のたましいを追いつめ　私のいのちを地に打ちつけ　死んで久しい者のように　私を闇にとどめます。それゆえ　私の霊は私のうちで衰え果て　心は私の中で　荒れすさんでしまいました」（3～4節）。次にダビデは、苦しみと嘆きがいかに深いかを率直に告白します。「死んで久しい者のように」、「闇にとどめ」などの表現は、すべて霊魂の苦悩の深さを表したものです。

（3）「私は昔の日々を思い起こし　あなたのすべてのみわざに思いを巡らし　あなたの御手のわざを静かに考えています。あなたに向かって　私は手を伸べ広げ　私のたましいは　乾ききった地のように　あなたを慕います」（5～6節）。さらにダビデは、過去における主の恵みのわざを思い返して、新しい恵みといつくしみに期待を寄せます。

苦しみの解決

（1）「主よ　早く私に答えてください。　私の霊は滅びてしまいます。　どうか　御顔を私に隠さないでください。　私が穴に下る者と等しくならないように。……主よ　私を敵から救い出してください。私はあなたのうちに身を隠します」（7～9節）。ダビデは、速やかな救出を願い、神に懇願します。神が御顔を隠すことのないようにと願います。神こそ最後の砦であり、自分はそこに身を隠すと宣言します。

（2）「あなたのみこころを行うことを教えてください。あなたは私の神であられますから。　あなたのいつくしみ深い霊が　平らな地に私を導いてくださいますように。　主よ　あなたの御名のゆえに私を生かし　あなたの義によって　私のたましいを苦しみから助け出してください。……私はあなたのしもべですから」（10～12節）。ダビデは、悔い改めた者には恵みを注がれるという神のご性質、つまり、神の御名に信頼しています。彼は、苦難からの解放だけではなく、神の御心を行う者としてくださいと祈ります。最後に彼は、敵の滅びを祈りますが、これは、主の義がこの地に成りますようにという神のしもべとしての祈りです。ダビデの真実な祈りから、真の悔い改めとはどのようなものか、学ぼうではありませんか。

詩篇144篇

わが岩なる主が　ほめたたえられますように。戦いのために私の手を　戦のために私の指を鍛えられる方が。主は私の恵み　私の砦　私のやぐら　私の救い主　私の盾　私の避け所　私の民を私に服させる方。（詩篇144・1〜2）

この詩篇から、以下のことを学びましょう。（1）この詩篇の前半は、感謝する心と謙遜な心を示す祈りとなっています。（2）後半は、執りなしの祈りです。（3）ダビデは、メシア的王国で成就する理想的な状態を預言的に詠っています。（4）指導者が主に信頼するとき、国は栄えます。

感謝する心と謙遜な心

神に喜ばれる人は、2つの特徴を持っています。感謝する心と謙遜な心です。ダビデは、この詩篇の中で、その2つの特徴を遺憾なく発揮しています。

（1）感謝する心は、1〜2節の中に見られます。「わが岩なる主が　ほめたたえられますように。戦いのために私の手を　戦のために私の指を鍛えられる方が。主は私の恵み　私の砦　私のやぐら私の救い主　私の盾　私の避け所　私の民を私に服させる方」。彼は、自分が敵に勝利したのは主の力によるものであることを認め、主をほめたたえ、主に感謝を表しています。彼にとって主は、岩、砦、やぐら、盾、避け所です。これらの用語はみな、神の守りと解放を意味するものです。「主は私の恵み」とは、主は契約に基づいて恵みを与えてくださるお方であるという意味です。

（2）謙遜な心は、3〜4節の中に見られます。「主よ　人とは何ものなのでしょう。あなたがこれを知っておられるとは。人の子とはいったい何ものなのでしょう。あなたがこれを顧みられるとは。……」。彼は、どのような成功の中にあっても、人間の弱さ、むなしさを忘れることのなかった人です。宇宙の創造主から見れば、人はなんと取るに足りない存在なのでしょうか。そのような取るに足りない存在を、神は顧みてくださるのです。

執りなしの祈り

（1）次の5～8節は、神の介入を求める執りなしの祈りです。「主よ　あなたの天を押し曲げて降りて来てください。　山々に触れて　噴煙を上げさせてください。……いと高き所からあなたの御手を伸べ　大水から　また異国人の手から　私を解き放ち　救い出してください。……」（5～8節）。ダビデは、敵との戦いの中に主が介入してくださるようにと祈っています。神の介入が比喩的に表現されています。稲妻は、神が放つ矢です。敵は大水のようですが、神はそれよりも偉大なお方です。

（2）日々の生活に疲れを覚えるとき、自力で頑張っていなかったかどうか自己吟味をしてみましょう。主に感謝し、主の前に謙遜になりましょう。主が下さる新しい力を今、受け取りましょう。

執りなしと確信の祈り

（1）この詩篇の後半は、執りなしと確信の祈りです。「神よ　あなたに私は新しい歌を歌い　十弦の琴に合わせて　ほめ歌を歌います。　神は王たちに救いを与え　神のしもべダビデを悪の剣から解き放たれます」（9～10節）。ダビデが戦っている敵は、習慣的に嘘を言い、偽りを行っている者たちです。ダビデは、その戦いに主が介入してくださることを確信しています。苦難の中での最大の武器は、主への賛美であることを覚えましょう。

（2）「私たちの息子らが　若いうちから　よく育てられた植木のようになりますように。　私たちの娘らが　宮殿にふさわしく刻まれた　隅の柱のようになりますように」（12節）。敵が制圧された暁には、王国に理想的な状態が訪れます。家族に活力が与えられ、息子たちは植木のように頑強に、娘たちは宮殿の隅の柱のように美しく育ちます。この状態が成就するのは、メシア的王国においてです。

（3）「私たちの倉は　もろもろの産物で満ちますように。　私たちの羊の群れは　私たちの野で　幾千幾万となりますように。……幸いなことよ　このようになる民は。　幸いなことよ　主を自らの神とする民は」（13～15節）。理想的な状態が訪れると、農業の祝福が与えられます。また、畜産業が祝されます。家畜の流産や死産がなくなり、哀れな叫び声も聞かれなくなります。これもまた、メシア的王国で成就する祝福です。

（3）ダビデの執りなしの祈りの内容は、主の民の平和と繁栄の描写となっています。主の介入を確信したダビデは、子孫と国家の繁栄の様子を詠っています。指導者が神に従っているなら、国も組織も揺るがされることはありません。指導者が神の御心を実行するように、執りなしの祈りを献げようではありませんか。

詩篇１４５篇

私の神　王よ　私はあなたをあがめます。　あなたの御名を　世々限りなくほめたたえます。
日ごとにあなたをほめたたえ　あなたの御名を世々限りなく賛美します。
主は大いなる方。　大いに賛美されるべき方。
その偉大さは　測り知ることもできません。

（詩篇１４５・１～３）

この詩篇から、以下のことを学びましょう。（１）この詩篇は、アクロスティック形式（各節の最初のことばが、ヘブル語のアルファベット順になっている）で作られています。（２）この詩篇は、詩篇１４６～１５０篇への前奏曲となっています。（３）この詩篇のテーマは、主への賛美です。この詩篇を通して、主を賛美する理由と目的について学びましょう。

主は偉大なお方

（１）この詩篇は、アクロスティック形式で作られています。伝統的なテキスト（マソラ学派によるヘブル語本文）では、13節と14節の間に入る「ヌン（英語のNに相当する）」で始まる文が欠落しています。死海写本では、欠落した節が入った詩１４５篇が出てきています。

（1）「私の神　王よ　私はあなたをあがめます。あなたの御名を　世々限りなくほめたたえます。……」（1〜3節）。ダビデの心は、主への賛美で満ちています。彼は、日ごとに（有限な時間の中で）主をほめたたえ、また、世々限りなく（永遠の時間の中で）主を賛美します。

（2）主の偉大さの記憶は、世代を超えて受け継がれていきます（4節）。それゆえ、主に対する賛美の歌が途絶えることはありません。

（3）作者は、静まって神の性質とその御業に思いを馳せます（5節）。「奇しいみわざ」とは、エジプトからの民族の解放であり、個人的に経験した数々の解放でもあります。私たちクリスチャンにとっては、キリストにある罪と死からの解放です。

（4）人々は、主の裁きといつくしみのわざについてくり返し語り、その偉大さのゆえに御名をたたえます（6〜7節）。主の御名をたたえる理由は、主が義に基づいて裁きを行われるからです。私たちも、自分の人生を振り返りながら、神をたたえる理由を思い起こしましょう。父なる神を賛美するのは、クリスチャン生活の中心テーマです。

（5）「主は情け深く　あわれみ深く　怒るのに遅く　恵みに富んでおられます」（8節）。主の偉大さは、そのあわれみの中に見いだすことができます。「恵みに富んでおられる」とは、契約に基づく愛と忠実さを表現することばです。

（6）主のいつくしみとあわれみとは、すべての被造物の上に注がれています（9〜10節）。それゆえ被造世界は、主に感謝し、主をたたえます。被造世界の存在そのものが、神の偉大さの証明となっています。その賛美の中に聖徒たちも加わります。

王国の栄光

（1）聖徒たちは、神の王国の栄光を思い、御名をたたえます（11〜13節）。神の支配と統治は、永遠に続きます。そこには、神の大能と栄光の現れがあります。聖徒たちは、神を信じない人々（人の子ら）に向かって、神の支配の素晴らしさを宣べ伝えます。

（2）主は、苦難に押しつぶされ、倒れそうになっている者たちを支え、立ち上がらせてくださいます（14～16節）。また、自然界の摂理を通して、生きるために必要な食物を与えてくださいます。主は栄光の座にありながら、地上で苦しむ者たちのそばに近づき、その人たちを助けてくださいます。

（3）主は常に義なるお方であり、また、すべての御業において恵み深いお方です（17節）。正義と恵みとは、ときには相対する概念となりますが、このお方にあっては、完全な調和をもって両立しています。それは、主イエスのご性質の中にも見られるものです。

（4）主は、主を呼び求める者の近くに、いつもいてくださいます（18節）。ここに、祈りの動機と祈りの根拠があります。

（5）主は、助けを求める者を救ってくださいます（19節）。悔い改めの心と真実な信仰をもって主に呼びかける者を、主は決して追い返すことはありません。

（6）主の守りは、主を愛する者の上に注がれます（20節）。しかし、主の恵みを軽んじてはなりません。なぜなら、主は罪をそのままにしておくことはないからです。

（7）ダビデの心は定まりました。彼は永遠に主を賛美することを決意し、他の人々にも同じことをするように勧めています（21節）。ダビデの決心が、私たち自身の決心となりますように。

詩篇146篇

ハレルヤ。　わがたましいよ　主をほめたたえよ。

私は生きているかぎり　主をほめたたえる。　いのちのあるかぎり　私の神にほめ歌を歌う。

（詩篇146・1〜2）


この詩篇から、以下のことを学びましょう。（1）作者は、生涯をかけて主を賛美すると誓います。なぜなら、主は貧しい者や虐げられた者を義によって取り扱ってくださるからです。（2）人間を頼みとする者は、愚か者です。人は、時がくると滅び失せます。（3）アブラハム契約をお守りになるヤコブの神に信頼を置く者は、幸いです。

人間に信頼する愚かさ

詩篇146〜150篇までの5篇を、「ハレルヤ詩篇」と呼びます。「ハレルヤ」とは、「主をほめたたえよ」という意味です。主をほめたたえることこそ、詩篇の最後を飾るにふさわしい行為です。

（1）「ハレルヤ。　わがたましいよ　主をほめたたえよ。　私は生きているかぎり　主をほめたたえる。　いのちのあるかぎり　私の神にほめ歌を歌う」（1〜2節）。作者は自らの心に、「主をほめたたえよ」と呼びかけます。また、生涯をかけて神を賛美すると宣言します。なぜなら、主は貧しい者や虐げられた者を義によって取り扱ってくださるからです。

（2）「あなたがたは君主を頼みとしてはならない。　救いのない人間の子を。　霊が出て行くと　人は自分の土に帰り　その日のうちに　彼の計画は滅び失せる」（3〜4節）。ここでは、人に信頼すべきでない理由が語られます。人は、いかに栄えていても、その栄華は一時的であり、時がくると滅び失せます。力ある者も、その息が絶えると土に帰り、彼の計画は挫折します。英雄と呼ばれた者たちも、死の力の前には無力です。

神に信頼する幸い

（1）「幸いなことよ　ヤコブの神を助けとし　その神　主に望みを置く人。　主は　天と地と海　またそれらの中のすべてのものを造られた方。　とこしえまでも真実を守り　虐げられている者のためにさばきを行い　飢えている者にパンを与える方。主は捕らわれ人を解放される。……」（5～9節）。「ヤコブの神」に信頼を置く者はなんと幸いなことでしょうか。「ヤコブの神」とは、アブラハム契約を守る方、ご自身に信頼する者を助け、保護してくださる方です。神は、天地の創造主です。宇宙の運行が、この方の手の中に握られています。神は、ご自身の約束を永遠に守られる方です。7節の後半から9節まで、「主（ヤハウェ）」ということばが5回出ており、その勢いに圧倒されます。主イエスは、捕われ人を解放し、盲人の目を開け、弱った者を助け、正しい者を愛し、寄留者、みなしご、やもめを支えられたお方です。この詩篇の後半の内容は、主イエスにあって成就しました。

（2）「主は　とこしえに統べ治められる。シオンよ　あなたの神は　代々に統べ治められる。ハレルヤ」（10節）。人は移ろいやすい者ですが、主は永遠の王です。私たちの神がすべての状況を支配しておられることを覚え、心から「ハレルヤ！」と叫びましょう。

詩篇147篇

ハレルヤ。まことに　われらの神にほめ歌を歌うのは良い。まことに楽しく　賛美は麗しい。
（詩篇147・1）

この詩篇から、以下のことを学びましょう。（1）この詩篇は、主を賛美する喜びと特権について詠っています。（2）この詩篇は、3つに区分することができます。（3）主は、エルサレムを建て、イスラエルの散らされた者たちを集めてくださるお方です。（4）主は、被造世界を摂理の御手によって支えておられるお方です。（5）主は、信じる者を守ってくださるお方です。

賛美の喜びと特権

この詩篇は、主を賛美する喜びと特権について詠っています。心の沈んでいるときにこの詩篇を朗詠するなら、ただちに心の闇に主の光が差し込むことでしょう。この詩篇は、3区分して読むことができます。各部分は、以下のような賛美への招きで始まっています。①「ハレルヤ」(1節)。②「感謝をもって主に歌え」(7節)。③「エルサレムよ　主をほめ歌え」(12節)。

3つの区分

(1) 第1区分―「……主はエルサレムを建て　イスラエルの散らされた者たちを集められる。……」(1〜6節)。主を賛美するとは、主のご性質と御業の素晴らしさを、そのまま認めることです。主の御業は、主のご性質の外的な現れですので、この2つは完全に合致しています。エルサレムを神の都と定め、その都をお建てになったのは、主です。また、捕囚の民をエルサレムに帰還させたのも主です。主は常に、嘆く者、心の貧しい者を上に引き上げてくださいます。

(2) 第2区分―「感謝をもって主に歌え。竪琴に合わせて　われらの神にほめ歌を歌え。神は濃い雲で天をおおい　地のために雨を備え　また山々に草を生えさせ……」(7〜11節)。ここでは、全被造物に対する恵み深い摂理の御業が詠われています(詩98・4〜5参照)。「鳴く烏の子」(9節)ということばは、ヨブ記38章41節を意識したものでしょう。「烏に餌を備えるのはだれか。烏の子が神に向かって鳴き叫び、食物がなくてさまようときに」。主は、親鳥から見捨てられた烏の子でさえも支えてくださいます。

(3) 第3区分―「エルサレムよ　主をほめ歌え。シオンよ　あなたの神をほめたたえよ。主はあなたの門のかんぬきを強め　あなたの中にいる子らを祝福しておられるからだ。……」(12〜20節)。シオンの城門と城壁が町の中にいる住民を守るように、主は私たちを守ってくださいます。主の力あるわざが、自然界では日々くり広げられています。主は、特別な配慮をイスラエルに与えてくださいました。その配慮は、今やイエス・キリストを救い主と信じるすべての者の上に注がれるようになりました。主から特別な顧みを受けていることを認める人は、クリスチャンとしての使命に生きる人です。自分の人生に、主の御心が成りますようにと祈りましょう。

詩篇148篇

ハレルヤ。　天において主をほめたたえよ。　いと高き所で　主をほめたたえよ。
主をほめたたえよ　すべての御使いよ。　主をほめたたえよ　主の万軍よ。
日よ　月よ　主をほめたたえよ。　主をほめたたえよ　すべての輝く星よ。
天の天よ　主をほめたたえよ。　天の上にある水よ。（詩篇148・1〜4）

この詩篇から、以下のことを学びましょう。（1）作者は、天にあるものたちに向かって、主をほめたたえよと呼びかけています。（2）さらに、地にあるものたちに向かって、同じ呼びかけをしています。（3）主の御名は、すべての名にまさって麗しい名です。

天にあるものたちへの呼びかけ

（1）「ハレルヤ。　天において主をほめたたえよ。　いと高き所で　主をほめたたえよ。　主をほめたたえよ　すべての御使いよ。　主をほめたたえよ　主の万軍よ。　日よ　月よ　主をほめたたえよ。　主をほめたたえよ　すべての輝く星よ。　天の天よ　主をほめたたえよ。　天の上にある水よ」（1〜4節）。この詩篇の作者は、全被造物に向かって、ともに主を賛美するように呼びかけています。その中には、御使いがいます。日、月、星、天の上にある水、などが擬人化され、主をたたえる能力があるものとして扱われています。天にあるものへの呼びかけは、創世記1章1〜19節に記録されている天体の創造に対応しています。

（2）「主の御名をほめたたえよ。　主が命じて　それらは創造されたのだ。　主は　それらを世々限りなく立てられた。　主は　去りゆくことのない定めを置かれた」（5〜6節）。主をたたえるべき理由は、主が彼らを造り、その運行を「定め」によって維持しておられるからです。

地にあるものたちへの呼びかけ

（1）「地において主をほめたたえよ。　海の巨獣よ　すべての淵よ。　火よ　雹よ　雪よ　煙よ。

みことばを行う激しい風よ。 山々よ すべての丘よ。 実のなる木よ すべての杉よ。 獣よ すべての家畜よ。 這うものよ 翼のある鳥よ。 地の王たちよ すべての国民よ。 君主たちよ 地をさばくすべての者たちよ。 若い男よ 若い女よ。年老いた者と幼い者よ」（7～12節）。地にあるものへの呼びかけは、創世記1章20節～2章4節に記録されている地とその上に住むものの創造に対応しています。その中には、海の巨獣、擬人化された自然現象、山と丘、実のなる木、杉、獣、家畜、這うもの、翼のある鳥、地上の王たち、すべての国民、君主たち、地を裁くすべての者たち、そして、すべての老若男女、などが含まれます。

（2）「主の御名をほめたたえよ。 主の御名だけがあがめられる。 その威光が 地と天の上で。主は御民の角を上げられた。 主にある敬虔な者すべての賛美を。 主の近くにいる民 イスラエルの子らの賛美を。 ハレルヤ」（13～14節）。主の御名をほめたたえるべき理由は、主の御名が地上のすべての名にまさって麗しいからです。ここで特に取り上げられているテーマは、イスラエルの選びと守りです。主は、その御民の角を上げてくださいます。それゆえ、イスラエルは主をたたえるのです。「角を上げる」とは、苦境から救い出し、祝福を与えることです。マリアの賛歌の中に、その状況が見事に詠われています。（ルカ1・49～55）。この詩篇の内容は、イエス・キリストにあって部分的に成就しました。と同時に、終わりの日には、さらに完全な形で成就します。その日になってからではなく、今から、主をたたえ始めようではありませんか。

詩篇149篇

ハレルヤ。　新しい歌を主に歌え。　敬虔な者たちの集まりで　主への賛美を。　イスラエルは　自らの造り主にあって喜べ。　シオンの子らは　自らの王にあって楽しめ。　踊りをもって　主の御名をほめたたえよ。　タンバリンと竪琴に合わせて　主にほめ歌を歌え。

（詩篇149・1～3）

この詩篇から、以下のことを学びましょう。（1）この詩篇は、第一義的にはイスラエルの歌です。イスラエルは、主に新しい歌を歌うように命じられています。（2）と同時に、この詩篇はイエス・キリストによって救われた者が歌うべき歌でもあります。（3）さらにこの詩篇は、キリストが再臨されたときに歌う歌でもあります。

賛美の呼びかけ

「ハレルヤ。　新しい歌を主に歌え。　敬虔な者たちの集まりで　主への賛美を。　イスラエルは　自らの造り主にあって喜べ。　シオンの子らは　自らの王にあって楽しめ。　踊りをもって　主の御名をほめたたえよ。　タンバリンと竪琴に合わせて　主にほめ歌を歌え。……」（1～9節）。

（1）この詩篇は、第一義的にはイスラエルの歌です。イスラエルは、主に新しい歌を歌うように命じられています。その理由は、イスラエルは主によって造られた民、神の契約の民だからです。また、イスラエルは主に愛され、救われた民だからです。さらに、主はイスラエルを守り、神の敵を滅ぼし、ご自身の義を確立されるからです。

（2）イスラエルは、踊りをもって、また、タンバリンと竪琴に合わせて、主に新しい歌を歌うように召されています。全身全霊をかけた賛美こそ、イスラエルの神にふさわしいものです。

私たちの歌

（1）この詩篇の呼びかけを、私たち自身に適用してみましょう。これは、霊的に新生したクリスチャンたちの歌です。「ですから、だれでもキリストのうちにあるなら、その人は新しく造られた者です。

古いものは過ぎ去って、見よ、すべてが新しくなりました」（2コリ5・17）。新しくされた者は、新しい歌を歌い始めます。私たちは、イエス・キリストを通して神の契約の民の中に加えられました。また、神はイエス・キリストを通して、ご自身の愛を明らかにしてくださいました。ハレルヤ！

（2）さらに、この詩篇は、主イエスが再臨され、あらゆる悪が滅ぼされるときに歌う歌でもあります。栄光に輝く主の姿を仰ぎ見たとき、私たちは新しい歌を歌い始めます。その日がくるまで、しばらくの間は悪との戦いが続きます。しかし、主にある勝利を確信している者にとっては、苦痛以上に喜びがあります。パウロが、「今の時の苦難は、やがて私たちに啓示される栄光に比べれば、取るに足りないと私は考えます」（ロマ8・18）と語っているとおりです。私たちは、主を賛美する民として造られました。今、心から主をたたえましょう。

詩篇150篇

ハレルヤ。神の聖所で　神をほめたたえよ。御力の大空で　神をほめたたえよ。

（詩篇150・1）

この詩篇から、以下のことを学びましょう。（1）被造物の存在理由は、主を賛美することにあります。（2）この詩篇は、①どこで、②なぜ、③どのようにして、④誰が、という4つの質問に答えています。（3）私たちは、賛美が成就する日がくるのを楽しみに前進します。

被造物の存在理由

「神をほめたたえよ」という呼びかけが、すべての節に現れます（合計13回も出てきます）。被造物の存在理由は、神に礼拝を献げることにあります。作者は、①どこで、②なぜ、③どのようにして、④誰が、という4つの質問に答えています。

（1）「ハレルヤ。神の聖所で　神をほめたたえよ。御力の大空で　神をほめたたえよ」（1節）。

この節は、どこで神をほめたたえるべきかを教えています。私たちは、「神の聖所」と「御力の大空」で神をたたえるべきだというのですが、この表現は、あらゆる所で神をたたえよということを意味しています。

（2）「その大能のみわざのゆえに　神をほめたたえよ。　その比類なき偉大さにふさわしく　神をほめたたえよ」（2節）。この節は、なぜ神をほめたたえるべきかを教えています。私たちは、神が私たちのためにしてくださったこと、そして、神がどのようなお方であるかを思い出して、神をたたえるのです。

（3）「角笛を吹き鳴らして　神をほめたたえよ。琴と竪琴に合わせて　神をほめたたえよ。　タンバリンと踊りをもって　神をほめたたえよ。　弦をかき鳴らし笛を吹いて　神をほめたたえよ。……」（3～5節）。これらの節は、どのようにして神をほめたたえるべきかを教えています。当時は、角笛は祭司が吹き、琴と竪琴は、レビ人が演奏していました。また、タンバリンは、女性たちが踊りながら打ち鳴らしていました。弦、笛、シンバルなどは、喜びを表す楽器で、歌や踊りとともに鳴らされました。神をたたえるオーケストラでは、どの楽器も欠かせないものです。

（4）「息のあるものはみな　主をほめたたえよ。ハレルヤ」（6節）。この節は、誰が主をほめたたえるべきかを教えています。地上で息のあるものは、みな主をたたえるのです。神への賛美は、イスラエルだけでなく全人類が参加して行うべきものです。その中には、私たちも含まれています。

賛美が成就する日

このような賛美が成就する時が来ます。その日には、神が天地を創造した目的、人類を創造した目的が達成されます。ヨハネの黙示録5章13節には、そのときの様子が預言されています。「また私は、天と地と地の下と海にいるすべての造られたもの、それらの中にあるすべてのものがこう言うのを聞いた。

『御座に着いておられる方と子羊に、賛美と誉れと栄光と力が　世々限りなくあるように』」。自分が造られた目的について、黙想してみましょう。私たちは、何をもって主を賛美できるでしょうか。

楽器が演奏できなくても、歌が歌えなくても、賛美することは可能です。自らの賜物を用いて主を賛美しましょう。

箴言1章

イスラエルの王、ダビデの子ソロモンの箴言。これは、知恵と訓戒を知り、悟りのことばを理解するため、義とさばきと公正において、訓戒を受けて、さとくなるため、浅はかな者を賢くし、若い者に知識と思慮を得させるためのもの。知恵のある者は聞いて洞察を深め、分別のある者は導きを得る。こうして、箴言と比喩、知恵のある者のことばと謎を理解する。（箴言1・1～6）

この章から、以下のことを学びましょう。（1）箴言は、祝された人生のためのマニュアルです。（2）新約時代に生きる私たちにとっては、キリストこそ知恵です。（3）「主を恐れることは知識の初め。愚か者は知恵と訓戒を蔑む」（7節）。これが箴言の中心テーマです。

序言

（1）「イスラエルの王、ダビデの子ソロモンの箴言」とあります。本書の著者の代表として、ソロモンの名が挙げられています。

（2）『箴言』は、祝福された人生のためのマニュアルです。『箴言』は、読む者に「知恵と訓戒」を知らせ、「悟りのことば」を理解させます。また、「義とさばきと公正」を体得させます。

（3）新約時代に生きる私たちにとっては、キリストこそ知恵です。『箴言』の内容が、キリストにあって受肉化していると考えられます（1コリ1・30、コロ2・3、ヤコ1・5参照）。

中心テーマ

（1）箴言1章7節は、箴言全体の中心聖句です。「主を恐れることは知識の初め。愚か者は知恵と訓戒を蔑む」。このような内容の箴言は、聖書以外のどこにも見いだすことができません。

（2）「主を恐れる」とは、どういうことでしょうか。これは、裁きや呪いを恐れることではなく、畏怖の念を覚えるということです。その根底にあるのは、神の恵みと愛への信頼です。神の愛を体験した者は、心の底から神に従って歩みたいと願うようになります。

（3）両親に従うことは、「主への従順」の実践です（8節）。「父の訓戒と母の教え（これらは同義語です）」が、頭に戴く麗しい花の冠、首にかける飾りとなるとは、なんと絵画的な表現ではありませんか。ユダヤ人の考え方では、父親が一家の祭司であり、子どもたちに宗教教育（主を恐れるという教育）を施す責任を負っています。

（4）現代の日本では、人の価値は偏差値や業績などで測られることが多いように感じます。しかし聖書は、全く異なった基準で私たちを評価しています。その人がどれだけ神の主権を認め、真の礼拝者としての人生を歩んでいるかどうかが、聖書の基準です。

両親の教え

両親の教えを要約して記します。

（1）罪人たちの誘惑に乗ってはいけない。彼らは、悪事を働くための仲間を増やそうとしているからである。

（2）彼らは、悪事を謀り、罪のない人を苦しめることによって不正の富を得ようとしている。

（3）悪人と行動をともにしてはならない。最初は悪事に加担する気持ちがなくても、もし悪人と交わるなら、最後は彼らと同じ道を歩くようになる。

（4）悪人の謀略が成功することはない。悪人は、自分の欲に心を奪われて、最期は自分で仕かけた罠にかかり、自分の命を落とすことになる。

（5）不正の富を得ようとする者は愚か者である。天の御座に座しておられる神が、すべてを見ておられる。不正の富をいくら蓄積しても、最も大切なものを失うことになる（マタ16・26参照）。

知恵の擬人化

箴言8章と9章には、知恵なるお方が天地創造の前から存在していたことが記されています。このことから、擬人化された知恵とは、受肉前のキリストであると判断できます。箴言を、キリストからの直接的な語りかけとして読む人は幸いです。

（1）知恵は、人が大勢集まる所で、3種類の人に語りかけています。①「浅はかな者」。これは、若くて未経験な者、つまり若者のことです。②「嘲る者」。これは、神をあざ笑い、その教えに耳を傾けようとしない反抗的な者のことです。③「分別のない者」。これは、霊的なことに興味を示さず、真理に無感覚な者のことです。

（2）以上の3種類の人は、悔い改めを迫る知恵の声を無視します。その結果、災難や苦難が彼らを襲います。その時、知恵は沈黙します。ここには、厳しい裁きのメッセージがあります。しかし、知恵に聞き従う者は、安全に導かれ、安らかな生涯を送ることができます。私たちは、愚かな3種類の人たちの道に進んでいるでしょうか。あるいは、知恵に聞き従う人生を歩んでいるでしょうか。自問自答してみましょう。

箴言2章

わが子よ。もしあなたが私のことばを受け入れ、私の命令をあなたのうちに蓄え、あなたの耳を知恵に傾け、心を英知に向けるなら、もしあなたが悟りに呼びかけ、英知に向かって声をあげ、銀のように、これを探し、隠された宝のように探り出すなら、そのとき、あなたは主を恐れることをわきまえ知り、神を知ることを見出すようになる。主が知恵を与え、御口から知識と英知が出るからだ。（箴言2・1〜6）

この章から、以下のことを学びましょう。（1）知恵は、人間の思索によって得るものではなく、神から与えられるものです。（2）人は、神のことばである聖書を通して、神の知識と知恵を得ることができます。（3）知恵は、それを求める人にとっては、自分を守る盾となります。（4）知恵ある者とは、悪者の道と遊女を避ける人です。

神の知恵を見いだす者

箴言2章も、「わが子よ」という呼びかけで始まっていいます。内容は、いかにすれば知恵を見いだすことができるかということです。

（1）結論的には、知恵とは人間の思索によって獲得できるものではなく、主が与えてくださるものだということです。このことが、箴言の基本的な教えです。

（2）主が御口を通して知識と英知を与えてくださいます。つまり、神のことばである聖書を通して、神の知識と知恵を得ることができるということです。新約聖書は、神のことばであるイエス・キリストのうちに、「知恵と知識の宝がすべて隠されています」（コロ2・3）と教えています。私たちには、「銀のように、これを探し、隠された宝のように探り出す」という姿勢が求められます。主は、そのような人を祝福されます。

（3）神のことばである聖書を知らずして、神の知恵が得られると思ってはなりません。現代は、情報過多の時代ですが、不安に感じる必要はありません。本当に必要な情報は、そう多くはないからです。聖書にはその情報が詰まっています。

知恵によって守られる者

（1）知恵とは、抽象的な概念ではなく、求めれば与えられるものです。知恵とは、人間が作り出すものではなく、神から与えられるものです（ヤコ1・5参照）。

（2）新約時代に生きる私たちにとっては、知恵とは、イエス・キリストの福音そのものです。神はひとり子を十字架につけるほどに私たちを愛してくださいました。その愛に応答して生きようとする人こそ、知恵ある人です。

（3）知恵は、それを求め、それに従って生きる人の盾となり、その人を守ります。また、それを求める人を悪の道から守り、誘惑から救い出します。さらに、その人を他人の中傷や批判のことばから守ります。知恵に従って歩む人の働きは、永遠に価値あるものとして残ります（ヨハ6・27）。

（4）最近、自己判断によって行動することが多くなっていないかどうか、吟味してみましょう。みことばから知恵を受けることを学びましょう。これは神の栄光につながることだろうか、これは永遠に価値あるものと言えるだろうかと、自問自答してみましょう。

悪者の道と悪い女

（1）知恵は、私たちを内側の腐敗からも、外側の誘惑からも守ってくれます。知恵のない者は、悪を行うことを喜びとし、少しも反省しようとはしません。また、他の人が同じような悪を行うことを奨励します。彼らの道は、曲がりくねっています。

（2）知恵ある者は、悪人を友人に持つことはしません。悪からも、悪の交わりからも自らを遠ざけます。その人は、自分の体が聖霊の宮であることを知っています（1コリ6・19）。

（3）曲った道を歩む者の例として遊女が挙げられます。そして、その誘惑に負けないようにという勧告が続きます。「よその女」や「見知らぬ女」ということばが、遊女を指す表現として用いられています。

（3）箴言2章のまとめは、「善良な人たちの道に歩め」という勧告です。どのように歩んだかで、その人の永遠の運命が決まるからです。正しい人は、「地に住まいを得」ます。つまり、神が約束された地に住むということです。悪者どもは、「地から断たれ」ます。つまり、神の裁きに遭うということです。

（4）新約時代に生きる私たちは、正しい人とは信仰によって生きる人のことであるということを理解しています。自分の努力だけで生きようとするのは、律法によって生きるのと同じで、決して良い結果をもたらすものではありません。信仰により、聖霊に導かれて歩むことを志しましょう。

箴言3章

心を尽くして主に拠り頼め。　自分の悟りに頼るな。

あなたの行く道すべてにおいて、主を知れ。　主があなたの進む道をまっすぐにされる。

（箴言3・5〜6）


この章から、以下のことを学びましょう。（1）神は、父が子に語るように、私たちに「知恵のことば」を語っておられます。（2）自分の判断よりも神の知恵に信頼を置く者は幸いです。（3）私たちの最大の敵は、心のうちに潜む傲慢の罪です。（4）すべての道で主を認める人は、幸いです。

従順と信仰の勧め

（1）神は私たちの父として、「知恵のことば」を守るように私たちに命じておられます。その教えを守る者には、健康と「平安」が約束されています。「平安」とは、ヘブル語で「シャローム（均衡のとれた状態の意）」です。このことばは、神との正しい関係がもたらす精神的・物質的繁栄を意味しています。

（2）「恵みとまことがあなたを捨てないようにせよ。それをあなたの首に結び、心の板に書き記せ」（3節）。恵みもまことも、ともに契約に基づく神の愛の確かさを表すことばです。私たちは、イエス・キリストを通して明らかにされた神の契約の確かさを思い、日々それに信頼を置いて歩む者です。

（3）「心を尽くして主に拠り頼め。自分の悟りに頼るな」（5節）。この聖句は、自分の経験や判断を優先させてはならないことを教えています。神以外のものはすべて、折れた葦のようなものです。

全人的健康を目指して

（1）私たちにとっての最大の敵は、サタンや悪霊ではなく、私たちの内側に潜む傲慢の罪です。それは、「自分は知恵ある者だ」と思う心です。主を恐れて謙虚に歩む人には、内面と外面の健康が約束されています。8節の「からだ」と訳されていることばは、ヘブル語では「へそ（体の中心）」です。つまり、「へそが健康になる」とは、「からだ全体が健康になる」ということを表しているのです。

（2）地上の富は主の恵みによって与えられるものですが、その初物を主に献げるのは、主に感謝することであり、主を恐れることでもあります。主を恐れながら生きていても、試練に遭うことがあります。その場合、主は私たちを「自分の子ども」として扱っておられるのだということを思い起こしましょう。試練は、私たちを矯正し、正しい道に導く機会となります。ですから、主が用意された解決法以外の逃げ道を見つけようとするのは、得策ではありません。

知恵を得る者の幸い

（1）「知恵は、これを握りしめる者にはいのちの木。これをつかんでいる者は幸いである」(18節)。「いのちの木」は、創世記2章9節に出ていました。同じことばが、黙示録22章2節にも出てきます。そこでは、天の都にある川の両岸にこの木が植わっています。この木は、救いによって与えられる永遠のいのちの象徴です。

（2）「わが子よ、見失ってはならない。知性と思慮をよく見守れ」(21節)。これは、常に知恵ある生き方をせよという命令です。知恵は、私たちに霊的ないのちを与えてくれます。知恵に従って歩むなら、つまずくことがなく、その人は主に守られて安らかに眠ります。たとえ突発的な事故に遭ったとしても、最終的には平安を得ることができます。その理由は、主がそばにいて、守ってくださるからです。

すべての道で主を認める

（1）「あなたの行く道すべてにおいて、主を知れ。主があなたの進む道をまっすぐにされる」(6節)。「行く道すべてにおいて、主を知れ」とは、具体的にどうすることでしょうか。善を実行する力があるのに、それをしなかったり、引き延ばしたりしてはなりません。不作為の罪というものがあるのです。神は、あわれみ深い人を祝福してくださいます。

（2）隣人に対して悪をたくらんだり、悪い仕打ちをしたりしてはなりません。神を恐れる者は、自分から良き隣人となるように努力すべきです。暴虐を行う者、不正によって富を得る者などを、うらやんではなりません。神は、よこしまな者を忌み嫌い、正しい者と親しくされるお方です。

（3）新約時代に生きる者にとっては、「知恵」とは福音そのものです。イエス・キリストを信じることによって父なる神と和解し、天国への歩みを始めた人がクリスチャンです。福音にしっかり立ち続ける人には、地上においても、天上においても、いのちの木（永遠のいのち）の祝福が与えられていますす。私たちの知恵であるキリストを見上げつつ歩みましょう。

箴言4章

子たちよ、父の訓戒に聞き従え。耳を傾け、悟りを得よ。私が良い教訓をあなたがたに授けるからだ。私の教えを捨ててはならない。（箴言4・1〜2）

この章から、以下のことを学びましょう。（1）知恵の伝達は、家庭での教育を通して行われます。（2）父の命令は、豊かな人生を生きるための指針となります。（3）人生には、「知恵の道」と「悪の道」の2つがあります。（4）知恵ある者は、自分の心を見張ることに注意を向けます。

知恵を求めよ

（1）知恵の伝達が、3世代にわたって行われています（父から子へ、子から孫へ）。知恵は、家庭での教育を通して子どもに伝えられるものです。父母の特別な愛に囲まれながら聞かされた教えは、重みのあるものとなります。

（2）父が幼かったころ、祖父はこう教えたのです。「私のことばがおまえの心を支えるように。私の命令を守って生きよ」(4節)。その命令は、「〇〇してはならない」というような否定的なものではありません(もちろん、場合によっては、禁止命令が必要なこともあります)。父の命令は、豊かな人生を生きるためのものです。知恵とは、結局、いかにして豊かな人生を生きることができるかという秘訣のことです。

(3)「知恵の初めに、知恵を買え」(7節)とは、「知恵を得ることこそ、知恵ある生き方の初めになる」という意味です。つまり、知恵の重要性を強調した表現です。知恵は、すべての財産をかけてでも、手に入れる価値があります。私たちにとっては、主イエスに従うことこそ、知恵を愛する生き方です。

2つの道

(1)2つの道について語られます。最初の道は、「知恵の道」(まっすぐな道筋)です。父が子に教えるのは、「知恵の道」、つまり、「主を恐れる生き方」です。その道は、ときには窮屈で、遠回りのように思えることがあります。しかし、長い目で見るとそうではありません。最後は、「知恵の道」を歩む人が勝利者となります(12節)。

(2)次の道は、「悪しき者たちの進む道」です。ちょっとした好奇心から悪の道に入る人がいますが、最後は、「まことに、彼らは悪を行わなければ眠れず、人をつまずかせなければ、その眠りが奪われる」(16節)という状態に陥ります。

(3)正しい人の道と悪しき者の道が比較されます(18~19節)。正しい人の道を歩む人の将来は、希望に満ちています。年を取っても、その人は、ますます輝きを増して真昼の光のようになります。一方、悪しき者の道を歩む人は、ますます暗闇の中に足を踏み入れ、いつ、何につまずくかさえ分からなくなります。主イエスは、この2つの道について次のように教えておられます。「狭い門から入りなさい。滅びに至る門は大きく、その道は広く、そこから入って行く者が多いのです。……」(マタ7・13~14)。

心を見守れ

(1)「わが子よ、注意して私のことばを聞け」

(20節) は、何度もくり返される警告のことばです。信仰者として成長するための秘訣は、単純な真理をくり返し聞き、記憶し、実践することです。日々のデボーション、礼拝のメッセージ、他のクリスチャンの証しなどは、日々の霊的糧となります。

(2)「あなたの心を見守れ」(23節)。「心」とは、知、情、意のすべてを含むことばで、私たちの内面そのものです。豊かないのちとは、「いのちの泉」がこんこんと湧き出てくるようなものです。神のことばを心に蓄えるなら、内側からいのちの泉が湧く経験をするようになります。

(3)「心」と「口」は、密接な関係にあります。不平不満や批判のことばを口にしている人は、その心まで悪しき状態になってしまいます。それゆえ、「曲がったことを言う口をあなたから取り除」く(24節) 必要があるのです。

(4)「あなたの目が前方を見つめ」(25節)。人生のゴールをいつも見ているなら、日常生活のこまごましたことに惑わされることがなくなります。つまり、人生の優先順位をしっかり確認しているということです。

(5)「あなたの足の道筋に心を向けよ」(26節)。見たこと (幻) を実行に移すのは足です。実行が伴わない信仰などあり得ません。

(6) みことばを心に受け入れるなら、いのちの泉が湧くようになります。「わたしを信じる者は、聖書が言っているとおり、その人の心の奥底から、生ける水の川が流れ出るようになります」(ヨハ7・38)。豊かな人生の秘訣は、みことばにとどまり、聖霊の満たしを受けることです。今、聖霊で満たしてくださいと祈りましょう。

箴言5章

わが子よ、注意して私の知恵を聞け。私の英知に耳を傾けよ。あなたが思慮深さを守り、あなたの唇が知識を保つために。（箴言5・1～2）

この章から、以下のことを学びましょう。（1）よその女は、無責任なことばを発し、巧みに男を誘惑します。その女の誘惑に乗る者は、激しい苦痛を味わうようになります。（2）不貞を犯さないためには、危険な場所に近づかないことです。（3）「水溜め」、「井戸」、「泉」はすべて、妻を象徴することばです。「水を飲め」とは、夫婦の肉体関係を表しています。結婚関係は、神から与えられた賜物です。

誘惑者のことば

（1）再び、「わが子よ」という呼びかけでこの章が始まります。父が教える英知に耳を傾ける者は、知識を得、自らの唇を支配するようになります。無責任にことばを発する者と、知恵によって語る者との差は歴然としてきます。

（2）無責任にことばを発する者の代表は、「よその女」です。「よその女」とは、元来は「見知らぬ女」という意味ですが、同時に、「外国の女」や「遊女」をも指しています。そのような女は、ことば巧みに男を誘惑します。その様子が、「蜂の巣の蜜を滴らせ」とか、「油よりも滑らかだ」とかいった比ゆ的表現で描かれています。

（3）その女の誘惑に乗って性的罪を犯した者は、激しい苦痛を味わうようになります。それが、「苦よもぎのように苦い」という表現になっています。「苦よもぎ」は、罪がもたらす苦痛の象徴として用いられています。その罪には、偶像礼拝も含まれます。

（4）誘惑に遭ったときには、罪の結果がどうなるかを予見する必要があります。罪人の行き着くところは、「死」です。「この女の足は死に下って行き」も、「その足取りはよみをつかみ取る」も、ともに同じことを表現しています。つまり、罪の報酬は、「死」だということです。遊女には、罪の認識がありません。また、罪の結果についての関心もありません。そういう女と交わる者は、それと同じ道を歩むことになります。

不貞か貞潔か

（1）不貞の罪を犯さないためには、危険な場所に近づかないことです。新約聖書では、マタイの福音書5章28～29節で、固く決意することの重要性が教えられています。また、テモテへの手紙第二2章22節には、「あなたは若いときの情欲を避け、きよい心で主を呼び求める人たちとともに、義と信仰と愛と平和を追い求めなさい」とあります。

（2）「そうでないと、あなたは自分の誉れを他人に渡し、あなたの年月を残忍な者に渡すことになる」（9節）。この聖句は、罪を犯した者は不名誉な状態に陥ることを予告しています。いつの時代でも、不貞の罪は、悲しい刈り取りをすることになります。それどころか、不貞の罪は寿命を縮め、富さえも奪うものです。人生の最期で、その人は良心の呵責を覚えながら死んでいきます。そのような失敗を犯すのは、教師の声に耳を傾けなかったからです。教師とは、「子よ」と呼びかけている父（実の父、あるいは、霊の父）のことです。

（3）「水溜め」、「井戸」、「泉」はすべて、妻を象徴することばです。「水を飲め」とは、夫婦の肉体関係を表わしています。同様の表現が、雅歌の中にもあります（雅4・12、15参照）。結婚は、神から祝福された関係です。夫婦は、肉体関係を神からの賜物として受け取ることができます。「あなたの泉を外に散らし、広場を水路にしてよいものか」とは、婚外交渉を禁止することばです。「それを自分だけのものにせよ」とは、結婚関係が愛と契約による独占的な関係であることを示しています。

（4）人のすべての道は、神に知られています。過去に罪を犯したことがあるなら、その人は、良心とサタンから責められているはずです。その責めから解放される方法は、主イエスの十字架しかありません。今、十字架を見上げ、罪を告白し、神の赦しを受け取りましょう。

箴言6章

わが子よ、あなたの父の命令を守れ。あなたの母の教えを捨ててはならない。それをいつも心に結び、首に結び付けよ。
（箴言6・20〜21）

この章から、以下のことを学びましょう。（1）軽率に保証人になってはいけません。後で誤りに気づいた場合は、署名を取り消してほしいと伏して願うべきです。（2）怠け者とよこしまな者は、貧しさを招き入れることになります。（3）姦淫の罪に関して、厳しい警告が発せられます。

保証人になることへの警告

（1）1〜5節は、保証人になることや、あわれみの心を示すことを否定しているのではありません。これは、軽率に保証人になることを戒めたものです。

（2）もし軽率に保証人になるという誓約をし、後になってから、口車に乗せられたことに気づいた場合、その人（保証人になってあげた人）のところに行き、契約書から自分の署名を消してくれるように、何度も伏して願うべきです。かもしかが狩人の手から逃れるように、鳥が猟師の網から逃れるように、必死になって頼み込むのです。

怠け者とよこしまな者に対する警告

（1）蟻は、食べ物の豊富な夏のうちに勤勉に働き、食物の不足する冬場に備えます。その生活ぶりのゆえに、蟻は「知恵者中の知恵者」（箴30・24）にたとえられています。

（2）怠け者は、いつまでも床の中にとどまり、早起きとは無縁な生活をしています。怠け癖は、時間とともに成長し、その人の人格の一部になってしまいます。怠け者を待ち受けている運命は、「貧しさ」です。それは、遠来の客のようにやって来ます。

（3）何もしないこと（怠惰な生活）が罪であるなら、悪を働くことはさらに大きな罪です。「よこしまな者」（ヘブル語でアーダーム・ベリッヤアル）は、もとは「無益な者」という意味です。「ベリッヤアル」は、コリント人への手紙第二6章15節では、サタンを指すことばとして用いられています。「不法の者」は、「悪を行う人物」という意味です。彼らの行動は実に巧妙です。目、足、指などで合図を送り、他の人に悪意が漏れないようにします。そのような者たちの滅びは、なんの予告もなしに突然やってきます。

主の憎む7つのもの

（1）「主の憎むものが六つある。　いや、主ご自身が忌み嫌うものが七つある」（16節）という言い方は、一種の修辞法です。その表現法が意味することは、そのリストにあるものは、あくまでも例示だということです。そのリストは、「よこしまな者」や「不法な者」が持っている性質を具体的に説明しています。

（2）主の憎む7つのものを分類すると、次の5つに分かれます。①心の姿勢に関わる罪。「高ぶる目」というのが、この罪に当たります。②口にかかわる罪。「偽りの舌」と「まやかしを吹聴する偽りの証人」というのが、この罪に当たります。③邪悪なことを考える罪。「邪悪な計画をめぐらす心」というのが、この罪に当たります。④行動の罪。「咎なき者の血を流す手」と「悪へと急ぎ走る足」が、この罪に当たります。⑤悪影響を与える罪。「兄弟の間に争いを引き起こす者」が、この罪に当たります。神の子とされていることの証拠の1つは、「平和を作り出す者」となっていることです。

姦淫に対する警告

（1）両親の教えが、絶対的なものとして描かれています。「それをいつも心に結び、首に結び付けよ」とは、常にそれを黙想し、忘れるなということです。そうすれば、それは私たちの生活を平安の道へと導いてくれるのです。父母の教え（知恵）が擬人法で描かれていることに注目しましょう。

（2）箴言には、姦淫に対する警告がくり返し出てきます。姦淫の罪は、その人の社会生活や家庭生活だけでなく、霊的生活まで破壊します。「その女の美しさを心に慕うな」（25節）。その女とは人妻のことです。すべての罪は、心の中に思いを抱くところから始まります。遊女と関係を持つことも罪ですが、人妻との関係は、より深刻な罪です。その罪を犯した場合、律法の規定では、両者とも死ななければなりませんでした（申22・22参照）。人妻と罪を犯した者は、夫の怒りを買い、どのようにしても、その罪を償うことができない状況に追い込まれます。

（3）私たちにとっては、父母の教えとは、聖書のことばです。日々聖書に親しみ、デボーションによって得られた知恵が、その日1日、私たちに方向性を与え、敵の罠から私たちを守ってくれます。

箴言7章

わが子よ。私のことばを守り、私の命令をあなたのうちに蓄えよ。私の命令を守って生きよ。私の教えを、自分の瞳のように守れ。

（箴言7・1〜2）

この章から、以下のことを学びましょう。（1）神の命令は、私たちを束縛するためのものではなく、自由にするためのものです。（2）性的誘惑に勝つためには、神の命令を自分の瞳のように守ることが大切です。（3）知恵に欠ける若者は、遊女の誘惑に負けて罪を犯します。彼を待っているのは、「矢が肝を射抜く」ような結末です。

誘惑から身を守る

（1）6章と同様に、7章も「わが子よ」という呼びかけで始まります。「私の命令を守って生きよ」（2節）とあります。神の命令は、私たちを束縛するためのものではなく、私たちを自由にし、生かすためのものです。しかしサタンは、神の命令があたかも不自由であるかのように見せかけてきます。アダムが罪を犯したのも、そのようなサタンの嘘に惑わされたからです。神が私たちに与えてくださるのは、良いものばかりです。「このように、あなたがたは悪い者であっても、自分の子どもたちには良いものを与えることを知っているのです。それならなおのこと、天におられるあなたがたの父は、ご自分に求める者たちに、良いものを与えてくださらないことがあるでしょうか」（マタ7・11）。

（2）性的誘惑に勝つためには、神の命令を聞いて理解しただけではだめです。神の命令を、自分の瞳のように守ることが大切です。瞳は眼球の中央にある大切な部分です。瞳を軽率に扱う人はいません。まぶたの役割は、ごみやちりが入らないように瞳を保護することです。そのように、私たちも神の命令に常に注意を払い、それを守らなければなりません。それは、私たちの「心の瞳」だからです。さらに、その命令を私たちの指に結びつけておく必要があります（申6・8参照）。また、心の板に書き記す必要があります。これらの比ゆ的表現もまた、常に神の教えを心の中で反復し、記憶しておくことの重要性を教えたものです。知恵に向かって「あなたは妹だ」と言い、英知に向かって「身内」と呼ぶのは、知恵と親密な関係を築けという意味です。

劇的表現による教え

（1）6節以降は、若者に対する性的誘惑の場面を、劇的に描いています。著者が窓から目撃しているような状況設定ですが、読者もまた、観客としてこの劇を見ることができるようになっています。ここに展開されている出来事は、そのまま現代でも起こっています。

（2）遊女の犠牲になるのは若者です。彼は良識がなく、人生経験も乏しいのです。彼は愚かにも、危険な場所に、しかも危険な時間に近づいて行きます。彼こそ、知恵を最も必要としている人物です。誘惑者は、遊女の装いをして、本心を隠した女です。彼女は、人妻でありながら遊女を装い、男を騙そうとしています。彼女は騒々しく、頑なで、家にじっとしていられない女です。これでは、若者に勝ち目はありません。

（3）彼女は、まずショック療法で青年を攻めます。「彼を捕まえて口づけし」とは、そういうことです。次に、「今日」という日が特別な日だと語ります。「交わりのいけにえを献げた日」、「誓願を果たした日」というのは、喜びの日、祝宴の日です。彼女は、宗教的な祝い事を、男を誘惑するための口実に用いています。バアル礼拝を初めとする偶像礼拝では、不純な性行為が日常的に行われていました。また彼女は、夫は家にいないと告げ、男に安心感を与えます。

（4）若者は、ただちに彼女に従います。彼は、牛が屠り場に引かれて行くように、抵抗することもなく滅びの場に引かれて行きます。彼を待っているのは、「矢が肝を射抜く」ような結末です。彼女との関係によって彼が受ける傷は、致命的なものとなります。

（5）知恵が友人となり、やがて親戚、家族となるほどに、日々注意深く聖書を読む人は幸いです。私たちが聖書を読み、研究を重ねる理由は、そこに書かれている神の命令を実行し、それによっていのちを得るためです。知恵を瞳のように大切に守りながら、信仰生活を歩もうではありませんか。

箴言8章

幸いなことよ。日々わたしの戸の傍らで見張り、わたしの門の柱のわきで見守って、わたしの言うことを聞く人は。（箴言8・34）

この章から、以下のことを学びましょう。（1）知恵の働きが、擬人法で描写されます。（2）知恵は、至る所で声をあげています。（3）知恵は、「わたし」という一人称で自己証言をします。この知恵は、キリストそのものです。（4）知恵は、父なる神とともに天地創造のわざに参加されました。（5）この章の最後で、知恵を見いだす者と知恵を見失う者の対比が語られます。

知恵の呼びかけ

（1）「知恵は呼びかけないだろうか。英知はその声をあげないだろうか」（1節）。知恵が擬人法で表現されています。神は様々な方法で私たちに知恵のことばを語っておられます。自然界を通して、また私たちの良心を通して、語っておられます。さらに、モーセの律法や預言者たちを通しても、神はお語りになりました。そして終わりの時代に、キリストを通して私たちにお語りになりました。

(2)知恵は至る所で声をあげています。「丘の上」とは、誰からでもよく見える場所という意味です。「通りの四つ角」で声をあげるのは、人々が間違った道に入って行くことがないようにするためです。さらに知恵は「町の入り口にある門のそば」、「町の入り口」、「正門の入り口」など、公の場所で語っています。聞こうとする心があれば、誰でも知恵のことばに耳を傾けることができるのです。

知恵の自己証言

(1)知恵は、「わたし」という第一人称で話しかけています。新約時代に生きる私たちにとっては、この知恵というのは、キリストそのものです。知恵は、私たちに賢さと知識と良識を与えてくれます。知恵はまた知恵は、主を恐れることを教えてくれます。箴言の中心メッセージは、「主を恐れることは知識の初めである」ということでした。主を恐れるとは、悪を憎むことでもあります。

(2)知恵は、高ぶり、おごり、悪の道、ねじれごとを言う口を憎みます。知恵に従う者には摂理の道が開かれます。摂理とは、「神の見えざる手」のことです。日々の生活の中で、神の見えざる手を見る人は幸いです。

(3)知恵は、政治にも関わっています。政治的リーダーに必要なものは、主から与えられる知恵です。ソロモンは物質的な豊かさよりも、指導者としての知恵を求めました(1列3・9、12)。熱心に知恵を求める者は、必ずそれを見つけることができます。

天地創造と知恵

(1)知恵は、天地が創造される前から存在していました。ヨハネは、次のように書いています。「初めにことばがあった。ことばは神とともにあった。ことばは神であった」(ヨハ1・1)。知恵であるキリストは、神として、永遠の昔から存在しておられるお方です。

(2)知恵は、父なる神のそばにあって、天地創造のわざに参加しておられました。その様子が、実に麗しい詩的表現で書かれています。知恵は、父なる神とともに働くことを喜びとされました。また、創造された世界を見て、それを喜び、楽しまれました。また、人の子らが創造されるのをこの上もなく喜ばれました。

（3）三位一体の神の創造のわざは、今も人類の救いを完成させるという形で続いています。天地創造の前に、父なる神は、キリストにあって救われる人を選んでおられました（エペ1・4～5）。私たちがキリストを信じ、神の子とされていることは、恵み以外の何ものでもありません。

知恵の勧告

（1）良き助言者を持つことは、知恵ある人生を歩む秘訣です。しかし、たとえ人間の助言者がいなくても、箴言を読めば良き勧告を得ることができます。

（2）32～36節は、8章全体のまとめとなっており、知恵を見いだす者と知恵を見失う者の対比が語られています。知恵を見いだし、キリストの道に従う者は幸いです。キリストのうちには、すべての宝が隠されています。キリストを見いだすことは、いのちを見いだすことです（コロ2・3）。日々のデボーションを通して、キリストのことばを聞き、キリストに祈りを献げる人はなんと幸いなことでしょうか。それに対して、知恵を見失う者は、なんと悲惨なことでしょうか。キリストを憎む者はみな、いのちを憎み、死を愛する者です。

（3）知恵のことばに導かれて歩みましょう。死の道ではなく、いのちの道を選びましょう。職場に、家庭に、キリストの臨在を招き入れる人は幸いです。

箴言9章

主を恐れることは知恵の初め、聖なる方を知ることは悟ることである。（箴言9・10）

この章から、以下のことを学びましょう。（1）知恵が伝道者として、擬人法で描かれます。知恵は、招かれる資格のない者を宴会に招きます。（2）この世には、2種類の人がいます。知恵に心が閉ざされた人と、心が開かれた人です。彼らの結末は、全く異なります。（3）愚かさが娼婦として、擬人法で描かれます。娼婦の誘惑に乗るのは、愚か者です。

知恵が催す宴会

（1）知恵が伝道者として、擬人法で描かれます。知恵が建築するものは、壮大で永続性があります。「石の柱を七本、切り出し」（1節）とは、知恵が建てるものがいかに素晴らしいかを表現したものです。知恵は素晴らしい宴会を用意し、客を招きます。知恵が招く客は、招かれる資格のない者たちです。彼らは、知恵が用意した食事を食べ、最良のぶどう酒を飲むために招かれるのです。

（2）神は、同じ呼びかけを私たちに与えておられます。「ああ、渇いている者はみな、水を求めて出て来るがよい。金のない者も。さあ、穀物を買って食べよ。さあ、金を払わないで、穀物を買え。……わたしによく聞き従い、良いものを食べよ。そうすれば、あなたがたは脂肪で元気づく」（イザ55・1～2）。

（3）新約聖書の視点からすると、この知恵はイエスそのものです。イエスは、すべて重荷を負っている人たちに呼びかけておられます。神の呼びかけは、旧約聖書にも見られるものですが、その呼びかけの背後にどのような犠牲があったかが明らかになるのは、新約聖書に入ってからです。知恵が用意する宴会とは、キリストの十字架によって用意された永遠のいのちです。

閉ざされた心か、開かれた心か

（1）2種類の人が登場します。心が閉ざされた人と、心が開かれた人です。心が閉ざされた人は、知恵が語る忠告を拒絶し、知恵を憎みます。心が開かれた人は、自分に与えられる忠告を喜んで受け入れ、忠告してくれる人を愛するようになります。そのような人は、以前にも増して豊かな人生を歩むようになります。持っている者はますます豊かになり、持っていない者は持っているものまで取り上げられます（マタ13・12～16）。

（2）知恵の本質は、主を恐れること、そして、聖なる方を知ることです（10節）。知恵を求める者には、長寿が約束されます。長寿は、旧約聖書では祝福のしるしとして語られています。

（3）すべての人に自由意志が与えられているがゆえに、その選びには責任が伴います。主を愛する者には知恵が与えられますが、知恵をあざける者には悲惨な結末が待っています（12節）。日々の選びが人格を作り、人格が人生を作るということを覚えましょう。

愚かな女

（1）9章前半では、知恵が擬人法で「伝道者」として描かれていましたが、13節以降では、愚かさが擬人法で「娼婦」として描かれます。知恵は家を建て、宴会を開いて、人々を招きました。それと同じように、愚かさもまた人々を招きます。彼女は、町の高い所にある座に着き、人々を滅びの宴会へと招きます。彼女が招くのは、思慮に欠けた者だけではありません。「自分の道をまっすぐ歩く人々」も招きます。これは、聖書を学んでいる人、また真剣に生きようとしている人などを指しています。

（2）伝道者のモットーは、「主を恐れることは知恵の初め、聖なる方を知ることは悟ることである」（10節）でした。それに対して、娼婦のモットーは、「盗んだ水は甘く、こっそり食べるパンはうまい」（17節）です。エバは、サタンからこの誘惑を受け、食べてはならない木から食べてしまいました。娼婦の誘惑に乗る者は、永遠の滅びという刈り取りをすることになります。

（3）主イエスは弟子たちにこのように警告されました。「誘惑に陥らないように、目を覚まして祈っていなさい。霊は燃えていても肉は弱いのです」（マタ26・41）。またヤコブは、こう書いています。「だれでも誘惑されているとき、神に誘惑されていると言ってはいけません。神は悪に誘惑されることのない方であり、ご自分でだれかを誘惑することもありません。人が誘惑にあうのは、それぞれ自分の欲に引かれ、誘われるからです」(ヤコ1・13〜14)。(4)もう一度自らの日常生活を振り返ってみましょう。何を読むか、何を見るか、何を聞くか、どのような友人と付き合うか。これら一つひとつを、神の前で吟味してみましょう。

箴言10章

主の道は、誠実な人には砦、不法を行う者には滅びである。(箴言10・29)

この章から、以下のことを学びましょう。(1)情報量の多い章ですので、要点だけを記します。

知恵ある子と愚かな子

今の時代においては、個人主義が強調され、自分の判断と責任において人生の選びをすることが求められています。しかし、選択したことの結果は、家族や他の人に影響を与えるということを忘れてはなりません。悪人は、一時的に栄えることがあっても、その最期は悲惨です。正しい人は、たとえ物質的に貧しくなったとしても、霊的に豊かな人生を歩むことができます。

勤勉な者に下る祝福

聖書は、勤勉であることを奨励しています。「無精者」というのは単に怠惰な者というだけでなく、悪事を働き、不正の利を得ようとする人をも指します。「勤勉な者の手は人を富ませる」とありますが、勤勉な者の上には神の霊的、物質的祝福が注がれます。隣人の助けを必要としている人が現れたとき、自分の力に応じてその人を助けられるようにしておくことは、知恵ある生き方です。年老いた両親を敬い、彼らを養う実力をつけておくことも重要なことです。

いのちの泉

「目で合図する者は人に痛みをもたらし」とあります。目で合図するとは、隣人を欺く行為です。詐欺師は、このような小さな動作で人を悪の道に誘い込みます。自慢話をする人、大言壮語する人、偽りの証言をする人は、この世の生活においては、高い評価を受けられないばかりか、来たるべき世においては、神の裁きをその身に受けるようになります。詩篇36篇9節によれば、いのちの泉の源は主ご自身です。正しい人は、いのちの源である主とつながり、いのちのことばを語り出すようになります。

愛はすべての罪を覆う

心に苦々しい思いや、憎しみを持った人は、うわさ話、中傷、偽情報などを言いふらし、平和に暮らしている隣人を傷つけます。それに対して愛ある人は、隣人の罪を赦し、その罪を覆います。「悟りのある者」は、人の徳を建て、人に励ましを与え、人を苦境から救い出す知恵のことばを語るようになります。それとは対照的に、良識のない者は愚かなことばを語り、神の叱責をその身に受けるようになります。

知識と財産

勤勉の結果としての蓄財は、その人とその家族を守る堅固な城のようなものです。富に信頼を置き過ぎるのは罪ですが、それを軽視するのもまた罪です。反対に、怠惰のゆえに貧困を経験しているなら、それは恥ずべきことです。結局、財産を得る方法も、それを使う方法も、ともにその人の人格が反映されたものだということです。

訓戒と憎しみの心

訓戒を大事にする者は、より高質の「いのち」を得、叱責を捨てる者は「いのち」から迷い出て、不幸な人生を歩むことになります。憎しみを隠そうとすると、体裁の良いことだけを語る偽善者となります。しかし、自分の心にあることそのままを口に出すと、そしる者、愚か者となってしまいます。このジレンマの解決法は、赦すことしかありません。神にすべてを委ね、魂の自由をいただきましょう。

ことば

ことば数が多い人は、思慮のないことばを口にします。しかし知恵ある人は、ことばを唇に乗せる前によく考え、しゃべり過ぎないように注意します。心に偽りのない人のことばは、選り抜きの銀のようです。悪しき者のことばに価値がないのは、その人の心に価値がないからです。私たちが語ることばは、癒やしの道具にもなれば、痛みをもたらす武器にもなります。

人生の楽しみ

人間がいかに努力しても、主の祝福がなければ真に富むことができません。愚か者は、罪を犯すこと、人を苦しめること、人を誘惑することなどを楽しみとしています。しかし英知のある者は、知恵ある選びを実行することを楽しみとしています。それは、主を恐れ、人を励まし、人を愛する生き方です。

唇の実

正しい者は、知恵あることば、聞く人を建て上げることばを語ります。その人の唇は、豊かな果実(知恵の実)を実らせるようになります。しかし、悪しき者の舌は、神を冒涜し、聞く人を傷つけるようなことばを語ります。ねじれたことを語る口は、必ず沈黙させられます。知恵あることばを語るために、神のことばをしっかりと心に蓄えましょう。神はそのような人を守ってくださいます。

箴言11章

正しい人の結ぶ実はいのちの木。知恵のある者は人の心をとらえる。正しい人が地で報いを受けるなら、悪しき者や罪人はなおさらのこと。

（箴言11・30〜31）

この章から、以下のことを学びましょう。（1）情報量の多い章ですので、要点だけを記します。

欺きの秤と高ぶり

神は、「欺きの秤」を忌み嫌われます。新約時代における「欺きの秤」とは、人間的な思弁や神のみことばをまっすぐに解き明かさず、神のみことばをまっすぐに解き明かさず、この世の知恵などの不純物を混ぜて語ることです。また、「高ぶり」とは、物事を自分の思い通りに動かさないと気がすまないという心です。「高ぶり」は、諸悪の根源です（ミカ6・8は謙遜の重要性を教えています）。

直ぐな人と裏切り者

直ぐな人は誠実に歩み、その人生原則は単純明快です。それに対して、裏切り者は様々な策略を講じますが、最期は滅びを招くことになります。死は潔白な人にとっては「重荷からの解放」ですが、邪悪な者にとっては「希望の消滅」です。新約時代に生きる私たちにとって、聖霊こそ私たちを「誠実」へと導くお方です。自分の知恵や肉的な力だけに頼っている人は、どこかで必ず行き詰まります

町の祝福

町（共同体）が祝福を受ける秘訣は、正しい者が指導者としての地位に就くことです。邪悪な者が指導者になれば、その町は不幸な状態に陥ります。それゆえ、私たちは正しい指導者を選び、彼らのために祈る必要があるのです。

隣人を蔑み、中傷する人

他人を蔑む人は、立派な人を見て異常なまでに劣等感を抱く人です。英知のある者は、他人との比較で自分を見たりはしません。他人を蔑む行為は愚かであるだけでなく、罪でもあります。他人を中傷する人には、真の友人はできません。「霊が忠実な人

は事を秘める」とあります。もし誰かが他人を中傷しているのを聞いたなら、それを自分のところで止めましょう。

知恵ある者の特質

指導者や助言者を持たない人は、常に危険な状態にあります。個人だけでなく、国も、町も、家庭も、同じことです。クリスチャンにとって、神のことばである聖書が最高の助言者です。

優しい女と横暴な者

愛と恵みと知恵に富んだ女は、人生の報酬として誉れを得るようになります。彼女の誉れは夫に、また家族に分け与えられるものとなります。しかし横暴な者、人を蹴散らして前進する者は、人生の報酬として「ただ富だけをつかむ」という結果に終わります。聖書（箴言）は一貫して、永遠に価値あるものを求めよと教えています（ヨハ6・27）。

主に忌み嫌われる者と喜ばれる者

心の曲がった者とは、信仰や宗教の名のもとに、偽善的な行動をしている人のことです。それに対して、言行が一致している人、主の教えを実行している人は、まっすぐに歩む者です。そういう人は、主に喜ばれます。神の刑罰を免れ得ると軽く考えている人は、愚か者です。「正しい人の裔」とは、正しい者の信仰に倣う人すべてです。イエスを信じる私たちは、信仰によって「正しい人の裔」とされました。

内面の美しさを求める

女性の美は、金の輪のように、宝石のように、輝かしいものですが、もしその女性がその美しさにふさわしい内面の実をつけていないなら（あるいは慎みや知性がないなら）、それは金の輪が豚の鼻にあるように、実におかしなことです。

人生のパラドックス（逆説）

物質的にも霊的にも、惜しみなく与える人は豊かになり、それとは対照的に、正当な支払いを惜しんでも、かえって乏しくなる者がいます。これは人生（ビジネス）のパラドックスです。「穀物を売り惜しむ者」とは、価格が高くなることを期待して、市場に穀物を出さない人のことです。食物がなくなった民は、その人を呪うようになります。しかし、貧しい人でも購入できるような控えめな価格で穀物を売る人は、主からの祝福を受けます。これは、信仰者が実行すべきビジネス倫理です。

知恵ある者の生き方

正しい者の生活は、いのちの木のようです。私たちも、主イエスに従うなら、知恵ある者となり、他の人の好意を獲得することができるようになります（マタ４・19）。正しい生活をしている人であっても、もし罪を犯すなら神から矯正的な取り扱いを受けることになります。正しい者でもそのような処罰を受けるとするなら、悪者や罪人にはいったいどれほど恐ろしいことが起こるでしょうか。常に自分自身を吟味し、神を恐れながら歩むことを学びましょう。

箴言12章

善人は主から恵みをいただき、悪を企む者は不義に定められる。（箴言12・2）

この章から、以下のことを学びましょう。（１）情報量の多い章ですので、要点だけを記します。

訓戒を愛する人

叱責を嫌い、それを憎むなら、その人は神の目には愚か者です。訓戒を受け入れ、それに耳を傾ける人は、真実を求める人、真の知識を求める人です。そのような人は、訓戒を受けることによってさらに成長していきます。いかに表面を繕って善人を演じても、神の目をごまかすことはできません。そのような人は偽善者であり、主から罰を受けます。しかし、愛の動機で行動する人は、主から恵みをいただくようになります。利己的な動機で行動した者が、歴史に名を残すことはあり得ません。正しい生き方をする人こそ、深く大地に根を張った人生を歩む人です。

良い妻、良い指導者

良い妻を持った夫は幸いです。彼女は夫に名誉をもたらします。しかし、悪い妻は夫にとって悩みの種となります。ルツ記3章11節で、ルツは「しっかりした女」と言われています。箴言31篇10節以下で、「しっかりした妻」の内容がより詳細に示されています。正しい人は、純粋な動機で物事を計画し、判断します。その人の性格が、その人の業績と一致するのです。しかし悪者の計画することは、自己中心的で、悪意に満ちたものです。

正しい労働観

世の中には、身分が低くても、また、他人から注目されなくても、勤勉に働いている普通の人が多くいます。聖書的に見れば、そのような人たちは大いに評価されるべき存在です。それに対して、家柄や知識を誇り、気位ばかり高くて怠惰な人がいます。そういう人は、何か思い違いをしているのです。職業は、神からの召命です。「畑を耕す」ことを職業全般と解釈すれば、各人にはそれぞれ「自分の畑」というものがあります。自分がどの畑に召されているかを確認し、その職業を神からの召命ととらえて勤勉に働く人は、物質的にも欠乏を感じることがなくなります。

正しい者の根

悪しき者は、他者を欺いて不正の利得を得ようとします。しかしそのような生き方は、必ず挫折します。一方、正しい人は根が清いので、やがて芽を出し、豊かな実を結ぶようになります。聖書は、ことばの管理をしっかりするように教えています。悪人は、自分の舌を制御することを知らず、自ら用意した罠にかかってしまいます。しかし正しい人は、人を建て上げることば、人を教えることば、人を励ますことばを語り、その結果豊かな報酬（物質的、霊的、精神的報酬）を得るようになります。

知恵ある人の舌

裁判に巻き込まれたり、証人に召喚されたりしても、普段から真実なことばだけを語っているなら、慌てる必要は全くありません。普段から語っている内容が、そのまま証言の中にも反映されるからです。それとは対照的に、普段からいいかげんなことしか語っていない者は、偽りの証言をするようになります。その人の心にあることが、そのまま外に出るのです。

自分を建て、人を建てる

勤勉な者は、小さな事にも忠実に臨み、次第に大きな事柄に取り組むようになります。その人は、家族を養い、多くの使用人を抱え、その町の名士となっていきます。すべては、勤勉から始まっているのです。しかし無精者は、仕事にそれほどの関心を払おうとはしません。彼が仕事をする方法は、手抜きと偽りです。やがて彼は、貧困で苦しみ、勤勉な人に雇われる身となります。心に不安があれば、その人の全存在に悪影響を与え始めます。心に喜びを与えるのは、親切な人のことばです。クリスチャンは、特に注意深くことばを語らねばなりません。説教者には、福音を真っ直ぐに解き明かし、救い主キリストを知らしめる責任があります。

義人と悪人の対比

義人は、自分の信仰や道徳基準を、安易に他人に譲り渡すことはありません。自らの信念を曲げず、「狭い道」を歩こうとします。悪者とつき合えば、その悪影響を受けることを知っていますので、慎重に交友関係を選びます。「無精者」というのは単に怠惰な者というだけでなく、悪事を働き、不正の利を得ようとする者をも指します。不正の利得は、すぐにその人の手から離れていきます。それに対して、勤勉な人の得る物は、実質のあるもの、貴いものです。私たちクリスチャンにとっての正義の道とは、キリストを信じる生活です。主は私たちを、祝福といのちの道へと導いてくださいます。

箴言13章

知恵のある子は父の訓戒を聞き、嘲る者は叱責を聞かない。（箴言13・1）

この章から、以下のことを学びましょう。（1）情報量の多い章ですので、要点だけを記します。

知恵ある子

「訓戒」とは教えることと、矯正することの両方を含みます。父の訓戒を聞く子は「知恵ある子」、父の叱責を聞かない子は「あざける者」です。自分を愛してくれている人からの助言に耳を傾けることができないなら、その人には将来の希望がありません。

ことばの力

良いことばを語る人は、他人を祝福するだけでなく、自分自身をも祝福することになります。語られたことばはすぐに消え去りますが、その実は残ります。「良きものを食べる」とは、ことばがもたらす実のことであり、霊的、肉体的、経済的祝福のすべてを指しています。それに対して、「裏切り者」は苦々しい実を味わうようになります。

勤勉の勧め

怠け者は、勤勉な者が持っているものを欲しがりますが、それを得るために犠牲を払ったり、努力したりはしません。それに対して、勤勉な者は確実に努力を積み重ね、ついに多くのものを得るようになります。得れば得るほど、次の努力が容易になり、より大きな祝福へと導かれます。

偽りのことば

悪しき者は平気で偽りのことばを口にします。行動原則が間違っていますので、実際の行為も間違ったものとなります。偽りのない生き方、正義を求める生き方は、数々の祝福をもたらします。①お金よりも大切な、信用という財産を手に入れることができます。②常に心に平安をいただくことができます。安心して床に就き、毎日感謝のうちに目覚めることができます。③不正を追及されることがありませんから、究極的な意味での「タイムマネージメント」を実践していることになります。④敵を作ることがないので、安心して生活することができます。特に聖書時代には、「正義は最善の自己防御策」でした。

見せかけの人生

2種類の見せかけが出てきます。富んでいるように見せかけながら、実は何も持たない者がいます。そういう人は、収入以上の生活をしようとしている愚かな人です。虚栄、貪り、貪欲などがその人を支配しています。このような生き方は、罪です。貧しいように見せかけながら、多くの財産を持つ者もいます。このような人は、盗難に会ったり、借金の依頼を受けたりしないように、自分が富んでいることを隠すのです。その人は、助けを必要としている貧者への施しも避けます。このような生き方もまた、罪です。見せかけの生活から解放されるように、祈りましょう。自分は富んでいると考えている人は、自分の貧しさが見えるように祈りましょう。自分は貧しいと考えている人は、キリストにあって豊かな者とされていることを感謝しましょう。

金銭とのつき合い方

「急に得た財産」とは、①人を騙して得た財産、②盗みによって得た財産、③賭け事によって得た財産、④不法な行為によって得た財産、⑤不道徳な職業によって得た財産、などを指します。これらの財産は、やがて湯水のように使われ、なくなってしまいます。「働いて集める者」とは、自らの手の働きによって財産を得る者のことです。労働の対価を得たときに、それがいかに価値あるものかを知っていますので、無駄に使うことがありません。また、貧しい人の苦難を思いやることができますので、貧者に施しをすることも忘れません。

悪い使者か忠実な使者か

主人は、忠実にメッセージを持ち運んでくれることを期待して、使者を派遣します。その使者が忠実なら、主人の心は喜びで満たされます。しかし、自分勝手に行動したり、メッセージの内容を変えたりすると、主人を失望させることになります。福音の使者として召された者は、忠実に神のことばを他の人たちに届ける責務があります。神は、私たちが混じりけのない福音のメッセージを伝えているかどうかに、深い関心を払っておられます。

子を愛する者

エペソ人への手紙6章4節には、「父たちよ。自分の子どもたちを怒らせてはいけません。むしろ、主の教育と訓戒によって育てなさい」とあります。子どもに分かるように聖書を教え、必要なときには鞭を用いる。これが、親に委ねられている責任です。父なる神もまた、私たちをご自分の子として扱っておられます（ヘブ12・5～7）。物質的な豊かさが、その人の人生に対する満足度を決するわけではありません。人は心に平安を感じて、人生に満足するようになるのです。

箴言14章

主を恐れることはいのちの泉、死の罠から離れさせる。（箴言14・27）

この章から、以下のことを学びましょう。（1）情報量の多い章ですので、要点だけを記します。

知恵ある女と愚かな女

1節の「女」ということばは、男女の区別なしに適用されるものです。また、「家」とは「家庭」を指すことばです。主イエスは、こう語られました。「ですから、わたしのこれらのことばを聞いて、それを行う者はみな、岩の上に自分の家を建てた賢い人にたとえることができます」（マタ7・24）。岩の上に家を建てるとは、主イエスのことばを聞いて、それを実行することです。

愚か者の口

愚か者は、ことばによって他人の名誉を破壊し、心を傷つけ、争いごとを巻き起こします。問題の根は、「誇り」にあります。その根を取り除かない限り、ことばの問題が解決されることはありません。しかし、知恵のある者は唇を見守っています。それは、自分の身の安全を保証するものとなります。熟慮して語られたことばは、人を癒やし、人間関係を高め、敵さえも和らがせるものです。犠牲を払うことを嫌がっていては、必要なものを獲得することはできません。飼葉桶が汚れるのを嫌がる人は、牛を飼わなければよいのですが、牛がいなければ畑を耕すことも、収穫物を運ぶこともできなくなります。

愚か者と賢い者

語ることばの中に敬虔さが見られないなら、その人は、「愚か者」です。そういう人と付き合っても、知恵を学ぶことはできません。むしろ害があるのですから、早く離れ去ったほうがよいのです。私たちは、地上では旅人です。大切なことは、単にこの旅を楽しむだけでなく、旅の最終目的地に無事に到着することです。そのためには、安全に旅をするルールを知る必要があります。そのルールを教えているのが、聖書です。

罪の償いを軽んじる者

愚か者には、神の義も聖さも見えていません。そのため、罪に対して痛みを感じることがありません。苦しみの中で最大のものは、罪責感からくる苦しみです。これは、聖霊によって与えられる苦しみです。人間に罪の認識を与えるのは、聖霊です。罪の認識を持った罪人を救いに導くのも、聖霊です。罪を悔い改め、神に立ち返るなら、その人の心には大きな喜びが湧き上がります。

人の判断と神の評価

悪人が高台にどんなに立派な家を建てても、それはむなしいものです。しかし正しい者の家は、それがみすぼらしい天幕のようなものであっても、栄えます。悪人とともに高台に住むよりは、正しい者とともに天幕生活をすることを選び取りましょう。人の目に「まっすぐに見える道」があります。それは発見しやすい道、多くの人が歩いている道、肉の欲求を満足させてくれる道です。しかしその道は、私たちを死へと導きます。滅び行く人たちのむなしいことばに騙されてはなりません。

自らの最期を思え

人生をいかに楽しく生きた人であっても、もし神を知らないなら、その喜びは、終わりには悲しみとなります（ヘブ９・27）。堕落している者の特徴は、自分が滅びの道を歩んでいても、それに気づかず、自分の生活に満足していることです。自分が盲目であることに気づいていないことが、罪人の罪人たるゆえんです。善良な人は、そのような人から離れます。自分勝手に生きている人たちと付き合えば、自分もその影響を受けるようになるからです。

３種類の愚か者

３種類の愚か者についての教訓が語られています。最初の愚か者は、聞いたことをなんでも安易に信じる者です。賢い人は、自分が聞いた話や教理を、じっくりと吟味します。２番目の愚か者は、怒りやすくて自信過剰な者です。イエスを裏切る前のペテロがそういう状態にありました。ペテロが回復されたのは、自らの愚かさに気づいて悔い改めたからです。３番目の愚か者は、短気な者です。そういう者は、後になって悔い改めるのですが、周りの人からは軽蔑され、哀れみの目で見られるようになります。

神に選ばれた民の生きる道

正しい政治を行えば国は繁栄し、不道徳なことがはびこれば国は衰退します。ここでの繁栄とは、必ずしも物質的な豊かさを指してはいません。むしろこれは、道徳的、倫理的祝福です。精神面が祝されていることこそ、その国が祝されていることの証拠です。王のしもべは、全身全霊を込めて仕えなければなりません。王は、忠実な者には報いをもって臨み、不真実な者には怒りをもって対処されます。この原則は、王なるキリストに仕える私たちにも当てはまります。

箴言15章

柔らかな答えは憤りを鎮め、激しいことばは怒りをあおる。知恵のある者の舌は知識をうまく用い、愚かな者の口は愚かさを吐き出す。（箴言15・1～2）

この章から、以下のことを学びましょう。（1）情報量の多い章ですので、要点だけを記します。

ことばの効力

サムエル記第一25章には、ナバルとアビガイルという夫婦の話が出てきます。愚か者のナバルは、ダビデの要求を激しいことばではねつけ、ダビデの怒りを買いました。その状況を救ったのが、妻のアビガイルです。彼女は、柔らかな答えでダビデの怒りを静めました。聖書は、人は自分の心にあることをことばにして外に出すと教えています。知恵ある人は、知恵と知識に富んだことばを語りますが、愚かな者は、愚かなことばを口にします。人生を改革しようと思うなら、心の一新から始める必要があります。

全知全能の神

神は、人の本心をご存じで、悪人と善人とを見分け、見張っておられます。過去に罪を犯したことがあるなら、その人は、良心とサタンから責められているはずです。その責めから解放される方法は、主イエスの十字架しかありません。「いのちの木」は、永遠のいのちの象徴です。イエス・キリストによって罪赦された私たちには、人々に癒やしと永遠のいのちをもたらす「いのちの木」のようなことばを語る責務があります。

訓戒と富

ユダヤの文化では、親には子を養育し、訓戒する義務が与えられているという理解があります。子も、親に従う義務があるとされています。これが聖書的家族関係です。父は神によって立てられた権威です。したがって、父の叱責を聞かない子は「愚か者」です。その子は、父の訓戒だけでなく、信仰、罪、神の裁きなどについても、無視するようになります。

良き父親のモデルがなかった人には、神ご自身が天の父となってくださいます。天の父は、最高の父親であり、私たちを訓練されるお方でもあります（ヘブ12・5〜6）。聖書は、富そのものを罪と見なしているわけではありません。正しい者の家には富が蓄積されます。それは、その人が富の蓄積を目的に行動していないからです。勤勉で動機が正しければ、結果として富が蓄積されるようになります。その人は、富の用い方を知っており、さらに祝されるようになります。しかし、悪しき者の富は祝福をもたらすものではなく、むしろ煩い、争い、心配事を増やすものとなります。富を持っていても、その用い方を知らない人は哀れです。

主が忌み嫌うもの

人を建て上げるようなことばを語るためには、まず心の中が清められ、満たされている必要があります。どんなに立派ないけにえや祈りを献げたとしても、心の在り方が間違っているなら、それは、神から忌み嫌われるものとなります。その古典的な例が、創世記に出てくるカインです。弟のアベルのささげ物は神に受け入れられましたが、兄のカインのささげ物は退けられました（ヘブ11・4、1ヨハ3・12）。

滅びに関する警告

知恵のある者とは、主の叱責を受け入れる人です。正しい道を捨てる者は愚か者であり、その人の上には厳しい懲らしめが下ります。その懲らしめさえも憎み、無視するなら、その人の行き着くところは死しかありません。一度心を頑なにすると、その状態はますます悪くなります。「よみ」と「滅びの淵」は同義語で、人が死後に行く場所を指しています。そこがどういう世界なのか、私たちには分かりません。しかし主は、死者の世界を完全に知っておられます。それならなおさら、人には分からない他人の心の中を、主が知っておられるのは当然のことです。もし恐れがあるなら、ただちに罪を告白して、主イエスの血潮による清めを受け取りましょう。

真の満足

多くの財産を持っていたとしても、神への信頼や恐れがないなら、その人は常に不安を感じながら生ていなくても、神に信頼する人は、平安の内に生きることができます。豊かな食物があっても、そこに争いがあるなら、幸せとは言えません。しかし、乏しい食事しかなくても、愛の関係があるなら、そこには満足があります。変わることのないものに価値を置いて生きる人は、どのような状況にあっても、満ち足りることを学ぶことができます。「主への恐れ」そのものが、その人の財産なのです。

箴言16章

人は心に自分の道を思い巡らす。しかし、主が人の歩みを確かにされる。（箴言16・9）

この章から、以下のことを学びましょう。（1）情報量の多い章ですので、要点だけを記します。

人の心にある計画

私たち人間は、日常のことについて、また将来のことについて、いろいろな計画を立てます。しかし、私たちが立てる計画は完璧なものとはなり得ません。もし私たちが、自らの不完全さを認め、神の助けを求めるなら、私たちは神が与えてくださることばを語るようになります。祈り、証し、説教などは、すべて神の助けによって口にすべきものです（2コリ3・5）。

主権者である神

神は主権者であり、すべてのものをご自分の目的のために造られたお方です。私たちのいのちも、神の栄光を現すために創造されました。完璧に創造された人間は、悪の道を自ら選び取りました。神は罪人に対して、悔い改めて立ち返るように呼びかけておられますが、それでも悪の道を選び続ける人がいます。最終的には、神は罪人を裁かれます。悪が裁かれるとき、それさえも神の栄光を現す出来事となります。人生の勝利者とは、神の栄光を現すような生活をする人です。

高ぶる者と主を恐れる者

主が忌み嫌う7つのものの最初が、「高ぶる目」です。高ぶりは、神を神とも思わない心であり、罪の根源です。それと対照的なのが、主を恐れる心です。主を恐れる人は、自分が神の前では罪人であることと、罪が赦されるのは、神の恵みによるということを知っています。神は恵みによって、御子イエスを罪の贖いのための犠牲としてくださいました。それを信じた人は、罪の赦しと永遠のいのちを受けたのです。さらに、その人は、主を恐れるがゆえに悪から離れます。

主とともに歩む人

私たちの神は平和の神であり、和解をもたらす神です。聖書の中には、主による和解の例が見られます。①イサクとアビメレクの和解（創26・27〜28）、②ヤコブとエサウの和解（創32・3以降）などです。正直な方法で得たわずかな富は、不正な方法で得た多くの財産より勝るものです。正直な人は、その心に満足と平安を感じています。また、正直な人の富は、神に喜ばれています。しかし、不正によって得た財産はそうではありません。その富は、一瞬にして取り去られます。不正の富は、私たちを救うことができません。

王の使命

王は、絶対的な権威を持っています。したがって、王が宣言することは神の宣言に等しいのです。それゆえ王は、正義の裁きを行い、誤りなきことばを発するように注意しなければなりません。旧約聖書には、王は完全であるという教えはありません。むしろ、王もまた権威の下にあるというのがその教えです。したがって、権威ある地位に就いている者は、常に神を恐れ、謙遜の限りを尽くし、誠実に歩まなければなりません。レビ記19章35節~36節には、秤の量目をごまかすことを禁じる命令が出ています。当時は、度量衡の基準は王によって定められていました。王は、「神の代理人」として、神の義が成るような政治を行わなければなりません。

王の関心事

王が国を統治する際に最も必要なものは、正義です。理想的な王は、自分自身が正義を行うだけでなく、臣民が正しいことを語るのを喜びます。王は、臣民のへつらいや誤りのことばを拒絶しなければなりません。ここに書かれた理想的な王の姿は、キリストによって成就します。キリストが王として再臨されるとき、地上にはびこる悪や不正はすべて滅び去ります。神を恐れる私たちは、その日が必ず来ることを確信していますので、神の国とその義を求めて、日々労しています。義なる王から賞賛のことばをいただける人は幸いです。

高ぶりか謙遜か

知恵は神を恐れるところから生まれますが、高慢は神を神とも思わない心の状態から生まれます。①高慢な人は、3つの意味で破滅的状態にあります。①その人は、自分自身との関係を破壊しています。②その人は、隣人との関係を破壊しています。③その人は、神との関係を破壊しています。罪の中には、誰の目にも明らかなものと、人の目には隠れたものがあります。高ぶりの罪は心の中で犯す罪であり、ときには表面に出ないこともあります。しかしそれは、神の目には重大な罪です。謙遜な人が歩む道は、祝福への大路となります。

箴言17章

愚か者に雄弁な舌はふさわしくない。高貴な人に偽りの唇はなおふさわしくない。（箴言17・7）

この章から、以下のことを学びましょう。（1）情報量の多い章ですので、要点だけを記します。

主の平和

乏しい食事しかなくても、愛の関係があるなら、そこには満足があります。食事についての教えを普遍化すると、次のような教訓が導き出されます。この世の人の目には乏しく見えるような場合でも、神を知っている人は、そこに満足を見いだすことができます。思慮のあるしもべとは、「主への恐れ」を持っているしもべのことです。旧約聖書には、そのようなしもべの例が出てきます。ダマスコのエリエゼル（創15・2）やメフィボシェテのしもべツィバなどがそれです（2サム16・4）。

試練の意味

職人は、銀や金を高温の中で精錬して不純物を飛ばします。しかし、人の心の中を推し量り、それを精錬することができるのは神だけです。神が私たちを精錬される方法は、試練という炉を通してです。神は、私たちを無意味な試練に遭わせるようなことはなさいません。

心の管理

神は思いのままに、私たちを富ませたり、貧しくさせたりすることができます。また神は、この世の貧しい人たちを選んで信仰に富む者とならせるお方です（ヤコ2・5）。それゆえ、貧しい人を軽蔑してはなりません。造り主をそしったことになるからです。人の災難を喜ぶ者は、神を怒らせる者です。聖書の教えは、「喜んでいる者たちとともに喜び、泣いている者たちとともに泣きなさい」（ロマ12・15）ということです。

不似合いなもの

不似合いなものの1つ目は、「愚か者」と「雄弁な舌」です。「愚か者」は、雄弁な舌によって聞き手を欺きます。２つ目は、「高貴な人」と「偽りの唇」です。使徒パウロは、このように勧めています。「あなたがたは以前は闇でしたが、今は、主にあって光となりました。光の子どもとして歩みなさい」（エペ５・8）。

友情を育てる

愛は隣人の罪を赦し、その罪を覆います。また、隣人が犯した罪をすぐに忘れます。そのような人は、真の友情を育てる人です。一方、いつまでも同じ罪を指摘する人には、友はできません。親しい友も、いつしか離れて行きます。私たちが追い求めるべき愛の究極的な形は、私たちの罪を赦すために御子イエスを十字架につけてくださった父なる神の愛です。知恵ある者は、１を聞いて10を悟ります。それに対して、愚か者は１００回むち打たれても、悟ることがありません。「１００回」というのは、ヘブル的誇張法です。知恵ある者を責めるときは、柔らかなことばを発するだけで、その勧告は相手の心の奥に染み込んでいきます。

悪人の最期

悪人の特徴は、常に反抗的で批判的な態度を取るという点にあります。悪人の究極的な罪は、創造主への反逆にあります。神の権威を認めたくない、自分が究極的な善悪の基準となりたいという思いは、人類の先祖アダム以来、罪人の心の中に継承されてきたものです。私たちは、愚か者の道を避けなければなりません。神の命令はすべて、私たちに祝福をもたらすためのものです。

善に対して悪を返す

善に対して悪を返すのは、最悪の生活態度です。宇宙の運行を支配している神は、被造世界の倫理的原則をも支配しておられます。それゆえ、「善に代えて悪を返すなら、その者の家から悪は離れない」（13節）ということになるのです。その例が、忠臣ウリヤを殺害したダビデです（２サム11・11～15）。この罪の結果、ダビデの家には問題が絶えることがありませんでした。また、イスラエルの民がイエス・キリストを拒否した出来事も、善に対して悪を返した例です。この罪のために、イスラエル人たちは全世界に散らされることになりました。

真の友

人生には逆境のときがやってきます。試練のときこそ、誰が真の友であるかが明らかになります。旧約聖書に出てくる真の友情の例は、ダビデとヨナタンの関係です（1サム20章）。ヨナタンは、ダビデを自分のいのち以上に愛し、ダビデはヨナタンの子孫を保護することによってその愛に応えました。このふたりの友情は、主イエスが私たちに示された愛を象徴しています。世の中には、友情関係や兄弟関係を利用して、利益を得ようとする者がいます。真の友情を求める者は、同時に偽りの友情を見抜く必要があります（特に、保証人になる場合）。性急に誓う者は、「良識のない人」なのです。

箴言18篇

人の心の高慢は破滅に先立ち、謙遜は栄誉に先立つ。（箴言18・12）

この章から、以下のことを学びましょう。（1）情報量の多い章ですので、要点だけを記します。

自らを閉ざす者

「自らを閉ざす者」とは、分離する者、人と交わりをしない者を指しています。この世から自分を分離することは、必ずしも悪いことではありません。それどころか、積極的に分離を考えるべきときもあります。聖書を読んで黙想する、神の御心を求めるために静思する、自分の姿を吟味するために静まるなどの場合がそれです。しかし、分離が悪い場合もあります。自分の思い通りに生きるために利己主義に陥ったり、人間関係を軽視したり、物質的欲望のみを求めたりするような場合がそれです。新約聖書では、パリサイ人がそのような生き方をしていました。彼らは、自分たちを一般のユダヤ人と区別し、自分たちだけがモーセの律法に関する知識を有していると豪語していました。その結果、彼らはメシアであるイエスの教えでさえも悪魔の教えとして拒否したのです。

悪しき者が来ると

愚か者の特徴は、人の意見や立場を侮ることにあります。そこが教会であれば、愚か者は神を侮り、神のしもべとして労している者や敬虔な信者を軽蔑します。しかし彼が気づいていないことが1つあります。それは、神を侮る者は神から侮られるという真理です（詩53・1）。仕える姿勢を持った人こそ、神の国では偉大な人です。「深い水」とは地下水のことです。それが泉となり、やがて川となって流れ出ます。渇きを覚える旅人は、水を求めてどこまでも歩きます。知恵ある人の世界観や考え、発することばなどは、たましいの渇きを覚えている人には、渇きを癒やす水のようなものです。それは、人々の心を潤し、力づけます。その理由は、知恵ある人は神のことばを語るからです。

正しい裁き

人を裁く立場の者は、被告人をえこひいきしてはなりません。また逆に、被告人を知らないとか、世話になったことがないとかいう理由で、その人を退けてもいけないのです。正義を曲げないということが神の御心であり、それは聖書に明確に啓示されています。義人としての生活は、「神の義」を意識するところから始まります。私たちクリスチャンは、神が喜ばれることを喜び、神が憎まれることを憎むように召されました。「この場合、主イエスならどうされるだろうか」と、常に自問自答しながら歩む人は、知恵ある人です。

愚かな者の唇

愚か者は、自分には関係のない紛争の中に首をつっこみ、片方に加担したり、余計なことを口走ったりして、その紛争をより大きなものにしてしまいます。その結果、自分自身に被害（鞭打つ者）を招いてしまいます。実に愚かなことです。鞭打つ者とは、怒って復讐してくる人のことですが、神ご自身が愚か者を罰するために鞭打つ者を用いると考えてもよいでしょう。愚か者とは、痛い目に遭わないと分からない人のことです。

陰口と怠惰

陰口について2つのことを覚えておきましょう。①陰口は、相手の評判や信用を落とします。それは、肉体的な暴力と同じか、それ以上のものです。②陰口は、ほめことばよりも長く聞いた人の心にとどまります。神の恵みの中に安住して怠惰になっている者は、神の栄光を現しているとは言えません。クリスチャンは、「私には神が行われることはできない」ということと、「神は私にできることを代行されることはない」ということを知っておく必要があります。救いと清めは聖霊の御業ですが、良い習慣を身につけ、従順な心を養うのは私たちの責任です。

破滅に先立つもの

罪の中には誰の目にも明らかなものと、人の目には隠れたものがあります。高ぶりの罪は心の中で犯す罪であり、表面に出ないことがあります。しかし神は、私たちの心が神の思いと1つになっているかどうか、吟味されます。自分の心の状態を省みて、謙遜になることを学びましょう。相手が話しているのに、全部を聞こうとしないで自分の意見を話し始める人は、愚か者です。その人は、的外れなことばを語り、恥をさらすことになります。良い聞き手は、相手の話に耳を傾けると同時に、聖霊の語りかけにも耳を傾けます。聖霊がその人に何を語ろうとしているかを知り、それを伝えるためです。意識して、聖霊の声を聞く努力をしましょう。それが自分の習慣となるほどに、継続してそれを行いましょう。

箴言19章

主を恐れるなら、いのちに至る。満ち足りて住み、わざわいにあわない。（箴言19・23）

この章から、以下のことを学びましょう。（1）情報量の多い章ですので、要点だけを記します。

神の前に価値あるもの

物質的に貧しい人は、この世の人からは見下され、軽く扱われます。そういう人は、どこに慰めを見いだせばよいのでしょうか。その答えは、「誠実に歩む」というところにあります。心に神を信じ、それを行動に表す人は幸いです。それに対して、曲がったことを言う人は愚か者です。曲がったこととは、神を冒涜することば、傲慢なことば、人を見下すことば、虚偽のことばなどです。そういう人にとっては、富を所有していること自体が災いとなります。地上生涯において私たちが求めるべき最高に価値あるものとは、「誠実」です。「たましいに知識がないことは良くない」とあります。聖書知識がないまま、熱心さだけで活動するのは危険なことです。急ぎ足でことを進めると、必ずつまずきます。神の時を考慮に入れないで暴走すると、ストレスばかりを溜め込むことになります。

主に向かって怒る者

愚かな種、罪の種を蒔けば、その結果は悲惨なものとなります。知恵ある人は、自らの失敗から学びますが、愚か者はそうではありません。その人は、反省するどころか、責任を神に転嫁して怒るのです。その人が愚かである理由が、ここにあります。財産が増すと、友も増えていきます。それとは逆に、貧しくなると、友人さえも冷たい態度を取るようになります。人生の冷たい現実を知れば知るほど、頼りになるお方を知っていることのありがたみが分かるようになります。イエス・キリストこそ、私たちを見放すことのない友です。

偽証の罪

裁判で偽りの証言をすることは重大な罪です。地上においてその罪に対する罰を受けなかったとしても、神の前に立ったとき、その罪の清算が行われることを忘れてはなりません（ロマ14・12）。私的な生活においても、嘘（まやかし）を吹聴するなら、罰を免れることはありません。嘘を言い広めることは他人を傷つける重大な罪です。神を恐れる人は、自らの口に見張りを立てる人です。

人生の現実

人は、貧しくなると自分の兄弟たちからでさえも歓迎されなくなります。肉の兄弟でさえもそうなのですから、友人たちが去って行くのも当然のことです。イエス・キリストこそ、いつまでも私たちを見放すことのない友です。「わたしは、あなたがたを捨てて孤児にはしません。あなたがたのところに戻って来ます」（ヨハ14・18）。「良識を得る者」とは、イエス・キリストを求め、この方に信頼を置く人のことです。パウロはこう書いています。「このキリストのうちに、知恵と知識の宝がすべて隠されています」（コロ2・3）。キリストに従う生き方は、結局のところ自分自身を愛する生き方につながります。そのような人は、「英知を保ち」、「幸いを見つける」人となります。

偽証と秩序の破壊

裁判で真実を語ることは、創造主に栄光を帰す道でもあります。私的な生活においても、嘘を吹聴するなら罰を免れることはありません。嘘を言い広めることは、他人を傷つける重大な罪です。「愚かな者にぜいたくな暮らしはふさわしくない」（10節a）とあるのは、愚か者は富を所有すると堕落するからです。いくら富を蓄えても、その使い方を誤るなら、その富はなんの益ももたらしません。「奴隷が君主を支配するのは、なおさらのこと」（10節b）とあります。これは、当時の社会秩序を乱すことなので、不条理なこと、自然の秩序に反することと考えられているのです。この教えを今の時代に適用すれば、「神が立てられた霊的権威や秩序に挑戦することは、愚かなことである」となるでしょう。

神の性質

愚か者はすぐに怒りの感情を外に表します。しかし、賢明さのある人はそうではありません。その人は、時間を取ってじっくりと状況を吟味し、正しい判断を下します。そして、ふさわしいタイミングで、問題点を指摘し、非難すべきものは非難し、変更すべきものは変更します。また、相手が悔い改めた場合は、その人を赦すことを知っています。このような性質は、神ご自身から与えられるものです(出34・6)。12節には、王の2つの性質が書かれています。①不義に対して激しく怒る。②悔い改めた者やへりくだった者に対して、恵みを施す。その優しさが、草の上の露にたとえられています。以上の2つの性質は、善王には欠かせないものです。

箴言20篇

人の心にある計画は深い水。英知のある人はこれを汲み出す。(箴言20・5)

この章から、以下のことを学びましょう。(1)情報量の多い章ですので、要点だけを記します。

警告のことば

ぶどう酒は、飲む人に悦楽を約束しますが、飲み過ぎると、苦痛や失敗をもたらすことになります。どんなに良いものでも、付き合い方を誤ると、悪いものになってしまいます。絶対的な権力を持った王を怒らせることは、自らのいのちを危うくする愚かな行為です。地上の権力が神によって立てられた正しい権力である場合は、なおさらそう言えます。地上の王に関してそう言えるなら、王の王であるお方(イエス・キリスト)についてはなおさらそうです。主イエスは、不義に対して激しく怒られました(神殿の清め、パリサイ人との論争など)が、悔い改めた罪人や弱者にはあわれみの心を示されました。罪を犯す者は、主の怒りに遭いますが、砕かれた悔いた心をもって主の前に出るなら、あわれみを受けることができます。

愚か者と怠け者

常に自分が正しいと思っていると、相手の欠点や間違いを赦せなくなります。そして、深い考えもなしに、すぐに争いを引き起こすことになります。愚か者は、争いから身を引くことをせず、いつまでも争う姿勢を崩しません。しかし聖書は、「争いを避けることは人の誉れ」（３節）と教えています。イスラエルでは、冬は雨季に当たり、土地が柔らかくなります。この時期に、農夫は畑を耕し、種を蒔きます。ところが、怠惰な農夫は、それをしません。理由は、「冬は寒いから」です。秋の収穫の時期に、なんの刈り入れもないのは当然のことです。すべてのことに、時があります。「時」が来ているのに仕事に着手しないのは、好機をみすみす見逃していることです。

英知のある人と忠実な人

人間の心は深い水のようです。つまり、容易にはその考えを見抜けないということです。悪人が企むことは、自己中心的なことばかりです。知恵ある人の心もまた、深い水のようですが、悪人と違うのは、その人は自らの知恵を自慢することがないという点です。また、人の秘密を言いふらしたりもしません。英知のある人は、深い水を汲み出す術を知っています。英知のある人は、相手を観察したり、質問を投げかけたりしながら、その人の心にある悪意も知恵も見抜いてしまいます。

誠実な歩み

誠実に歩むことは、自分自身を祝福する方法です。その人は平安であり、辱めを受けることのない人生を送ります。さらに、誠実に歩むことは、子孫を祝福する道でもあります。信仰の道を歩むという家風を築いた親は、子どもたちに最高の贈り物を残すことになります。ここに描かれている「さばきの座に着く王」とは、善王のことです。その王は、自らが裁きの座に着き、訴える者に耳を傾け、証人たちの証言を吟味します。権威と知恵をもって、見たこと聞いたことを判断し、すべての悪をふるい分けます。この王の姿は、究極的にはイエス・キリストにあって成就します。

傲慢と欺き

世界には様々な宗教があります。しかし人間には、「私は自分の心を清めた。私は罪から離れ、きよくなった」（9節）と言うことができません。人間の内側は、自力救済が不可能なほどに罪の影響を受けているからです。福音とは、「私たち人間にできなかったことを、人となられた神の御子がしてくださった。だから、私たちはこのお方を信じるだけで救われるのだ」ということです。神は、2種類の重り、異なる2種類の升を忌み嫌われます。この教えは、すでに箴言11章1節に出ていました。神は、量目不足の枡、重さの足りない重りなどを忌み嫌われます。神は、神へのささげ物だけでなく、経済取引や裁判においても、「欺きの秤」が使われることを忌み嫌われます。

主に喜ばれる人生

木は、その実によって見分けることができます。人間もそれと同じです。幼子の場合は、大人のように巧妙に自分の本質を隠す術を知りませんので、その性質がそのまま外に現れます。両親は、自分の子どもの行動を観察し、良い性質は伸ばし、悪い性質は取り除く必要があります。私たちには、神から与えられたものを正しく用いる責任があります。「聞く耳」、「見る目」とあります。これは、霊的な世界を暗示したことばです。耳は神の声を聞くために、目は神のわざを見るために与えられています。聞く耳と見る目を活用しない人は、神の目から見れば「反逆者」です（エゼ12・2）。

箴言21章

義と恵みを追い求める者は、いのちと義と誉れを見出す。（箴言21・21）

この章から、以下のことを学びましょう。（1）情報量の多い章ですので、要点だけを記します。

すべてを支配する主

農夫は作物に水をやるために水路を整え、水の流れを管理します。庭師も、草花や木々に水を与えるために、水源から庭園に水を引きます。そのように、主も王の心を管理し、王の思いを自由自在に導かれます。それが悪王であっても同じことです（エジプトのファラオも、善王ダビデやソロモンも、主の支配下にありました）。多くの人が、自分の行いや計画はすべて正しいと思っています。しかし、人の心は罪によって毒されているため、その行為も計画も完璧なものとはなり得ません。もし私たちが自らの不完全さを認め、神の助けを求めるなら、新しい道が開かれます。

主に喜ばれるもの

私たちの行為がどれほど立派なものであっても、内面（動機）が不純であるなら、神に喜ばれることはありません。主イエスはこうお語りになりました。「そして、心を尽くし、知恵を尽くし、力を尽くして主を愛すること、また、隣人を自分自身のように愛することは、どんな全焼のささげ物やいけにえよりもはるかにすぐれています」（マコ12・33）。「おごる心」があるから「高ぶる目」が出てきます。悪者は、主の栄光よりも自分の楽しみを求めて生活しています。そのような人は、根が腐っていますので、幹も枝も、そして果実までも腐っています。成功しているときこそ、「高ぶる目とおごる心」に注意して歩む必要があります。

勤勉な人と慌てる者

「勤勉な人」とは、思慮深く人生を計画し、忍耐深くそれを追求している人です。一般論としては、そういう人は霊的にも物質的にも栄えます。イエスは「タラントのたとえ話」を、次のように締めくくっています。「だれでも持っている者は与えられてもっと豊かになり、持っていない者は持っている物までも取り上げられるのだ」（マタ25・29）。豊かな人生の秘訣は、他者との比較をやめて、自分に与えられている賜物を活かすことです。「慌てる者」とは、すぐに結果を求めたがる人のことです。結果を急ぐと、落とし穴に落ちることになります。急いで手に入れた財産は、身につかないものです。不法な行為や不道徳な職業によって得た財産は、「偽りの舌をもって財宝を得る」行為です。これらの財産は、湯水のように使われ、なくなってしまうものです。「わずかな物を持って主を恐れることは、豊かな財宝を持って混乱するよりも良い」（15・16）。箴言の中心的教えである「主を恐れること」をもう一度思い出しましょう。

道を真っ直ぐにする

悪者は、自らの暴虐によってその身を滅ぼします。特に、公の地位に就いている人、指導的な立場の人などは、この点によく注意する必要があります。他の人に仕えることを忘れ、私腹を肥やすことに関心を向けるなら、その先には滅びしかありません。クリスチャンなら、誰もが善を行いたいと願っているはずですが、自力でそれをすることはできません（ロマ7・19〜20）。罪からの解放は、聖霊の満たしによって与えられるものです。「頑張り型クリスチャン」から「聖霊に満たされたクリスチャン」に変えていただくように、主に祈り求めましょう。

社交場か屋根の片隅か

争い好きとは、事あるごとに文句を言ったり、非難したりする人のことです。一家団欒の場に「争い好きな女」がいると、いたたまれなくなります。それよりは、「屋上の片隅」で静かにしていたほうがよいのです。「屋上の片隅」とは、屋上に作られた粗末な空間のことで、決して居心地の良い場所ではありません。しかし、金切り声を聞かされるよりは、「屋上の片隅」で黙想しているほうが、よほど心が落ち着きます。自分のことばや振る舞いが、隣人に不愉快な思いを与えていないかどうか、吟味してみましょう。

知恵を得る方法（11～12節）

知恵のある人とは、真理を悟る能力のある人です。そのような人は、自分にとって痛みを伴うような助言であっても、それを受け止め、さらに知識を深め、練られた品性を育てます。その人は、悪人が栄えている姿を見ても、うらやましいとは思いません。その人の洞察力は、主を恐れるところからくるものです。悪者どもは高ぶりの中に憩い、滅びが目前に迫ってきていることを知りません。将来に対する洞察力がないのは、実に悲劇的なことです。

箴言22章

へりくだりと、主を恐れることの報いは、富と誉れといのち。（箴言22・4）

この章から、以下のことを学びましょう。（1）情報量の多い章ですので、要点だけを記します。

名声こそ望ましい

「名声」と訳されていることばは、ヘブル語では「名」です。良い名（良い評判）を得ることのほうが、富を得るよりも望ましいというのです。主イエスを受け入れ、神と和解した者たちに与えられている名は、「神の子」です。クリスチャンは、その名にふさわしい生き方を志します。「愛顧」とは、神と人から認められ受け入れられることです。それもまた、金や銀に優るものです。富む者は貧しい者を見下し、貧しい者は富む者をねたみます。それが世の常です。しかし、イエス・キリストにあって、すべての人は平等です。富む者は貧しい者を見下してはなりません。むしろ神によって支えられていることを覚え、謙遜になるべきです。また、貧しい者も富む者をねたんだりせず、時が来れば自分も上に引き上げられることを信じて、平安を得るべきです。

賢い者と浅はかな者

賢い者とは、判断力に優れた者、霊的な目を持っている者のことです。そのような者は、「わざわいを見て身を隠し」ます。「わざわいを見る」とは、将来を予見することです。「わざわいを見る」とは、将来を見渡し、このまま進めばわざわいが来ること、自分を襲ってくることです。日々自分の周りに起こること、などをよく観察し、少しでも罪に陥る危険性があるなら、そこから身を引くことです。そのような判断が可能になる理由は、「主への恐れ」があるからです。それに対して、浅はかな者は、「主への恐れ」がないので、本能の赴くままに前進し、神からの罰を受けることになります。低くされること、苦難に遭うことは、決して悪いことではありません。それは、私たちを謙遜にしてくれるからです。謙遜と「主への恐れ」は、車の両輪のようなものです。それがともに備わると、結果として富と誉れといのちを得るようになります。

若者の教育

曲がった者とは、邪悪な者のことです。神の御心に反逆する生き方をしていると、必ず苦しみに遭い、罰を受けるようになります。それが、「茨と罠がある」道です。しかし、自らの魂をよく見張っている者は、曲がった者の道から遠ざかります。「若者をその行く道にふさわしく教育せよ」とは、単なる知的教育のことではありません。そこには、霊的な教育、人格教育、職業訓練まで含まれています。背景にあるのは、子どもは神から委ねられた賜物であるから、神の御心に沿って育て、神にお返しするという理解です。

富む者と貧しい者の関係

物質的に祝福されている者には、貧しい者を思いやる責任が伴います。もし富む者が弱者を支配するなら、そこには社会的不正義が発生し、不幸な結果をもたらします。しかし、富む者が正義とあわれみの心を実践するなら、その社会は住みやすいものとなります。不正を働く者は、最後に罪の刈り取りをすることになります。人生とは、ブーメランのようなものです。自分がしたことが、最後は自分に返ってきます。きょうの決断が、数年後の自分を作ります。キリストにあって蒔かれた種は、永遠のいのちに至る実をつけるようになります。

良い目の人

「善意の人」を直訳すれば、「目の美しい人」、「良い目の人」となります。このことばは、外面的な美しさのことではなく、心の状態を表したものです。「目の美しい人」は、隣人の窮状に心を動かされ、具体的な施しをする人です。結局のところ、人がどのように行動するかは、その人が何を見ているかによって決まります。もし私たちが、キリストの愛、あわれみ、仕える心を見ているなら、私たちもまた「目の美しい人」になることができます。

祝福された人生の道

指導者に必要な資質は、「公正を求める姿勢」です。「優しく話をする」という性質も重要です。その人は、相手の弱さや失敗に対して慈しみとあわれみの心を持てる人です。そのような心の状態が、人を癒やすことばとなって口から出てきます。公正を愛し、優しいことばを発する人は、王がその友となります。何よりも、王の王であるキリストご自身が、友となってくださいます。神は、ご自身を恐れ、その教えに従う人を常に見守っておられます。しかし、「裏切り者」は苦難に遭います。「裏切り者」とは、偽教師、偽預言者、神のことばを曲げて語る者などです。

箴言23章

あなたは訓戒に心を用い、知識のことばに耳を傾けよ。（箴言23・12）

この章から、以下のことを学びましょう。（1）情報量の多い章ですので、要点だけを記します。

貪りへの戒め

この箇所は、字面だけ読むと、支配者と食事する際のマナーを教えているかのように思えます。しかし、箴言が当時の「生存のためのマニュアル（手引書）」であったことを思い出すと、そこには深い含蓄があることに気づきます。「支配者と食事の席に着く」ことは、特権的な経験です。非日常的な特権に与るときには、注意深く振る舞う必要があります。「前にある物によく注意するがよい」とあります。それは、目の前に置かれたご馳走だけでなく、食卓に連なる人々や、自分を取り囲む状況にも注意すべきであるという意味です。そういう場には目に見えない危険が潜んでいることが多いからです。食欲の赴くまま大食いをしたり、調子に乗って心にあることをそのまま口から出したりすると、とんでもない結果を招くことになります。この箇所の中心テーマを「貪りへの戒め」と考えるなら、現代への適用が種々生まれてきます。「支配者と食事の席に着く」とは、いわゆる「うまい話」と考えることができます。「うまい話」が目の前に差し出されたときは、要注意です。貪欲の反対は、「慎み」です。

富についての戒め

富を追求する人には、2つの誤解があります。①富は目で見ることができ、確実で信頼できるという誤解。②富を得たなら幸せになれるという誤解。しかし、人の豊かさは人格的なものであって、物質的な要因で決まるものではありません。主イエスは、「どんな貪欲にも気をつけ、警戒しなさい。人があり余るほど持っていても、その人のいのちは財産にあるのではないからです」（ルカ12・15）と言われました。富を持ち、それを適切に管理することは悪いことではありませんが、富の追求に没頭し始めると、種々の危険に遭遇します（1テモ6・9）。クリスチャンと富の関係は、次のイエスの教えに集約されます。「まず神の国と神の義を求めなさい。そうすれば、これらのものはすべて、それに加えて与えられます」（マタ６・33）。

貪欲な人の食事

物惜しみする人から食事に招かれ、「食え、飲め」と勧められても、心を許してはなりません。それは本心から出たことばではないからです。もし言われるままに食事に与れば、後味の悪い思いをすることになります。ここでは、食事に関する警句が語られていますが、その中で教えられている真理は、人生のあらゆる局面に適用されるものです。一般論としては、重荷に感じるような贈り物を受けてはなりません。人間関係の親密度と、贈り物の軽重とを秤にかけて、知恵ある判断をする必要があります。ただし、この原則を無視してよい関係が１つだけあります。それが、私たちと天の父なる神との関係です。私たちには恵みを受けるに値するなんの取り柄もありませんでした。しかし神は、一方的に私たちを愛し、最高の贈り物（御子イエス）を私たちに与えてくださいました。この愛だけは、そのまま信じ、受け取ってよいのです。

愚かな者への対応

「愚かな者」とは、聞く耳を持たない人、罪の中を歩んでいて神のことばを馬鹿にしている人のことです。そういう人には、どのような知恵ある助言も役に立ちません。それどころか、かえってこちらを見下すようになります。人の魂は、聖霊の働きによってしか救われません。隣人の心が神に対して開かれるように祈りましょう。地境を移すことは、律法によって厳しく禁止されていました。地境を移すとは、他人の土地に侵入し、自らの権利を主張することです。特にこの箇所では、弱者（みなしご）への配慮が強調されています。神を恐れかしこむなら、弱者の権利を侵害すべきではありません。

子どもを訓戒する

両親が子どもに語る訓戒は、貴重なものです。親は、子どもを堕落から救うために、鞭で打ちます。もし懲らしめることは、愛の一部です。もし懲らしめない親がいるなら、その親は本当の意味で子どもを愛しているとは言えません。「むちで打っても、死ぬことはない」とあります。つまり、子どもを傷つけない程度に鞭打つということが前提になっています。この箇所を用いて、子どもに暴力を振るうことを正当化するのは間違いです。愛のない懲らしめ（愛が伝わらない懲らしめ）は、子どもの心に深い傷を残すだけです。

箴言24章

わが子よ、蜜を食べよ。それはおいしい。蜂の巣の蜜はあなたの口に甘い。知恵もあなたのたましいには同じだと知れ。それを見つけるなら、あなたには将来があり、あなたの望みが断たれることはない。

（箴言24・13～14）

この章から、以下のことを学びましょう。（1）情報量の多い章ですので、要点だけを記します。

悪い者をうらやむな

この世には、悪に染まりながらも、表面的には大いに栄えている人がいます。しかし、悪人（罪人）が、富、名声、権力などを手にしても、決して彼らを羨んではなりません。知恵ある者は、悪人（罪人）と離れて歩むべきです。むしろ、いつも主だけを恐れて付き合うのではなく、距離を置くべきです。なぜなら、無意識のうちに、彼らから悪影響を受けるからです。罪人の栄華には、必ず終わりがきます。と同時に、義人が経験する患難にも、必ず終わりがきます。罪人の将来に待っているのは、裁きです。しかし、義人の将来に待っているのは、祝福と希望です。

家庭の祝福

祝福された家庭は、勤勉と、良き管理と、神の祝福によって築かれます。良き管理とは、「知恵」、「英知」、「知識」などに基づいて日々の判断を下すことを指します。箴言9章1節には、「石の柱を七本」とありますが、これは、知恵が建てるものがいかに素晴らしいかを表現したことばです。知恵によって家庭を築く人は、祝福から祝福へと導かれます。自分には知恵が欠けていると思うなら、神に求めればよいのです（箴9・4、イザ55・1～2）。新約聖書では、「知恵」とはイエスご自身です。イエスは、すべて重荷を負っている人たちに呼びかけておられます。罪の赦しと、永遠のいのちを確信することこそ、祝福された家庭を築く秘訣です。

知恵ある人は力強い

なぜ知恵と知識のある者は、力ある者を打ち負かすことができるのでしょうか。力のある者は、自らの力を過信し、傲慢になっています。しかし、知恵ある者は、神から与えられる知恵と超自然の力に信頼を置いています。いかなる場合でも、神の力に勝るものはありません。知恵ある者の生活原則は、多くの助言者の意見を聞くということです。教えられやすい心は、知恵ある者の特徴です。個人だけでなく、国も、町も、家庭も、知恵ある指導者、助言者がいなければ、やがては滅びてしまいます。クリスチャンにとっての最高の助言者は、神のことばである聖書です。

愚か者の悲劇

愚か者にとっては、知恵は高価で手に入りにくい「珊瑚」のようなものです。彼らにとって、知恵が手の届かない高価なものである理由は、自分には知恵が備わっていると考え、努力をしないからです。知恵がないために、重要な局面が訪れても、口を開くことができません。「町の門」とは、聖書時代には、議会や裁判が開かれる場所でした。肝心なときに、確たる意見を述べられないことは実に悲劇です。

人間は、生まれながらの罪人です。私たちの内側には、罪に引かれていく性質が宿っていますが、世の中には、それよりも悪い極悪人と呼ばれる人がいます。彼らは、常に悪事を働くことを考えており、新しい罪（あるいは、罪を犯す新しい方法）を生み出しています。彼らは、「陰謀家」と呼ばれています。陰謀家が救われる道は、ただ1つだけです。それは、悔い改めという道です。

苦難の日に

すべてが順調にいっているときには、人間の本質はなかなか見えてこないものです。しかし、試練という炉の中で精錬されるとき、その人の本質が見え始めます。苦難の日には、眠ることもまどろむこともない神を見上げるべきです。苦難の日のための励ましの聖句があります。「若者も疲れて力尽き、若い男たちも、つまずき倒れる。しかし、主を待ち望む者は新しく力を得、鷲のように、翼を広げて上ることができる。走っても力衰えず、歩いても疲れない」（イザ40・30〜31）。聖書信仰の真髄は、この聖句に詰まっていると言っても過言ではありません。

知恵は蜂蜜

聖書の中では、サムソンも、ヨナタンも、そしてバプテスマのヨハネも、蜂蜜の力を味わいました。蜂蜜が肉体にとって甘くて栄養豊富であるように、知恵もまた、魂にとって甘くて栄養豊富です。知恵を見つけた者には良い終わりがあり、その人の望みは断たれることがありません。私たちに「知恵」を与えるのは、「神のことば」です。「神のことば」は、度々蜂蜜にたとえられます(詩19)。天地創造の神は、聖書を通して私たちに個人的に語りかけてくださるお方です。

箴言25章

あなたを憎む者が飢えているなら、パンを食べさせ、渇いているなら、水を飲ませよ。なぜなら、あなたは彼の頭上に燃える炭火を積むことになり、主があなたに報いてくださるからだ。（箴言25・21〜22）

この章から、以下のことを学びましょう。（1）情報量の多い章ですので、要点だけを記します。

神の誉れ

ソロモンは3000もの箴言を残したと言われています。25〜29章は、ソロモンの死後約200年経って、ヒゼキヤ王（前715〜686年）の時代に、書記たちによって編集されたものと思われます。大半が、2行から成る対句です。「事を隠すのは神の誉れ」とあります。神がなさることは、人間の知恵では推し量れないことばかりです。私たちは、聖書の神が三位一体の神であることを、啓示なしに知り得ませんでした。また、その神が契約を結ぶお方であることや、罪人を救うためにご自身の御子を十字架につけてくださることなども、啓示がなければ分かりませんでした。今、人知をはるかに超えて働かれる神の御名をほめたたえましょう。

義によって立てられた王座

銀を純化する方法は、炉の中に入れて高温で精錬することです。その結果、純粋な銀が採れます。しかし、精錬した銀が、そのまま「良い器」だということではありません。純銀は、さらに製作者の手によって良い器に作り上げられます。王が善であるだけでなく、王の助言者たちや政府の高官たちが善良であることが、堅固な国を作るための必須条件です。ですから、王の前から悪者を除く必要があるのです。そうなって初めて、その国は義によって堅く据えられた国となります。つまり、その国が神の器として完成するということです。私たちクリスチャンは、御子イエスを信じて救われた後、聖化という清めのプロセスを通過します（ヨハ15・1〜2、ヘブ12・6）。神から大手術を受けているように感じているなら、それは神に愛されている証拠です。

王の前での態度

王の前に出るときは、身分をわきまえ、謙遜に振る舞うことが大切です。王よりも目立つような衣服や言動は、慎むべきです。この箴言は、そのまま神の前での態度にも適用できます。高ぶりは、「知恵」とは正反対のものです。知恵は神を恐れるところから生まれますが、高ぶりは神を神とも思わない心の状態から生まれます。「高貴な人の前で下に下げられるよりは、『ここに上って来なさい』と言われるほうがよいからだ」とありますが、この教えは、ルカの福音書14章８節～10節にある主イエスの教えと同じです。これは単なる社交術ではなく、人生への取り組みの姿勢を示したものです。

争いを避ける知恵

人を訴え出るときには、熟慮が必要です。訴訟を起こす前に、自分の言い分と相手の言い分を秤にかけ、どちらが正当であるかを吟味する必要があります。また、訴訟に要する時間と費用を考慮し、自分にそれを負いきれる力があるかどうかを考える必要もあります。訴える側にとっても、訴えられる側にとっても、最善の解決策は和解です。主イエスはこう教えておられます。「あなたを訴える人とは、一緒に行く途中で早く和解しなさい。そうでないと、訴える人はあなたを裁判官に引き渡し、裁判官は下役に引き渡し、あなたは牢に投げ込まれることになります」（マタ５・25）。

論争好きな人や攻撃的な人は、争いに負けそうになると、その争いとは直接関係のない秘密まで吹聴します。しかし、それは愚か者のすることです。隣人の秘密を明かす人は、相手を不必要に傷つけるだけでなく、自分の名誉まで損なうことになるからです。

時宜に適ったことば

時宜に適ったことばとは、時、場所、状況などの諸要素を考慮に入れて語られることばです。それが、「金のりんご」と表現されています。箴言の中には、「朝早くから、大声で隣人を祝福すると、かえって呪いと見なされる」（27・14）というものがありますが、これは、時を無視したことばは、それが祝福のあいさつであっても、相手から嫌われるということを教えています。叱責は、愛の雰囲気の中で語られてこそ「知恵ある叱責」となります。それはまるで、「聞く者の耳にとって金の耳輪、黄金の飾り」です。金の耳輪をつけると、最初は耳に痛みを覚えます。そのように、「知恵ある叱責」も聞く者に痛みをもたらします。しかし、しばらくするとその耳輪は、それをつけている人に喜びと満足をもたらします。それと同じように、「知恵ある叱責」は、それを受け入れる人に喜びと満足を与えます。

箴言26章

夏の雪、刈り入れ時の雨のように、誉れは愚かな者にふさわしくない。逃げる雀のように、飛び去る燕のように、理由なしに、のろいが来ることはない。
（箴言26・1～2）

この章から、以下のことを学びましょう。（1）情報量の多い章ですので、要点だけを記します。

ふさわしくないもの

イスラエルの地では、夏（刈り入れ時）に雪や雨が降ることはありません。もし収穫時に雪や雨が降ったとするなら、それは作物に大被害をもたらします。雪と雨が夏にふさわしくないように、誉れは愚かな者にはふさわしくありません。愚かな者が支配者になると、その共同体からは、正義、公正、恵み、あわれみなどの美徳が消え去り、悪徳が横行するようになります。指導者のために執りなしの祈りをする理由は、宣教のための社会秩序が保たれるため、また、信仰者としての生活が平安に維持されるためです。2節は、口語訳では「いわれのないのろいは、飛びまわるすずめや、飛びかけるつばめのようなもので、止まらない」と訳されています。①雀や燕が飛ぶのを見ていると、忙しそうに大空を飛翔し、羽を休める気配さえ見せません。②そのように、「いわれのないのろい」も、悪人の口から出た途端に、とどまる気配もなく飛び回ります。その良い例が、エルサレムから脱出する老年のダビデを呪ったシムイです（2サム16・13）。私たちもまた、「理由なしに、のろい」を受けるようなことがあるかもしれませんが、神はすべてご存じです。呪いのことばを発する者は、必ず裁きに遭います。

愚かな者への対応

人間は、馬やろばのように、無知ではありません。むしろ、自分は知者だと思い込んでいる者が多いのです。しかし、そのような者は、神に関することや、信仰に関することになると、全くの無知です。聖書はそのような状態の人を、「愚かな者」と呼びます。愚かな者のために神が用意されるのは「背中にはむち」、つまり、神からの懲らしめです。それによって、愚かな者は神を恐れることを学ぶのです。4節と5節は、矛盾しているかのように思えますが、「時と場合を考えて愚かな者に答えよ」というのがその真意です。愚かな者には、何も答えず沈黙を守るのが最善という場合があります。しかし、愚かな者に答えたほうがよい場合もあります。これは、彼のうちにまだ希望が残されており、知恵のことばを受け取る可能性がある場合です。愚かな者に答える場合は、その人の無知を暴き、その人を恥じ入らせるような方法で対応する必要があります

愚かな者への対処

愚かな者を重要な任務のために遣わしてはなりません。なぜなら、愚かな者は、主人から聞いた「ことづけ」を正しく伝える方法を知らないからです。さらに、状況判断の能力に欠けていますので、否定的な情報を持ち帰る恐れがあるからです。そうなると、主人は損害を被ることになります。心に邪悪な思いを抱く者が、聖書や信仰について論じても、それは全く似つかわしくないことです。愚かな者に誉

れを与えても、なんの役にも立ちません。

愚かな者の特徴

愚かな者に権力を与えるのは、危険なことです。どのような組織であっても、愚かな者がリーダーになっている組織に将来はありません。愚かな者の習性が、犬の習性にたとえられています。愚かな者は、自らの行為を反省し悔い改めることがあっても、それが長続きしません。いつの間にか、元の習性に逆戻りしてしまいます。愚かな者よりもさらに悪い状態の人がいます。それは、自分のことを過信している人です。私たちは、人間が知り得ることはほんのわずかであることを認め、謙虚な姿勢で歩まねばなりません。

人間関係の秘訣

通りすがりの犬の耳を理由もなくつかむなら、その犬は逆襲してくるでしょう。それと同じことが、人間関係にも言えます。自分に関係のない争いに口を出すと、その身に災難が降りかかります。自分に関係のない争いごとに関しては、距離を置くのが一番の知恵です。仲介者になろうとしたり、当事者のどちらかについて事の善悪を論じたりするのは愚かなことです。片方の肩を持つなら、もう片方からは恨まれたり、攻撃されたりします。

箴言27章

明日のことを誇るな。一日のうちに何が起こるか、あなたは知らないのだから。（箴言27・1）

この章から、以下のことを学びましょう。（1）情報量の多い章ですので、要点だけを記します。

人生のはかなさ

人のいのちははかないものですが、罪人である私たちは、つい傲慢になり、自分の人生は自分で管理しているかのように錯覚し、目に見えるものに信頼を置くようになります（これが偶像礼拝です）。しかし知恵ある者は、主イエスの次のことばによって生きるのです。「まず神の国と神の義を求めなさい。そうすれば、これらのものはすべて、それに加えて与えられます。ですから、明日のことまで心配しなくてよいのです。明日のことは明日が心配します。苦労はその日その日に十分あります」（マタ6・33～34）。自画自賛は、愚かな行為です。崇高な行いは、賞賛に値します。他の者がその行為に目をとめてくれるなら、それは素晴らしいことです。しかし、自分の口で自分の行為をほめるのは、恥ずべきことです。自分をいかに売り込むかを考えるのではなく、神に推薦されるような生き方を志しましょう。

怒りの管理

愚か者のいらだちは、石や砂よりも重いものです。その意味は、愚か者を一旦怒らせると、手がつけられなくなるということです。愚か者は、怒りの感情を管理することができないので、小さなことでも大いに怒ります。怒りよりも管理が難しいのが「ねたみ」です。サタンは神に対して嫉妬し、自らが神のようになろうとしました。アダムとエバを誘惑したのです。その結果、アダムの息子のカインもまた、ねたみのゆえに弟のアベルを殺害しました。自分の中に、怒り、ねたみがないかどうかを吟味し、もしあるなら、それを神に告白して赦しを受け取りましょう。

真実の愛

兄弟が罪を犯した場合は、個人的にそれを指摘し、悔い改めを迫ることです。公衆の面前で恥をかかせることは、慎まなければなりません。「あからさまに責めるのは、ひそかに愛するより良い」とは、相手の罪や非を面と向かって指摘することです。その場合、愛を込めてそれを行う必要があるのは言うまでもありません。「ひそかに愛する」とは、相手との関係が気まずくなるのを恐れて、沈黙することです。いくら相手を愛していても、それでは相手にとって益にはなりません。6節は、基本的には5節と同じことを教えています。①憎む者の口づけの例としては、イスカリオテのユダの口づけがあります。②たとえ相手が傷ついても、愛のゆえに行わなければならないことがあります。一時的には苦しい状態になっても、最終的には必ず良い結果が得られます。

自己満足の危険

イスラエルの地では、木や岩の間に蜂が巣を作り、蜂蜜が地面にしたたり落ちていることがあります。空腹の人は、それを食べて元気を回復しますが、満腹している人は、その蜜を踏みつけて先に進んで行きます。霊的な事項に関しても、これと同じことが言えます。「満ち足りている者」とは、自己満足している人です。そういう人は、どんなに美味な蜂蜜（聖書のことば）に触れても、それを踏みつけて行きます。それに対して、自らの足りなさを自覚している人は、蜂蜜（受け入れやすい教え）だけでなく、苦いもの（歓迎したくないような教え）も喜んで受け入れます。大鷲は、巣にいるときは安全ですが、外に出ている間は、常に危険にさらされています。それと同じように、自分の家（自分がいるべき場所）を離れてさまよう人は、危険と隣り合わせの状態にあります。

友の慰め

「香油と香」は、必ずしも神殿で使用する高級なものを指しているのではありません。庶民が日常生活で使用する香料と香油も、大いに心を喜ばせるものでした。現代のように毎日風呂に入れたわけではありませんから、臭い消しのための香油と香料は生活必需品でもありました。苦難の日に与えられる友の慰めは、香油や香料のようです。クリスチャンにとっては、主イエスは「友の中の友」です（ヨハネ15・15）。「友」とは、時間のテストに耐えた味方です。「父の友」もそれと同じです。ある意味、自分の友以上に信頼できる人です。旧約聖書には、父の友を信頼して祝福を得た人が出てきます（ソロモンと父ダビデの友人であったヒラムの関係。1列5章）。それと正反対なのが、ソロモンの息子レハブアムです。レハブアムは、父ソロモンに仕えていた忠実な長老たちの助言に耳を貸しませんでした。その結果、統一王国が南北に分裂しました。

箴言28章

幸いなことよ、いつも恐れる心を持つ人は。しかし、心を頑なにする者はわざわいに陥る。（箴言28・14）

この章から、以下のことを学びましょう。（1）情報量の多い章ですので、要点だけを記します。

神を恐れて生きる

人の内には、「神のかたち」が宿っていますので、罪を犯せば必ず良心の責めを感じるようになります。それが罪責感の本質です。具体的な例としてすぐに思い浮かぶのは、カインです（創4章）。カインは弟のアベルを殺害しましたが、その後で神に対して「私の咎は大きすぎて、負いきれません」と告白しています。殺人を犯した者は、万が一逮捕を免れたとしても、すでに裁きを受けているのと同じです。罪責感という牢獄に閉じ込められているからです。罪人と正しい人の違いはなんでしょうか。罪人は神を恐れないために、結果として、人を恐れるようになります。正しい人は、神を恐れながら歩んでいますので、結果として、人を恐れなくなります。

主に喜ばれる道

かつては貧しかったが今は権威ある立場に就いた者が、今度は別の「弱い者」を虐げるなら、それは神の怒りを買うことになります。雨は、乾いた地を潤して木々や作物を育て、人や動物に飲み水を与えるものです。しかし、豪雨が降ると、その水は激流となって何もかも押し流してしまいます。キリストの弟子の人生は、激流のようであってはなりません。「おしえ」とは律法のこと、神の命令のことです。悪者は神の命令に背くことを喜びとし、自分と同じような生き方をしている者をほめます。それとは正反対に、神の教えを守る者は、悪者の主張や生き方に嫌悪感を覚え、悪者に挑戦します。その例を、バプテスマのヨハネの中に見いだすことができます。彼は、国主ヘロデが自分の兄弟ピリポの妻ヘロデヤと結婚したことを激しく糾弾しました。イエスは、バプテスマのヨハネを高く評価し、旧約時代における最大の聖徒と認定されました（マタ11・11）。神を恐れる者は、神から高く評価されます。

主を尋ね求める者

悪人には神への恐れがありませんので、当然、神の義についても神の裁きについても無関心です。しかし、いくら公義を無視したとしても、神の裁きは必ずやってきます。それに気づいていない悪人は、真に愚かな人々です。それと対照的なのが、「主を尋ね求める者」です。彼らは、神のことばを通し、また聖霊の助けによって、すべてのことを悟るようになります。「御霊を受けている人はすべてのことを判断しますが、その人自身はだれによっても判断されません」（1コリ2・15）。聖書は、誠実を高く評価しています。物質的に貧しい人は、この世の人からは見下されることが多いのですが、失望する必要はありません。誠実に歩む人は、神から高く評価されているからです。地上生涯において私たちが求めるべき最高に価値あるものとは、「誠実」です。

分別のある子

「おしえ」とは、神の命令、律法のことです。神の命令に従うことを心がけ、常に愛に基づいて行動しようとするのは、素晴らしいことです。そのような者は「分別のある子」であり、父に喜びをもたらす子です。それに対して、放蕩者と交流するような子もいます。「朱に交われば赤くなる」という格言通りに、その人は放蕩者の影響を受け、自分もまた同じような生活をするようになります。放蕩者を息子に持った父は、恥を見るようになります。8節を新共同訳は、「利息、高利で財産を殖やす者は、集めても、弱者を憐れむ人に渡すことになろう」と訳しています。「利息や高利によって財産を増やす者は」とは、貧しい者を苦しめる者、あるいは、不当な方法で利益を得る者、などと同じ意味です。この箴言が教えているのは、神の摂理が人間の意図を凌駕し、最終的には神の御心が成るということです。不当に利益を蓄積した者の富は、弱者をあわれむ人に渡り、最終的にはその人の手を通して貧しい人たちにばらまかれるということです。

義の道を歩む

「おしえ」とは、旧約時代の聖徒たちにとってはモーセの律法であり、新約時代に生きる私たちにとっては、「キリストの律法」です。神のことばを聞いても、それに従う心がないなら、その人は不信者と同じです。その人が祈ったとしても、それは見せかけの祈りです。それどころか、その人の祈りは神に忌み嫌われるものとなります。どんなに巧妙に策を弄する人であっても、いつか嘘がばれるときがやってきます。

箴言29章

人を恐れると罠にかかる。しかし、主に信頼する者は高い所にかくまわれる。（箴言29・25）

この章から、以下のことを学びましょう。（1）情報量の多い章ですので、要点だけを記します。

うなじを固くする者

「うなじを固くする者」とは、肩にくびきをかけられることを嫌がって暴れる牛の姿から取られた隠ゆです。叱責を無視する者は、その牛のように、くびきを嫌って抵抗しているのです。しかしそのような者には、滅びが突然やってきます。不要になった土器は、鉄の棒で砕かれます。元の状態に戻そうとしても、それは不可能です。そのように、心の頑なな者が元の状態に戻るのは、不可能なことです。

「正しい人が増えると、民は喜び、悪しき者が治めると、民はうめく」（2節）とあります。この実例が、列王記第一4章20節です。ソロモン王の治世下で、イスラエルは大いに繁栄しました。良き指導者によって導かれる国は幸いです。悪しき支配者の圧政に苦しんでいる人々を思い、執りなしの祈りを献げましょう。

知恵を愛する人

「知恵を愛する人」とは、神の教えや両親の教えに耳を傾け、その教えに従って生きている人のことです。新約聖書の視点から言うと、「知恵を愛する人」とは、「主イエスを愛する人」のことです。主イエスは、こう語っておられます。「わたしの戒めを保ち、それを守る人は、わたしを愛している人です。わたしを愛している人はわたしの父に愛され、わたしもその人を愛し、わたし自身をその人に現します」（ヨハ14・21）。愚か者は、「主への恐れ」がないので、欲望の赴くままに行動を起こします。「遊女と交わる」ことは、さまざまな愚かな行為の中の1つです。愚か者の存在は、親にとって嘆きの種となります。

足もとに網を張る者

「へつらい」とは、事実を誇張して、心にもないことを相手の面前で語ることです。へつらう者は、

「網を張る者」です。「相手の足もと」に網を張り、隙があれば、その人を貶めようとしますが、最後は、自分自身がその網に足をすくわれてしまいます。悪人は、悪知恵を働かせて罪を犯しますが、結局のところ、その罪の行為は自分に跳ね返ってきます。しかし、正しい人は「喜びの声」をあげます。悪人が滅びるのを見て喜んでいるのではありません。正しい人は、自分が悪人の手から、またサタンの罠から解放されたことを知って、喜ぶのです。

義を行う人

人を見かけで判断してえこひいきをするのは、多かれ少なかれ、誰にでもある弱点です。しかし聖書は、弱者への愛と配慮の重要性を強調しています。とは言え、弱者だからという理由で裁きを曲げるのは、神の御心に反したことです。富んでいる者にも、貧しい者にも、同じ基準が適用されなければなりません。神が立てた権威を恐れない者(あざける者)は、どこにでもいるものです。その人たちが怒りの声をあげると、その共同体は大混乱に陥ります。その対極にいるのが「知恵ある人々」です。その人たちは、混乱を鎮める方向で動きます。その好例が、モーセです。モーセは、神の憤りを静めるために、決死の祈りを献げた人です。

知恵ある者と愚か者

知恵ある人が、愚か者の過ちや愚かさを正そうとして、議論を始めたとします。愚か者は、他人の忠告に耳を傾けるどころか、逆に相手に対して怒り、その議論や人格をあざ笑い、愚かな対応を続けます。マタイの福音書11章16節~17節に書かれたイエスの論敵たちの姿もまた、これと同じです。「この時代は何にたとえたらよいでしょうか。広場に座って、ほかの子どもたちにこう呼びかけている子どもたちのようです。『笛を吹いてあげたのに君たちは踊らなかった。弔いの歌を歌ってあげたのに胸をたたいて悲しまなかった』」。ここでの教訓は、相手を見て助言せよということです。カインがアベルを殺した動機について、ヨハネはこう記しています。「カインのようになってはいけません。彼は悪い者から出た者で、自分の兄弟を殺しました。なぜ殺したのでしょうか。自分の行いが悪く、兄弟の行いが正しかったからです」(1ヨハ3・12)。もし誰かが、義人を見て反発心を感じるようなら、その人は霊的に神との平和を持っていない人です。自制心がないのも、愚か者の特徴です。自分の考え、感情、好き嫌い、他者への批判などをすぐにことばと態度に出す人がいるなら、その人は愚か者です。知恵ある者は、語るべき時と沈黙すべき時を、わきまえています。神の時がくるまで、沈黙を守る人は幸いです。

箴言30章

神のことばは、すべて精錬されている。神は、ご自分に身を避ける者の盾。(箴言30・5)

この章から、以下のことを学びましょう。(1)情報量の多い章ですので、要点だけを記します。

アグルの信仰告白

ソロモンの箴言は29章で終わりました。30章と31章は、箴言全体への補足のような部分で、前者には「アグルのことば」、後者には「マサの王レムエルが母から受けた戒めのことば」が記録されています。アグルがどういう人物なのか不明です。1〜7節はアグルの信仰告白ですが、特に強調されているのは、愚かさと無知です。①アグルは、自分の愚かさを認識し、自分にはかつてアダムが持っていたような悟りがないと告白しています。人類は、アダムが罪を犯して以降、聖なる方(神)についての知識を喪失しました。②アグルは、神の超越性と人間の無知を対比させています。③さらにアグルは、そのように超越したお方は、神以外にはおられないことを告白しています。アグルの信仰告白は、私たちへの模範となるものです。自らの無知と限界を認め、神と神のことばへの信頼を告白しましょう。

アグルの祈り

「二つのことをあなたにお願いします。私が死なないうちに、それをかなえてください」（7節）。これは、彼が死に直面していたということではなく、熱心に神に願っていることを示しています。①「むなしいことと偽りのことばを、私から遠ざけてください」（8節ａ）。彼は、信仰者としての自分の弱さを知っていた人です。主イエスもまた、「私たちを試みにあわせないで、悪からお救いください」（マタ6・13）と祈るように教えておられます。②「貧しさも富も私に与えず、ただ、私に定められた分の食物で、私を養ってください」（8節ｂ）。この祈りは、人生の達人が献げる祈りです。イエスもまた、「私たちの日ごとの糧を、今日もお与えください」（マタ6・11）と祈るように教えておられます。アグルは、この祈りを献げる理由を、こう述べています。「私が満腹してあなたを否み、『主とはだれだ』と言わないように。また、私が貧しくなって盗みをし、私の神の御名を汚すことのないように」（9節）。アグルの祈りから、幸せな人生の秘訣を学びましょう。

４つの大罪

賢人の目から見た4つの大罪が列挙されます。①両親を敬わないばかりか、傷つける世代。神の御心は、「あなたの父と母を敬え」（エペ6・2）というものです。②自己義認の世代。罪人は自分のことを、「さほど悪い人間ではない」、「神に赦してもらう必要はない」などと考えています。しかし、人間に対する神の評価は辛辣です（エレ2・22）。③虚栄と自尊心に満ちた世代。これは、他人を自分以下だと見下し、傲慢になっている者のことです。イエス時代のパリサイ人たちがその例です。（4）貪欲で残忍な世代。「彼らは、地の苦しむ者を、人々の中の貧しい者を食い尽くす」（14節ｂ）とあります。神の御心は、次の聖句によく表現されています。「主はあなたに告げられた。人よ、何が良いことなのか、主があなたに何を求めておられるのかを。それは、ただ公正を行い、誠実を愛し、へりくだって、あなたの神とともに歩むことではないか」（ミカ6・8）。

貪欲への戒め

「蛭（ヒル）」が貪欲な人間の象徴として用いられています。蛭には「二人の娘」がいると書かれていますが、次に続くことばを読むと、無数にいることが分かります。「飽くことを知らないものが三つある。いや、四つあって、『もう十分だ』と言わない」（15節b）とあるからです。蛭の娘とは、貪欲な性質を持った者のことです。①最初の娘は、「よみ」です。生きている者は必ず死に、墓に葬られます。それでも墓が満腹になることはありません。②2番目の娘は、「不妊の胎」です。イスラエルの婦人たちは、多くの子どもを持つことに強い憧れを感じていました。子どもの数が多ければ多いほど、尊敬されたからです。一般の婦人でもそうなのですから、不妊の婦人の場合は、なおさら強い願望を持っていました。子どもを持ちたいと願うのは決して悪いことではありませんが、ここではその強い願望が「貪欲」の比ゆとして用いられています。③3番目の娘は、「水に飽くことを知らない地」です。乾燥した地に雨が降っても、それはすぐに吸収され、どこに行ったのか分からなくなります。その様子が、「貪欲」の比ゆとして用いられています。④4番目の娘は、「『もう十分だ』と言わない火」です。火は、そこに何かがある限り燃え続けます。これもまた、「貪欲」の象徴です。

箴言31章

マサの王レムエルが母から受けた戒めのことば。

私の子よ、何を語ろうか。私の胎の子よ、何を語ろうか。私の誓願の子よ、何を語ろうか。

（箴言31・1〜2）


この章から、以下のことを学びましょう。（1）情報量の多い章ですので、要点だけを記します。

母からの戒めのことば

レムエルという名の王は、聖書には出てきません。ソロモンという名の誤記であろうというのが通説です。もしそうなら、ここに書かれた箴言は、ソロモンが母バテ・シェバから聞いた内容を書き記したものだということになります。母が、息子に対して帝王学を教えようとしています。特に、王が注意すべき3つのことが語られます。①王は、女性関係に注意する必要があります。同じような警句が、箴言には多く出てきます（6・26、7・26など）。しかしこの教えにもかかわらず、ソロモンは女性関係では大問題を引き起こしました。政略結婚によって外国から多くの女性たちを王宮に招き入れたため、偶像礼拝がはびこるようになりました（1列11・1〜5）。②酒を飲むこと自体は悪いことではありません。戒められているのは、強い酒を求め、我を忘れるほどに酔っぱらうことです。③王は、自分の役割がなんであるかに注意を払う必要があります。訴えるすべのない者たち、社会的に弱い者たちのために口を開き、正しい裁きをすることこそ、王の務めです。

賢い妻

10〜31節に、「賢い妻」についての教えが記されています。この部分も、ソロモンが書いたものだと思われます。「賢い妻」に関する教えは、合計22節からなっています。各節の始まりのことばは、ヘブル語のアルファベット順になっています。これと同じ教えが、要約された形で新約聖書にも出てきます（1テモ2・9〜10、1ペテ3・1〜6参照）。この箴言の強調点は、妻（母）の信仰が家族の祝福に大きな影響を与えるということです。キーワードは、新共同訳では「しっかりした妻」です。口語訳では「賢い妻」、「有能な妻」と訳されています。ヘブル語では「ハイル」ということばです。「賢い妻」とは、神を恐れ、誠実に歩む女性を指しています。

賢い妻の資質

①賢い妻を持った夫は幸せです。安心して、神から与えられた使命に生きることができるからです。夫が彼女を信頼する理由は、彼女が家事や家計の切り盛りに能力を発揮しているからです。彼女は、決して無駄遣いをしたり、物を浪費したりはしません。それでいて、必要なところにはお金を使いますので、ケチではありません。②賢い妻は、既製品の衣を買わず、原材料（羊毛や亜麻）を手に入れ、自らの手で布に織り上げます。古代世界では、裕福な家の妻は自らの手で布を織り、衣を作る習慣がありました。勤勉な妻は、家族に祝福をもたらすものです。「船」ということばは複数形です。つまり、彼女は1隻の船ではなく、商船団のようだというのです。彼女は、遠国（おそらくエジプト）との取引、また近隣の部族との取引を行い、必要な食糧や商品を輸入します。その際彼女が支払う（輸出する）のは、自家製作した商品です。③彼女は、時間を無駄にすることがありません。夜明け前に起きて、家族やしもべたちのために食事を用意します。また、召使いの女たちにも適切な指示を出し、その日1日の準備をします。彼女は土地の質と相場を知っており、有利な条件でそれを手に入れます。そこにぶどう畑を作り、ぶどう酒の製造に励みます。このぶどう酒は、楽しみのため、病の治療のため、また礼拝のためなどに使用するものです。さらに彼女は、自己管理を怠ることなく、いつも活力に満ちて動き回ります。④賢い妻の労働の実は祝され、働いた分に見合う収入があります。糸を紡いだり、布を織ったりするのは、本来はしもべの仕事ですが、彼女は家のしもべたちのために、自ら手本を示します。上からの管理ではなく、しもべたちと同じところに立つのです。彼女の心はあわれみに満ちており、悩んでいる人や貧しい者を見ると、援助の手を差し伸べます。不思議なことに、他者に与えても、彼女の財産が減ることはありません（11・24）。彼女は、気候の変化に対する準備ができています。彼女は家族のためだけでなく、しも

べたちのためにも、紅の衣服を用意します。どのような寒気が襲ってきても、その家の者は暖かく暮らすことができます。⑤この箇所の結論は、こうです。「主を恐れる」ことこそ、彼女を賢い妻にしている最大の理由です。ここに至って、私たちは箴言全体の中心テーマに戻ります。「主を恐れることは知識の初めである」（1・7）。

伝道者の書1章

エルサレムの王、ダビデの子、伝道者のことば。空の空。伝道者は言う。空の空。すべては空。
（伝道者の書1・1～2）

この章から、以下のことを学びましょう。（1）作者は、ソロモンです。彼は伝道者（コヘレト）として人生を探求します。（2）コヘレトは、神を無視した人生がいかにむなしいかを論じます。（3）知的探求は、空しさを解消する解決策とはなりません。

イントロダクション

（1）「エルサレムの王、ダビデの子、伝道者のことば」。これは、この書のタイトルです。著者は、「エルサレムの王」、「ダビデの子」です。該当者は、ソロモンしかいません。ダビデの子孫の中で、エルサレムからイスラエル全土を統治したのはソロモンだけです。著者は、自分のことを「伝道者」と呼んでいます。「伝道者」はヘブル語で「コヘレト」です（これ以降、コヘレトを使用します）。その意味は、「集める者」、「集会を召集する者」などです。そこから、講演者、教師、伝道者などの意味が派生してきます。

（2）2節で、この書のテーマが紹介されます。「空の空。伝道者は言う。空の空。すべては空」。新共同訳は、「コヘレトは言う。なんという空しさ、なんという空しさ、すべては空しい」と訳しています。この書の書き出しは、非常に虚無的です。その理由は、神なき人生のむなしさを私たちに教えるためです。

（3）「日の下でどんなに労苦しても、それが人に何の益になるだろうか」（3節）。コヘレトは、2節で述べたテーマ、「空の空。すべては空」を、修辞的疑問文で補足しています。人の働きには重要なものもあれば、そうでないものもあるが、究極的にはすべてが空しい、すべてが移ろいやすい。コヘレトはそう主張しています。つまり、地上生涯でどのように労苦しても、結果はむなしいということです。死がやってくると、その人が持っていた可能性はすべて奪われ、その人の所有物も取り去られます。

むなしさの証明

(1)むなしさの最初の証拠は、「人生は移ろいやすい」ということです(4節)。新共同訳は、4節をこう訳しています。「一代過ぎればまた一代が起こり、永遠に耐えるのは大地」。確かに大地は永遠に続くように見えますが、そうではありません。ペテロはこう語っています。「しかし、主の日は盗人のようにやって来ます。その日、天は大きな響きを立てて消え去り、天の万象は焼けて崩れ去り、地と地にある働きはなくなってしまいます」(2ペテ3・10)。過ぎ去るのは、人間のいのちだけではなく、大地もまたそうなのです。

(2)次にコヘレトが挙げるむなしさの証拠は、自然現象の繰り返しです(5~7節)。自然界は同じ動きをくり返しているだけで、何か益のあるものを作り出しているようには思えません。太陽と風は常に動いていますが、もとの所に戻って行くだけで、目的地に到着するわけではありません。川は常に海に流れ込みますが、いつまで経っても、海が満ちることはありません。

(3)自然現象と同じように、人間の労苦も同じことのくり返しです(8~11節)。人間は常に新しいものを求めて飽くことがありませんが、新しく見えるものでも、調べてみれば、昔からあったものだということが分かります。新しく見えるのは、人間がそれを記憶していないからです。

知的探求のむなしさ

(1)「伝道者である私は、エルサレムでイスラエルの王であった」(12節)。王であるコヘレトは、自らが行ってきた「人生における善」の探究を振り返ります。彼は、知的探求によって人生の意味を発見しようとしました。しかし、学ぶこと自体が目的となった学びに疲れを覚えました。知識欲は、神が人の心に植えた本能ですが、知的探求の道には終わりがありません。

(2)彼は、最高の教育を受け、科学、哲学、歴史、芸術、文学、宗教などの諸分野において豊かな知識を得ました。しかし、彼が経験したのは、「風を追うような」感覚です。つまり、後に何も残らないむなしさを覚えたということです。彼は、「知恵と知識」を求めた結果、自分はエルサレムにいた誰よりも豊富な知識を持つようになったと言います（16～18節）。
（3）また彼は、「狂気と愚かさ」も知ろうとしました。つまり、両極端を試したのです。その結果分かったのは、知恵と知識が増えれば増えるほど、悩みといらだちも増すという事実です。人は、知的探求の道に限界を感じたとき、神を見上げます。神との人格的な交流だけが、本当の満足をもたらすものです。

伝道者の書2章

しかし、私は自分が手がけたあらゆる事業と、そのために骨折った労苦を振り返った。見よ。すべては空しく、風を追うようなものだ。日の下には何一つ益になるものはない。

（伝道者の書2・11）

この章から、以下のことを学びましょう。（1）コヘレトは、快楽、ぶどう酒、愚かさなどを試しますが、それでも満足できる結果を得ることができませんでした。（2）そこで彼は、物の所有に心を注ぎます。しかしそれも、むなしい努力でした。（3）彼は、音楽や女性関係も試しますが、それも解決にはなりませんでした。（4）彼は、すべての者が死で終わるとするなら、知恵の探求にどれほどの意味があるのかと考えます。

快楽探求のむなしさ

（1）次にコヘレトは、快楽を試してみます（1～2節）。人生を十分に楽しむことができるなら、人は幸せになるはずだと考えたのです。しかし彼は、この実験によって、快楽は不毛（無意味）で、なんの実りももたらさないことを発見します。彼は、「笑いか。私は言う。それは狂気だ」と言います。むなしい笑いの背後に、狂気と悲しみが潜んでいることを知ったのです。

（2）さらに彼は、最良のぶどう酒や「愚かさを身につけること」を試してみます。コヘレトは、「何が良いかを見るまでは」、念のために「愚かさ」も試してみようと思ったのです。彼はこれらの実験を、「知恵に導かれて」行いました。したがって、ぶどう酒依存症になることも、完全に愚か者になることもありませんでした。この実験によっても、彼は満足を見いだすことができませんでした。

（3）コヘレトは、教育、快楽、ぶどう酒、愚かさなどを試しましたが、どれも満足できる結果をもたらしませんでした（4～6節）。次に彼が試したのは、物の所有です。彼は、豪華な邸宅を建て、ぶどう畑を造りました。また、庭と園を造り、そこにあらゆる種類の果樹を植えました。水路や池も造りました。さらに、多くの男女の奴隷や家畜を所有しました。しかし彼は、満足することができませんでした。

（4）コヘレトは、音楽や女性関係も試しました（1列11・3参照）。しかし、巨大なハーレムにあるのは平安ではなく、ねたみ、陰口、陰謀などでした。いくら物を手に入れても、いくら快楽を味わっても、彼の心は満たされることがなく、最後に残ったのは、「すべてが空しい」という感覚でした。

死の現実

（1）コヘレトは、知恵ある生き方と愚かな生き方のどちらが優れているかを試します。王である彼は、この実験に必要なものをすべて所有していました。彼が出した結論は、知恵は愚かさにまさっているというものでした（13～14節）。しかし、両者が同じ結末に行き着くことを考えると、むなしさが湧いてきます。死の現実を考えると、生涯かけて知恵を追及することに、いったいなんの意味があるのかと思わざるを得ません。知恵ある者も愚か者も、葬儀が終わるとすぐに忘れ去られてしまいます（17節）。死の現実を熟慮したコヘレトは、生きていることそのものを憎むようになります。

労苦のむなしさ

（1）コヘレトは、自分が労してきた一切の労苦を憎みます（18～21節）。なぜなら、労苦の結果得た富には永続性がないからです。その富は後継者に引き継がれますが、その後継者が知者であるか愚か者であるか、分からないのです（ソロモンの後継者レハブアムは愚か者でした）。後継者は、なんの労苦もせずに、その財産を手に入れます。そして、死者はその使用法に関して助言すらできないのです。

（2）「実に、日の下で骨折った一切の労苦と思い煩いは、人にとって何なのだろう。その一生の間、その営みには悲痛と苛立ちがあり、その心は夜も休まらない。これもまた空しい」（22～23節）。ここでは、「私」という一人称は消え、「人」ということばが登場します。つまり、私的体験の普遍化が起こっているのです。コヘレトの結論は、人が生涯かけて行う骨折りは、すべてむなしいということです。

（3）労苦の実に永続性がないとするなら、それを十分に楽しんだほうがよいとコヘレトは考えます（24～26節）。しかし彼は、それができるのは神の御心に適った者だけだと、警告を発します。つまり、神を除外しては、本当の喜びはないということです。これは、富だけを追求する罪人たちへの警告のことばです。コヘレトの結論は、神の御心に適う生き方をする人には知恵と知識と喜びが与えられるが、罪人には労苦の人生が用意されるということです。

伝道者の書3章

すべてのことには定まった時期があり、天の下のすべての営みに時がある。（伝道者の書3・1）

この章から、以下のことを学びましょう。（1）コヘレトは、すべての営みに時があると論じます。（2）彼は、14の積極的な営みと、14の消極的な営みを列挙します。（3）神の摂理は完全ですが、例外として悪の存在があります。コヘレトは、その疑問に答えます。

すべての営みに時がある

（1）コヘレトは、人生に関する1つの命題を提示します。それが1節の内容です。「時期」とは「継続した時間」であり、「時」とは「ある一点の時間」のことです。「営み」とは、「人間が意図的に行う行為」のことです。コヘレトは、28の営みを列挙しますが、これは人生全体を象徴したものです。14の営みが積極的なもので、14の営みが消極的なものです。両者を足すと、プラス・マイナス「ゼロ」となります。

（2）人の誕生と死のタイミングは、最初から決まっています。これは、クリスチャンである私たちにとっては、運命論ではなく希望です。私たちは、神のタイミングで誕生し、地上生涯を送り、やがて天に召され、キリストに会います。種蒔きと収穫にも、神が定めたタイミングがあります。それを無視して作物を育てようとすると、悲惨な結果を招くことになります。人のいのちを取り去る（戦争、死刑、正当防衛など）にも時があり、それを救うにも時があります。古くなった建物を取り壊し、そこに新しい建物を建設するにも時があります。

（3）人生は、悲劇と祝福の繰り返しです。人は、悲劇が襲うと嘆きます（葬儀への参列）が、祝福がくると踊り喜びます（婚宴への参列）。それぞれの時は、人知を超えた神の計画によって定められています。「石を投げ捨てる」とは、耕作に適した農地を開墾することでしょう。「石を集める」とは、家や壁などの建造物を建設することでしょう。それぞれの行為に、定まった時があります。愛の表現にも2種類の時があります。抱擁によって積極的に愛を示す時と、抱擁を控えるべき時です（それが不道徳と見なされる場合は、控えなければなりません）。ビジネスにおいても、不思議なサイクルがあります。利益を追求して黒字を出す時と、うまくいかなくて赤字を出す時です。家事に関しても、似たようなサイクルがあります。ものを捨てられないでため込んでいる時と、所有物の整理に熱心になる時です。

（4）人生には、批判を受けても黙すべき時があります。それとは対照的に、真理のために口を開くべき時があります。コヘレトは、この世を観察した結果、愛するのに時があり、憎むのに時があると言います（ちなみに、この教えはクリスチャンの価値観とは異なります）。憎しみの究極的な表現が戦争です。歴史は、戦争と和睦の繰り返しです。

神の摂理は完全

（1）コヘレトは、再び、人の労苦にどのような価値があるのかと問います。彼は、労苦がむなしいという理由を3つ挙げます（10節）。①「神のなさることは、すべて時にかなって美しい」（11節a）。すべてのことには神が定めた時があります。それゆえ、人間が労苦しても、それはなんの益にもならないのです。②「神はまた、人の心に永遠を与えられた」（11節b）。人は本能的に、有限な時間の先に何かがあることを感じ、自分はなぜ生きているのか、死んだらどうなるのか、などの問いを発しています。しかし、人間の理性はそれに答えることができません。③さらに、人間は絶対者である神が持っておられる計画の全貌を知りません（11節c）。神の計画を知らずに労しても、それはむなしい結果をもたらすだけです。労苦がむなしいとするなら、人生で意味あるのは、喜び楽しむことです（12〜13節）。

（2）コヘレトは、神の計画は完全だと言いましたが、例外として「悪の存在」を挙げます。悪の存在に関して、彼は、こう考えます。神は正しい人も悪しき者も裁かれるが、その裁きは、人間が考える時ではなく、神が定めた時に起こると。悪が存在するもう1つの理由は、人間を試みて、彼らが獣に過ぎないことを教えるためです。つまり、人間の運命と獣の運命は、その有限性において同じようなものだとコヘレトは言いたいのです。

（3）コヘレトは、将来のこと（死後のこと）が分からないのだから、今与えられている仕事を楽しむことが、賢明な生き方だと主張します。それが人の受ける分なのです。日々神と交わり、神の導きを受けながら人生を建て上げている人は幸いです。

伝道者の書4章

私は再び、日の下で行われる一切の虐げを見た。見よ、虐げられている者たちの涙を。　しかし、彼らには慰める者がいない。　彼らを虐げる者たちが権力をふるう。　しかし、彼らには慰める者がいない。（伝道者の書4・1）

この章から、以下のことを学びましょう。（1）コヘレトは、虐げられている人よりも、すでに死んだ人のほうがまだましだと論じます。（2）さらに、最初から誕生しなかった者が一番いいと言います。これは、神なき世界観であり、正しくはありません。（3）ねたみや競争心から労働にいそしむなら、それはむなしいことです。（4）愚かさや虚栄の問題は、庶民だけのものではなく、王宮に住む王のものでもあります。

強者による虐げ

（1）いつの時代でも、権力を持った者たちは、弱者を虐げてきました。コヘレトは、虐げられた人たちを慰める者がいないと言います。

（2）コヘレトは、虐げられている人よりは、死んだ人のほうがまだましだと語っています（2節）。死人は、地上生活の労苦から解放されているからです。ここでは、死に関するより深い意味（死後のいのちはあるかといったような問題）が論じられているのではなく、誕生後に、いのちと呼べるような生活があるかどうかに関心が向けられています。コヘレトは思索をさらに一歩進め、この両者よりももっと良いのは、最初から誕生しなかった者だと言います（3節）。なぜなら、誕生しない限り、虐げられることはないからです。

（3）ここで、コヘレトが見ていない真理に目を向けてみましょう。①彼は、虐げられている者には慰める者がいないと考えていますが、そうではありません。神は、虐げられている者の嘆きの声を聞き、その歩みを見守っておられます（詩10・17～18）。②彼は、死後の状態を理解していません。不信仰なままで死ぬなら、その人は地上で経験するいかなる虐げよりも激しい苦しみを体験するようになります。③ここでコヘレトが語っている知恵は、神を排除した世俗的な知恵です。

ねたみの問題

（1）コヘレトは、人間が労働にいそしむ動機は、ねたみや競争心であると見ています（4節）。利己的な動機で行う労働は、風を追うようなものだと彼は言います。コヘレトは、競争心があって勤勉な者よりは、愚か者のほうがましだと論じます（5～6節）。愚か者は本質的に怠け者で、手に入るわずかばかりのもので生活しています。彼は、多くの富を得て苦労するよりは、乏しくても気楽に暮らすほうがいいと考えています。

（2）コヘレトは、貪欲が動機となっている労苦もむなしいと断じます。扶養する家族もいない独り者が、生活のための富を十分に所有しながら、なおも豊かになろうと頑張っています（7～8節）。その者は、富を偶像として生きる哀れな人です。これもまた、むなしいことです。

（3）孤独でケチな生活を送るよりも、友人がいたほうがはるかに優れています。そのことを、コヘレトは4つの例を挙げて説明します（9～12節）。

①2人で労苦すれば、仕事の効率がよくなる。②事故が起こったときでも、2人なら助け合うことができる。③2人で寝ると、お互いが温かくなる（友情関係の祝福を説いたことば）。④強盗に襲われても、2人なら抵抗できる。私たちも、自分にとって労働の動機とはなんなのか、自問自答してみましょう。

愚かな王

（1）愚かさや虚栄の問題は、庶民だけのものではありません。王宮に住む王も、その影響を受けています。コヘレトは、知恵のある若者と年とった王を比較します（13～14節）。①若者はなんの影響力も持っていませんが、彼には知恵があります。②年とった王は、貧しい境遇の中から立ち上がり、投獄の試練も乗り越えて王位に就いた人物です。しかし彼は、頑固な老人となり、他人からの忠告に耳を貸そうとはしません。③両者を比較すると、どちらが好ましいでしょうか。もちろん、知恵のある若者です。

（2）この若者が王の後継者になると分かったとき、人々はこぞって若者の側につきました。なぜなら、新王による統治のほうが優れていると判断したからです。しかし、最初は期待されて王になった者でも、時が経過すると、人々から忌み嫌われるようになります。つまり、前王に起こったことが次の王にも起こるということです。地位や名声は移ろいやすいものです。また、人々の心も実に気まぐれなものです。そう考えると、地位や名声を求めて労すること自体が、むなしいものに見えてきます。

伝道者の書5章

実に神は、すべての人間に富と財を与えてこれを楽しむことを許し、各自が受ける分を受けて自分の労苦を喜ぶようにされた。これこそが神の賜物である。（伝道者の書5・19）

この章から、以下のことを学びましょう。（1）コヘレトは、宗教のむなしさ、搾取される人生のむなしさ、貪欲のむなしさについて論じています。（2）富のために労する人生は、むなしいものです。（3）日常生活を楽しむ能力のある人は、幸いな人生を歩みます。

宗教のむなしさ

（1）コヘレトは、表面的な信仰に対して警告を発します。①神の前に立つときは、語るよりも聞くことに注意を向けるべきです。なぜなら、性急にことばを発し、愚かな誓いをしてしまうことがよくあるからです。②神の臨在の前では、軽率なことばは控えるべきです。なぜなら、神は天に座し、人は地に住むからです。それと同じように、ことば数が多い人は、愚かなことばを多く口にするようになります。③仕事が多いと悪夢にうなされます。④人は安易に、「もし○○をしてくださるなら、私は○○をします」と誓います。しかし、いざとなると、その約束を果たすことを先延ばしにします。約束を果たせないなら、最初から誓わないほうがよいのです。

（2）「夢が多く、ことばの多いところには　空しさがある。ただ、神を恐れよ」（7節）。コヘレトのこの助言は、非現実的なことばを多く発するよりも、神を恐れることを学べというものです。ただし、ここでの「神を恐れよ」は、「奴隷が抱く恐れ」であって、「子が抱く信頼に基づいた恐れ」ではありません。そこにコヘレトの教えの限界があります。私たちは、愛と信頼のゆえに、神を恐れます（2コリ7・1）。

搾取される人生のむなしさ

（1）貧しい者が搾取されているのを見ても、驚く必要はありません。なぜなら、人間が支配するところではどこでも、このような腐敗が見られるからです。搾取する者の上に上役がおり、さらにその上に上役がいて、各人がなんらかの利益を得ています。これは、堕落した官僚制度です。元来上役には、下の者を監視する役割が与えられていますが、現実はそうはなっていません。

（2）「国にとっての何にもまさる利益は、農地が耕されるようにする王がいることである」（9節）。この聖句は、この書の中で最も難解なものです。英語訳（NIVやASV）は、「王もまた農地の収穫から利益を得ている」というニュアンスで訳しています。その場合は、下級官僚から王に至るまで、腐敗の官僚体制ができているという意味になります。

貪欲のむなしさ

（1）金銭を愛する人は、いくら富を蓄えても、まだ少し不足していると考えます。富によって「満足」を買うことはできません。財産が増えると、そこから益を受ける者たちの数も増えます。寄食者とは、資産家の周りに集まって来るさまざまな職業人を指します。しかし、いくら金持ちになっても、その人が一度に着るのは1着の服であり、一度に食べる食事にも限度があります。

（2）労働者は、その日の食事の内容に関係なしに、なんの心配もなく安らかな眠りに入ります。しかし資産家は、満腹したとしても、心配事が山のようにあるので、熟睡することができません。床の中で、財産の運用、税の支払い、盗難の不安などに思いを巡らし、心配の余り眠ることができないのです。

富がもたらす悲劇

（1）莫大な富を所有している人物がいたとします。彼は、富を有益な目的のために用いることをせず、ただ後生大事に保管しているだけです。ある日彼に、所有する財産の価値がなくなるという悲劇が起こります。彼は、息子に遺す財産が何もないという悲劇に直面します。

（2）人間は、何も持たずに誕生し、何も持たずに死んで行きます。それが、この世の定めです。にもかかわらず、人間は地上生涯において富を蓄積するために労苦します。コヘレトは、その状態を「風のために労苦し」と表現しています。永遠の価値がないもののために労苦する人生は、むなしいものです。

幸せな人生

（1）コヘレトによれば、幸せな人生を得るための最善の戦略は、平凡な日々の営みを楽しむことです（18節）。そうすれば、何が起こっても、人生の喜びを奪われることはありません。人生は短いのだから、与えられているものを思う存分楽しむのが最善の策です。結局のところ、日常生活を楽しむ能力は、神から与えられた賜物です。その賜物を十分に生かしているかどうか、自己吟味をしてみましょう。

伝道者の書6章

目が見ることは、欲望のひとり歩きにまさる。
これもまた空しく、風を追うようなものだ。
（伝道者の書6・9）

この章から、以下のことを学びましょう。（1）人生の残酷な皮肉とは、努力して得たものを楽しむこともなく死んでいくことです。（2）死産の子は、人生の残酷な皮肉を経験することがないという意味で、まだ幸せです。（3）貪欲の制御ができない者は、愚か者です。（4）神に信頼しながら日々の生活を送るのが、知恵ある者の生き方です。

人生の残酷な皮肉

（1）「私が日の下で見た悪しきことがある。それは人の上に重くのしかかる」（1節）。「悪しきこと」とは、願うものすべてを手に入れた人が、それを楽しむことなく死んでいくことです。コヘレトは、その人から楽しみを奪ったのは神だと主張しています（2節）。もし、死んだ人の財産が、息子や娘ではなく、見知らぬ他人（外国人）の所有物となるなら、人生は真にむなしいもの、「悪しき病」のように思えます。

（2）では、多くの子宝に恵まれ、長寿を全うする人の場合はどうでしょうか。その場合でも、彼が人生を楽しむことがなく、手厚い葬りを受けることもないなら、その生涯はむなしいものです。それなら、死産の子の場合はどうでしょうか。その子の名前は、そのまま闇の中に消され、人々の記憶にはとどまりません。しかしコヘレトは、確かに死産の子は不幸ですが、人生の皮肉を体験する人よりもまだ幸せだと言います。なぜなら、死産の子は日の光を見ることはありませんが、人生の残酷な皮肉を経験することもないからです。たとえ何千年生きても、幸福な体験ができないなら、その人の人生は実に悲惨なものです。その人が死後に行くのは、死産の子と同じ場所です。

（3）私たちは、地上生涯のことには深い関心を払います。富を蓄積し、健康を維持し、長寿を全うするために努力を重ねます。しかし、永遠のための備えをする人は、わずかです。

生きるための労苦

（1）人が労働する目的は、自分や家族に食べ物を与えるためですが、不思議なことに、人の貪欲には際限がありません。収入が増えれば、それだけ買いたいものが増えます。満足するというのは、まるで絵に描いた餅のようです。

（2）知恵ある者も、貪欲の制御ができないなら、愚か者となんら変わりはありません。貧しい人の中にも、いかに生きるべきかを知っている人はいますが、そのような人でも、より多くのものを所有したいという欲望に打ち勝つことができないなら、結局は愚か者と同じだということになります。

（3）「目が見ることは、欲望のひとり歩きにまさる。これもまた空しく、風を追うようなものだ」（9節）。目の前に置かれた食事で満足することは、少し上の贅沢をいつも追い求めるよりもはるかに勝ります。

（4）「存在するようになったものは、すでにその名がつけられ、それが人間であることも知られている。その人は、自分より力のある者と、言い争うことはできない。多く語れば、それだけ分なのです。

空しさを増す。それは、人にとって何の益になるだろうか」（10～11節）。金持ちか貧しいか、知者か愚か者か、老人か若者か、そんなことに関係なく、すべての人の本質は神に知られています。私たちは「アダム（人）」です。アダムとは「赤い粘土」のことです。地のちりに過ぎない者が、創造主に対して言い争うことなどできないのです。

（5）「だれが知るだろうか。影のように過ごす、空しい人生において、何が人のために良いことなのかを。だれが人に告げることができるだろうか。その人の後に、日の下で何が起こるかを」（12節）。コヘレトの結論は、人は自分の人生に関して無知だということです。人の生涯は影のように移ろいやすいものです。人は、将来何が起こるか知り得ません。また、死後に何が起こるかも知ることができないのです。

（6）私たちにとっての教訓はなんでしょうか。将来のことは分からないのですから、人は自分の努力で運命を切り拓けるものではありません。それを認めて、神に信頼しながら日々の生活を送るのが知恵ある者の生き方です。労苦は、その日その日で十

伝道者の書7章

名声は良い香油にまさり、死ぬ日は生まれる日にまさる。（伝道者の書7・1）

この章から、以下のことを学びましょう。（1）情報量が多いので、要点だけを記します。

「良いもの」と「より良いもの」の対比（1）

（1）名声とは、その人の性質であり、評判です。良い評判を得ることは、高価な香油を持つことよりも優れているとコヘレトは言います。「死ぬ日は生まれる日にまさる」とありますが、確かに神を信じる者にとって、死後の生活は地上生涯にまさります。しかし、不信者にとっては、死は恐ろしいものです。

（2）喪中の家に行くと、人は死について深く考えさせられます。人生の終わりが死であることを意識する人は、日々の生活を律し、有意義な地上生涯を送るようになります。悲しみの体験を通して、人は人生の意味について深く考えるようになります。それとは反対に、笑いは一時的なものに過ぎず、時間を浪費するだけの結果に終わります。

（3）知恵ある者は、喪中の家に行くことを嫌がりません（4節）。なぜなら、彼の人生観は、死の現実を前提として構築されているからです。しかし愚か者は、死の現実を直視することができないので、その足は楽しい体験ができる所に向かいます。

「良いもの」と「より良いもの」の対比（2）

（1）知恵ある者の叱責とは、建設的な批判や助言のことです。その内容に耳を傾けるなら、その人はより成長します。それとは逆に、愚か者の歌（おべんちゃら）をいくら聞いても、永遠に価値あるものは何も残りません。

（2）たとえ知者であっても、虐げを受ければ判断力を失い、愚かに振る舞うようになります。知者を狂わすもう1つのものは、賄賂です。賄賂を受け取ると、正義に基づく判断ができなくなります。賄賂を最初から拒否することが、真の知者の道です。

（4）心をいらだたせて、容易に自制心を失う人は愚か者です。自制心は、その人の器の大きさを示すバロメーターです。小さなことでいらだつ人は、周りの人の目には、器の小さい愚か者と映ります。

（5）「昔のほうが今より良かった」というのは、過去に生きている人の口癖です。いかに困難な状況があったとしても、今という時に生きるほうがはるかに優れています。

（6）知恵は、金銭と同様に所有者を守ります。金銭の場合は、病気をしたり、災害に遭ったりした際に役立ちます。それに対して、知恵の場合は、その人を道徳的堕落から守ります。「その持ち主を生かす」とは、そういう意味です。

（7）知恵ある者は、神の御業を変更しようとはしません。起こったことは受け入れ、主権者である神の最善を信じて前進します。人生には、順境の時と逆境の時がありますが、ともに神が人に与えるものです。順境の日にはそれを喜び、逆境の日には神の主権を認め、自らの歩みを省みればよいのです。

「良いもの」と「より良いもの」の対比（3）

（1）「私はこの空しい人生において、すべてのことを見てきた。……」（15節）。「すべてのことを見てきた」とは、信じられないようなこと、想定外のことを見てきたという意味です。一例として、義人が早く死に、悪者が長生きすることが挙げられています。

（2）「あなたは正しすぎてはならない。……」自分を知恵のありすぎる者としてはならない。……」（16～18節）。この聖句は、神の前での中庸を教えたものです。私たちの判断は、常に誤りを含んでいますので、注意する必要があります。それだけでなく、悪や罪に関しても、中庸がよいとコヘレトは言います。「一つをつかみ、もう一つを手放さないのがよい」とは、中庸を勧めたものです。しかし、以上のことはコヘレトの教えであって、神からのものではありません。神は、いかなる罪も認めることのないお方です（1ヨハ2・1参照）。

（3）知恵は、知恵ある人を力づけます。それは、10人の支配者が町に与える守りと力よりも、さらに大きなものです。事実、軍事力で勝っている者が常に勝利するとは限りません。人が知恵を必要とする理由は、罪を犯さない人はひとりもいないからです。自分が完全でないことを知っているなら、他人の中傷に心を奪われる必要はなくなります。それには当たっている部分があると、受け流せるからです。たとえ下位の者（しもべ）から中傷されたとしても、それを聞き流すことができるようになります。その場合、自分自身も他人を中傷してきたことを思い出すべきです。

伝道者の書8章

すべては神のみわざであることが分かった。人は日の下で行われるみわざを見極めることはできない。人は労苦して探し求めても、見出すことはない。知恵のある者が知っていると思っても、見極めることはできない。（伝道者の書8・17）

この章から、以下のことを学びましょう。（1）情報量が多いので、要点だけをまとめます。

知恵ある者の判断

（1）コヘレトは、人間の知恵によっては人生の諸問題を解決することができないことを認めました。それでも彼は、知恵ある者を賞賛します。物事の本質を理解できるのは、知恵ある人だけです。知恵は、その人の顔に反映されます。知恵は、顔に輝きを与え、硬い表情を和らげます。知恵ある者なら、王の命令を守るはずです。「王」は、地上の王と解釈しても、神と解釈しても、ともに意味は同じです。つまり、権威に対する従順を命じているということです。

（2）王の前から慌てて退出してはなりません。これは、王のことばや態度に怒ったり、驚いたり、失望したりしながら、王の前を去ってはならないということです。あるいは、王の前でしている仕事をすぐにやめてはならないということです。また、悪事に加担したり、王への反逆を企てたりしてはならないということです。

（3）王のことばは、権威によって裏打ちされています。それゆえ、臣下が王のことばに挑戦するのは不可能なことであり、恐ろしいことです。王と臣下の関係を、神と私たちの関係に置き換えてみましょう。権威に満ちた神のことばに挑戦できる人はひとりもいません。私たちは、神に従うことによって「豊かな人生」を体験するのです。

（4）王の命令を守る者たちは、王の怒りや裁きを恐れる必要はありません。支配者への従順は、平安に生きるための秘訣です（支配者が神に敵対する場合は、この限りではありません）。知恵は、どのようなタイミングで、またどのような方法で、支配者に従えばよいかを教えてくれます。

（5）すべての物事には、それをすべき方法と時があります。知恵に欠ける者は、これらの方法と時を見分けることができません。ただし、知恵ある者にも分からないことがたくさんあります。将来何が起こるか、いつそのようなことが起こるか、それらについては、人は無知です。

（6）人は、自分の霊が体から去って行くのを止めることはできません。人は、常に死との戦いに直面しています。この戦いを免除される人はひとりもいません。善人でも悪人でも、死に対する戦いに勝利する人はいないのです。

（7）知恵とは、神の視点から人生を見ることのできる能力です。知恵が有益であることは、すべての人が認めるはずです。問題は、いかにしてそれを得るかです。聖書の教えは、「主を恐れることは知恵の初め、聖なる方を知ることは悟ることである」（箴9・10）というものです。

（8）悪しき者は死ぬと手厚く葬られ、その業績がたたえられます。正しい人も葬られますが、その業績はすぐに忘れ去られます。両者にいったいどのような差があるのでしょうか。これもまた、むなしいことだとコヘレトは言います。

（9）コヘレトは、一般論として神を恐れる者が幸せな人生を送るのだということを知っています。例外的に、悪しき者が長生きすることもありますが、だからと言って、その一般論が否定されるわけではありません。コヘレトは、神を敬わない者は愚か者で、その最期は滅びであることを確信しています。

（10）時として、一般原則と例外的な事例が逆転することがあります。コヘレトは、一般原則と例外的な事例が頻繁に逆転するのを目撃し、人生のむなしさを覚えます。人生のむなしさを観察したコヘレトは、生きている間に食べて、飲んで、楽しむことこそ、最良のポリシーであると結論づけます。

（11）コヘレトは、不眠不休であらゆる問題に対する回答を見つけようと努力した結果、人生は神が用意されたパズルであるとの認識に至ります。自分の限界を知ることは決して悪いことではありません。なぜなら、全知全能の神をより信頼するようになるからです。明日のことは神に委ね、きょうという日を楽しもうではありませんか。この日は主が造られたものです。

伝道者の書9章

しかし、人には拠り所がある。生ける者すべてのうちに数えられている者には。生きている犬は死んだ獅子にまさるのだ。（伝道者の書9・4）

この章から、以下のことを学びましょう。（1）伝道者の書は、「神の啓示」を抜きにして、人間の知恵と論理によって人生を観察した書です。つまり、人生について哲学的に思索を重ねると、このような結論に到達するということです。（2）情報量が多いので、要点だけを記します。

人生を楽しむ

（1）9章1節は、それに続く2節から10節の要約になっています。コヘレトは、一切のことを観察した結果、「正しい人も、知恵のある者も、彼らの働きも、神の御手の中にある」（1節）という結論を出します。しかし、彼らに起こる良いことも悪いことも、それが神の愛の表現なのか、憎しみの表現なのか、人間には分かりません。また、将来のことはすべて未知であり、あらゆることが起こる可能性があります。

（2）人生で最も不可解なことは、正しい人も、悪しき者も、善人も、きよい人も、信仰者も、不信仰者も、神に誓う者も、誓うのを恐れる者も、すべての人が同じ結末を迎えるということです。すべての人が、死んだら墓に入ります。死がすべての終わりであるなら、人生は無意味なものとなり、結局は、したい放題の生き方をするのが一番だということになります。

（3）以上の見解は、死後のいのちが神によって用意されていることを無視したものです。神を信じない人たちは、これらの内容に共感を覚えるでしょうが、私たちはそうではありません。生きている限り、人には希望があります。犬は最も劣った動物、獅子は最もすぐれた動物、という意味での対比がなされます。しかしその犬でも、生きている限り、死んだ百獣の王よりもまさっているのだとコヘレトは言います。次に、生きている者と死んだ者が対比されます。人は死ぬと、すべての可能性が消滅し、やがて人々の記憶からも消えていきます。この箇所から、死後のいのちに関する教理を導き出してはなりません。

（4）伝道者の書は、「神の啓示」を抜きにして、人間の知恵と論理によって人生を観察した書です。つまり、聖書を持たない知者が、世界について、人生について、哲学的に思索を重ねると、このような結論に到達するということです。死後の復活の希望を持っている私たちは、ここに展開されているものとは異なった人生観を持っています。

全力で生きる

（1）10節を新共同訳はこう訳しています。「何によらず手をつけたことは熱心にするがよい。いつかは行かなければならないあの陰府には、仕事も企ても、知恵も知識も、もうないのだ」。コヘレトが語っているのは、生きている間に、可能な限り人生を楽しめということです。死んで「よみ」に行ったなら、働くことも、計画することも、考えることも、何かを知ることも、すべてできなくなるからです。可能な限り人生を楽しめという助言は、建徳的な行為に限定して考える必要があります。

（2）次にコヘレトが見たものは、偶然によって人生が大きく左右されることです。足が速い人が必ずしも競争に勝つわけでもなく、勇敢な兵士が戦いに勝つわけでもありません。さらに、知恵があるからといって、裕福になるわけでもなく、悟りがあるからといって、事業に成功するわけでもありません。人生で成功するためには、「時と機会」に恵まれる必要があります。これもまた、人生の不条理です。

軽蔑される知恵

（1）コヘレトが考えるもう1つの不条理は、知恵は必ずしも感謝されたり、見返りを受けたりするわけではないということです。例が挙げられます。人口の少ない貧しい町がありました。当然、防衛体制も不完全です。そこに力のある王が攻めて来て、町を包囲し、戦いのための土塁を築きます。城壁を破って町に侵入するのは時間の問題です。ところが、その町に貧しいひとりの知恵ある者がいました。彼は、自分の知恵を用いて、その町を解放に導きました。彼は町の英雄となりましたが、彼の存在はすぐに忘れ去られ、彼はなんの報賞に与えることもできませんでした。

（2）このたとえ話は、伝道的な適用が可能です。①無防備な小さな町とは、私たち人間です。②攻めてくる大王は、悪魔です。③貧しいひとりの知恵ある者とは、救い主です。しかし、多くの人がキリストの犠牲的愛を忘れ、信じることも愛を示すこともなく、生きています。キリストの愛を受け入れ、キリストを通して父なる神に感謝を献げる人は幸いです。

伝道者の書10章

死んだハエは、調香師の香油を臭くし、腐らせる。少しの愚かさは、知恵や栄誉よりも重い。
（伝道者の書10・1）

この章から、以下のことを学びましょう。（1）情報量が多いので、要点だけをまとめます。

知恵の価値が減じる事例

（1）高価な香油の中に1匹のハエが飛び込めば、その1匹によって香油全体が駄目になってしまいます。そのように、人間の評判も少しの失敗で取り返しがつかないほど失墜するとコヘレトは言います。

（2）愚か者は、単純なことをしているときでも、自分が思慮に欠けていることを表しています。たとえば、道を歩くといった単純な行為でも、彼が無知であることを示すものとなります。

（3）支配者の怒りを受けた場合の最善の対処法とはなんでしょうか。憤慨してその場を離れることでも、怒りから逃れるためにその場を離れることでもありません。まずは、冷静になることです。支配者の前で低くなり、ひたすら謝ることです。そうすれば、支配者からそれ以上の怒りを受けることはなくなります（箴言は、当時の自己防衛マニュアルでもあります）。

（4）コヘレトが目撃したもう1つの不条理は、権力者に部下を見る目がないことです。その結果、資格も能力もない者が、高い地位に就かされます。一方、能力のある者は、雑務をこなすことだけに時間を費やすようになります。奴隷たちが高い地位に着き（馬に乗る）、王子たちが低い地位に降ろされる（地を歩く）こともまた、不条理です。

蒔いた種の刈り取り、誤ったタイミング

（1）人を罠にかけようとして穴を掘れば、穴を掘った本人がその穴に落ち込みます。これは、いわば人生における「ブーメランの法則」です。「石垣を崩す」とは、不法に他人の家に侵入したり、地境を移したりすることです。他人の財産を奪おうとする者は、自らの上に不幸を招きます。「蛇にかまれる」というのがそれです。

（2）石を切り出す石工は、石で傷つくことがあり、木こりは、木で怪我をする場合があります。効率的な仕事をしたいなら、道具を完ぺきな状態に整えるべきです。斧が鋭くないと、木を切るのに余分な労力が必要となります。斧を研ぐために使った時間は、必ず報われます。一方、道具を整えない者は愚か者です。しかし道具以上に大切なのは、知恵です。

（3）「もし蛇がまじないにかからず、かみつくならば、それは蛇使いに何の益にもならない」（11節）。この聖句は、タイミングの重要性を教えたものです。蛇に呪文をかける前に蛇がかみつけば、蛇使いの存在価値はなくなります。そのように、為すべきこととその方法を知っていても、タイミングを逃すなら、その人はなんの役にも立たないとコヘレトは言います。

ことばの効用

（1）知恵ある者は隣人の好意を勝ち取ります。なぜなら、彼のことばは恵み深く、相手に癒やしをもたらすからです。それに対して、愚かな者のことばは厳しく、相手に不快感を与えます。最初は単なる冗談で始まったことが、最後は狂気で終わります。聖書は一貫して、ことばの使用に関して警告を発しています。

（2）愚か者の特徴は、延々としゃべり続けることです。愚か者の終わりのないおしゃべりの中には、必ず自慢話が含まれています。彼は、自分の過去の業績、現在の状況、そして、将来の計画について自慢します。彼が理解していないのは、将来のことは誰にも分からないということです。それゆえ、自分の計画を自慢する人は愚か者です。

（3）愚か者のもう1つの特徴は、仕事の効率が悪いということです。彼は、常に効率の悪い仕事を続けるので、疲れ果ててしまいます。「町に行く」というのは単純な行為ですが、愚か者は町に行く道さえも見失ってしまいます。ましてや、将来の計画を論じることなど論外です。

怠惰

（1）王の人格が子どものように幼い国は、災いです。なぜなら、その王には臣下を統制し、導く力がないからです。その国では、高級官僚たちが仕事に就かず、朝から飲み食いしています。それに対して、王がしっかりしている国は幸いです。その王は、人格者であり、高貴な家の出です。このような王の下にいる高級官僚たちは、自制心を働かせ、国の繁栄のために献身的に働きます。

（2）怠けていると、家が崩壊します（天井が落ちたり、雨漏りしたりします）。この家は、個人の住居でもよいのですが、国家を象徴しているとも考えられます。保全作業を怠れば、雨漏りがします。それと同じように、国家の統治に関しても、勤勉でなければ、その国は崩壊します。

伝道者の書11章

人は長い年月を生きるなら、ずっと楽しむがよい。だが、闇の日も多くあることを忘れてはならない。すべて、起こることは空しい。

（伝道者の書11・8）

この章から、以下のことを学びましょう。（1）コヘレトは、将来のことは誰にも分からないという前提で、いかに生きるべきかを論じます。（2）気前良く分け与えると、将来良いことが起こります。（3）財産は分割して管理することが知恵です。（4）将来のことは分からないのですから、日々忠実に仕事をするのが知恵ある生き方です。（5）若者は、老年には「闇の日」が待っていることを忘れてはなりません。

勤勉の勧め

（1）将来何が起こるか分からないという前提のもとに、コヘレトは、ではいかに生きるべきかというテーマについて論じます。「パン」ということばは、ここではその原料となる「穀物」の象徴です。「あなたのパンを水の上に投げよ」（1節）は、2つの解釈が可能です。①穀物の種を、洪水で覆われた地に蒔けという意味。②穀物の海上取引を実行せよという意味。いずれの場合も、良きものを、気前よく広範囲に分け与えると、将来良いことが起こるという意味です。

（2）「あなたの受ける分を七、八人に分けておけ。地上でどんなわざわいが起こるかを　あなたは知らないのだから」（2節）。これは、「一つの篭にすべての卵を入れてはならない」という人生訓（ビジネス訓）と同じです。卵を複数の篭に分割しておくと、1つの篭が破壊されても、すべてを失うわけではありません。

（3）雲が垂れ込めると、雨が降るのは自然界の必然ですが、人生の最期に死が待っているというのも、人生の必然です。木が強風で倒されると、その木はその場所にとどまります。そのように、死んだ人は活動を停止し、その生活は封印されます。

（4）条件が整わない限り動かない人がいます。しかし、多少の風や雲は、常に存在するものです。完ぺきな条件を待つ人は、結局は種を蒔かないで終わるか、作物を腐らせてしまう人です。

（5）私たち人間は、すべてのことを知っているわけではありません。妊婦の胎内で赤子の骨がどのように組み合わさるのかを知りません。風がどこから来て、どこに吹いて行くのかも知りません。それゆえ、自分には神のなさることが分からないという前提で、生きる必要があります。

（6）将来何が起こるか分からないのですから、最善の策は、その日その日を生産的な仕事で満たすことです。朝でも夕方でも、気を緩めてはなりません。どの仕事がうまくいくか、分からないからです。あるいは、両方ともうまく行く場合もあるでしょう。伝道もこれと同じです。私たちは、あらゆる方法を用いて福音を伝えるべきです。

（7）「光は心地よく、日を見ることは目に快い」（7節）とあります。「光」とは青年期の象徴でしょう。若い時は、夢があり、活力があり、行動力があります。人は人生の黄金期を楽しむべきです。しかし、老年には「闇の日」が待っていることを忘れてはなりません。病気、肉体の痛み、失望などは老人の運命です。それは、人生の最期に迎えるむなしい時間です。

（8）「若い男よ、若いうちに楽しめ。若い日にあなたの心を喜ばせよ。あなたは、自分の思う道を、また自分の目の見るとおりに歩め。しかし、神がこれらすべてのことにおいて、あなたをさばきに連れて行くことを知っておけ」（9節）。この聖句は、真実な助言なのか、失望した老人の皮肉なのか、判断が困難です。コヘレトは青年に、若い日を存分に楽しめと助言しますが、一方で、老年になってその報いが返ってくることを忘れるなと警告しています。また、コヘレトは、「あなたの心から苛立ちを除け。あなたのからだから痛みを取り去れ。若さも青春も空しいからだ」（10節）との助言を加えています。若い日はすぐに過ぎ去るから、できるだけ悲しみや痛みを除いて、それらの日々を楽しめというのです。彼は、人生で最高の時が素早く過ぎていくことに、人生のむなしさを感じています。

（9）知恵ある者は、今が良ければそれで良いという視点で日々の選択をしているわけではありません。「今」以上の視点、つまり「永遠」の視点で、自分の人生を選び取っています。私たちの場合はどうでしょうか。自らの判断基準が正しいかどうか、黙想してみましょう。

伝道者の書12章

あなたの若い日に、あなたの創造者を覚えよ。わざわいの日が来ないうちに、また「何の喜びもない」と言う年月が近づく前に。

（伝道者の書12・1）

この章から、以下のことを学びましょう。（1）老年期の衰えが、比ゆ的に描写されます。（2）コヘレトが最後に出した結論は、「神を恐れよ。神の命令を守れ」ということです。

伝道者の書の結論

（1）コヘレトは、老年期の衰えを比ゆ的に描くことによって、若者に助言を与えています。実に絵画的な描写で、一度読むとしっかりと記憶に残ります。彼は、暗黒の老年（喜びのない年齢）が近づく前に、創造主を覚えよと助言します（1〜2節）。若い日々を、創造主を恐れながら清く歩むのは、素晴らしいことです。

（2）「太陽と光、月と星が暗くなる前に」とあります。老年になると目はかすみ、心は悲観的な方向に向かいます。老年期の雨はより頻繁に現れます。青年期にも雨（試練）はありましたが、老年期の雨はより頻繁に現れます。

（3）3節では、老人の肉体が家を用いて比ゆ的に描写されます。「家を守る者たちは身を震え」とは、両手、両腕のこと。「力のある男たちは身をかがめ」とは、足腰のことです。かつてまっすぐに伸びていた足腰は、体重を支えきれずに曲がってしまいます。「粉をひく女たちは少なくなって仕事をやめ」とは歯のこと、「窓から眺めている女たちの目は暗くなる」とは、目のことです。「通りの扉は閉ざされ、臼をひく音もかすかになり」とは耳のことです。「人は鳥の声に起き上がり」とは、不眠症で悩むということです。「歌を歌う娘たちはみな、うなだれる」とは、発声器官のことです。

（4）「人々はまた高いところを恐れ、道でおびえる。アーモンドの花は咲き、バッタは足取り重く歩き、風鳥木は花を開く。人はその永遠の家に向かって行き、嘆く者たちが通りを歩き回る」（5節）。老人は、はしごを上ったり、高い所に立ったりするのを恐れます。また、ひとりで外に出たり、夜道を歩いたりすることに恐れを感じるようになります。「アーモンドの花は咲き」とは、白髪のこと、「バッタは足取り重く歩き」は、老人の歩き方を揶揄したものです。「風鳥木は花を開く」の部分は、口語訳の「その欲望は衰え」を採用します。老年になると、食欲も性欲も減退し、なんの楽しみも見いだせなくなります。「人はその永遠の家に向かって行き、嘆く者たちが通りを歩き回る」とは、葬式と墓に近づいて行くことです。泣き女たちが葬送の列に加わるのも時間の問題です。「こうしてついに銀のひもは切れ、金の器は打ち砕かれ、水がめは泉の傍らで砕かれて、滑車が井戸のそばで壊される」（6節）。これは、肉体的死の描写です。

（4）「土のちりは元あったように地に帰り、霊はこれを与えた神に帰る」（7節）。「土のちりは元あったように地に帰り」というのは正解ですが、霊に関しては、信者と不信者では行き先が異なります。新約時代に生きる私たちには、より多くの啓示が与えられています。神が提供される救いを拒否する人は、「神がいない所」（ハデス）に行き着くことを真剣に覚える必要があります。

最後の助言

（1）「空の空。伝道者は言う。すべては空」（8節）。ここで、この書の最初の提題に戻ります。コヘレトは、自らを「知恵ある者」と呼び、探究によって得た知識を箴言の形にまとめました。彼のことばは、突き棒や釘のように鋭く、読む人の心に突き刺さります（11節）。「ひとりの牧者」がそれを民に与えたのですが、その人物とは王であるソロモンのことです。彼は、さらに多くのことを書き記すこともできるのですが、それをしても、自分も読者も疲れるだけで、むなしいことだと考えます（12節）。

（2）「結局のところ、もうすべてが聞かされていることだ。神を恐れよ。神の命令を守れ。これが人間にとってすべてである。神は、善であれ悪であれ、あらゆる隠れたことについて、すべてのわざをさばかれるからである」（13～14節）。「神を恐れよ。神の命令を守れ」というのが、コヘレトの結論です。神を恐れ、神の命令を守る動機は、死後の裁きへの恐れです。しかし以上の助言は、知者が理性的に思索した結果出てきたもので、神の啓示に対する信仰的な応答だということではありません。

（3）イエス・キリストを信じる私たちは、恐れから解放されています。「愛には恐れがありません。全き愛は恐れを締め出します。恐れには罰が伴い、恐れる者は、愛において全きものとなっていないのです」（1ヨハ4・18）。

雅歌1章

ソロモンの雅歌（雅歌1・1）

この章から、以下のことを学びましょう。（1）雅歌は5つの牧歌から成っています。時間順に並んでいるわけではないので、注意が必要です。（2）雅歌は、理想的な夫婦愛について詠っています。

前書き

（1）ヘブル語のタイトルは、「歌の歌、ソロモンによる」です。

（2）雅歌に関しては、3つの解釈法があります。①比ゆ的解釈法。この解釈法では、雅歌の物語は実話でなく、ある霊的真理を教えるための物語であるとされます。ほとんどのユダヤ人学者と一部の福音派の学者は、これを「イスラエルに対する神の愛の物語」だと解釈します。大半の福音派の学者は、これを「教会に対するキリストの愛の物語」だと理解します。②型としての解釈法。この解釈法では、雅歌の物語（実話）は、「イスラエルに対する神の愛」か「教会に対するキリストの愛」を指し示す型であるとされます。③字義通りの解釈法。この解釈法では、雅歌の物語は、実際に存在した2人の男女の愛の物語だとされます。筆者は、この解釈法を採用します。

5つの牧歌

（1）雅歌は、5つの牧歌から構成されていますが、時間順には並んでいません。それが、この書の解釈を困難にしている理由です。しかし、5つの牧歌を字義通りに解釈すると、ある物語の流れが見えてきます。①ソロモンは、下ガリラヤに所有している自分のぶどう畑で働いている女に出会い、恋に陥ります。②彼女の家族構成は、母親、妹、2人の兄です（父親は登場しません）。③彼女は、ぶどう畑で働いていましたので、顔は日焼けしていました。④ソロモンは彼女と交際を始め、ついに結婚を申し込みます。⑤ソロモンは、彼女を花嫁としてエルサレムに迎えます。宮廷で結婚式と婚宴が行われ、その後で2人は初夜を迎えます。⑥その後、彼女は肉体関係に困難を覚えます。王は彼女から離れて行きますが、彼女は王を拒否したことを悔い改め、王との関係を回復します。⑦宮廷での生活がしばらく続いた後、女は帰省することを願います。ソロモンは同意し、2人で彼女の実家を訪問します。そこで2人は再度愛を誓い合います。⑧締めくくりの歌は、彼女の故郷で2人が体験した夫婦関係の喜びを詠ったものです。

第1の牧歌

（1）シュラムの女は、宮廷で婚宴が開かれるのを待っています（2〜8節）。彼女は、2つのことを願っています。1つ目は新郎の口づけです。2つ目は、引き寄せられることです。この願いは、精神的な愛の表現を求める願いで、1つ目の願い（性的交わり）に意味を与えるものです。エルサレムの娘たちは、シュラムの女が性的喜びを味わうことを喜んでいます（4節b）。シュラムの女は、エルサレムの娘たちに語りかけます（5〜6節）。自分は日焼けして黒いが、美しいと。「ケダルの天幕」とは、黒山羊の毛でできたテントです。日焼けの理由は、兄たちに言われて、ぶどう畑で働いたからです。「私のたましいの恋い慕う方。どうか私に教えてください。どこで羊を飼っておられるのですか。昼の間は、どこでそれを休ませるのですか。……」（7〜8節）。彼女は、恋愛時代のことを思い出しています。自分の前に現われた羊飼い（ソロモンのこと）が、どこの誰だか知りたくなったことを。エルサレムの娘たちはこう助言します。羊の群れの足跡を追えば、羊飼いの居場所が分かるだろうと。

（2）婚宴の席で、ソロモンと花嫁が互いの美しさをたたえ合います。ソロモンは馬好きで、多くの馬をエジプトから輸入していました。したがって、彼が花嫁をファラオの戦車の雌馬にたとえたのは、不思議なことではありません。ファラオの雌馬は装飾品で飾り立てられていました。そのように、花嫁も種々の装飾品を身につけ、美しく輝いていました。一方花嫁は、ソロモンを最高の香料にたとえます（12〜14節）。婚宴の席に着いている間に、花嫁が身につけているナルドが香りを放ちました。当時の婦人たちは、体臭を消すために没薬の袋を胸の間に潜めていました。

（3）2人は、初夜を過ごすために寝室に入ります。その様子が、官能的なことばで描写されます。ソロモンは「ラヤー（愛）」ということばを用いて、花嫁に語りかけています。ここでは特に目の美しさに関心が向けられています。

（4）雅歌から聖書的結婚について学ぼうではありませんか。夫婦の性的関係は子孫を残すという目的だけでなく、それ自体を楽しむという目的もあります。雅歌が強調しているのは、後者です。

雅歌2章

エルサレムの娘たち。私は、かもしかや野の雌鹿にかけてお願いします。揺り起こしたり、かき立てたりしないでください。愛がそうしたいと思うときまでは。（雅歌2・7）

この章から、以下のことを学びましょう。（1）第1の牧歌の最後は、結婚関係の始まりについて詠っています。（2）第2の牧歌は、婚約時代の出来事を扱っています。

第1の牧歌（2）

（1）ソロモンがシュラムの女の美しさをたたえたのに対し、女が応答します（1・16〜2・1）。彼女は、ソロモンの美しさをたたえ、次に、奥の間（寝室）の麗しさに言及します。杉や糸杉は、エルサレム近郊では育ちません。それらの材木は、彼女の出身地であるガリラヤ地方から運ばれてきたものです（ソロモンの配慮）。しかし彼女は、自分のことをソロモンの寵愛を受けるに値しない田舎娘だと考えています。「私はシャロンのばら、谷間のゆり」とは、そういう意味です。しかしソロモンは、こう言います。たとえ田舎娘であっても、周りの者たちを凌駕する素晴らしい花であると（2節）。

（2）次に花嫁は、初夜の交わりに言及します。「私の愛する方が　若者たちの間におられるのは、林の木々の中のりんごの木のようです。……干しぶどうの菓子で私を力づけ、りんごで元気づけてください。私は愛に病んでいるからです。……」（3～6節）。①「りんご」（3節）と「干しぶどう」（5節）は、古代文学で官能的なシンボルとして用いられているものです（婉曲的ことば）。②「酒宴の席に　伴ってくださいました」（4節）とは、最初の交わりへの期待の高まりを描写することばです。③「私は愛に病んでいるからです」（5節）は、性的交わりへの渇望を表現しています。ソロモンはそれに応え、彼女を抱擁します（6節）。ここから実際の結婚関係が始まります。

（3）この経験をもとに、シュラムの女は次のような勧告を語ります。「エルサレムの娘たち。私は、かもしかや野の雌鹿にかけてお願いします。揺り起こしたり、かき立てたりしないでください。愛がそうしたいと思うときまでは」（7節）。性的情熱は、それが完全に満たされる状況が整わない限り、不用意にかき立てるものではありません。そうでないなら、人は欲求不満で苦しむことになるからです。

第2の牧歌

（1）第2の牧歌は、婚約時代の出来事を詠っています。春の日、ソロモンがガリラヤに住む彼女の家を訪ねます（8～9節）。春の訪れを待ちわびていた彼は、かもしかや若い鹿のように山や谷を飛び越えてやって来ます。シュラムの女は家の中にいます。ソロモンは、外に立って窓の格子越しに中をうかがいます。

（2）「私の愛する方は、私に語りかけて言われます。『わが愛する者、私の美しいひとよ。さあ立って、出ておいで。ご覧、冬は去り、雨も過ぎて行ったから。……』」（10～14節）。ソロモンは、シュラムの女に語りかけます。冬は過ぎ去り春が来た、それゆえ、眠りから覚めて外に出ておいでと。野に咲く花、刈り入れ、山鳩の声、いちじくの実、ぶどうの花、これらすべてが春の訪れを告げています。

（3）2人は散歩に出かけます。長い冬の間に、彼らの愛が冷えなかったことが証明されました。散歩の途中で、女はぶどう畑が狐によって荒らされているのを発見します。そこで彼女は、2人の愛を壊す狐（障害）がいるなら、それを取り除く必要があることに気づきます。「私たちのために、あなたがたは狐を捕らえてください。ぶどう畑を荒らす小狐を。　私たちのぶどう畑は花盛りですから。　私の愛する方は私のもの。　私はあの方のもの。　あの方はゆりの花の間で群れを飼っています。……」（15～17節）。彼女にとっての「狐」とは、ソロモンを自分のもとにとどめたいという独占欲です。ソロモンには飼うべき羊がいるのです。そこで彼女は、ソロモンが昼間に仕事に行くことを認め、夕刻になったなら、すぐに帰ってきてほしいと願います。

（4）結婚生活に入ると種々の問題が発生しますが、婚約期間中にも問題が表面化する場合があります。問題が表れたなら、すぐに対処する必要があります。シュラムの女は、ソロモンには仕事があることを認め、昼間は彼がその仕事に打ち込めるようにしました。2人で時を過ごすのは、夜になってからでいいと判断しました。ここから教訓を学びましょう。

雅歌3章

エルサレムの娘たち。私は、かもしかや野の雌鹿にかけてお願いします。揺り起こしたり、かき立てたりしないでください。愛がそうしたいと思うときまでは。（雅歌3・5）

この章から、以下のことを学びましょう。（1）第2の牧歌の最後の部分は、シュラムの女が冬の間に見た悪夢について詠っています。（2）第3の牧歌は、第1の牧歌と第2の牧歌の間に入るもので、結婚生活そのものの描写になっています。

第2の牧歌（2）

（1）ソロモンが仕事に出かけた後、シュラムの女は、ソロモンに会えなかった冬の間に何度も見た夢について考えています。夢の中で、彼女はソロモンを探しますが、なかなか見つけることができません。「私は夜、床についていても、私のたましいの恋い慕う方を捜していました。私が捜しても、あの方は見つかりませんでした。……」（1～4節）。彼女は、ソロモンが彼女を見捨ててどこかに行ってしまったという悪夢を見ていました。彼女は町を行き巡り、たましいの恋い慕う方を探しますが、見つかりません。夜回りに出会い、たましいの恋い慕う方を見かけなかったかと問いますが、答えはありません。

（2）夜回りが去るとすぐに、彼女はたましいの恋い慕う方を見つけます。そこで彼女はその人をしっかりとつかまえ、自分の母の家に連れ帰ります。「母の家」とは、シュラムの女が安心できる場所、2人きりになれる場所のことでしょう。以上のことは、すべて夢です。冬の間に、彼女はこのような悪夢を何度も見て、眠れない夜を過ごしていたのです。

（3）「エルサレムの娘たち。私は、かもしかや野の雌鹿にかけてお願いします。揺り起こしたり、かき立てたりしないでください。愛がそうしたいと思うときまでは」（5節）。婚約時代には、婚前交渉の危険性があります。「揺り起こしたり、かき立てたりしないでください。愛がそうしたいと思うときまでは」ということばは、その危険性に関する警告です。神は結婚を神聖なものと見ておられます。

結婚関係の外で起こる男女関係は、神の目には姦淫であり、罪です。肉体的な愛は、条件が整うまでは、揺り起こしたり、かき立てたりしてはならないのです。現代の性道徳と聖書が教える基準とは、大きくかけ離れています。この世の声ではなく、聖書のことばに聞き従う人は幸いです。

第3の牧歌

（1）第1の牧歌は、婚宴とそれに続く初夜の描写でした。第2の牧歌は、婚約時代の出来事の描写でした。第3の牧歌は、時間的にはその間に入るもので、内容は結婚生活そのものの描写です。

（2）「煙の柱のように荒野から上って来るのは何だろう。没薬や乳香、隊商のあらゆる香料の粉末をくゆらせて来るのは」(6節)。ソロモンは、シュラムの女をエルサレムに迎えるために、行列をガリラヤに派遣しました。彼女は今、行列の中心にいて、エリコからエルサレムに上りつつあります。6節のことばは、その行列を目撃した群衆の中のひとりが質問したものです。花嫁は豪華な香水を身につけ、香料を焚きながら近づいて来ます。

（3）「見よ、あれはソロモンの乗る輿。周りには、イスラエルの勇士の六十人衆がいる。……」(7～8節)。群衆の中の別の人が、あれはエルサレムに上って来る花嫁の行列だと答えます。「ソロモンの乗る輿」とは、移動式ベッドのことで、数人の男たちがそれを担いでいました。これに乗ると、楽に旅をすることができます。花嫁を警護しているのは、60人の近衛兵たちです。

（4）「ソロモン王は、レバノンの木で自分のために駕籠を作った。その支柱は銀、背は金、座席は紫布で作り……」(9～10節)。ここで描写されているのは、奥の間（寝室）に用意された新郎新婦のためのベッドです。ソロモンは、花嫁のために豪華なベッド（天蓋）を用意しました。材質はレバノンの杉、支柱は銀、背は金、飾りはエルサレムの娘たちが細工したものです。

（5）「シオンの娘たち。ソロモン王を見に出かけなさい。王は、ご自分の婚礼の日、心の喜びの日に、母がかぶらせた冠をかぶっている」(11節)。この節は、エルサレムの娘たちへの勧めです。ソロモン王とともに花嫁を迎えよというのです。ソロモンがかぶっている冠は、王冠ではなく、花婿がかぶる冠です。古代イスラエルには、このような習慣がありました。花婿は、結婚式場では王と見なされたのです。

（6）この箇所から学ぶ教訓は、寝床をロマンチックな場として整えることの重要性です。夫婦愛は、手入れして育てる必要があります。

雅歌4章

わが愛する者よ。あなたのすべては美しく、あなたには何の汚れもない。（雅歌4・7）

この章から、以下のことを学びましょう。（1）第3の牧歌の後半は、結婚の夜の情景を詠っています。（2）シュラムの女は、処女の状態で結婚生活に入りました。これが、神が私たちに（男性にも女性にも）期待しておられることです。

第3の牧歌（2）

（1）第3の牧歌（結婚生活）の後半に入ります。内容は、結婚の夜の描写です。ソロモンは、花嫁の美しさをたたえます。彼のことばは、一般的なものから具体的な描写に移行します。目（1節）、歯（2節）、唇、口、頬（3節）、首（4節）、乳房（5節）などが、次々とたたえられていきます。ソロモンが挙げた部分は7ヵ所ですので、これは7重の美の表現です。

（2）ソロモンは、花嫁との初夜の交わりに期待を寄せています。「そよ風が吹き始め、影が逃げ去るまでに、私は没薬の山、乳香の丘に行こう」（6節）。「没薬の山、乳香の丘」とは、女性の部分を指した婉曲語です。花嫁の美を観察したソロモンは、彼女の美に関して満足を覚えます（7節）。

（3）さらにソロモンは、花嫁を歓喜の絶頂へと誘い（レバノンの山に登るような体験）、さらにそこからより感動的な歓喜へと導こうとします（山から急降下するような体験）（8節）。

（4）次にソロモンは、花嫁の内面の美について語ります。彼は、シュラムの女を「閉じられた庭」にたとえます（12節）。その庭に入ることができるのは、正当な所有者だけです。彼女は、「封じられた泉」（処女）です（12節）。ソロモンが彼女と一体になるのは、彼女にその準備ができたときです（13～15節）。

（5）次に女が語ります。「北風よ、起きなさい。南風よ、吹きなさい。私の庭に吹いて、その香りを漂わせておくれ。私の愛する方が庭に入って、その最上の実を食べることができるように」（16節）。これは、彼女がソロモンを受け入れる準備が出来たことを示すことばです。

（6）シュラムの女は、処女の状態で結婚生活に入りました。これが、神が私たちに（男性にも女性にも）期待しておられることです。今の時代、結婚前に肉体関係を経験する人たちがたくさんいます。もしそうなら、その罪を告白し、キリストを信じた者は新しく造られた者であることを思い出して平安をいただきましょう。

雅歌5章

あなたの愛する方は、ほかの親しい者たちより何がまさっているのですか。女の中で最も美しいひとよ。あなたの愛する方は、ほかの親しい者たちより　何がまさっているのですか。あなたがそのように私たちに切に願うとは。

（雅歌5・9）

この章から、以下のことを学びましょう。（1）第4の牧歌のテーマは、「結婚生活における性的調和」です。（2）この箇所は、結婚関係においては双方の努力と歩み寄りが必要であることを教えています。

第4の牧歌

（1）翌朝、ソロモンは彼女との関係に満足したことを伝えます。「わが妹、花嫁よ、私は私の庭に入った。私の没薬を、私の香料とともに集め、私の蜂の巣を、私の蜂蜜とともに食べ、私のぶどう酒を、私の乳とともに飲んだ」（5章1節a）。この箇所の締めくくりは、エルサレムの娘たちが2人の肉体的関係を祝福して詠う歌です。「食べよ。友たちよ、飲め。愛に酔え」（1節b）。

（2）2節から、雅歌の後半の部分に入ります。テーマは「結婚生活における性的調和」です。ソロモンとシュラムの女は、結婚生活の調和に向かって努力を始めます。

（3）ある夜遅く、ソロモンは肉体関係を迫ります（2節）が、シュラムの女は、自分はすでに床に就いたという理由で拒みます（3節）。その結果、彼女はソロモンがいなくなったという夢を見ます。戸を開けると、そこにはソロモンの姿はありません。その名を呼んでも答えはありません（6節）。

（4）夜回りたちは彼女を見つけ、娼婦だと誤解します。彼女は乱暴な扱いを受けます（7節）。彼女はそこを逃れ、エルサレムの娘たちに助けを求めます（8節）。すると、「あなたの愛する方は、ほかの親しい者たちより　何がまさっているのですか」という問いが返ってきます（9節）。

（5）そこで彼女は、ソロモンの美を描写し始めます（10節）。頭、髪（11節）、目（12節）、頬、唇

（13節）、腕、腹部（14節）、足、脚（15節）、口（16節ａ）。最後は、「これが私の愛する方、これが私の恋人です。　エルサレムの娘たちよ」（16節ｂ）で終わります。

（６）この箇所は、結婚関係においては双方の努力と歩み寄りが必要であることを教えています。妻は夫の必要に応える努力をすべきです。もし状況がそれを許さないなら、その理由をしっかりと説明すべきです。そして夫もまた、妻が置かれている状況や精神状態に理解を示すべきです。女性は、感情が満たされないと夫に応答するのが難しいということを覚えましょう。

雅歌６章

汚れのないひと、私の鳩はただ一人。　彼女は、母にはひとり子、　産んだ者にはまばゆい存在。娘たちは彼女を見て、幸いだと言い、　王妃たち、側女たちも見て、彼女をほめた。（雅歌６・９）

この章から、以下のことを学びましょう。（１）ソロモンは、美しいことばをもってシュラムの女をたたえます。(２)突如王妃に引き上げられた彼女は、町での生活や宮廷での生活にストレスを感じます。（３）それで、くるみの木の庭に散歩に出かけます。エルサレムの娘たちは彼女に呼びかけ、その美しさをたたえます。

第４の牧歌（２）

（１）シュラムの女の回答に、エルサレムの娘たちは納得し、助けの手を差し伸べると約束します（１節）。このとき、ソロモンが突然彼女の前に姿を現し、この夢は２人が再会するところで終わります。

（２）ソロモンは、結婚の夜に語ったのと同じようなことばを使い、彼女の美しさをたたえます。「わが愛する者よ。あなたはティルツァのように美しい。あなたはエルサレムのように愛らしい。だが、旗を掲げた軍勢のように恐れられる」（4節）。ティルツァは北王国最初の首都で（1列14・17、15・21、33、16・8、23）、泉のある美しい町です。ソロモンは、シュラムの女がティルツァのように美しく、よく整ったエルサレムのように愛らしいと言います。その美しさは、勝利を確信した軍勢が旗を掲げて進軍するときのように完璧です。「あなたの目を私からそらしておくれ。それが私を引きつける」（5節a）。ソロモンは、あまりにも美しい女から見つめられることに戸惑っています。そして、目をそらしてほしいと言います。

（3）「あなたの髪は、ギルアデから下って来るやぎの群れのようだ。歯は、洗い場から上って来た雌羊の群れのよう。それはみな双子で、一方を失ったものはそれらの中にはいない。頰はベールの向こうで、ざくろの片割れのようだ」（5b〜7節）。このことばは、結婚の夜に語られたものと同じです（4・1b〜2、3節b）。つまりソロモンは、彼女から拒否されても、以前の愛を持ち続けているということを示しているのです。

（4）「王妃は六十人、側女は八十人、おとめたちは数知れない」（8節）。当時ソロモンには、王妃が60人、側女が80人、そして、王妃や側女として選ぶことができる処女たちが無数にいました。それでも、ソロモンにとって最高の妻は、シュラムの女だったのです。最後にソロモンは、シュラムの女が比類のない女性であることを詠います（9節）。

第5の牧歌

（1）再び春がやって来ました。シュラムの女は、王が所有する果樹園に散歩に出ます。ガリラヤ出身の彼女にとっては、心が休まるひと時でした。そこを去るときに、彼女はエルサレムの娘たちからあいさつを受けます。「このしののめのように見え、月のように美しく、太陽のように輝き、恐るべき事、旗を立てた軍勢のような者はだれか」（10節、口語訳）。彼女は、花々を見るために、くるみの木の庭を散歩して来たと答えます（11節）。彼女は突如王妃に引き上げられたのですが、町での生活や宮廷での生活はストレスが多く、心が休まりません。それでくるみの木の庭に散歩に出たのです（12節）。

（2）彼女が王宮に戻ろうとして歩き始めると、エルサレムの娘たちは「帰れ、帰れ、シュラムの女よ」（13節a、口語訳）と呼びかけ、彼女の美しさをもっと見たいと願います。シュラムの女は謙遜であり、また、自分の美しさに十分気づいていません。それで、どうして私のことを見たいのかと問います（13節b）。「あなたがたはどうしてマハナイムの踊りを見るようにシュラムの女を見たいのか」（口語訳、13節c）。「マハナイム」は町の名前ですが、これには「2つの陣」という意味もあります。「マハナイムの踊り」とは、女たちが2つのグループに分かれて踊る踊りのことでしょう。

（3）6章には、学ぶべき教訓があります。それは、ことばに出して妻をほめることの重要性です。もう1つの教訓は、妻の行動をもとに、その価値を判断してはならないということです。もし、夫にとって気に入らないことが起こったとしても、結婚のときに示した愛をもって妻を受け入れる必要があります。

雅歌7章

私は、私の愛する方のもの。あの方は私を恋い慕う。（雅歌7・10）

この章から、以下のことを学びましょう。（1）シュラムの女は「マハナイムの踊り」を踊り、ソロモンはその美しさをたたえます。（2）シュラムの女は、ソロモンをガリラヤへの帰省に誘います。

第5の牧歌（2）

（1）場面が変わり、シュラムの女が「マハナイムの踊り」を踊っています。しかし、それはソロモンの前での踊りです。それを眺めながら、ソロモンは彼女の美しさをたたえます。足、太もも、ほぞ、腹、乳房、首、目、鼻、頭、髪など。ソロモンは完全に彼女の美しさに心が捉えられています。

（2）踊りが終わると、2人は夫婦関係を結びます（6〜8節）。ソロモンは、2人の関係は「最良のぶどう酒」のようだと言います（9節）。最後にシュラムの女は、自分はソロモンだけのものであると結びます（10節）。

第5の牧歌（3）

（1）シュラムの女は、ガリラヤに帰省したいという願いを持っていました。彼女は、ソロモンに帰省の願いを伝えます。2人で故郷を訪問しようというのです（11節）。

（2）ガリラヤの野では、木々が芽を出し、花が咲くのを見ることができます。また、自然の中で夫婦の契りを交わすこともできます。これは、都会では不可能なことです。（12節）。「恋なすびは香りを放ち、私たちの門のそばには、すべての最上の果物があります。新しいものも、古いものも。私の愛する方よ、これはあなたのために蓄えておいたものです」（13節）。ガリラヤでは「恋なすび」が豊かに実っています。これは、性的欲望をかきたてる植物です。

（3）ここでの教訓は、夫婦関係における独創性です。両者の合意があるなら、性的関係における独創性は、麗しいものです。それは、こうしなければならないという義務ではなく、喜びの冒険です。

雅歌8章

大水もその愛を　消すことができません。　奔流もそれを押し流すことができません。　もし、人が愛を得ようとして　自分の財産をことごとく与えたなら、　その人はただの蔑みを受けるだけです。（雅歌8・7）

この章から、以下のことを学びましょう。（1）ソロモンとシュラムの女は、ガリラヤの自然の中で新しい愛の形を体験します。（2）シュラムの女は、彼女の妹に良い手本を示しています。

第5の牧歌（4）

（1）「あなたが、わたしの母の乳房を吸った　本当の兄だと思う人なら　わたしをとがめたりはしないでしょう。　外であなたにお会いして　くちづけするわたしを見ても」（1節、新共同訳）。シュラムの女は、野外での肉体関係を望んでいます。そして、もしソロモンが自分の兄であるなら、公に愛を表現しても誰からも非難されないはずだと考え、そのようにソロモンへの愛を自由に表現したいと願います。

（2）シュラムの女は、自分はソロモンから妻として受け入れられているが、自分にはまだ改善の余地があると考えています。改善の方法は、自分の生家にソロモンを連れて行き、そこで新しい形の夫婦愛を見せるということです。ソロモンはこの願いに応えます（3節）。

（3）ここでの教訓は、女性が夫婦関係を積極的に導いていることです。これは決して悪いことではありません。さらに、夫婦が2人きりになる時間を確保することも、重要なことです。

第5の牧歌（5）

（1）ソロモンとシュラムの女は、ガリラヤへの旅に出ます。ソロモンと女の生家を訪問するためです。シュラムの合唱隊が歌います。「荒野から上って来る女の人は誰でしょう」と。彼女は愛する方に寄りかかっています。旅の疲れから、そうしているのです。

（2）2人が母の家に近づいて行くと、りんごの木が見えました。それは、ソロモンが初めてシュラムの女を見た場所、出会いの場所です。ソロモンはその木の下で、寝ていた彼女を起こしました。そこは、シュラムの女が誕生した家に近い場所でした（5節b）。

（3）シュラムの女は、愛の契約の更新を願っています（6節）。彼女は、ソロモンが自分を胸につける大切な印形（最高の宝）のように扱ってくれることを願っています。つまり、2人が決して離れることがないようにということです。彼女は、ソロモンが他の女に対して死んでほしい（興味を示さないでほしい）と願っています。このような愛は、正しい愛であり、神から来る愛です。王に対する彼女の愛を、彼女から奪えるものはありません。状況も、お金も、この愛の前では無力です。愛の契約は、愛が最初に生まれた場所で更新されました。夫婦は、時には自分たちの立ち位置を確認し、愛の契約を更新する必要があります。

第5の牧歌（6）

（1）2人は、シュラムの女の実家に着きます。彼女には兄が2人と妹が1人います。シュラムの女は、年若い妹のことを心配し、兄たちに、妹の純潔をどのように守ってあげたらよいかと問います。兄たちはこう答えます。もし妹が誘惑に強いなら、彼女をたたえよう。もし誘惑に弱いなら、自分たちが彼女を守り、誘惑する者が近づけないようにしようと（9節）。

（2）その回答を聞いて、シュラムの女は、彼らがどのようにして自分を守ってくれたかを思い出します。処女の状態でソロモンと結婚できたのは、彼らの守りがあったからです。ここでシュラムの女は、兄たちに報賞を与えてほしいとソロモンに願います（11～12節）。シュラムの女がぶどう畑に、兄たちが忠実な農夫にたとえられます。彼らは良いぶどう（妹のこと）を育てた賃金として、ソロモンから報賞を受け取る資格があるというのです。ソロモンはそれに同意します。

（3）シュラムの女の古くからの友人たちがその家に来ています。ソロモンは、彼らのために歌うようにシュラムの女に促します。彼女は歌いながら、ソロモンを外に導き出します。「私の愛する方よ、急いでください。かもしかのように、若い鹿のようになって、香料の山々へと」（14節）。そして2人は、どこかへ消え去ります。自然の中で夫婦の契りを交わすためです。それこそ、彼らがガリラヤを訪問した目的でした。これをもって、雅歌の物語は終了します。

（4）ここでの教訓は、シュラムの女が妹のために良い手本になっていることです。次の世代のための手本となることは、すべての人たちに委ねられた使命です。

おわりに

「はじめに」にも書かせていただきましたが、『中川牧師の一日一章』は、全5巻のシリーズになる予定です。内訳は、旧約聖書が「モーセの五書」、「歴史書」、「文学書」、「預言書」の4巻、「新約聖書」が1巻、合計5巻です。

『中川牧師の一日一章』第3巻は、旧約聖書の中の「文学書」を取り上げています。執筆過程でいくつかの発見がありました。

ヨブ記の骨格が鮮明に見え始めました。「ヨブ記が分かる！」という感動を体験しました。これは、「一日一章」という体裁で聖書を大づかみに読むことの祝福だと思います。苦難の中を通過中の皆様には、ヨブ記の解説を一気読みされることをお勧めします。内面に変化が起こり始めると思います。

詩篇の解説を書きながら、聖徒の祈りの深さと多様性を体験することができました。ありとあらゆる状況における祈りが記されています。それらの祈りの根底にあるのは、「主権者への信頼」です。

箴言の中には膨大な情報を含む章がいくつもあります。字数制限がある中で、すべてを解説するのは不可能だと判断し、主要部分だけの解説にとどめました。箴言は、現実的で、現代にも適用可能な教えを満載した書です。

伝道者の書は、神を考えに入れないで人生を論じるとどうなるかを記した書です。その点を理解しておかないと、間違った適用をしてしまうことになります。

雅歌は、徹底的な字義通りの解説にこだわりました。神様は、結婚関係の祝福を私たちに教えようとしておられます。

皆様の聖書通読と日々のデボーションが、大いに祝されますように。

感謝。中川健一

中川健一 プロフィール
ハーベスト・タイム・ミニストリーズ代表
1970 年一橋大卒。6 年間のサラリーマン生活の後、米国トリニティ神学校留学。1979 年同校卒。1979 年から、東京都町田市において開拓伝道開始。1986 年から、福音テレビ放送団体『ハーベスト・タイム・ミニストリーズ』を設立し、テレビ伝道を展開。2010 年 3 月、テレビ伝道終了。それ以降、インターネット上で弟子訓練プログラムを中心とした種々の働きを展開。著書に「日本人に贈る聖書ものがたり」（文芸社）シリーズ（全 4 巻）、「中川牧師の一日一章」第 1 巻 モーセの五書、第 2 巻 歴史書（イーグレープ）がある。イスラエルを何度も訪問し、聖書の世界を探求し続けている。

中川牧師の一日一章 ―第 3 巻 文学書―

2022 年 12 月 12 日 初版発行

著　　者　中川健一
発 行 者　穂森宏之
編 集 者　高井 透（ベル・プランニング）
校 正 者　福島さゆみ（Happy Islands Prod）
装 丁 者　三輪義也（yme graphics）
発 行 所　イーグレープ
〒 277-0921 千葉県柏市大津ヶ丘 4-5-27-305
TEL: 04-7170-1601 FAX: 04-7170-1602
E-mail p@e-grape.co.jp
ホームページ http://www.e-grape.co.jp

ISBN 978-4-909170-39-2

Company Profile

E-Grape Co., Ltd.
4-5-27-305 Otsugaoka, Kashiwa-City,
Chiba Pref., Japan 277-0921
Tel. +81-4-7170-1601
Fax. +81-4-7170-1602
Website. http://www.e-grape.co.jp
E-mail. p@e-grape.co.jp
CEO. Hiroyuki Homori
Mobile. +81-90-8807-7764

Establishment

Since January 10, 2002

Mission Statement

E-Grape Co., Ltd., a Christian publishing company, exists to propagate the gospel of Jesus Christ in Japan and beyond.

Motto

"Bearing Fruit for Christ"

Text

"This is to my Father's glory, that you bear much fruit, showing yourselves to be my disciples."
John 15:8

Business Description

Publication of Christian books; Operation of Website Community; Lecture Meetings; Conducting Tours and Event Activities

会社案内

(有)イーグレープ
〒277-0921
千葉県柏市大津ケ丘4-5-27-305
Tel. 04-7170-1601
Fax. 04-7170-1602
ホームページ. http://www.e-grape.co.jp
E-メール. p@e-grape.co.jp
代表. 穂森宏之
携帯電話. 090-8807-7764

創立

2002年1月10日

経営理念

(有)イーグレープはキリスト教書籍出版会社として、日本及び外国でイエス・キリストの福音を広めることに寄与します。

モットー

「行って実を結ぶために」

みことば

「あなたがたが多くの実を結び、わたしの弟子となることによって、わたしの父は栄光をお受けになるのです。」ヨハネ福音書15章8節

事業内容

単行本の出版、ウェブコミュニティーサイト運営、講演会、ツアー等のイベント活動